성경은 "그때", "거기서", "그들에게" 주어진 말씀이지만 "지금", "여기서", "우리가" 읽고 해석하고 지켜야 한다. 사실, 시대와 문화가 다른 원 독자들을 겨냥한 말씀의 의미를 오늘의 관점에서 해석하는 일은 간단치 않다. 그래서 신학을 체계적으로 공부하지 않은 사람들은 치열한 삶의 현장에 적용할 말씀을 정확하게 짚어내는 데 어려움을 겪는다. 그런 어려움을 극복하기 위한 신앙 선배들의 노력을 우리의 삶으로 들여온 이 책은, 과거와 현재의 해석학적 간격을 좁혀주고 신앙 실천을 돕는다는 의미에서 매우 유익하다.

김도일

장로회신학대학교 기독교교육학 교수

웨스트민스터 신앙고백이나 대·소요리문답을 가르쳐본 사람은 그 일이 결코 쉽지 않다는 사실을 인정할 수밖에 없다. 그런데 이 책은 소요리문답 자체를 알기 쉽게 풀이해주는 것을 넘어서서 지금 현재를 사는 그리스도인들에게 영적인 풍성함을 선물해준다. 그리고 무엇보다 소요리문답이 원래 목적하는 바가 다름 아닌 성경을 알게 해주는 데 있다는 사실을 잘 확인시켜준다.

김재윤

아세아연합신학대학원 조직신학 교수

한국교회가 1980년대에 접어들면서 소위 "성경"을 직접 읽으며 신앙 성장을 꾀하는 일에 열정을 다하는 매우 고무적인 일이 일어났다. 교리적인 근간을 끌어안고 그것을 고수하는 방식의 단순하고 건조한 신학과 목회가 횡행하던 분위기에서 이것은 가뭄에 단비처럼 성도들의 신앙 속으로 스며들어 갔다.

하지만 그것으로 충분하리라는 기대감 속에서 뜻하지 않은 역풍이 일어났다. 성경 본문에만 집중하면서 교리적인 근간을 붙잡고 씨름하는 일에 소홀한 사이, 다양한 이단들이 성경 본문을 가지고 교회를 공격하는 일을 꾀한 것이다. 그 대표격이 바로 신천지의 요한계시록 강해 같은 것이다. 바야흐로 이단들과 교회들이, 교리적 근간은 뒤로한 채 경쟁하듯 자의적 성경 해석을 쏟아놓음으로써 무엇이 올바른 성경 이해인지를 가늠해야 하는 어처구니없는 상황이 벌어졌다. 이런 흐름 때문일까?. 이제 한국교회는 다시 교리를 붙잡고 씨름하는 열심을 드러낸다.

해 아래 새것이 없다고 했듯이, 교리 공부는 다시 과거로 단순 회귀하는 것일 수도 있다. 사실 교리는 성경을 읽어나가는 "로드맵"과 같은 역할을 한다. 하지만 거기서 그치면 곤란하다. 교리의 더 핵심적인 기능은 신앙의 구조와 내용을 잡아주는, 그래서 결과적으로 교회가 추구하는 "기독교적인 삶"을 드러내 주는 것이다. 바로 이것이 교리서를 다루는 교사나 독자가 꼭 마음에 기억해야 할 핵심적 가치다. 교리서는 정돈된 해설을 통해 기독교 신앙의 정오(正誤)를 명확하게 알려줄 뿐만 아니라, 기독교적인 삶이 무엇인지를 깊숙히 드러내 보여주는 기능을 수행해야 한다. 좋은 교리서를 만난 교사와 독자는 교리서가 드러내는 그 삶을 묵상하고 그 삶을 실제 자기 자신의 삶에서 형성하기 위한 결단을 하게 된다.

교리서의 이런 기능을 충분히 이해하고 그 핵심적인 가치를 실현하는 귀한 작업이 정요석 박사의 손끝에서, 친절하게 이루어졌다. 이 책은 장로교의 공고한 신학과, 폭넓은 삶에 대한 깊은 이해가 잘 반영된 좋은 안내서다. 특별히 바람직한 기독교적 삶이 무엇인지 고민해온 분들에게 일독을 권한다.

유태화
백석대학교 신학대학원 조직신학 교수

참된 신자라면 누구나 하나님의 말씀대로 하나님을 올바로 알고 또 올바로 믿기를 열망한다. 이 책은 그 열망에 대한 훌륭한 답을 제공한다. 이 책은 단순한 교리 해설집이 아니라 교리가 어떻게 우리 삶을 해석하게 하고 다시 정비하게 하는지를 예리하고 풍성하게 보여주는 "교리와 삶에 대한 묵상집"이다. 독자들은 이 책을 통해 신자의 믿을 바가 무엇인지를 체계적으로 이해하고 그 내용으로 자기 삶을 들여다볼 기회를 얻을 수 있을 것이다.

이남규
합동신학대학원대학교 조직신학 교수

오랫동안 교리 교육을 경시해왔던 한국교회 안에 교리 교육에 대한 관심이 새롭게 일어나고 있는 현상은 참 감사한 일이다. 장로교의 3대 표준 문서 중 하나인 소요리문답은 간결한 문답으로 구성되어 있으며 어린아이들을 위한 교재로도 사용되어왔다. 소요리문답을 우리 삶의 정황에 맞게 해설한 이 책은, 다양한 교리 교육 현장의 피드백을 통해 풍성하게 다듬어진 양질의 안내서다. 목회자와 신학생은 물론 신학에 문외한인 일반 신자들도 이 책을 통해서 장로교 및 개혁교회 신앙의 정수를 다시금 확인하게 되기를 바란다.

이상웅
총신대학교 신학대학원 조직신학 교수

교회에서 교리문답을 가르치는 이들에게 가장 필요한 책은, 교리의 내용을 정확하고도 쉽게 해설하면서 동시에 그 교리가 성도들의 삶에 구체적으로 어떻게 적용되는지를 잘 소개하는 책이다. 『소요리문답, 삶을 읽다』는 이 두 가지 조건을 넉넉하게 충족한다. 탁월한 이 책으로 공부하는 독자들은 교리가 단순히 이론적 개념들의 나열이 아니라 교회를 세우는 실천적 프레임이라는 사실을 확신하게 될 것이다.

이성호

고려신학대학원 역사신학 교수

나는 아버지의 방침에 따라, 초등학교 5학년 여름방학 내내 지리산기독교유적지(그 당시에는 수양관)에서 소요리문답을 모두 외울 때까지 공부해야 했다. 아버지는 "중학교 가기 전까지 소요리문답을 모두 외워야 한다"는 원칙을 우리 여섯 남매 모두에게 적용하셨다. 당시 놀기 좋아하던 내가 매를 맞아가며 소요리문답 전체를 외우는 일은 대단히 힘든 일이었다. 눈물이 그렁그렁한 채로 소요리문답을 외웠던 기억이 아직도 생생하다.

우리 아버지는 소요리문답에 대한 확신을 가지고 계셨다. 기독교를 공격하는 사람이나 변질된 기독교를 주장하는 사람을 만났을 때 이를 막아내려면 기독교 신앙을 논리적이고 분명하게 정리한 소요리문답을 필수적으로 알고 있어야 한다는 것이었다. 또 기독교를 믿지 않는 사람, 특히 타 종교를 가진 사람에게 기독교를 소개하기 위해서도 소요리문답을 반드시 알고 있어야 한다고 말씀하셨다.

그때로부터 40년이 훌쩍 지난 지금까지도 내 머릿속에 남아 있는 소요리문답은, 참된 기독교를 위협하는 자유주의 신학과 절대적인 진리 대신 상대적인 진리를 추구하는 인본주의의 물결에서 나의 신앙을 지켜주는 마지막 보루다. 돈과 권력이 모든 것을 지배하는 물질만능주의 시대를 맞아 한국교회가 혹여 서구 교회처럼 변질할까 봐 고민하는 한 명의 그리스도인으로서, 기독교의 핵심을 담고 있는 소요리문답에 대해 이처럼 훌륭한 해설서를 써준 저자에게 감사와 존경을 표하고 싶다.

인요한

연세대학교 국제진료센터 소장, 선교사 유진 벨의 4대손

소요리문답, 삶을 읽다(상)

소요리문답, 삶을 읽다

웨스트민스터 소요리문답 해설 (상)

정요석 지음

WESTMINSTER
SHORTER CATECHISM

Holy WavePlus

◆ 차례 ◆

제3부
인간론

제4부
그리스도론

제5부
구원론
(성령론)

제6부
종말론

웨스트민스터 소요리문답의 세계로 들어오신 여러분을 환영합니다! 웨스트민스터 소요리문답은 "종교개혁의 정점"이라고 일컬어지는 웨스트민스터 총회의 결과물입니다.[1] 이 소요리문답을 공부하는 것은 냉철한 이성을 앞세워 딱딱한 교리를 기계적으로 학습하는 것이 아닙니다. 오히려 "성경" 전체 내용을 체계적으로 넓고 깊게, 그리고 "따스하게" 공부하는 것입니다.

우리 신자들에게 있어 성경의 중요성은 아무리 강조해도 지나치지 않습니다. 한국교회는 선교 초기부터 성경에 큰 권위를 부여하고 성경 위에 교회를 세우기 위해 많은 노력을 기울여왔습니다. 그래서인지 오늘날에는 교회를 넘어뜨리려는 이단들까지도 "오직 성경"을 주장하는, 우습고도 슬픈 상황이 연출되기도 합니다. 이런 이단들의 문제는 성경을 전체적으로 보지 않고 "편식"한다는 것입니다. 그들은 자신들의 억지 주장을 뒷받침하는 성구들만 골라서 교묘한 논리를 만든 후 그걸 통째로 암기할 정도로 반복해서 교육합니다.

그래서 "오직 성경"뿐 아니라 "전체 성경"이 중요합니다. 종교개혁 당

1) 웨스트민스터 소요리문답의 더 자세한 배경은 이 책의 "부록 1: 웨스트민스터 신앙고백의 배경"을 참고하기 바란다.

시에도 "전체 성경"은 "오직 성경"과 함께 중요한 모토 중 하나였습니다. 이런 점에서 성경 전체의 내용을 유려하게 정리한 신앙고백이나 요리문답과 같은 교회의 유산을 통해 기독교 교리를 공부하는 것은 성경을 체계적으로 살펴볼 수 있는 좋은 방법입니다. 체계적인 교리 공부를 통해 성경을 올바로 보는 눈을 터득한 사람은 인간과 세상, 사회와 자연을 성경적 관점에서 종합적으로 바라보면서 생각과 정서, 관계와 일상을 포함한 전 인격이 변하게 됩니다. 하나님의 말씀은 살아 있고 활력이 있기 때문입니다(히 4:12). 이처럼 성경에 뿌리를 둔 교리를 공부하는 일은 절대로 차가운 명제 학습에 머물지 않고 생명의 열매를 맺습니다.

제가 목회하는 세움교회는 처음 세워진 1999년부터 웨스트민스터 신앙고백, 대·소요리문답, 하이델베르크 요리문답, 벨기에 신앙고백, 도르트 신경 등을 함께 공부해왔습니다. 교인들의 반응이 어땠을지 궁금하지 않으신가요? 처음부터 교리를 체계적으로 공부하며 많은 것을 깨닫는 기쁨을 누렸을까요? 그렇지 않습니다. 공부를 막 시작했을 때만 해도 교회가 아니라 "학교"에 공부하러 오는 것 같은 부담감을 느낀 신자들이 많았습니다.

세움교회 교인들이 교리 공부를 어려워한 큰 이유 중 하나는, 가르치는 이의 교리 이해가 깊지 않아 교리를 자유자재로 다룰 줄 몰랐기 때문이었습니다. 처음에 저는 교리가 성도들의 삶과 어떤 연관이 있는지 제대로 짚어내지 못했습니다. 웨스트민스터 신앙고백을 수년에 걸쳐 세 번 정도 가르치고 난 후에야 비로소 어느 정도 감이 생겼습니다. 그 뒤로는 자구 해석을 넘어서서 해당 교리를 쉽고 재미있게 설명할 수 있었고, 교리를 통해 현실의 삶을 읽어내도록 이끌 수 있었습니다. 그때부터는 성도들도 어려운 교리를 공부한다는 부담감이 아니라 성경의 풍성한 내용을 교리를 통하여 체계적으로 생생하게 공부한다는 즐거움을 알게 된 것 같았습니다.

요사이 교리 공부가 새삼 주목을 받으며 다소 유행하고 있습니다. 매우 반가운 현상이기는 한데, 우리 교회가 초창기에 겪었던 부작용을 생각하면 걱정스럽기도 합니다. 이 책은 교리 교육의 실패와 극복 경험을 바탕으로 만들어졌습니다. 교리 공부가 좋다는 말에 공부를 시작한 이들이 이 책을 바탕으로 그 어려움과 팍팍함에 쉽게 지치지 않기를, 하나님과 사람에 대한 이해가 깊어져 성경을 더욱 가까이하기를, 현실의 다양한 상황을 깊게 해석할 수 있기를, 주변 사람들을 더 잘 수용하며 사랑하기를 바랍니다.

사실 교리 공부가 어려운 이유는 그 내용이 신학생들도 가장 어려워하는 조직신학과 일치하기 때문입니다. 신학적 배경이 일천한 사람이 조직신학을 접할 때 적절한 안내가 없으면 어렵고 복잡하다는 인상을 받는 것은 당연합니다. 이 책은 그런 분들에게 적절한 도움이 되도록 다음과 같이 구성했습니다.

이 책의 구성

1. 문답 소개: 각 과의 처음에는 해당 문답을 우리말과 영어로 소개했습니다. 원래 영어로 작성된 소요리문답의 내용을 정확하게 전달하기 위해 우리말 번역은 주로 직역에 가깝게 했습니다. 영어 해석이 가능한 분들은 영어 문장을 직접 보는 것이 좋습니다. 영어 해석을 돕기 위해 핵심적인 영어 단어들의 뜻도 풀어놓았습니다. 영어 해석에 관심을 두고 이 책을 읽어나간다면 영어 실력도 크게 향상될 것입니다.

2. 근거 성구: 각 문답의 근거가 되는 성경 구절을 정리해놓았습니다. 그냥 지나치지 말고 **모두 읽어보시기** 바랍니다. 관련 성구들을 자세히 살펴보아야 각 과의 내용을 더 잘 이해할 수 있습니다. 더군다나 소요리문답을 공부하는 궁극적 목적은 성경을 더 잘 이해하기 위함임을 잊어서는 안 됩니다.

이 책을 읽으면서 소요리문답을 암송하면 더욱 좋습니다. 소요리문답 전체를 암송하면 기독교 교리를 전체적으로 이해하는 데 큰 도움이 되기 때문입니다. 학생들에게는 영어 암송을 추천합니다. 영어로 암송하면 영어 실력이 크게 향상될 것입니다.

3. 해설: 이 책의 핵심 부분입니다. 주로 해당 문답의 세부 구절을 풀이하는 형태이고, 문답의 내용을 쉽게 설명하면서 교리와 우리 삶이 매우 밀접하게 연관됨을 알려주는 다양한 접근법을 취했습니다. 이러한 시도가 독자들의 넓은 이해와 창의적 사고에 좋은 영감을 줄 수 있기를 바랍니다. 교리를 공부할수록 현실의 삶에 대한 성경적 조망과 이해가 더욱 깊어져야지, 교리와 삶이 분리되어서는 안 됩니다. 교리에 대한 깊은 이해는 현실과 사람에 대한 이해로 이어져 더 많은 사람에 대한 수용과 사랑으로 나아가야 합니다.

4. 도표: "전체 성경"이 중요한 것처럼 해당 문답이 전후 문답들과 어떤 관계를 맺으며 어떻게 통합되는지를 아는 것도 중요합니다. 교리 공부를 할 때는 나무만 보다가 숲 전체를 간과하는 일이 없도록 전후 관계에 신경을 써야 합니다. 이를 위해 곳곳에서 도표를 이용했고, 책 앞부분에는 이 책의 전체 구성을 보여주는 조감도도 실어놓았습니다. 필요

에 따라 잘 활용하시기 바랍니다.

5. 팁: 말뜻 그대로 실용적인, 작은 조언입니다. 책의 내용을 이해하는 데 도움이 될 만한 개념을 소개하거나 어려운 말의 사전적 의미를 소개하는 등의 역할을 합니다.

6. 심화 연구: 해당 문답을 더 깊이 이해하도록 안내해주는 주제들을 다룹니다. 독자들은 "심화 연구"의 내용까지 모두 이해하려고 최대한 노력하시되, 이해가 쉽지 않은 경우에는 그냥 넘어가도 됩니다. 물론 처음 공부할 때 이해가 잘 안 되는 내용도 두세 번 반복해서 읽고 공부하다 보면 어느 순간부터 자연스럽게 이해될 때가 있습니다. "심화 연구"에서 다루는 신학적 용어들도 처음에는 낯설고 부담스럽겠지만, 몇 번 보고 익숙해지면 해당 문답과 신학을 이해하는 데 큰 도움이 될 것입니다. 마음을 열고 도전해보시기 바랍니다.

7. 생각할 거리: 교리 공부가 사람과 사회와 자연에 대한 이해로 이어지기를 바라며 쓴 글들입니다. 교리 공부가 이렇게 삶과 세계 전체와 이어지지 않으면 진공관에 갇힌 죽은 지식에 지나지 않습니다. 교리를 잘못 공부한 사람은 알량한 신학 지식을 앞세워 교회와 교인을 함부로 비판하는 우를 범하기 쉽습니다. 하지만 교리를 공부할수록 사람과 사회에 대한 이해가 깊어져야 하고 따스한 수용력이 생겨야 합니다. "생각할 거리"에서 교리를 통해 우리 삶을 종합적으로 이해하려는 시도를 맛보시기 바랍니다.

8. 성경으로 읽는 문학: 이 부분은 특히 중고생 독자를 염두에 두고 소요리문답과 연관된 시와 소설을 성경적 관점에서 읽는 방법을 선보이고자 했습니다. 인간미 넘치는 한국적 정서와 감성이 갈수록 사라지는 시대에, 독자들이 하나님이 선물로 주신 예술과 문학을 만끽하면서 소요리문답을 더 깊이 이해하는 동시에 감수성도 풍성해지면 좋겠습니다.

9. 함께 나누기: 이 책을 가지고 교리를 공부하는 조 모임에서 활용할 수 있는 자료입니다. 모임 구성원들은 문항에 따라 토론을 진행해가면서 배운 내용을 자연스럽게 정리하고 적용점을 찾아낼 수 있을 것입니다. 단 "함께 나누기"의 1번 문제들은 주로 교제를 위한 문제로 해당 문답과 깊은 연관이 없습니다. 1번 문제를 통해 조 모임에 열린 마음으로 임하고 서로를 깊이 알아갈 수 있기를 바랍니다.

10. 부록: 이 책에는 세 개의 부록이 있습니다. "부록 1"은 "웨스트민스터 신앙고백의 배경"입니다. 이를 통해 소요리문답의 가치를 확인하고 이 책을 둘러싼 더 큰 역사적 · 신학적 배경에 대해 이해할 수 있을 것입니다. "부록 2"는 "조 모임을 위한 도움말"입니다. 이는 제목 그대로 이 책을 교재로 사용해 소요리문답을 함께 공부할 때 조원들과 조장이 어떤 마음으로 임해야 하는지, 또 "함께 나누기"의 문제들을 어떻게 활용해야 하는지에 대한 도움말입니다. 모임을 시작하기 전에 전체 조원들이 "부록 2"를 함께 읽으면, 서로 간에 격려와 기쁨이 넘치는 조 모임을 만들어가는 데 도움이 될 것입니다. "부록 3"은 "웨스트민스터 소요리문답 구성 조감도"입니다. 각 나무는 숲을 배경으로 보아야 하듯이, 조감도를 통하여 각 문답의 위치와 흐름을 수시로 확인하기 바랍니다.

이 책의 주요 독자층은 교리 공부에 관심이 있는 모든 사람입니다. 이 책은 그간 중고생과 신학생을 비롯한 여러 부류의 독자들과 실제로 공부해온 내용을 바탕으로 합니다. 저희 집에는 현재 초등학교 2학년생부터 고등학교 1학년생까지 모두 다섯 자녀가 있습니다. 다섯 아이에게 이 책의 내용을 소개하고 평을 들어본 결과, 적절한 인도자가 있다면 적어도 초등학교 4학년부터 이 책을 활용한 공부가 가능하다는 사실을 확인했습니다. 그럼 연세가 드신 분들은 어떤 반응을 보이셨을까요? 그동안 신앙생활을 하면서 궁금했지만 차마 질문하지 못했던 내용을 체계적으로 배울 수 있다고 좋아하는 분들이 많았습니다.

모쪼록 다양한 연령층, 다양한 환경에 있는 분들이 이 책을 통해 여러 가지 유익을 맛볼 수 있기를 바랍니다. 이 책은 혼자서 공부할 수도 있고, 여럿이 함께 공부할 수도 있습니다. 처음 접할 때 이해되지 않는 내용도 몇 번 읽으면 깨닫게 되므로 우선 이해되는 부분만 읽으면서 한 번 완독하는 것을 권합니다. 두 번째 읽을 때는 더 많은 내용이, 더 깊이 이해되는 것에 놀라움을 느낄 것입니다.

이 책은 헤르만 바빙크(Herman Bavinck, 1854-1921), 루이스 벌코프(Louis Berkhof, 1873-1957), 장 칼뱅(Jean Calvin, 1509-1564) 등의 책을 참고했습니다. 하권에서 십계명에 관해 설명할 때는 웨스트민스터 대요리문답의 큰 도움을 받았습니다. 시간적 여유가 있는 분들은 웨스트민스터 대요리문답과 신앙고백을 살펴보는 것도 대단히 유익할 것입니다. 또 이 책의 내용보다 더 깊은 내용을 알고 싶으신 분들은 해당 분야의 조직신학을 공부하기 바랍니다.

이 책이 나오기까지 세움교회 교인들의 도움은 절대적이었습니다. 초기의 지루하고 어려운 교리 공부를 목사에 대한 신뢰로—엄청난 내용을 배우는 줄 알고—묵묵히 참았을 뿐만 아니라, 때때로 감동받고 기뻐하는 모습까지 보이며 격려해주었습니다. 그 격려로 말미암아 세움교회는 만 17년 동안 꾸준히 교리 공부를 해올 수 있었습니다. 저는 성도들의 기도나 대화에 교리 공부의 내용이 녹아 있을 때, 또 그들이 삶의 문제 앞에서 교리적 이해를 바탕으로 고민하며 신앙의 걸음을 내디딜 때 그 아름다운 모습에 큰 보람을 느낍니다. 교인들의 격려와 지지가 없었다면 교리 공부는 오래전에 포기했을 것입니다.

대신총회신학교와 백석대학교 신학대학원 학생들은 적극적인 격려와 피드백으로 많은 도움을 주었습니다. 세움교회에서 일 년에 두 번 시행되는 12주간의 교리 공부와 이런저런 모임에서 제 강의를 듣고 직접 교리를 가르치기 시작하신 분들은 많은 감사와 보람을 안겨주었습니다. 이 책이 앞으로도 많은 목회자와 신학생들에게 사랑을 받아 한국교회가 단아한 자태를 갖추는 데 일조하기를 바랍니다.

추천사를 통해 격려해주신 김도일, 김재윤, 유태화, 이남규, 이상웅, 이성호 교수께 감사를 드립니다. 특별히 어린 시절에 소요리문답을 영어로 암송하며 공부한 것을 추억하며 추천사를 써주신 인요한 박사께도 감사를 드립니다. 김병두 전도사, 김진곤 강도사, 박동근 교수, 서자선 집사, 이종웅 성도, 전병모 전도사는 책의 내용을 미리 읽고 "주례사 비평"이 아닌 건전한 비평을 함으로써 큰 도움을 주었습니다. 조혜연 프로기사는 주일성수에 대한 자신의 귀한 체험을 책 하권에 싣도록 허락하여 책의 현장성을 더욱 높여주었습니다. 『특강 소요리문답』의 저자 황희상의 책과 삶은 많은 영감을 주었습니다. 또 새물결플러스의 김요한 대표께서 이 책을 쓰도록 제안하고 격려해주시지 않았다면 이 책은 나오지 못했을 것입니다. 새물결플러스 편집부는 편집인의 정성과 역량에 따라 책이 얼마나 달라질 수 있는가를 제대로 보여주었습니다.

가족들에게도 감사의 마음을 전합니다. 자녀들은 이 책의 원고를 보고 때때로 애정 어린 조언을 해주었는데 실제적으로 큰 도움은 되지 않았지만, 아이들은 존재 자체로 기쁨이며 인생을 사는 맛과 감사함을 안겨줍니다. 어머니는 여전히 당신의 아들이 우리나라에서 글을 제일 잘 쓰는 줄로 알고 무조건 지지해주셨습니다. 아내는 제가 저술과 목회에 집중하도록 다섯 아이와 시어머니를 잘 섬겨주는 동시에 정리되지 않은 생각과 쌓인 감정들을 넓은 마음으로 여과해주었습니다.

제가 목회자와 저술가로, 그리고 우리 부부가 다섯 아이의 부모로 건강하게 살아가도록 이끌어주고 물리적인 도움도 아끼지 않으시는 매형 부부에게 아무리 큰 감사를 표현해도 지나치지 않을 것 같습니다. 우리 부부를 따스하게 품어주고 다섯 아이에게 부모처럼 많은 것을 쏟아부으신 박공민 장로와 정현숙 권사에게 이 책을 바칩니다. 그분들의 삶이 날이 갈수록 주님의 은혜 속에서 강건하여 교회의 귀한 일꾼이 되기를 바랍니다.

지난 17년간의 목회와 신학교 강의, 그간의 인생 경험이 이 책의 밑거름이 되었습니다. 세간의 오해와 달리 기독교 교리는 따뜻합니다. 기독교 교리는 삶의 종합적인 해설서 역할을 하며 풍성한 대인관계의 지침서가 되기도 합니다. 아무쪼록 이 책을 접하는 독자들이 교리의 가치를 깨달아 성경을 더욱 가까이하고, 하나님과 사람에 대한 이해가 더욱 깊어져 많은 것들을 풍성하게 누릴 수 있기를 바랍니다.

열매 맺는 가을을 기다리며
정요석

제1부

서론

제1-3문

제1과
사람의 주된 목적

제1문. 사람의 주요한 목적은 무엇입니까?

What is the chief end of man?

답. 사람의 주요한 목적은 영원토록 하나님을 영화롭게 하고(고전 10:31; 롬 11:36), 즐거워하는 것입니다(시 73:25-28).

Man's chief end is to glorify God, and to enjoy Him for ever.

---

chief 주요한, 최고위(最高位)의

glorify 찬양하다, 영광스럽게 하다, 미화하다

enjoy 즐기다, 즐거워하다, 누리다

근거 성구

그런즉 너희가 먹든지 마시든지 무엇을 하든지 다 하나님의 영광을 위하여 하라(고전 10:31).

이는 만물이 주에게서 나오고 주로 말미암고 주에게로 돌아감이라. 영광이 그에게 세세에 있을지어다. 아멘(롬 11:36).

25 하늘에서는 주 외에 누가 내게 있으리
요? 땅에서는 주밖에 나의 사모할 이 없
나이다. 26 내 육체와 마음은 쇠약하나 하
나님은 내 마음의 반석이시요, 영원한 분
깃이시라. 27 무릇 주를 멀리하는 자는 망
하리니 음녀 같이 주를 떠난 자를 주께서
다 멸하셨나이다. 28 하나님께 가까이함
이 내게 복이라. 내가 주 여호와를 나의
피난처로 삼아 주의 모든 행적을 전파하
리이다(시 73:25-28).

해설

영원성과 자기 부정

1. 허무와 영원

"목적"을 뜻하는 영어 "end"의 일차적 뜻은 시간·사건·활동·이야기 등의 "끝"입니다. 즉 목적이란 원래 시간·사건·활동·이야기의 끝에 있는 결과물을 의미합니다. 인생의 끝에 다다르면 우리는 이런저런 사건과 풍파로 얼룩진 삶을 되돌아보게 될 것입니다. 사람의 주요한 목적(chief end), 인생의 끝에서 우리의 삶을 가장 행복하고 의미 있게 만들어줄 결과물은 어떤 것일까요?

> **Tip** end: 목적, 목표 ← (시간·사건·활동·이야기의) 끝

바쁜 걸음으로 캠퍼스를 가로지르는 대학생과 우연히 마주친 노교수의 대화를 한번 살펴봅시다.

"학생! 무엇 때문에 그렇게 열심히 걸어가나?"

"도서관에 공부하러 가려고요."

"공부해서 뭐하려나?"

"취직하려고요."

"취직해서 뭐하려나?"

"결혼하려고요."

"결혼은 왜 하나?"

"아이도 낳고 넓은 집도 사서 행복하게 살아야죠."

"그렇게 산 뒤에는 어떻게 되나?"

"…늙고 죽지요!"

"그럼 죽기 위해 그렇게 열심히 걸어가나?"

"…."

도서관으로 열심히 걸어가는 이 학생의 삶은 결국 죽음으로 이어집니다. 어떠한 내용으로 삶을 꾸려나가도 마찬가지입니다. 그는 죽음의 문제를 피할 수 없으며 이 문제를 반드시 해결해야 합니다. 이 문제의 해결이 없는 삶은 작은 즐거움들에 빠져 살다가 허망하게 죽는 삶에 지나지 않습니다.

Tip **솔로몬**: 다윗 왕의 아들로서 이스라엘 왕국의 제3대 왕이다.

전도서에는 인류 역사상 가장 지혜로운 왕이었던 솔로몬의 이야기가 나옵니다. 솔로몬은 자신의 삶을 이모저모 살펴보며 궁극적 의미를 추구했습니다. 그는 한 나라의 왕으로서 막강한 권력을 가지고 마음에 원하는 것들을 모두 해봤습니다. 여러 동산과 과수원을 만들었고, 남녀 노비들을 샀고, 가장 많은 소와 양 떼를 소유했고, 또 노래하는 남녀들과 처첩들도 많이 두었습니다. 자기 눈이 원하는 것과 마음이 즐거워하는 것을 서슴지 않고 모두 해봤는데, 그가 내린 결론은 자기 손으로 한 모든 일이 다 헛되어 바람을 잡는 것이며, 해 아래에서 무익하다는 것이었습니다(전 2:10-11).

사람이 살아 있을 동안에는 분명히 더 가치 있어 보이는 것들이 있습니다. 지혜가 우매보다 뛰어남은 빛이 어둠보다 뛰어남 같습니다(전 2:13). 하지만 지혜자나 우매자나 모두 죽어서 영원히 기억함을 얻지 못한다는 면에서는 다를 바가 없습니다(전 2:14-16). 심지어 죽는다는 점에서는 사람이 짐승보다 나은 점도 없습니다. 모든 것이 헛될 뿐입니다(전 3:18-20). 성경은 죽음(시작과 끝)의 문제를 해결하지 못하고 이 땅에서 이룬 모든 결과물은 결국 헛된 것에 지나지 않는다고 말합니다.

Tip **우매(愚昧)**: 어리석고 사리에 어둡다.
愚: 어리석을 **우**
昧: 어두울 **매**

2. 자기 부정

"모든 것이 헛되다"라고 말하는 전도서의 내용과 관련하여, 예수님이 말씀하신 한 부자에 대한 비유를 살펴보겠습니다.

> 16또 비유로 그들에게 말하여 이르시되 "한 부자가 그 밭에 소출이 풍성하
> 매 17심중에 생각하여 이르되 '내가 곡식 쌓아둘 곳이 없으니 어찌할까?'
> 하고, 18또 이르되 '내가 이렇게 하리라. 내 곳간을 헐고 더 크게 짓고 내
> 모든 곡식과 물건을 거기 쌓아두리라. 19또 내가 내 영혼에게 이르되 영혼
> 아 여러 해 쓸 물건을 많이 쌓아두었으니 평안히 쉬고 먹고 마시고 즐거워
> 하자 하리라' 하되 20하나님은 이르시되 '어리석은 자여! 오늘 밤에 네 영
> 혼을 도로 찾으리니 그러면 네 준비한 것이 누구의 것이 되겠느냐?' 하셨
> 으니 21자기를 위하여 재물을 쌓아두고 하나님께 대하여 부요하지 못한
> 자가 이와 같으니라"(눅 12:16-21).

감당하기 힘들 정도로 하루가 다르게 재산이 불어나는 어느 부자가 있었습니다. 그는 미래를 위한 야심 찬 계획을 세웠습니다. 하지만 그날이 바로 그 사람의 마지막 날이었습니다. 이처럼 허무하게 끝날 인생이라면 지혜와 열정을 총동원해 부를 축적한들 무슨 소용이 있겠습니까? 예수님은 제 아무리 쌓아둘 곳이 모자랄 정도로 풍족하더라도 하나님께 대하여 부요하지 못한 삶은 참으로 허무하다고 말씀하십니다.

그런데 이 비유는 예수님께 유산 상속 문제를 해결해달라고 부탁한 사람에 대한 답변으로 주어졌습니다.

> 13무리 중에 한 사람이 이르되 "선생님, 내 형을 명하여 유산을 나와 나누
> 게 하소서" 하니 14이르시되 "이 사람아, 누가 나를 너희의 재판장이나 물
> 건 나누는 자로 세웠느냐?" 하시고 15그들에게 이르시되 "삼가 모든 탐심
> 을 물리치라. 사람의 생명이 그 소유의 넉넉한 데 있지 아니하니라" 하시고
> (눅 12:13-15).

예수님은 인간 사이의 부를 공정하게 분배해 경제적 평등을 실현하러 오신 것이 아닙니다. 예수님의 가르침은 그보다 훨씬 근본적입니다. 예수님은 사람들에게 모든 탐심을 물리치라고 말씀하십니다. 예수님은 사람의 생명이 그 소유의 넉넉함에 있지 않고, 알파(시작)와 오메가(끝)가 되시는 하나님을 아는 것에 있다는 사실을 알리기 위해 오셨습니다. 사람이 온 천하를 얻고도 제 목숨을 잃으면 무엇이 유익합니까? 사람이 무엇을 주고 제 목숨과 바꾸겠습니까?(마 16:26)

Tip **알파:** 그리스어 Α의 이름으로 그리스어 알파벳의 첫 글자다.
오메가: 그리스어 Ω의 이름으로 그리스어 알파벳의 마지막 글자다.

하지만 많은 사람이 인생의 의미를 잘 모른 채 살아갑니다. 삶의 의미에 대한 진지한 성찰이 없으니 죽음의 의미와 정체에 대해서도, 인

생이 어디서 어떻게 왔는지에 대해서도 생각해볼 기회가 없습니다. 태어난 김에 그냥 인생을 사는 것이지 자신의 기원과 정체를 제대로 확인해볼 생각은 하지 못하는 것입니다. 이에 대해 성경은 만물의 기원과 유지와 영원성의 열쇠가 하나님께 있다고 말합니다. 사도 바울은 다음과 같이 고백합니다.

> 33깊도다! 하나님의 지혜와 지식의 풍성함이여, 그의 판단은 헤아리지 못
> 할 것이며 그의 길은 찾지 못할 것이로다. 34누가 주의 마음을 알았느냐?
> 누가 그의 모사가 되었느냐? 35누가 주께 먼저 드려서 갚으심을 받겠느냐?
> 36이는 만물이 주에게서 나오고 주로 말미암고 주에게로 돌아감이라. 그에
> 게 영광이 세세에 있을지어다. 아멘(롬 11:33-36).

하나님은 만물의 기원이자 유지자인 동시에 목적이신 분입니다. 하나님을 영원토록 영화롭게 한다는 것은 이 사실을 알아 삶의 모든 영역에서 하나님을 인정하고 찬양한다는 의미입니다. 사람은 하나님 안에서 자기 존재의 기원과 생명의 원천과 삶의 목적을 발견해야 합니다. 하나님을 떠난 사람은 포도나무에서 떨어진 가지에 지나지 않습니다.

따라서 만물의 기원과 유지자와 목적이신 하나님을 인정하며 영화롭게 하는 것이 사람의 가장 본질적인 목적입니다. 이것을 우선하지 않으면 이 땅에서 아무리 재물을 많이 쌓아도 소용없고, 형제들보다 더 많은 유산을 받아도 헛될 뿐입니다. 인간의 "유통기한"(한계수명)인 칠팔십 년이 지나면 그 모든 것은 의미를 잃고 맙니다.

신자들이 신앙생활을 하면서 기도에 힘쓰는 이유는 절대로 재물을 더 많이 쌓거나 명예와 신분을 높이는 데 있지 않습니다. 기도의 이유

는 오히려 자신을 부정하는 데 있습니다. 참된 기도는 만물의 기원과 목적과 의미이신, 영원하고 무한하신 하나님께 모든 영광을 돌리고, 완전하신 하나님이 우리에게 주신 모든 기쁨과 아름다움과 사랑을 즐기고 누리는 것입니다.

우리는 하나님 앞에서 사람의 어쩔 수 없는 한계와 부족함을 철저히 인식하고 오직 하나님께만 참된 존재와 생명과 의미가 있는 줄 알아 하나님을 철저히 인정하며 감사하고 찬양해야 합니다. 사람은 유한한 피조물에 지나지 않습니다. 사람이 먼저가 아니라 하나님이 먼저이십니다. 사람의 행복이 먼저가 아니라 하나님의 존재와 영광이 먼저입니다. 우리는 이렇게 자신을 철저히 부정해야 합니다. 그때야 비로소 우리는 모든 것의 근원이시며 만물을 영원히 붙드시는 하나님으로 인해 영원한 존재감과 참된 의미를 얻게 될 것입니다.

한편 사람이 하나님을 영원토록 즐거워한다는 것은 세상의 모든 일에 "비참함"이 동반된다는 사실을 아는 것입니다. 이 세상에 존재하는 모든 쾌락이나 행복에는 단조로움과 한계가 있습니다. 세상의 모든 일은 반복되면서 색이 바랩니다. 흥미진진한 프로야구도 시즌이 끝날 즈음에는 던지고 치고 막는 형태의 반복에서 오는 단조로움이 느껴집니다. 영혼을 울리는 피아노나 바이올린 연주도 사실은 반복이고, 우리를 흥분시키는 여행 안내인의 설명도 반복일 뿐입니다. 해 아래에는 새로운 것이 없어서 끊임없는 새로움과 기쁨을 찾기란 불가능한 일입니다.

오직 영원하신 하나님만이 참된 기쁨과 평안을 새록새록 샘솟게 하는 마르지 않는 근원이십니다. 오직 하나님을 즐거워하는 것만이 삶의 깊이와 넓이를 더욱 더하며 끝없는 기쁨과 행복을 안겨다 줍니다.

생각할 거리

고은의 "우리를 슬프게 하는 것들" 중

"되풀이 동작은 우리를 슬프게 한다. 시시포스는 영원히 산을 오르내리는 되풀이의 고통으로 끝이 없고, 도스토옙스키의 소설 속에서는 한 남자가 두 물통을 놓고 한쪽 물통의 물을 다른 물통에 붓고 그 물통을 한쪽 물통에 다시 붓는다. 이런 되풀이는 끝이 없다. 그뿐이 아니다. 인간의 도처에서 되풀이 동작은 그치지 않고 있다. 무용 교사는 언제나 똑같은 기본 동작을 해야 하고, 잠자는 것은 언제나 다리를 뻗고 눕는 동작의 되풀이다. 남자 디자이너는 언제나 단골 여자의 몸을 재고, 식자공은 아연의 굴 속에서 활자를 주워내야 한다."

3. 삶(신앙)의 원리와 내용

다음 과에서 살펴볼 웨스트민스터 소요리문답 제2문이 사람의 "인식"과 관련한 원리를 다룬다면, 제1문은 삶과 신앙의 원리를 다룹니다.

어떤 사람들은 마치 인간이 하나님을 만들어낸 것처럼 행동합니다. 하지만 하나님은 사람이 살아가는 데 필요해서 믿어주는 대상이 아닙니다. 사람을 위해 하나님이 존재하시는 것도 아닙니다. 하나님은 사람의 행복과 성공과 번영을 위해 존재해야만 할 것 같은 분이 아니십니다. 하나님이 먼저이시고 사람은 그 하나님을 위하여 존재합니다. 사람의 존재와 삶의 시작과 끝이 하나님이시고 삶의 목적과 의미 또한 하나님에게서 옵니다.

사람이 이 땅을 살아가며 받을 수 있는 가장 큰 상급은 무엇일까요? 과연 영원토록 퇴색하지 않는 의미의 상급이 있을까요? 하나님은 믿음의 조상 아브람에게 "아브람아, 두려워하지 말라. 나는 네 방패요, 너의 지극히 큰 상급이니라"(창 15:1)라고 말씀하셨습니다. 하나님은 하나님 자신을 우리에게 상급으로 주십니다. "알파와 오메가요, 처음과 마지막이요, 시작과 마침"(계 22:13)이신 하나님이 바로 우리의 방패가 되고 상급이 되십니다. 다윗은 시편에서 하나님이 자신에게 어떤 분이신지에 대해 다음과 같이 노래합니다.

> 5여호와는 나의 산업과 나의 잔의 소득이시니 나의 분깃을 지키시나이다.
> 6내게 줄로 재어 준 구역은 아름다운 곳에 있음이여, 나의 기업이 실로 아
> 름답도다. 7나를 훈계하신 여호와를 송축할지라. 밤마다 내 양심이 나를
> 교훈하도다. 8내가 여호와를 항상 내 앞에 모심이여, 그가 나의 오른쪽에
> 계시므로 내가 흔들리지 아니하리로다. 9이러므로 나의 마음이 기쁘고 나
> 의 영도 즐거워하며 내 육체도 안전히 살리니, 10이는 주께서 내 영혼을 스
> 올에 버리지 아니하시며 주의 거룩한 자를 멸망시키지 않으실 것임이니이
> 다. 11주께서 생명의 길을 내게 보이시리니 주의 앞에는 충만한 기쁨이 있
> 고 주의 오른쪽에는 영원한 즐거움이 있나이다(시 16:5-11).

다윗은 하나님으로 마음이 꽉 찬 사람이었습니다. 아무리 멋진 성공을 이룬 사람이라도 영원의 문제를 해결하지 못하면 마음 한구석이 텅 비게 됩니다. 하나님이 사람에게 영원을 사모하는 마음을 주셨기 때문입니다(전 3:11). 사람에게는 그 무엇으로도 채워지지 않는 "영적 공

간"이 있는데, 이것을 채우실 수 있는 분은 오직 하나님뿐이십니다. 스스로 계시며 만물을 만드시고 유지하시는 하나님만이 우리 삶의 근거가 됩니다. 우리는 무엇을 하든 어디에 어떻게 존재하든 하나님이 우리의 모든 것이 되시는 줄 알고 그에 따라 생각하고 행동해야 합니다.

예수님이 광야에서 마귀에게 시험당할 때 어떻게 이겨내셨습니까? 예수님은 "사람이 떡으로만 살 것이 아니요, 하나님의 입으로부터 나오는 모든 말씀으로 살 것"(마 4:4)이라고 말씀하셨습니다. 또 "주 너의 하나님을 시험하지 말라"(마 4:7)고 말씀하셨습니다. 마지막으로 "사탄아, 물러가라. 기록되었으되 '주 너의 하나님께 경배하고 다만 그를 섬기라' 하였느니라"(마 4:10)라고 말씀하셨습니다. 곧 하나님이 삶의 원리와 목적과 내용과 의미임을 천명하심으로써 이겨내신 것입니다. 웨스트민스터 소요리문답의 모든 내용 역시 유일하신 하나님에 대한 철저한 의존과 경배의 태도에 근거하고 있습니다.

참고 성구

맨 나중에 멸망 받을 원수는 사망이니라(고전 15:26).

21헤롯이 날을 택하여 왕복을 입고 단상에 앉아
백성에게 연설하니, 22백성들이 크게 부르되 "이
것은 신의 소리요 사람의 소리가 아니라" 하거늘
23헤롯이 영광을 하나님께로 돌리지 아니하므로
주의 사자가 곧 치니 벌레에게 먹혀 죽으니라(행
12:21-23).

24그러므로 모든 육체는 풀과 같고 그 모든 영광
은 풀의 꽃과 같으니 풀은 마르고 꽃은 떨어지
되 25오직 주의 말씀은 세세토록 있도다 하였으
니 너희에게 전한 복음이 곧 이 말씀이니라(벧전
1:24-25).

이 세상도, 그 정욕도 지나가되 오직 하나님의 뜻을 행하는 자는 영원히 거하느니라(요일 2:17).

생각할 거리

정상 수집가 peak hunter

지금까지 히말라야의 14좌를 완등한 등산 팀은 세계에서 30개 정도다. 우리나라는 엄홍길, 박영석, 한왕용, 오은선, 김재수, 김창호 등 세계에서 가장 많은 완등자를 자랑한다. 그런데 매년 세계에서 가장 뛰어난 등반 성과를 낸 산악인에게 주는 황금피켈상을 받은 한국인은 아직 없다.

산악 강국인 프랑스에는 14좌 완등자가 없다. 등산 종주국이라는 영국도 한 명(앨런 힝크스, 2005)의 완등자가 있을 뿐이다. 그 이유는 무엇일까? 그들의 실력이 부족하기 때문일까? 아니다. 그들의 실력은 전혀 부족하지 않다. 단지 그들은 완등 자체가 중요하다고 생각하지 않을 뿐이다.

세계의 많은 산악인은 "알파인 스타일"을 추구한다. 알파인 스타일이란 6명 이내의 소수 인원이, 사전 정찰이나 고정 로프 설치를 하지 않고 산소통이나 포터의 도움 없이 문명의 이기를 최대한 배제하면서 산을 오르는 방식이다. 이런 방식이 가치 있게 여겨지는 이유는 어차피 정복되지 않은 미답봉이 없는 상황에서, 인간의 한계에 도전하고 불굴의 투지로 진정한 성취를 맛보고자 하는 산악 등반의 원래 의미를 가장 분명하게 드러내는 방식이기 때문이다. 그래서 이 방식은 과거에 산 정상을 정복하는 것에 가치를 두던 "등정(登頂)주의"보다, 더 어렵고 험난한 경로를 선택해 등반 과정에서 의미를 찾는 "등로(登路)주의"에 무게를 둔다.

1953년에 세계에서 처음으로 에베레스트에 오른 사람은 20

세기의 가장 위대한 탐험가로 꼽히는 에드먼드 힐러리(Edmund Hillary, 1919-2008)다. 그는 영국왕실로부터 기사 작위를 받았는데, 이는 그가 단순히 최초의 에베레스트 등정가라서가 아니라 산에 오르는 자세와 삶의 방식이 훌륭했기 때문이었다. 그는 자기를 도와 같이 산에 오른 네팔인 셰르파 텐징에게 "너의 나라이니 먼저 오르라"고 하면서 에베레스트 정상을 먼저 밟을 기회를 양보했다. 그는 "에베레스트 첫 등정"이라는 영예를 홀로 누리는 것을 거부하면서 텐징과 함께였음을 늘 강조했다. 그뿐 아니라 그는 그 이후에도 많은 시간과 돈과 정열을 셰르파족과 네팔 주민들을 돕는 데 바쳤다. 그는 산의 고도(altitude)를 정복해서가 아니라 산과 삶에 대한 태도(attitude)가 남달랐기 때문에 세계적으로 존경받는 인물이 되었다.

그런데 여전히 많은 사람이 등정주의에서 벗어나지 못하고 있다. 히말라야 등정은 장사거리로 전락해버렸다. 8,000미터 이상의 고봉에 오르고 싶은 사람은 몇억 원의 돈을 해외 대행사에 지불하고, 대행사는 해발 4,500미터에 위치한 베이스캠프까지 산소통과 등산 장비 등 필요한 물품을 날라주는 것은 물론 필요한 정보와 셰르파까지 제공해준다. 베이스캠프는 여러 편의시설이 갖춰진 캠프장이 되었고, 에베레스트로 통하는 유명한 병목 구간인 "힐러리 스텝"에는 알루미늄 사다리를 설치해야 한다는 말까지 나올 정도다. 돈으로 "등정 티켓"을 구입하는 자들이 늘어나면서 이제 매년 600명 정도가 에베레스트 정상에 오른다고 한다.

급격한 사회 변화를 겪으며 가치를 내면화할 기회를 상실해온 우리나라에도 등정주의가 위세를 떨친다. 히말라야 14좌를 완등한 우리나라의 산악인 중 상당수는 남이 했던 방식을 따라 하거나 후원사의 든든한 재정 지원을 받았기 때문에 단순히 등정 기록만을 목표로 하는 "피크 헌터"(peak hunter)라고 비웃음을 산다.

그와 비슷하게 유럽의 음악 콩쿠르에서 입상하는 한국의 젊은 음악가는 얼마나 많은가? 많은 이가 어릴 적에 두각을 나타내 주목을 받지만 음악의 거장으로 성장하는 사례는 드물다. 음악의 의미와 가치에 대해 깊이 생각할 기회가 적고, 음악 자체를 사랑하기보다는 음악으로 정상을 정복하려는 이들이 넘쳐나기 때문이다.

2015년 9월, 미국의 월스트리트저널(*WSJ*)은 경쟁문화가 몸에 밴 한국인들은 등산마저 여유를 즐길 새 없이 빠르게 정상에 올랐다 내려오는 이른바 "경쟁 산행"을 한다고 보도했다. "경쟁문화에 익숙한 한국인들은 등산할 때도 경쟁적 자세를 쉽게 내려놓지 못하는데, 이는 모든 가치를 '정상'(peak) 정복에 두는 한국인들의 특성 때문"이라는 것이다.

우리나라에는 세계에서 50위 안에 드는 대형교회들이 많다. 하지만 세계에서 존경을 받는 교회들이 그만큼 되는지 의문이다. 많은 이들이 삼성전자와 현대자동차의 매출액을 부러워하고, 대형교회의 목사들을 부러워한다. 하지만 문제는 기업인들이나 대형교회 목회자들이 그만큼 존경을 받지는 못한다는 것이다. 나는 "아무도 2등은 기억하지 않는다"라는 광고 문구를 매우 싫어한다. 누구나 기억하는 1등이 되어야 한다는 법이 어디 있는가?

우리 사회, 특히 교회는 정상 정복이라는 결과보다 동기와 과정을 점검하는 태도를 회복해야 한다. 다른 이들은 기억하지 않아도 교회는 2등을 기억하고 나머지 사람들을 품으며 꼴찌를 격려할 줄 알아야 한다. 교회는 무슨 일을 하든지 본질적 측면에서 생각할 줄 알아야 하고 외적·물리적 성장에 진정한 가치가 있는지를 끊임없이 물어야 한다. 성경은 단순히 고도(altitude)를 정복하라고 말하지 않고, 오히려 하나님과 사람에 대한 사랑의 태도(attitude)를 강조하기 때문이다. 무엇이 진정 하나님을 영화롭게 하고 영원토록 즐거워하는 것인가?

1. 먼저 함께 모임을 하게 될 사람들과 인사를 나눕시다. 각자의 이름, 사는 곳, 가족, 직업, 취미, 좋아하는 색깔, 기도 제목 등을 이야기하며 자신을 소개하기 바랍니다. 다른 사람의 기도 제목을 잘 기억하면서 관심과 애정을 가지고 기도해줍시다.

2. 두 사람씩 짝을 지어 웨스트민스터 소요리문답 제1문을 묻고 답해봅시다. 근거 성구도 함께 읽어봅시다.

3. 영어 "엔드"(end)의 일차적 뜻은 "시간·사건·활동·이야기의 끝"입니다. 여기서 왜 "end"가 "목적"이라는 뜻을 갖게 되었는지 생각해봅시다.

4. 누가복음 12:16-21을 함께 읽으세요. "자기를 위하여 재물을 쌓아 두고 하나님께 대하여 부요하지 못한 자"란 어떤 사람을 말하는지 서로 나누어봅시다.

5. 누가복음 12:13-15을 함께 읽으세요. 예수님이 "누가 나를 너희의 재판장이나 물건 나누는 자로 세웠느냐?"라고 물으시고 "삼가 모든 탐심을 물리치라. 사람의 생명이 그 소유의 넉넉한 데 있지 아니하니라"라고 말씀하신 의미가 무엇인지 나누어봅시다.

6. 여러분은 사람이 무엇을 하든 결국 죽는다는 사실에 동의하나요? 죽음 앞에서도 영원한 의미로 남는 것이 있을까요? 전도서 2:10-11을 읽어보세요. 지혜자와 우매자는 어떤 면에서 같습니까? 전도서 3:18-20을 읽어보세요. 사람과 짐승의 공통점은 무엇인가요?

7. "자기 부정"이 참된 삶의 원리와 목적과 내용과 의미를 아는 데 왜 필요한지 이야기해봅시다.

8. 사도행전 12:21-23을 읽으세요. 헤롯이 받은 칭송은 헤롯의 능력으로 인한 것입니까, 하나님으로 인한 것입니까? 사람이 소유하는 건강, 학벌, 재산, 신분 중 오로지 자기 힘으로 얻었다라고 할 것이 있습니까? 이런 차원에서 여러분은 자신을 부정하고 있습니까?

9. 여러분은 고도(altitude)를 추구하면서 태도(attitude)를 경시한 적이 없습니까? 여러분이 삶 속에서 잃고 싶지 않은 태도는 무엇입니까?

10. 우리의 삶 속에서 하나님께 영광을 돌리고 그를 영원토록 즐거워한다는 것이 무슨 뜻인지 서로 나누어봅시다.

제2과

유일한 규칙인 성경

제2문. 하나님은 우리로 하나님을 영화롭게 하고 즐거워하도록 지도하시기 위하여 어떤 규칙을 주셨습니까?

What rule has God given to direct us how we may glorify and enjoy Him?

답. 구약과 신약 성경에 있는 하나님의 말씀이(딤후 3:16; 엡 2:20) 우리로 하나님을 영화롭게 하고 즐거워하도록 지도하시기 위한 유일한 규칙입니다(요일 1:3-4).

The Word of God, which is contained in the Scriptures of the Old and New Testaments, is the only rule to direct us how we may glorify and enjoy Him.

---

contain …이 들어 있다; 여기서 container(컨테이너, 그릇), content(속에 든 내용물, 차례)가 파생되었다.

rule 규칙, 원칙, 자

only 유일한, 오직(겨우) …만의; 원래는 onely였는데 "e"자가 빠지며 only가 되었다.

근거 성구

모든 성경은 하나님의 감동으로 된 것으로 교훈과 책망과 바르게 함과 의로 교육하기에 유익하니(딤후 3:16).

너희는 사도들과 선지자들의 터 위에 세우심을 입은 자라. 그리스도 예수께서 친히 모퉁잇돌이 되셨느니라(엡 2:20).

3 우리가 보고 들은 바를 너희에게도 전
함은 너희로 우리와 사귐이 있게 하려
함이니 우리의 사귐은 아버지와 그의
아들 예수 그리스도와 더불어 누림이
라. 4 우리가 이것을 씀은 우리의 기쁨
이 충만하게 하려 함이라(요일 1:3-4).

Tip 에베소서 2:20은 하나님이 사도들과 선지자들에게 특별하게 계시해주신 말씀 위에 에베소 교인들이 세우심을 입었다는 뜻이다.

해설

사람의 주된 목적을 아는 방법인 성경

2007년 10월에 연예인 박 모 씨는 자신의 아내인 옥 모 씨를 간통 혐의로 고소했고, 검찰은 옥 씨가 2006년 5월부터 팝페라 가수 정 모 씨와 간통을 저지른 혐의를 인정해 불구속 기소했습니다. 이에 대해 옥 씨는 2008년 1월 30일, "간통죄는 성적 자기 결정권을 침해한다. 개인의 성생활에 국가가 개입하는 것은 적절하지 않다"며 간통죄(형법 241조)에 대한 위헌법률심판을 제청했습니다.

Tip 제1문은 사람의 주된 목적이 무엇인지에 대하여 말하고, 제2문은 사람이 그 주된 목적을 성경을 통해 알 수 있다고 말한다.

그로부터 아홉 달 뒤인 10월 30일, 헌법재판소는 재판관 9명 중 4명이 합헌 의견, 1명이 헌법 불합치 의견, 4명이 위헌 의견을 내었습니다. 위헌법률 선고에 필요한 재판관 3분의 2 이상에 미치지 못하는 결과였습니다. 따라서 전원재판부는 "간통이 사회적 질서를 해치고, 선량한 성도덕과 가족 제도 보장이라는 취지에서 헌법소원을 기각했다"라고 판시했습니다. 그런데 이에 대해 사회 일각에서는 이 판결의 정당성에 대한 강한 의문을 제기했습니다. 헌법에 명시된 개인의 행복추구권을 보장한다는 입장에서 간통을 국가가 형법으로 제어해서는 안 된다는 것이었습니다.

여기서 거론된 "위헌법률심판"을 이해하려면 먼저 죄형법정주의(罪刑法定主義)를 알아야 합니다. 죄형법정주의란 어떤 행위가 범죄인지, 그리고 그에 따른 형벌은 무엇인지가 반드시 법률에 규정되어 있어야 한다는 원칙입니다. 이 원칙은 권력자나 국가가 형벌권을 오·남용하는 사례를 막아 국민의 자유와 인권을 보장합니다. 그런데 범죄와 형벌을 규정한 법률 자체에 문제가 있다면 어떻게 해야 할까요? 이런 경우에는 그와 관련한 특정 사건을 담당한 법원이나 소송 당사자가 해당 법률의 위헌 여부를 가려줄 것을 헌법재판소에 제청할 수 있고, 헌법재판소가 이 제청을 받아들여 실시하는 재판이 곧 위헌법률심판입니다.

Tip 대한민국헌법은 1948년에 제정되었다.

헌법은 "국가의 통치 조직과 통치 작용의 기본 원리 및 국민의 기본권을 보장하는 근본 규범"으로서 우리나라의 최고 법규입니다. 이 헌법은 입법 기구인 국회가 국민의 생활에 관한 다양한 법률을 만들 때 지도하는 역할을 합니다. 나아가 재판관, 검사, 변호사뿐 아니라 일반 국민까지도 헌법과 법률에 따라 다양한 사회적 결정을 내리며 살아갑니다.

헌법이 이처럼 중요한 척도 역할을 하는 것처럼 하나님의 말씀인 신구약성경은 신자들이 하나님을 영원토록 영화롭게 하고 즐거워하도록 이끌어주는 역할을 합니다. 건강한 시민의 삶은 헌법과 법률에 부합하는 삶입니다. 마찬가지로 신자들은 하나님의 말씀에 의지해 살아가야 합니다. 헌법과 법률은 사람이 만든 것이기 때문에 자주 바뀌기도 하지만, 하나님의 말씀은 영원하신 하나님이 만드셨기 때문에 시대와 상황에 상관없이 절대적 진리입니다.

현재 시행되거나 오랫동안 시행되어온 법률이라도 헌법 정신에 어긋난다고 판단되는 법률은 위헌법률심판을 거쳐 폐기됩니다. 실제로 간통죄 처벌 규정의 위헌 여부를 다시 심사한 헌법재판소는 2015년 2월 26일, "간통죄"를 규정한 형법 241조—"배우자 있는 자가 간통한 때에는 2년 이하의 징역에 처한다"—가 헌법에 위반된다는 판결을 내렸습니다. 간통은 이제 형법으로 다스릴 문제가 아니라 부정행위에 대해 손해배상 책임을 지게 하는 민법(826, 840조)으로만 다스릴 문제라는 판단이었습니다. 이로써 우리나라에서 간통죄는 62년 만에 역사 속으로 사라졌습니다. 우리는 간통죄 폐지에 대한 논란을 통해 사람들이 만든 법과 이것을 해석하는 사람들의 이해도가 얼마나 불안정한가를 알 수 있습니다.

그러나 현실 세계에서의 법률의 변화와 관계없이 간통은 그리스도인들에게 있을 수 없는 큰 죄입니다. 하나님은 십계명을 통해 "간음하지 말라"고 명령하셨고, 우리는 이것을 지키는 것이 하나님을 즐거워하는 것임을 알고 있습니다. 성경의 영원한 진리성은 사람들의 경험이나 전통, 논리나 판단을 넘어섭니다. 우리는 성경이 가라는 만큼 가고 멈추라는 곳에서 멈춥니다. 우리는 성경에 의거해 사색하고 그에 따라 행동합니다. 그것만이 진정한 현실이고, 올바름이고, 자유이기 때문입니다. 성경만이 유일한 규칙(the only rule)입니다.

1. 사람은 자기 소견이 아니라,
하나님이 가르쳐주신 방식대로 하나님을 섬겨야 합니다

어린아이들은 부모를 기쁘게 하려고 부모에게 과자와 사탕을 줍니다. 자신들이 좋아하는 것을 부모도 좋아한다고 여기기 때문입니다. 자기가 먹고 싶은 사탕을 부모에게 건네주는 마음은 칭찬받아 마땅합니다. 하지만 부모가 정말로 자녀에게 원하는 것은 사탕이 아닙니다. 자녀에게서 건강한 신체와 마음, 무엇이든 열심히 배우려는 자세 대신 사탕을 받으려고 할 부모는 없을 것입니다.

하나님을 영화롭게 하고 즐거워하는 방식도 사람의 수준에 맞추면 안 됩니다. 갈멜 산에서 엘리야와 대결을 펼친 바알 선지자들은 신의 응답을 빌며 제단 주위에서 뛰고 소리를 지르며 칼과 창으로 피가 흐르기까지 자기 몸에 상처를 냈습니다. 그들은 신이 그런 열정적이고 자극적인 호소를 좋아한다고 여겼던 것입니다. 잡신을 섬기는 우리 주변의 무당들과 어쩌면 그리 비슷한지 모릅니다.

우리는 하나님을 섬길 때 인간의 소견이 아니라 하나님이 알려주신 방식대로 섬겨야 합니다. 다른 모든 종교는 사람들이 신을 찾아가지만 기독교는 하나님이 사람들을 찾아오십니다. 다른 모든 종교는 사람들이 신을 만들지만 기독교는 하나님이 사람을 만드시고 구원하시며 성경을 통해 하나님을 섬기는 방법을 알려주십니다. 성경을 따르지 않는 하나님 섬김은 머지않아 하나님의 영광을 훼손하고 자신의 이익과 쾌락을 즐기는 우상숭배로 전락해버리고 맙니다.

2. 신자와 불신자 모두에게 허락된 일반계시의 유용성과 불충분성

하나님이 자신을 드러내시는 것을 "계시"라고 합니다. 계시에는 일반계시와 특별계시가 있는데, 그중 일반계시(general revelation)는 신자나 불신자 모두에게 허락하신 계시를 말합니다. 일반계시의 첫 번째 종류는 낮과 밤, 계절의 순환, 신비한 동식물, 웅장한 바다와 산하 등의 창조세계입니다. 불신자들도 창조세계를 보며 조물주를 느낍니다. 많은 사람이 신체의 오묘한 신비를 깨닫거나 아름다운 꽃과 잎사귀의 복잡한 수맥을 보며 그것들을 만든 존재가 있음을 인정합니다. 어김없이 찾아오는 계절의 순환을 보며 이 세상이 누군가에 의해 보호받고 있다는 사실을 깨닫는 사람도 있습니다.

일반계시의 두 번째 종류는 시간의 흐름을 통해 역사 안에서 나타나는 하나님의 섭리입니다. 사필귀정(事必歸正)이나 인과응보(因果應報)라는 말은 모두 뿌린 대로 갚아주시는 절대자에 대한 전제가 드러나는 말들입니다. 영어에도 "결국 정의가 이긴다"(Right will prevail in the end)라는 속담이 있습니다. 비신자들도 막연하게나마 이런 말들을 믿기 때문에 자신의 억울함을 누군가 풀어줄 것을 기대하며 살아갑니다. "지는 자가 이긴다"라는 말이나 "자기 원수는 남이 갚아준다"는 속담은 모두 섭리자 하나님에 대한 느낌을 표현합니다.

일반계시의 세 번째 종류는 인류가 보편적으로 공유하는 양심입니다. 사람은 원래 착한 일을 하면 마음이 편하고, 나쁜 짓을 하면 불안합니다. 동서고금을 막론하고 옳고 그름에 대한 나름의 기준이 사람의 내면에 존재한다는 사실은 절대자의 존재를 분명하게 각인시켜줍니다.

이렇게 신자와 불신자 모두를 대상으로 하는 일반계시의 유용성은 무엇일

Tip
事: 일, 사업 사
歸: 돌아갈, 마칠 귀
應: 응할, 대답할 응
報: 갚을, 알릴 보

일반계시의 유용성을 보여주는 성구

14율법 없는 이방인이 본성으로 율법의 일을 행할 때에는 이 사람은 율법이 없어도 자기가 자기에게 율법이 되나니 15이런 이들은 그 양심이 증거가 되어 그 생각들이 서로 혹은 고발하며 혹은 변명하여 그 마음에 새긴 율법의 행위를 나타내느니라(롬 2:14-15).

"그러나 자기를 증언하지 아니하신 것이 아니니 곧 여러분에게 하늘로부터 비를 내리시며 결실기를 주시는 선한 일을 하사 음식과 기쁨으로 여러분의 마음에 만족하게 하셨느니라" 하고(행 14:17).

27이는 사람으로 혹 하나님을 더듬어 찾아 발견하게 하려 하심이로되 그는 우리 각 사람에게서 멀리 계시지 아니하도다. 28우리가 그를 힘입어 살며 기동하며 존재하느니라. 너희 시인 중 어떤 사람들의 말과 같이 우리가 그의 소생이라 하니 29이와 같이 하나님의 소생이 되었은즉 하나님을 금이나 은이나 돌에다 사람의 기술과 고안으로 새긴 것들과 같이 여길 것이 아니니라(행 17:27-29).

까요? 첫째, 사람들에게 하나님을 알 기회를 제공합니다. 사도 바울이 말했듯이 창세로부터 하나님의 영원하신 능력과 신성이 그가 만드신 만물에 분명히 보여 알게 되므로 불신자들은 핑계할 수 없습니다(롬 1:19-20). 둘째, 신자와 비신자 간의 접촉점을 가능하게 해줍니다. 신자는 비신자들이 막연하게 느끼는 창조자, 섭리자, 심판자에 대한 감각을 사용해 복음을 전할 수 있습니다. 셋째, 인간 사회가 질서를 유지하며 풍요롭게 발전할 가능성을 열어줍니다.

하지만 불신자가 일반계시만으로도 하나님을 알 수 있는 것은 아닙니다. 일반계시로는 창조자와 섭리자이시며 심판자이신 하나님을 "흐릿하게" 알 뿐입니다. 일반계시로는 구원자 하나님을 제대로 알 길이 없습니다. 하나님의 아들이신 예수 그리스도가 죄인을 위해 십자가에 못 박혀 죽으셨다는 사실은 자연과 역사와 양심을 자세히 살펴도 정확하게 드러나지 않습니다. 일반계시는 분명 유용하지만, 그 자체로 충분한 것은 아닙니다. "유한은 무한을 인식하지 못합니다"(*Finitum non possit capere infinitum*). 유한한 인간은 무한한 하나님을 이해할 수 없으므로 무한한 하나님이 유한한 인간의 수준에 맞추어주셔서 특별계시를 통해 하나님을 알게 하셨습니다.

일반계시의 불충분성을 보여주는 성구

내 아버지께서 모든 것을 내게 주셨으니 아버지 외에는 아들을 아는 자가 없고 아들과 또 아들의 소원대로 계시를 받는 자 외에는 아버지를 아는 자가 없느니라(마 11:27).

예수께서 이르시되 "내가 곧 길이요 진리요 생명이니 나로 말미암지 않고는 아버지께로 올 자가 없느니라"(요 14:6).

영생은 곧 유일하신 참 하나님과 그가 보내신 자 예수 그리스도를 아는 것이니이다(요 17:3).

3. 선택받은 자에게만 허락된 특별계시

하나님은 구원을 위해 선택하신 자들에게 특별히 더 많은 것을 알려주셨습니다. 하나님은 자신을 직접 드러내어 말씀하기도 하셨는데, 아브라함에게는 횃불 가운데서, 모세에게는 떨기나무 불꽃 가운데서, 욥에게는 폭풍 가운데서 나타나 말씀하셨습니다. 하나님은 에덴동산에서 아담과 하와에게 말씀하셨고, 노아와 그 아들들에게도 말씀하셨으며 모세에게는 자주 말씀하셨습니다. 성경에서는 제비뽑기도 하나님의 특별하신 뜻을 알려주는 방법입니다. 예언자 요나를 싣고 가던 배의 사공들은 제비를 뽑아 요나가 폭풍의 원인이라는 사실을 알아냈고, 여호수아는 제비뽑기로 아간의 죄를 밝혀냈습니다. 제사장이 하나님의 뜻을 분별하는데 사용한 "우림과 둠밈"도 제비의 일종이었습니다. 그 외에 꿈이나 환상이나 이상도 특별계시(special revelation)의 중요한 방법이었고, 기적도 하나님의 뜻을 전하는 특별한 수단이었습니다.

특별계시에 대한 성구

32네가 있기 전 하나님이 사람을 세상에 창조하신
날부터 지금까지 지나간 날을 상고하여 보라. 하
늘 이 끝에서 저 끝까지 이런 큰일이 있었느냐? 이
런 일을 들은 적이 있었느냐? 33어떤 국민이 불 가
운데에서 말씀하시는 하나님의 음성을 너처럼 듣
고 생존하였느냐? 34어떤 신이 와서 시험과 이적
과 기사와 전쟁과 강한 손과 편 팔과 크게 두려운
일로 한 민족을 다른 민족에게서 인도하여 낸 일
이 있느냐? 이는 다 너희의 하나님 여호와께서 애
굽에서 너희를 위하여 너희의 목전에서 행하신 일
이라. 35이것을 네게 나타내심은 여호와는 하나님
이시요, 그 외에는 다른 신이 없음을 네게 알게 하
려 하심이니라(신 4:32-35).

37"만일 내가 내 아버지의 일을 행하지 아니하거
든 나를 믿지 말려니와 38내가 행하거든 나를 믿지
아니할지라도 그 일은 믿으라. 그러면 너희가 아
버지께서 내 안에 계시고 내가 아버지 안에 있음
을 깨달아 알리라" 하시니(요 10:37-38).

4. 특별계시의 기록인 성경

프랑스 작곡가 생상스(Camille Saint-Saëns, 1835-1921)가 1886년에 작곡한 "동물의 사육제"라는 관현악곡을 알고 계신가요? 생상스는 14곡의 소품에서 여러 동물들을 다양한 악기로 표현했습니다. 그런데 음악만 듣고서 그 동물이 어떤 동물인지 알아맞히기란 쉽지 않습니다. 그 유명한 "사계"를 들어도 사전 지식이 없다면 어떤 곡이 어떤 계절을 그린 것인지 알아맞히기가 쉽지 않습니다. 음악이나 그림은 강렬한 심상(image)을 전달하지만 언어보다 정확할 수는 없습니다. 어떤 사실을 구체적으로, 혼동 없이 전하기 위해서는 "언어"라는 매개체를 사용해야 합니다. 하나님도 사람들에게 특별히 계시한 내용을 후세에 전하는 도구로 음악이나 그림이 아니라 언어를 선택하셨습니다.

언어는 크게 말과 문자로 나눌 수 있습니다. 말은 문자보다 더 친근하고 생생하지만, 망각이나 왜곡이라는 인식의 특징 때문에 정확성이 떨어집니다. 하나님은 자신의 특별계시를 망각과 변형의 위험으로부터 보호하기 위해서 문자로 기록하게 하셨습니다. 그것이 바로 성경입니다. 간단히 정리하면, 일반계시만으로는 불충분하여 특별계시가 필요했고, 특별계시를 망각과 왜곡으로부터 지키기 위해 성경이 필요했습니다.

특별계시의 기록에 대한 성구

3모세가 와서 여호와의 모든 말씀과 그의 모든 율
례를 백성에게 전하매 그들이 한 소리로 응답하여
이르되 "여호와께서 말씀하신 모든 것을 우리가
준행하리이다." 4모세가 여호와의 모든 말씀을 기
록하고(출 24:3-4).

25그 날에 여호수아가 세겜에서 백성과 더불어 언
약을 맺고 그들을 위하여 율례와 법도를 제정하였
더라. 26여호수아가 이 모든 말씀을 하나님의 율법
책에 기록하고(수 24:25-26).

사무엘이 나라의 제도를 백성에게 말하고 책에 기록하여 여호와 앞에 두고 모든 백성을 각기 집으로 보내매(삼상 10:25).

20먼저 알 것은 성경의 모든 예언은 사사로이 풀
것이 아니니 21예언은 언제든지 사람의 뜻으로 낸
것이 아니요 오직 성령의 감동하심을 받은 사람들
이 하나님께 받아 말한 것임이라(벧후 1:20-21).

15또 우리 주의 오래 참으심이 구원이 될 줄로 여
기라. 우리가 사랑하는 형제 바울도 그 받은 지혜
대로 너희에게 이같이 썼고 16또 그 모든 편지에도
이런 일에 관하여 말하였으되 그중에 알기 어려운
것이 더러 있으니 무식한 자들과 굳세지 못한 자
들이 다른 성경과 같이 그것도 억지로 풀다가 스
스로 멸망에 이르느니라(벧후 3:15-16).

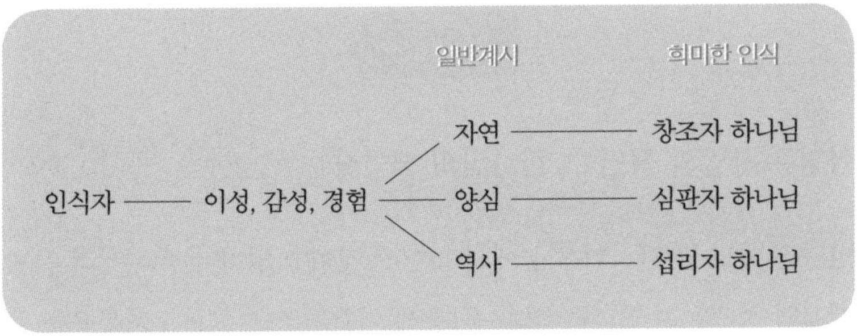

〈표1〉 일반인들의 하나님에 대한 희미한 인식

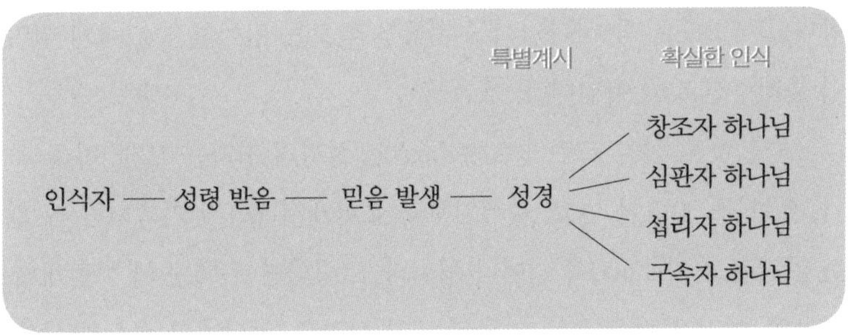

〈표2〉 신자들의 믿음을 통한 하나님에 대한 확실한 인식

〈표1〉은 사람이 자연과 양심과 역사라는 일반계시를 통해 창조자, 심판자, 섭리자가 되시는 하나님에 대해 희미하게 인식하는 것을 나타냅니다. 반면 〈표2〉는 사람이 성령을 받아 믿음이 생기면 성경을 통해 창조자, 심판자, 섭리자, 그리고 구속자가 되시는 하나님을 확실하게 인식한다는 것을 나타냅니다. 여기서 특히 주목해야 할 것은 자연과 양심과 역사라는 일반계시만 가지고는 "구속자 하나님"을 인식할 수 없다는 사실입니다.

Tip 특별계시의 필요성: 일반계시의 불충분성 때문

성경의 필요성: 특별계시를 망각과 왜곡으로부터 지키기 위해

심화 연구

성경은 사람의 책인가, 하나님의 책인가?

성경은 어느 날 갑자기 하늘에서 떨어진 것이 아닙니다. 하나님의 특별 계시인 성경은 여러 사람의 손을 통해 기록되었습니다. 누가복음을 쓴 누가는, 예수님과 동행하면서 예수님이 행하신 일과 가르치신 것을 직접 목격한 자들이 전해준 내력을 그대로 저술하려고 붓을 들었다고 말합니다(눅 1:1-4). 즉 하나님이 누가복음의 모든 단어를 누가에게 일일이 불러주신 것이 아닙니다.

구약 39권, 신약 27권으로 총 66권인 성경의 저자는 모세, 바울, 누가, 요한 등 30명이 넘고, 창세기부터 요한계시록까지 기록되는 데 걸린 기간은 거의 1,600여 년이나 됩니다. 그렇다면 우리는 왜 이렇게 오랫동안, 여러 사람을 통해 기록된 책인 성경을 "하나님의 무오한 말씀"으로 믿는 것일까요? 어떻게 보면 누가복음은 누가의 개인적인 기록일 뿐입니다. 누가가 아무리 정확하게 기록했다고 해도 인간은 누구나 기억의 망각에서 벗어날 수 없고, 인간의 저술이란 저자의 고유한 관점과 가치관의 영향을 받기 마련이지 않습니까?

이에 대해 디모데후서 3:15-17과 베드로후서 1:20-21은 모든 성경이 하나님의 감동을 통해 기록되었다고 말합니다. 하나님은 성경을 쓴 저자들의 성격과 학식과 경험을 효과적으로 사용하시는 동시에 하나님의 뜻을 온전히 계시하셨습니다. 따라서 성경에는 문체와 어휘 및 논리 전개 방법 등을 통해 수많은 저자들의 특성이 나타나지만, 동시에 하나님의 뜻이 반영된 통일성이 새겨져 있습니다. 성경의 최종 저자는 결국 하나님이십니다. 성경이 일반 역사서나 문학과 다른 점은 하나님이 개입하시어 하나님의 뜻이 기록되게 하셨다는 것입니다. 예수님도 구약성경을 전적인 하나님의 말씀으로 인정하고 인용하셨습니다.

하나님의 영감(靈感)을 받아 쓰인 문서는 성경이 되고, 사람의 생각으로 쓰인 것은 성경이 될 수 없었습니다. 한 가지 예로 복음서에 대해 살펴보면, 예수님의 삶에 대해서는 여러 사람이 기록을 남겼지만 그 모든 기록이 성경으로 인정된 것은 아니었습니다. 네 개의 복음서가 성경으로 인정받은 기준은 첫째, 하나님의 영감을 받은 사도나 그들과 밀접한 연관을 가진 사람이 쓴 것이어야 했습니다. 둘째, 구약성경 및 예수님과 다른 사도들이 전한 내용과 일치하는 내용을 담고 있어야 했습니다. 셋째, 보편성을 가지고 있어야 했습니다. 즉 그 기록이 특정 지역과 시대만이 아니라 모든 지역과 시대에 걸쳐 성도들에게 받아들여졌어야 성경으로 인정되었습니다.

Tip 기독교 정경이 지금과 같은 66권으로 공식화된 것은 기원후 397년에 열린 카르타고 종교회의를 통해서였다.

기계적 영감과 유기적 영감

성경의 저자들이 “기계적 영감”(mechanical inspiration)을 받은 것이라면 그들은 단순히 하나님이 말씀하시는 것을 그대로 받아적는 기계 역할을 한 것에 불과합니다. 하지만 이는 영감에 대한 올바른 이해가 아닙니다. 성경을 기록한 사람들은 사고가 정지되거나 황홀경에 빠진 상태에서 하나님이 일러주신 단어를 기계적으로 받아쓰지 않았습니다.

그 대신 우리는 하나님이 기록자의 전 인격을 사용해 성경을 기록할 수 있도록 “유기적(有機的) 영감”(organic inspiration)을 주셨다고 믿습니다. 하나님은 저자들의 환경이나 신앙 경험, 교육 수준이나 문체

등을 무시하지 않으시고 성경을 기록할 때 적절히 사용되도록 허락하셨습니다. 따라서 성경에는 하나님이 특별히 선택하신 기록자들의 생각과 개성과 삶이 묻어나기 마련입니다.

그런데 우리가 유기적 영감설을 받아들일 때 주의해야 할 점이 있습니다. 그것은 성경 기록자에 대해 지나치게 강조해서는 안 된다는 것입니다. 누가는 다른 사람이 먼저 기록한 것을 자세히 살피는 가운데 누가복음을 기록했습니다. 즉 그는 자유로운 판단을 통해 자신의 기준에 맞게 자료를 취사하고 정리해서 성경을 쓴 것입니다. 하지만 누가복음은 누가의 개인적인 저작이 아니라 성령에 의해 쓰인 것입니다. 누가복음의 진짜 저자이신 하나님은 그의 자유로운 판단마저도 주권적으로 사용하셨습니다. 하나님은 성경의 저자들도 의식하지 못하는 가운데 개입하셔서 성경이 오류 없이 완전한 진리를 담아내도록 가장 정확한 단어를 영감으로 주셨습니다.

하나님이 사람에게 자신을 계시하시어 당신의 진리를 기록으로 남기기 원하셨기 때문에 성경이 우리에게 주어졌습니다. 하나님이 드러내시지 않고, 드러내시더라도 우리의 수준에 맞추어주시지 않는다면 우리는 결코 하나님을 알 수 없습니다. 신적 진리는 우리가 알아내는 것도 아니고, 발견하는 것도 아닙니다. 하나님이 허락해주셔야만 합니다. 인간은 절대로 스스로 성경을 쓸 수 없습니다. 영원한 진리를 담은 글을 어찌 유한한 인간이 스스로 만들어내거나 발견할 수 있겠습니까?

다니엘은 꿈속에서 환상을 받고 그 꿈에 대해 기록했습니다.

> 바벨론 벨사살 왕 원년에 다니엘이 그의 침상에서 꿈을 꾸며 머릿속으로 환상을 받고 그 꿈을 기록하며 그 일의 대략을 진술하니라(단 7:1).

그 뒤에 다니엘이 기록한 내용은 절대로 인간이 궁구하여 알 수 있는 내용이 아니었습니다. 물론 다니엘은 하나님이 말씀하시는 것을 그대로 받아쓴 것이 아니라, 자기가 본 이상을 자기의 전 인격을 동원해 글로 표현했습니다. 그런데 다니엘에게 이상을 보여주신 하나님은 그것을 기록하는 일까지도 은혜를 베풀어 오류가 없도록 하셨습니다.

예언자 이사야도 유다와 예루살렘에 대하여 본 이상을 기록하여 이사야서를 남겼습니다. 예레미야도 유다 왕 요시야가 다스린 지 13년 되는 때에 자기에게 임한 여호와의 말씀을 기록하여 우리에게 성경으로 남겼습니다. 성경의 마지막 책인 요한계시록도 하나님이 요한에게 보여주신 이상과 들려주신 말씀을 기록한 것입니다. 비록 이사야와 예레미야와 사도 요한은 나름의 학식과 경험과 생각을 동원해 자신만의 어휘와 문체와 스타일로 성경을 기록했지만, 그 모든 내용은 하나님이 알려주고 생각나게 하지 않으셨다면 결코 기록할 수 없는 것들입니다.

참고 성구

마음에 자원하는 남녀는 누구나 여호와께서 모세의 손을 빌어 명령하신 모든 것을 만들기 위하여 물품을 드렸으니 이것이 이스라엘 자손이 여호와께 자원하여 드린 예물이니라(출 35:29).

여호와의 영이 나를 통하여 말씀하심이여 그의 말씀이 내 혀에 있도다(삼하 23:2).

여호와를 찬송할지로다. 그가 말씀하신 대로 그의 백성 이스라엘에게 태평을 주셨으니 그 종 모세를 통하여 무릇 말씀하신 그 모든 좋은 약속이 하나도 이루어지지 아니함이 없도다(왕상 8:56).

여호와께서 그의 손을 내밀어 내 입에 대시며 여호와께서 내게 이르시되 "보라, 내가 내 말을 네 입에 두었노라"(렘 1:9).

주 여호와께서 이같이 말씀하셨느니라. "내가 옛적에 내 종 이스라엘 선지자들을 통하여 말한 사람이 네가 아니냐? 그들이 그때에 여러 해 동안 예언하기를 내가 너를 이끌어다가 그들을 치게 하리라"(겔 38:17).

성경을 살펴보면 하나님이 마치 기계적 영감을 주신다고 말하는 것 같은 구절들도 있습니다. 사무엘하 23:2에서 다윗은 "여호와의 영이 나를 통하여 말씀하심이여, 그의 말씀이 내 혀에 있도다"라고 말합니다. 민수기에는 하나님이 "발람의 입에 말씀을 주시며 이르시되 '발락에게 돌아가서 이렇게 말할지니라'"(민 23:5)라고 명하신 부분이 있고, 예레미야서에는 "여호와께서 그의 손을 내밀어 내 입에 대시며 여호와께서 내게 이르시되 '보라, 내가 내 말을 네 입에 두었노라'"(렘 1:9)라고 하신 구절도 있습니다.

성경은 이처럼 사람의 전 인격을 사용하시되, 진리가 파괴되지 않도록 오류를 막으시고 어휘와 문체와 스타일에까지 개입하시는 하나님이 쓰신 책입니다. 디모데후서 3:16은 모든 성경이 하나님의 감동으로 되었다고 말하는데, "하나님의 감동"으로 번역된 그리스어 "테오프뉴스토스"(θεόπνευστος)는 "하나님이 숨을 불어넣으신"(God-breathed)이라는 뜻입니다. 즉 성경은 하나님이 직접 성경 저자들에게 하나님의 뜻을 집어넣어 성경을 기록하게 하셨다고 말합니다.

1. 여러분에게 문제가 있을 때 상의할 수 있는 멘토(mentor: 믿을 만한 의논 상대, 고문, 스승)가 있습니까? 여러분은 누군가의 멘토가 되어 조언을 해주거나 돕는 역할을 한 적이 있습니까?

2. 웨스트민스터 소요리문답 제2문을 서로 묻고 답해봅시다. 근거 성구도 살펴봅시다.

3. 그리스도인들에게 성경은 헌법과 같은 역할을 합니다. 영어 "온리"(only)는 one + ly에서 나온 말로 "유일한"이란 뜻입니다. 성경은 왜 유일한 규칙(the only rule)이 될까요? 사람들의 경험과 전통과 학문보다 성경이 영원한 규칙이 되는 이유는 무엇인가요?

4. 하나님을 영화롭게 하고 즐거워할 때 사람이 생각하는 방식대로 해야 합니까, 아니면 하나님이 원하시고 가르쳐주시는 방식대로 해야 합니까?

5. 일반계시의 유용성에 대한 성구(롬 2:14-15; 행 14:17; 17:27-29)와 일반계시의 불충분성에 대한 성구(마 11:27; 요 14:6)를 살펴보면서 일반계시의 성격에 관해 이야기해봅시다.

6. 신자에게만 주어진 특별계시의 방식들은 무엇인지 이야기해봅시다.

7. 여러 방식으로 주어진 특별계시가 글로 기록되어 성경으로 전해진 이유는 무엇인가요?

8. 일반인들이 하나님에 대해 인식하는 내용과 신자들이 믿음을 통해 하나님에 대해 인식하는 내용은 어떤 차이가 있습니까?

9. 하나님의 특별계시인 성경을 더 가까이하고 더 잘 알기 위해서는 어떻게 해야 할지 함께 나누고 실천 사항을 정해봅시다.

memo

제3과

성경의 주된 내용

제3문. 성경이 주로 가르치는 것은 무엇입니까?

What do the Scriptures principally teach?

답. 성경이 주로 가르치는 것은 사람이 하나님에 대하여 무엇을 믿어야만 하고, 하나님이 사람에게 요구하시는 의무가 무엇인지에 관한 것입니다(딤후 1:13; 3:14-16).

The Scriptures principally teach what man is to believe concerning God, and what duty God requires of man.

---

principal 주요한, 주된, 학장, 총장, 교장

principally 주로

be to …해야 한다, …할 예정이다

require 요구하다. 필요로 하다; "…에게 요구하다"의 경우 전치사 of를 쓴다.

근거 성구

너는 그리스도 예수 안에 있는 믿음과
사랑으로써 내게 들은 바 바른 말을 본
받아 지키고(딤후 1:13).

14그러나 너는 배우고 확신한 일에 거
하라. 너는 네가 누구에게서 배운 것을
알며 15또 어려서부터 성경을 알았나
니 성경은 능히 너로 하여금 그리스도
예수 안에 있는 믿음으로 말미암아 구원
에 이르는 지혜가 있게 하느니라. 16모
든 성경은 하나님의 감동으로 된 것으
로 교훈과 책망과 바르게 함과 의로 교
육하기에 유익하니(딤후 3:14-16).

해설

성경의 주된 내용

웨스트민스터 소요리문답 제1문은 "사람의 주된 목적"을 다루고, 제2문은 그 주된 목적을 알려주는 "성경"에 대해 말하며, 제3문은 그 성경의 주된 내용이 무엇인지 알려줍니다. 구약 39권, 신약 27권, 총 66권으로 이루어진 성경은 그 방대한 분량만큼 다양한 내용을 포함하고 있습니다. 정치, 경제, 사회, 문화, 역사, 문학 등 언급되지 않는 분야가 없을 정도입니다. 그런데 성경이 주로(principally) 가르치는 내용은 사람이 하나님에 관하여 무엇을 믿어야만 하는지, 그리고 하나님이 사람에게 어떤 의무를 요구하시는지에 관한 것입니다. 성경의 방대한 내용은 주로 이러한 관점에서 살펴보아야 합니다. 그렇지 않으면 성경은 인문학 서적이나 자기계발 참고서 따위로 전락해버립니다. 사실 웨스트민스터 소요리문답은 성경이 주로 가르치는 내용에 따라 다음과 같이 구분됩니다.

Tip 제1문은 사람의 주된 목적이 무엇인지에 대하여 말하고, 제2문은 사람이 그 주된 목적을 성경을 통해 알 수 있다고 말한다.

I. **사람이 하나님에 대하여 믿어야 할 바**(제1-38문)

1. **서론**(제1-3문): 인생의 목적과 성경
2. **신론**(제4-12문): 하나님의 속성, 삼위일체, 작정, 창조, 섭리
3. **인간론**(제13-20문): 사람의 죄와 죄의 결과
4. **기독론**(제21-28문): 그리스도의 인격과 사역
5. **구원론**(제29-36문): 구원의 적용과 구원의 서정
6. **종말론**(제37-38문): 사람의 죽음과 부활

II. **하나님이 사람에게 요구하시는 의무**(제39-107문)

7. **교회론**

1) 율법과 십계명(제39-81문)

ㄱ. 하나님 사랑(제45-62문)

ㄴ. 이웃 사랑(제63-81문)

2) 믿음과 회개(제82-87문): 구원론

3) 은혜의 수단(제88-107문)

ㄱ. 은혜의 세 가지 수단(제88문): 말씀, 성례, 기도

ㄴ. 말씀에 대해(제89-90문)

ㄷ. 성례에 대해(제91-97문)

ㄹ. 기도에 대해(제98-107문): 주기도문

조직신학(Systematic Theology) 혹은 교의학(Dogmatics)의 종류

신학은 크게 성경신학(구약신학, 신약신학), 역사신학(교리사, 교회사), 실천신학(설교학, 목회학, 전도학, 상담학, 교회행정학, 기독교교육학), 조직신학 등으로 나뉩니다. 그리고 조직신학은 서론, 신론, 인간론, 기독론, 구원

론, 교회론, 종말론으로 나뉘는데 각각의 분야가 다루는 내용은 다음과 같습니다.

1. **서론**: 종교, 외적 인식의 원리(계시), 내적 인식의 원리(믿음)
2. **신론**
   1) 하나님의 존재: 하나님의 속성, 삼위일체
   2) 하나님의 사역: 작정, 창조, 섭리
3. **인간론**: 인간의 기원, 행위언약, 죄의 기원과 특성과 전이와 형벌, 은혜언약
4. **기독론**
   1) 그리스도의 위격: 그리스도의 명칭, 그리스도의 신성과 인성
   2) 그리스도의 신분과 직분: 낮아짐과 높아짐의 신분, 선지자와 제사장(속죄)과 왕의 삼중직
5. **구원론**: 성령의 사역, 성도의 부르심, 중생, 회개, 믿음, 칭의, 성화, 견인
6. **교회론**: 교회의 성질, 정치, 권세, 은혜의 수단, 말씀, 세례, 성찬
7. **종말론**
   1) 개인적 종말론: 육체적 죽음, 영혼 불멸, 죽음과 부활 사이
   2) 우주적 종말론: 그리스도의 재림, 천년왕국, 부활, 최후의 심판

여기서 우리는 조직신학의 내용이 앞서 살펴본 웨스트민스터 소요리문답의 전체 구조와 상당 부분 비슷하다는 사실을 알 수 있습니다. 이는 신앙고백과 조직신학이 모두 기독교의 교리를 다루기 때문입니다. 따라서 소요리문답의 각 문항에 대하여 더 자세히 알고 싶을 때는

해당 분야의 조직신학 자료를 참고하면 큰 도움이 됩니다.

"서론"은 사람이 무엇을 인식할 때 그 근거가 무엇인지를 다룹니다. 우리는 소요리문답 제2문에서 판단의 근거가 성경임을 살펴보았는데, 이것이 바로 "외적 인식의 원리"입니다. 그리고 신자는 이성이나 감성이 아니라 믿음이라는 인식 수단으로 성경을 살펴보는데, 이것이 "내적 인식의 원리"입니다. 이 두 가지 인식의 원리에 대해서는 뒤에 나오는 "심화 연구"에서 더 자세히 살펴보겠습니다.

"신론"의 내용은 크게 "하나님의 존재"와 "하나님의 사역"으로 나뉩니다. 전자에서는 하나님의 속성과 삼위일체를 다루고, 후자에서는 하나님의 작정과 창조와 섭리를 다룹니다.

"인간론"은 인간에 대한 성경적 지식을 다룹니다. 참된 지식은 하나님에 대한 지식과 인간에 대한 지식을 모두 갖춰야만 완성됩니다. 인간론에서는 성경의 가르침을 따라 인간이 어떻게 존재하게 되었는지, 인간에게 어떤 책무가 주어졌는지, 죄의 기원과 특성, 죄의 전이와 벌은 무엇인지, 그리고 죄를 지은 인간에게 하나님이 베푸신 언약이 무엇인지를 살펴봅니다.

"기독론"에서 기독(基督)은 그리스도를 가리키는 헬라어 "크리스토스"(Χριστός)를 음역한 한자입니다. 따라서 기독론은 그리스도가 신성과 인성을 지니신 한 인격이심을 다루고, 또 예수님의 신분과 수행하신 직분에 대해 다룹니다.

"구원론"은 그리스도가 객관적으로 획득하신 구원이 우리에게 구체적으로 어떻게 적용되는지를 다룹니다. 신론이 특별히 성부 하나님에 대하여, 기독론이 특별히 성자 하나님에 대하여 다룬다면, 구원론은 특별히 성령 하나님에 대하여 다룹니다. 성도의 부르심, 중생, 회개, 믿음,

칭의, 성화, 견인을 주장하시는 분이 바로 성령 하나님이십니다. 따라서 구원론은 "성령론"이라고도 할 수 있습니다.

"교회론"은 교회의 성질, 정치, 권세에 대하여 다루고 은혜의 수단인 말씀, 세례, 성찬에 대해서도 이야기합니다. 여기서 말씀과 성례(세례와 성찬)는 하나님이 우리에게 은혜를 주시는 통로 역할을 하기에 "은혜의 수단"이라고 합니다. 웨스트민스터 소요리문답은 여기에 "기도"를 덧붙입니다.

"종말론"은 크게 개인의 죽음을 다루는 개인적 종말론과 우주 자체의 종말을 다루는 일반(우주)적 종말론으로 나뉩니다. 개인적 종말론이 육체적 죽음, 영혼 불멸, 죽음과 부활 사이의 상태를 다룬다면 우주적 종말론은 그리스도의 재림, 천년왕국, 부활, 최후의 심판을 다룹니다.

심화 연구

외적 인식 원리(성경)와 내적 인식 원리(믿음)

청년 시절, 저희 집에는 진돗개 한 마리가 있었습니다. 어느 날 텔레비전에서 "동물의 세계"를 보는데 사자가 초식동물을 잡아먹는 장면이 나왔습니다. 개가 사자를 보면 어떤 반응을 보일지 호기심이 발동한 저는, 저만치 누워 있는 진돗개를 부른 후 텔레비전에 나오는 사자를 손으로 가리켰습니다. 개나 고양이는 사자나 호랑이를 보면 무서워서 뒷걸음을 친다는데, 용감하기로 소문난 진돗개는 어떤 반응을 보였을까요? 도망가지 않고 짖거나 덤벼들었을까요?

진돗개는 모든 예상을 뒤엎고 텔레비전을 가리키는 손끝만 쳐다보았습니다. 짐승에게는 **방향성**이 없기 때문이었습니다. 만약 그때 그 진돗개가 손가락으로 가리킨 방향을 보았다면 아마도 그것이 이적이고 신비였을 것입니다. 하지만 그런 일은 일어나지 않았습니다. 이처럼 사람에게는 너무나 평범하고 당연한 이성과 감성의 능력조차 동물에게는 넘지 못할 차원인 경우가 많습니다.

불신자들에게 예수님을 믿으라고 전하면 그들은 정작 예수님은 보지 않고 쓸데없는 것들로 시비를 겁니다. 기독교인과 교회의 부정적인 점을 지적하거나 신이 있다면 직접 보게 해달라고 도전하기도 합니다. 그들에게는 예수님을 볼 수 있는 방향성이 없습니다.

그렇다면 신자들은 어떻게 보이지 않는 예수님을 인식할까요? 그것은 "믿음"이라는 인식 수단이 있기 때문입니다. 시력이 나쁜 사람이 안경을 쓰면 시력을 회복하는 것처럼 믿음이 생기면 인식하지 못하던 것을 인식하게 됩니다. 그래서 "믿음은 바라는 것들의 실상이요, 보이지 않는 것들의 증거"(히 11:1)입니다. 믿음이 있으면 육안으로는 보이지 않는 것들을 분명한 증거가 있는 것처럼 여기고, 바라는 것들을 실상처럼 생각하게 됩니다.

사람은 동물과 구별되는 이성과 감성의 인식 수단을 갖고 있습니다. 거기에 덧붙여 신자는 불신자와 구별되는 믿음의 인식 수단을 갖고 있습니다. 신자는 이 믿음 때문에 히브리서 11장에 나오는 믿음의 선배들처럼 구별되는 삶을 삽니다. 신자는 이성과 감성을 초월하는 믿음에 근거해 모든 것들을 바라보고 판단합니다.

벌코프는 믿음에 대하여 "**외적 증거나 논리적 증거에 의존하지 않고 즉각적이고 직접적인 통찰력에 의존하는 실증적 지식이다**"라고 정의했습니다. 하나님의 은혜로 말미암는 믿음은, 눈에 보이는 외적 증거나 이성에 의한 논리적 증거를 넘어서서 사실을 확인할 수 있는 즉각적이고 직접적인 통찰력을 발생시킵니다.

웨스트민스터 소요리문답은 제2문에서 외적 인식 원리에 대해서만 말하지만, 웨스트민스터 대요리문답 제2문은 "사람에게 있는 본성의 빛"과 "하나님의 영"을 언급하며 내적 인식 원리에 대해서도 말합니다. 웨스트민스터 신앙고백도 제1장 1절에서 본성의 빛(the light of nature)을, 그리고 5절에서 "성령의 내적 사역"(the inward work of the Holy Spirit)을 언급하며 내적 인식 원리에 대해서 말합니다.

Tip 대요리문답 제2문: 하나님이 계시다는 사실은 어떻게 나타나는가?
답: 사람에게 있는 본성의 빛과 하나님이 지으신 만물이 하나님이 계시다는 것을 분명히 선포한다. 그러나 하나님의 말씀과 하나님의 영만이 사람들로 하여금 구원을 얻도록 당신을 충분히 그리고 효과적으로 나타내 보인다.

인식의 원리
- 내적 인식 원리: 믿음
- 외적 인식 원리: 성경

〈표3〉 인식의 원리

생각할 거리

보이지 않는 고릴라 the invisible gorilla

"보이지 않는 고릴라"는 크리스토퍼 차브리스(Christopher Chabris, 유니언 칼리지 교수)와 대니얼 사이먼스(Daniel Simons, 일리노이대 교수)가 공동으로 1999년에 실시한 실험 과제의 이름이다. 이들은 3명으로 이루어진 두 팀이 농구공을 주고받는 동영상을 보여주면서, 흰색 티를 입은 팀이 농구공을 몇 번 주고받는지 맞혀보라는 지시를 내린다. 집중해서 동영상을 본 사람은 어렵지 않게 정답을 맞힐 수 있다. 그런데 실험자들은 정답을 물은 후 한 가지 질문을 더 던진다. "고릴라를 보았습니까?"

동영상을 다시 돌려 보면, 흰색 티와 검은색 티를 입은 두 팀이 어지럽게 돌아가면서 공을 패스하는 사이, 고릴라 복장을 한 사람이 끼어들어 가슴을 두드린 후 유유히 퇴장한다. 그런데 놀랍게도 이 실험에 참여한 사람 중 절반 정도가 그 고릴라를 보지 못했다고 대답한다.

이 실험은 "주의력 착각"에 관한 것으로서 사람의 주의력에는 일정한 총량이 있고, 한 사람이 동시에 몇 가지 일에 주의를 기울이기 힘들다는 사실을 말해준다. 자동차 운전자가 무언가를 시청하거나 전화 통화를 할 때 사고의 위험성이 높아지는 이유가 바로 주의력 착각 때문이다.

차브리스와 사이먼스는 『보이지 않는 고릴라』(김영사, 2011)에서 "주의력 착각"뿐 아니라 기억력 착각, 자신감 착각, 지식 착각, 원인 착각, 잠재력 착각 등을 소개하며 인간의 인식이 가질 수밖에 없는 한계에 대해 구체적으로 분석한다.

"기억력 착각"은 기억과 사실 사이에 존재하는 차이를 말해준다. 인디애나 대학교의 농구 선수였던 닐 리드(Neil Reed)는 농구 연습 중에 감독이 자신의 목을 움켜쥔 5초 동안은 숨도 쉴 수 없었고, 놀란 사람들이 자기와 감독을 떼어놓았다고 말했다. 그런데 그 장면을 담은 비디오테이프를 보면 감독이 닐에게 다가가 한 손으로 잠깐 멱살을 잡았다가 뒤로 밀쳤고, 다른 코치와 선수들은 하던 일을 멈추고 이 상황을 지켜보았을 뿐이다. 닐은 시간이 지나면서 자신의 경험을 자기 취향과 느낌에 맞춰 왜곡해 저장했고 확신 속에서 틀리게 이야기한 것이다. 이는 우리의 기억이 우리의 취향과 욕구에 따라 매우 다르게 저장될 수 있다는 사실을 말해준다. 기억은 객관적이지 않다!

"자신감"에도 착각이 있다. 체스 선수들은 많은 시합을 통해 자신의 실력이 어느 정도인지를 거의 정확하게 평가할 수 있다. 그런데도 자신의 실력이 어느 정도인지 적어내라고 요청하면 단지 21퍼센트만 자신들의 현재 점수가 자신들의 진짜 실력을 나타낸다고 대답한다. 4퍼센트는 자신이 과대평가되었다고 대답하지만 나머지 75퍼센트는 자신이 과소평가되었다고 불만을 표출한다는 것이다. 사람들은 이처럼 어떤 일을 잘해내면 자신들의 능력이 원래 뛰어나기 때문이라고 판단하고, 어떤 일을 잘해내지 못하면 부족한 능력이 아니라 상황이나 컨디션이 나쁘기 때문이라고 생각하는 경향이 있다.

네 번째 "지식 착각"은 자신이 실제로 알고 있는 수준보다 더 많이 안다고 생각하는 것이다. 사람들은 자전거나 변기처럼 평소 사용하는 기계와 도구에 대해서 매우 잘 안다고 생각하지만 실제로 어떻게 작동하는지 그려보거나 설명하라고 요청하면 제대로 해내지 못한다. 열심히 공부하는데도 시험 성적이 좋지 않다고 이야기하는 학생들은 지식 착각으로 인해 수업 시간에 반복적으로 들어 익숙한 개념을 실제로 잘 안다고 혼동하는 경우가 많다.

다섯 번째 "원인 착각"은 어떤 현상의 원인을 실제 관련이 없는 것에 두는 경우다. 미국의 부모 중에는 홍역 예방 주사를 거부하는 사람들이 있는데, 그 이유는 홍역 예방 주사가 자폐증의 원인이 될 수 있다는 편견 때문이다. 하지만 여기에는 자폐증 증상이 나타나는 시기와 홍역 예방 주사를 맞히는 시기가 두 살 즈음으로 비슷하다는 연관성밖에 다른 근거를 찾을 수 없다(이에 대한 논란이 많기는 하다). 원인 착각으로 인해 여러 가지 음모론이 힘을 얻기도 한다.

마지막으로 "잠재력 착각"은 방법을 알기만 하면 유용하게 사용할 수 있는 지적 능력이 활용되지 않은 채 자신의 뇌에 엄청나게 남아 있다고 생각하는 착각이다. 여기에는 모차르트의 음악이 뇌파와 매우 유사해서 학습 효과를 높여준다는 주장과, 영화 장면 중에 잠재의식 메시지를 내보내면 탄산음료와 팝콘 판매량을 늘릴 수 있다는 주장이 해당한다.

생각할 거리

칵테일 파티 효과 Cocktail Party Effect

칵테일 파티장. 시끄러운 소리까지 칵테일 된 듯한 그곳에서 사람들은 끼리끼리 잘도 대화를 나눈다. 그뿐 아니라 한참 떨어진 저쪽에서 자기를 언급하는 소리를 듣기도 한다. 이처럼 사람은 시끄러운 공사장이나 파티장에서도 어떤 소리에 집중하면 그 소리를 알아들을 수 있는데, 이런 현상을 "칵테일 파티 효과"라고 한다.

사람이 이렇게 특정한 소리만 골라 들을 수 있는 것은 사람에게 "선택적 지각"(selective perception) 능력이 있기 때문이다. 이와 관련한 연구 결과가 2012년 4월 19일에 「네이처지」(*Nature*) 인터넷판에 발표되었다. 그 발표에 따르면 캘리포니아 대학의 니마 메스가라니(Nima Mesgarani)와 에드워드 창(Edward Chang)은 수술을 위해 뇌의 청각 영역(측두엽)에 전극을 삽입한 간질환자 3명과 함께 실험을 했다. 그 환자들에게 대화를 나누는 두 남녀의 목소리를 들려주고 특정 단어가 나오면 그때부터 그 단어를 말한 사람의 목소리에만 집중하라고 지시한 것이다. 관찰 결과, 그들의 뇌는 그들이 집중한 목소리에 따른 움직임을 보여주었다. 3명의 뇌 모두 특정 단어를 말한 사람의 목소리에 반응을 보인 것이다.

어떻게 보면 너무나 뻔한 이 실험 결과의 시사점은 무엇일까? 균일성을 특징으로 하는 녹음기는 들리는 모든 소리를 수동적으로 녹음한다. 하지만 사람은 소리를 능동적으로 선택할 수 있다. 듣고 보는 내용을 선택하기 때문에 인간의 기억은 성향이나 의도에 따라 달라진다. 무언가를 인식한다는 것은 신비하고 놀라운 일이다. 그러나 사람은 객관적이기보다 무언가를 지향하는 주관적 존재다.

예수님은 "너희가 눈이 있어도 보지 못하며, 귀가 있어도 듣지 못하느냐? 또 기억하지 못하느냐?"(막 8:18)라고 말씀하셨다. 사람은 각자 자신의 지향성 때문에 정작 보고 듣고 기억해야 할 것을 인식하지 못한다. 바울은 "하나님이 자기를 사랑하는 자들을 위하여 예비하신 모든 것은 눈으로 보지 못하고 귀로 듣지 못하고 사람의 마음으로 생각하지도 못하였다"(고전 2:9)라는 말을 인용했다. 죄의 영향 아래에 있는 인간은 진짜 보고 듣고 생각해야 할 진리를 제대로 인식하지 못하는 존재일 수밖에 없다.

1. 자신에게 잘못한 이를 용서할지 말아야 할지 고민한 적이 있나요? 용서했을 때와 하지 않았을 때의 마음 상태에 대해 나누어봅시다. 용서받은 경험도 나누어봅시다. 로마서 12:17-21을 살펴보면서 그리스도인은 원수를 어떻게 대해야 하는지 살펴봅시다.

2. 소요리문답 제3문을 서로 묻고 답해봅시다. 참고 성구도 다시 한번 살펴봅시다.

3. 성경은 정치, 경제, 결혼, 가정 등에 대해서도 가르치지만 주로(principally) 가르치는 것은 무엇입니까?

4. 조직신학의 일곱 가지 분야는 무엇인가요? 조직신학의 내용은 소요리문답이 다루는 내용과 비슷한데, 조직신학의 각 분야가 다루는 내용이 무엇인지 정리해보세요.

5. 진돗개는 왜 TV를 보라고 손으로 가리키면 손끝만 쳐다볼까요? 비그리스도인은 왜 예수님을 믿으라고 하면 믿지 않고 엉뚱한 시비를 걸까요?

6. 신자에게 있어 외적 인식 원리와 내적 인식 원리는 각각 무엇인가요?

7. 벌코프는 믿음을 어떻게 정의했습니까? 그 정의에 따라 히브리서 11:1이 무슨 뜻인지 나누어봅시다. 또 히브리서 11:7-11을 읽고 무슨 뜻인지 이야기해봅시다.

8. 인터넷 페이지 〈www.theinvisiblegorilla.com〉에는 "보이지 않는 고릴라"와 관련한 실험들이 동영상으로 게시되어 있습니다. 이 동영상들을 한번 살펴보시기 바랍니다. 우리의 인식이 이처럼 여러 가지 착각에 영향을 받는다는 사실은 우리에게 무엇을 가르쳐줍니까?

9. "칵테일 파티 효과"란 무엇인가요? 여러분은 실제로 칵테일 파티 효과를 경험해보았나요?

10. 하나님의 말씀에 귀를 막고 자기들이 듣고 싶은 것만 듣는 이 세상 가운데서, 하나님의 말씀을 알아듣고 순종하기 위해서는 어떤 태도가 필요할까요?

제2부

신론

제4-12문

제4과
하나님

제4문. 하나님은 어떤 분이십니까?

What is God?

답. 하나님은 존재와(출 3:14) 지혜와(시 147:5) 권능과(계 4:8) 거룩과(계 15:4) 공의와 선함과 진실에(출 34:6-7) 있어, 무한하시며(욥 11:7-9) 영원하시며(시 90:2) 불변하신(약 1:17) 영(요 4:24)이십니다.

God is a Spirit, infinite, eternal, and unchangeable, in his being, wisdom, power, holiness, justice, goodness, and truth.

---

infinite 무한(無限)한, 무한정의, 한계가 없는
finite 한정된, 유한(有限)한
eternal 영원한, 끊임없는
unchangeable 바꿀 수 없는, 불변(不變)의
in (지역·공간 내의) …에서, …측면에서

근거 성구

하나님은 영이시니 예배하는 자가 영과 진리로 예배할지니라(요 4:24).

하나님이 모세에게 이르시되 "나는 스스로 있는 자이니라." 또 이르시되 "너는 이스라엘 자손에게 이같이 이르기를 '스스로 있는 자가 나를 너희에게 보내셨다' 하라"(출 3:14).

우리 주는 위대하시며 능력이 많으시며 그의 지혜가 무궁하시도다(시 147:5).

네 생물은 각각 여섯 날개를 가졌고 그 안과 주위에는 눈들이 가득하더라. 그들이 밤낮 쉬지 않고 이르기를 "거룩하다, 거룩하다, 거룩하다. 주 하나님 곧 전능하신 이여, 전에도 계셨고 이제도 계시고 장차 오실 이시라" 하고(계 4:8).

"주여, 누가 주의 이름을 두려워하지 아니하며 영화롭게 하지 아니하오리이까? 오직 주만 거룩하시니이다. 주의 의로우신 일이 나타났으매 만국이 와서 주께 경배하리이다" 하더라(계 15:4).

6여호와께서 그의 앞으로 지나시며 선
포하시되 "여호와라. 여호와라. 자비롭
고 은혜롭고 노하기를 더디하고 인자
와 진실이 많은 하나님이라. 7인자를
천대까지 베풀며 악과 과실과 죄를 용
서하리라. 그러나 벌을 면제하지는 아
니하고 아버지의 악행을 자손 삼사 대
까지 보응하리라"(출 34:6-7).

7네가 하나님의 오묘함을 어찌 능히 측
량하며 전능자를 어찌 능히 완전히 알
겠느냐? 8하늘보다 높으시니 네가 무
엇을 하겠으며 스올보다 깊으시니 네
가 어찌 알겠느냐? 9그의 크심은 땅보
다 길고 바다보다 넓으니라(욥 11:7-9).

산이 생기기 전, 땅과 세계도 주께서 조성하시기 전 곧 영원부터 영원까지 주는 하나님이시니이다(시 90:2).

온갖 좋은 은사와 온전한 선물이 다 위로부터 빛들의 아버지께로부터 내려오나니, 그는 변함도 없으시고 회전하는 그림자도 없으시니라(약 1:17).

해설

하나님은 어떤 분이신가?

웨스트민스터 소요리문답 제1-3문이 조직신학의 "서론"에 해당한다면 제4-12문은 "신론"에 해당합니다. 제4-12문의 내용을 간략하게 정리하면 다음과 같습니다.

I. 하나님의 존재(제4-6문)

1. **제4문**: 하나님의 속성(존재·지혜·권능·거룩·공의·선함·진실에 있어 무한·영원·불변하신 영)
2. **제5문**: 유일하게 살아계시며 참되신 하나님
3. **제6문**: 삼위일체, 시간 전의 하나님의 내재적 사역

II. 하나님의 사역(제7-12문)

1. **시간 전의 하나님의 외재적 사역**(제7-8문)
   1) 제7문: 작정(일어나는 일은 무엇이든지 미리 정하신 것)
   2) 제8문: 작정의 실행(창조와 섭리)
2. **시간 속의 하나님의 외재적 사역**(제9-12문)
   1) 제9문: 창조, 무(無)에서 모든 것을 매우 심히 좋게 만드신 것
   2) 제10문: 사람의 창조(지식·의·거룩에 있어 하나님의 형상으로 지으심)
   3) 제11문: 섭리(거룩·지혜·권능으로 모든 창조물을 보존·통치하심)

4) 제12문: 사람을 향한 특별한 섭리(완전한 순종을 조건으로 생명의 언약을 맺으시고, 금지된 열매를 사망의 벌로 금하심)

영화 "엑스맨"이나 "해리 포터"에 나오는 돌연변이나 마술사들은 다양한 능력을 갖추고 있습니다. 다른 사람으로 변신하고, 순간 이동을 하고, 엄청난 힘으로 건물을 부수기도 합니다. 하지만 관객들은 이런 현상을 이상하다고 여기지 않고 영화를 즐깁니다. 왜냐하면 그 영화의 주인공들은 보통 사람이 아니라 돌연변이이거나 마술사들이기 때문입니다. 같은 일이라도 누가 실행을 하느냐에 따라 수긍이 되기도 하고 안 되기도 합니다.

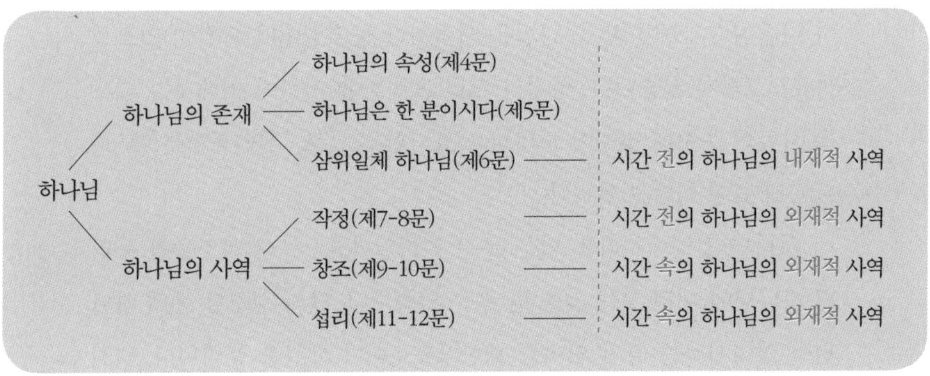

〈표4〉 하나님에 대한 논의 구성

웨스트민스터 소요리문답 제4문부터 제12문까지는 하나님에 대한 내용을 다룹니다. 이는 크게 하나님의 존재와 하나님의 사역에 대한 것으로 나뉩니다. 작정, 창조, 섭리로 대표되는 하나님의 사역은 사람의 관점에서는 이해하기가 힘듭니다. 하지만 사람이 아니라 전능자가 하신 일이라는 관점을 가지면 이해할 수 있습니다. 하나님이 어떤 분이신지를 아는 것이 중요한 이유입니다.

그런데 우리는 하나님이 어떤 분이신지에 대하여 어떻게 알 수 있습니까? 앞서 살펴본 것처럼 일반계시는 창조자와 섭리자와 심판자이신 하나님에 대하여 흐릿한 지식을 제공할 뿐입니다. 우리는 하나님이 신자들에게 자신을 특별히 알려주신 계시가 기록된 성경을 통해서만 하나님에 대한 확실한 지식을 얻을 수 있습니다. 따라서 우리는 **성경**을 통해서 하나님에 대해 살펴보아야 합니다.

Tip 제4문의 "해설"은 이해되는 부분만 읽고 어려운 부분은 건너뛰어도 된다. 지금 이해되지 않는 내용은 이 책을 계속 읽어가면서 자연스럽게 이해되는 측면이 많기 때문이다.

1. 하나님은 영이시다

성경에는 하나님이 말씀하시고, 보고 들으며 걷기도 하셨다는 구절들이 나옵니다. 그렇다면 하나님은 사람처럼 눈코입이나 손발이 있으실까요? 그렇지 않습니다. 성경의 그런 표현들은 사람이 이해하기 쉽도록 사람의 수준에 맞추어 하나님을 묘사한 것으로, "신인동형론(神人同形論)적 표현"이라고 합니다.

Tip **신인동형론**: 자연현상, 동물, 신, 영혼 등에 인간적 특성을 부여하는 이해

하나님이 영이시라는 말은 무슨 의미일까요? 사실 피조물인 우리가 하나님에 대해 모든 것을 알 수는 없습니다. 단지 성경을 통해 하나님이 영이시라는 말의 의미를 제한적으로나마 깨달을 뿐입니다. 썩지 아니하고 보이지 아니하고 홀로 하나이신 하나님은 육체나 형체가 없으십니다(딤전 1:17). 하나님은 죽지 않으시고, 가까이 가지 못할 빛에 거하시고, 아무 사람도 보지 못하였고, 또 볼 수 없습니다(딤전 6:16). 우주와 만물을 지으신, 천지의 주재이신 하나님은 손으로 지은 전(殿)에 계시지 않습니다(행 17:24). 그 어떠한 피조물로도 하나님을 표현할 수 없습니다. 만민에게 생명과 호흡과 만물을 친히 주시는 하나님은 절대

로 피조물의 형체를 지닌 분이 아니십니다(행 17:25).

2. 하나님의 비공유적 속성

사람은 하나님의 형상대로 지음을 받았으므로 하나님과 사람 사이에는 공통점이 있습니다. 하나님의 속성 중 존재·지혜·권능·거룩·공의·선함·진실처럼 사람에게도 있는 속성을 **공유적 속성**(共有的 屬性, communicable attributes)이라고 합니다. 반대로 무한성과 영원성과 불변성처럼 하나님께는 해당되지만 사람에게는 없는 속성을 **비공유적 속성**(非共有的 屬性, incommunicable attributes)이라고 합니다.

Tip **communicable**: 전달되는, 전염성의, 공유할 수 있는

attribute: 속성, 특질, 특징

그런데 사람의 공유적 속성은 늘 유지되거나 하나님처럼 무한히 발현되는 것은 아닙니다. 따라서 공유적 속성이라고 하더라도 하나님과 사람 사이에는 큰 차이가 있음을 알아야 합니다. 즉 "공유적"이란 표현은 단지 인간에게 비공유적 속성보다는 조금 더 있기에 붙여진 이름일 뿐입니다.

ㄱ. 무한성(infinity) "무한"(無限)이라는 말의 문자적 뜻은 한계가 없다는 것입니다. 하나님은 존재·지혜·권능·거룩·공의·선함·진실에 있어서 한계가 없으십니다. 하나님은 그런 속성 자체를 만드신 분으로서 당신이 만드신 것에 제한을 받지 않으십니다. 하나님은 하늘과 땅의 보이는 것들과 보이지 않는 것들을, 그리고 왕권들과 주권들과 통치자들과 권세들과 만물을 다 창조하셨습니다(골 1:16). 그러니 한계가 있을 수 없고, 이것들 자체를 초월하여 지배하고 다스리시는 것입니다.

Tip **infinite**: (수량이) 무한한, 한계가 없는 → infinity

공간의 무한성을 광대성(廣大性, immensity)이라고 합니다. 하나님은 광대하신데, 이는 어느 한 지역에는 하나님의 한 부분이 있고 다른 지역

Tip **immense**: 엄청난, 어마어마한 → immensity

참고 성구

하나님이 참으로 땅에 거하시리이까? 하늘과 하늘들의 하늘이라도 주를 용납하지 못하겠거든 하물며 내가 건축한 이 성전이오리이까?(왕상 8:27)

7내가 주의 영을 떠나 어디로 가며 주의 앞에서 어
디로 피하리이까? 8내가 하늘에 올라갈지라도 거
기 계시며 스올에 내 자리를 펼지라도 거기 계시니
이다. 9내가 새벽 날개를 치며 바다 끝에 가서 거주
할지라도 10거기서도 주의 손이 나를 인도하시며
주의 오른손이 나를 붙드시리이다(시 139:7-10).

여호와께서 이와 같이 말씀하시되 "하늘은 나의 보좌요 땅은 나의 발판이니 너희가 나를 위하여 무슨 집을 지으랴? 내가 안식할 처소가 어디랴?"(사 66:1)

23여호와의 말씀이니라. "나는 가까운 데에 있는 하
나님이요 먼 데에 있는 하나님은 아니냐?" 여호와
의 말씀이니라. "사람이 내게 보이지 아니하려고 누
가 자신을 은밀한 곳에 숨길 수 있겠느냐? 여호와
가 말하노라. 나는 천지에 충만하지 아니하냐?"(렘
23:23-24)

에는 다른 부분이 있다는 뜻이 아닙니다. 하나님은 어느 지역에서나 단일한 존재 전체로 계십니다. 인터넷망에 대해 생각해 보면 하나님의 광대성을 어느 정도 이해할 수 있습니다. 인터넷 뱅킹 이용자는 어느 지역에 있든지 메인 서버에 접속해 거의 모든 은행 업무를 해결할 수 있는데, 이는 인터넷 창구의 광대성 때문이라고 할 수 있습니다. 더군다나 공간 자체를 만드신 하나님은 공간에 얽매이지 않으시고 공간을 초월하시며 계시지 않는 곳이 없습니다. 하나님의 이런 특성을 "편재성"(遍在性, omnipresence)이라고 말하기도 합니다.

사마리아 지역의 우물가에서 예수님을 만난 여인은 자신의 조상들은 사마리아 산에서, 유대인들은 예루살렘에서 예배해야 한다고 주장하는 현실에 대해 궁금증을 가지고 있었습니다. 그런데 예수님은 정작 장소 이야기는 하지 않으시고 "하나님은 영이시니 예배하는 자가 영과 진리로 예배할지니라"(요 4:24)라고 대답하셨습니다. 하나님은 영이시므로 특정 장소에 얽매이지 않으십니다. 하나님은 모든 장소를 초월하고 장악하며 지배하십니다. 하나님의 광대성에 대해 우리가 꼭 알아야 할 것은 하나님이 공간의 지배와 영향을 받지 않으시는, 공간 자체를 만드신 분이라는 사실입니다.

ㄴ. 영원성(eternity) 영원성이란 **시간의 무한성**이라고 할 수 있습니다. 하나님은 공간과 마찬가지로 시간에도 얽매이지 않으십니다. 하나님은 시간을 초월하고 장악하고 지배하십니다. 하나님에게는 과거와 현재와 미래가 같습니다. 천 년이 하루 같고, 하루가 천 년 같습니다. 문자적으로 천 년이 하루에 해당한다는 것이 아니라, 하나님은 천 년이나 만 년을 하루와 같이 자유롭게 다루실 수 있다는 말입니다.

Tip eternal: 영원한, 끊임없는 → eternity

하나님은 아브라함의 하나님이실 뿐만 아니라 이삭과 야곱의 하나님이시기도 합니다. 하나님은 시간 속에 존재하시는 분이 아니라, 시간 자체를 만드신 분이기 때문입니다. 하나님은 아득한 과거부터 앞으로 펼쳐질 먼 미래에 걸쳐 계시는 분 정도가 아니라 시간을 넘어서 영원히 계십니다. 시간 속에서 지음을 받은 사람은 시간을 떠나 생각하고 행동할 수 없지만, 하나님은 시간을 만드셨기 때문에 시간을 초월하여 존재하십니다. 성경에서 하나님이 사람을 만나시고 말씀하실 때는 인간의 수준에 맞추어 시간의 제약 속에서 그렇게 하십니다. 하지만 그렇다고 하여 하나님이 시간의 지배를 받아 우리 사람처럼 과거와 현재와 미래의 순서로 존재하고 생각하고 행동하시는 것은 아닙니다.

참고 성구

또 이르시되 "나는 네 조상의 하나님이니 아브라함의 하나님, 이삭의 하나님, 야곱의 하나님이니라." 모세가 하나님 뵈옵기를 두려워하여 얼굴을 가리매(출 3:6).

2산이 생기기 전, 땅과 세계도 주께서 조성하시기 전 곧 영원부터 영원까지 주는 하나님이시니이다.
3주께서 사람을 티끌로 돌아가게 하시고 말씀하시기를 "너희 인생들은 돌아가라" 하셨사오니 4주의 목전에는 천 년이 지나간 어제 같으며 밤의 한 순간 같을 뿐임이니이다(시 90:2-4).

여호와여, 주는 영원히 계시고 주에 대한 기억은 대대에 이르리이다(시 102:12).

주 하나님이 이르시되 "나는 알파와 오메가라. 이제도 있고 전에도 있었고 장차 올 자요, 전능한 자라" 하시더라(계 1:8).

하나님의 속성들은 모두 중요하지만,

특별히 영원성에 대한 이해는 하나님의 작정과 예정과 섭리를 이해할 때 크게 영향을 미칩니다. 사람들이 작정과 예정과 섭리를 거부하거나 소극적으로 받아들이는 것은 하나님의 영원성을 평면적으로 긴 시간 정도로 이해하기 때문입니다. 하나님의 영원성이 단순히 시간의 먼 과거와 미래가 아니라 시간의 초월임을 알아야만 작정과 창조와 섭리도 온전히 받아들일 수 있습니다. 하나님의 속성에 대해 올바로 이해할수록 하나님의 사역에 대해서도 잘 이해하게 되는 것입니다.

하나님의 불변하심을 보여주는 성구

26천지는 없어지려니와 주는 영존하시겠고 그것들은 다 옷 같이 낡으리니 의복 같이 바꾸시면 바뀌려니와 27주는 여상하시고 주의 연대는 무궁하리이다(시 102:26-27).

이 일을 누가 행하였느냐? 누가 이루었느냐? 누가 처음부터 만대를 불러내었느냐? 나 여호와라. 처음에도 나요, 나중 있을 자에게도 내가 곧 그니라(사 41:4).

야곱아, 내가 부른 이스라엘아! 내게 들으라. 나는 그니 나는 처음이요 또 나는 마지막이라(사 48:12).

나 여호와는 변하지 아니하나니 그러므로 야곱의 자손들아, 너희가 소멸되지 아니하느니라(말 3:6).

11"그것들은 멸망할 것이나 오직 주는 영존할 것이요, 그것들은 다 옷과 같이 낡아지리니 12의복처럼 갈아입을 것이요 그것들은 옷과 같이 변할 것이나 주는 여전하여 연대가 다함이 없으리라" 하였으나(히 1:11-12).

ㄷ. 불변성(unchangeability) 성경에는 하나님이 미워하신다거나 기뻐하신다는 표현이 나옵니다. 하나님은 패역한 이스라엘 백성을 진멸하려던 생각을 모세의 설득으로 돌이키기도 하셨습니다. 또 하나님은 요나의 회개 촉구로 니느웨 사람들이 악한 길에서 돌이키자 그들에게 내리려던 재앙을 거두셨습니다. 노아 시대에 하나님은 사람을 만들었다는 사실을 한탄하기도 하셨습니다.

이런 표현들 때문에 하나님도 사람처럼 다양한 감정을 지닌, 심지어 변덕스러운 분이라고 생각하는 사람들이 있습니다. 하지만 하나님의 계시는 모두 우리 수준에 맞게끔 변환시킨 "적응 계시"임을 알아야 합니다. 즉 그런 표현들은 무한하고 영원하신 하나님이 손수 만드신 세계로 들어와 피조물의 수준에 맞추어 반응하시는 내용을 다룬 것입니다. 하나님의 미워하심과 기뻐하심 등의 감정은 변덕이 아니라 변함없는 하나님의 마음이 사람의 언어로 표현된 것뿐입니다. 영원하신 하나님께는 후회와 한탄이 없습니다. 단지 하나님의 후회, 한탄, 변덕스러움 등의 표현은 사람들의 악행이 완전하신 하나님에게 어떻게 비치는가를 보여주는 역할을 합니다.

자녀가 좋은 학교에 진학하기를 원하는 부모는, 자녀가 열심히 공부하지 않으면 화를 내거나 벌을 주기도 합니다. "몇 등 안에 들면 스마트폰을 사주겠다"라고 유인책을 쓰기도 하고, "이렇게 살려면 차라리 집에서 나가라! 이제부터 내 자식이 아니다"라고 충격 요법을 쓰기도 합니다. 하지만 자녀에 대한 사랑은 바뀌지 않습니다. 자녀가 부모의 참 목적과 마음을 모르고 충격 요법에 반응하여 진짜 집을 나가버리면 안 됩니다. 오히려 부모의 마음을 헤아려 공부하는 척이라도 해야 합니다.

하나님은 완전하시기에 그 존재와 속성에서 빼거나 덧붙일 것이 없

참고 성구

5여호와께서 사람의 죄악이 세상에 가득함과 그
의 마음으로 생각하는 모든 계획이 항상 악할 뿐
임을 보시고 6땅 위에 사람 지으셨음을 한탄하사
마음에 근심하시고(창 6:5-6).

11모세가 그의 하나님 여호와께 구하여 이르되 "여
호와여, 어찌하여 그 큰 권능과 강한 손으로 애굽
땅에서 인도하여내신 주의 백성에게 진노하시나이
까? 12어찌하여 애굽 사람들이 이르기를 '여호와가
자기의 백성을 산에서 죽이고 지면에서 진멸하려
는 악한 의도로 인도해내었다'고 말하게 하시려 하
나이까? 주의 맹렬한 노를 그치시고 뜻을 돌이키사
주의 백성에게 이 화를 내리지 마옵소서."…14여호
와께서 뜻을 돌이키사 말씀하신 화를 그 백성에게
내리지 아니하시니라(출 32:11-14).

마음이 굽은 자는 여호와께 미움을 받아도 행위가 온전한 자는 그의 기뻐하심을 받느니라(잠 11:20).

하나님이 그들이 행한 것 곧 그 악한 길에서 돌이켜 떠난 것을 보시고 하나님이 뜻을 돌이키사 그들에게 내리리라고 말씀하신 재앙을 내리지 아니하시니라(욘 3:10).

습니다. 하나님의 불변성은 하나님의 무한성과 영원성에서 자연스럽게 도출되는 것으로서 하나님이 하시는 일들에 깃든 근본적 목적과 뜻에는 변경이 전혀 없습니다. 하나님의 존재·지혜·권능·거룩·공의·선함·진실이 무한하고 영원하여 시간과 공간을 초월하는데 어떻게 거기 변함이 있겠습니까? 하나님의 속성은 본래 나뉘지 않고 구별될 뿐입니다. 무한성이 곧 영원성이고 불변성입니다. 온전한 존재·지혜·권능·거룩·공의·선함·진실은 무한하고 영원하고 불변해야 합니다.

성경에 나타나는 하나님의 변화성은 하나님의 성정 때문이 아니라 유한한 사람들에게 맞춘 것임을 반드시 알아야 합니다. 하나님은 무한하고 영원하고 불변하시지만, 시간과 공간 안에 거하는 인간들을 상대하시기 때문에 변하는 모습으로 나타나실 수밖에 없습니다. 영원하신 성자 하나님이 육신을 입고 사람이 되시어 성장하고 고난을 받아 죽으시는 것을 하나님의 변화로 보면 안 됩니다. 이를 두고 하나님에게 불변성이 없다고 보는 이들은 불변성을 부동성(immobility)으로 오해하는 것입니다. 불변성과 부동성을 구별하지 못하는 이들은 이신론(deism)에 빠진 자들과 다르지 않습니다. 이신론자들은 하나님이 세상을 만드신 후, 세상의 운영을 어떤 원리나 질서에 맡긴 채 뒷짐 지고 바라만 보고 계신다고 생각합니다.

Tip 이신론(理神論, deism): 18세기 계몽주의를 배경으로 등장한 이신론은 신의 창조는 인정하지만, 신의 주재(主宰)는 인정하지 않는 사상이다. 이신론의 관점에서 보면 신은 합리적인 질서에 따라 이 세상을 창조한 후 더 이상 개입하지 않는다. 이는 시계공이 시계를 만들어놓으면 시계가 알아서 돌아가는 것과 마찬가지다. 따라서 이신론은 신의 개입인 특별계시와 기적 등을 인정하지 않는다.

무한하신 하나님이 유한한 시공간 안에 들어와 행동하시는 것은 우리를 위한 은혜의 행위입니다. 하나님의 은혜가 아니면 우리는 영원히 죄와 비참함에 빠져 헤쳐나올 길이 전혀 없습니다. 하나님과 피조물의 관계, 특히 사람과의 관계는 변함이 없고, 사람을 향한 하나님의 목적과 계획에도 변함이 없습니다. 하지만 하나님은 세상 속으로 들어와 사람과 더불어 사시며 일하시고, 그 일하심은 시공간 속에서는 어쩔 수 없이 변화의 흔적을 남기며 사람의 감정과 행동처럼 표현됩니다.

3. 하나님의 공유적 속성

하나님과 하나님의 형상을 지닌 사람 간에 공유되는 속성이 있습니다. 하지만 이는 하나님이 사람보다 질이 조금 더 높기만 한 속성을 가졌다는 뜻이 아닙니다. 근본적인 면에서는 여전히 비공유적입니다. 하늘과 땅의 차이보다 더 큰 차이가 하나님과 사람의 공유적 속성에도 있습니다. 여기 소개된 구체적인 내용을 살펴보면 그 차이를 확인할 수 있습니다.

ㄱ. 존재(being) 하나님은 모세에게 "나는 스스로 있는 자니라"(출 3:14)라고 말씀하셨습니다. 오직 하나님만이 스스로 계시고 사람을 비롯한 모든 피조물은 하나님에 의해 존재합니다. 하나님은 만민에게 생명과 호흡과 만물을 친히 주십니다(행 17:25). 자존(自存)이란 면에서는 하나님과 사람 간에 공유할 내용이 없고, 단지 존재 자체의 측면에서 공유할 내용이 약간 있을 뿐입니다.

ㄴ. 지혜(wisdom) 한 분야의 박사가 되려면 의무교육을 거쳐 공부를 계속해 석·박사 과정을 통과해야 합니다. 보통은 적어도 23년의 긴 기간이 필요합니다. 어떤 분야에 1만 시간을 바치면 그 분야의 전문가나 고수가 될 수 있다고 합니다. 또 한 분야의 관련 서적을 30권 정도 읽으면 준전문가가 된다고 합니다. 사람은 이렇게 박사나 전문가 혹은 고수가 되려면 관찰하고 경험하며 읽고 추론하는 긴 과정을 거치면서 각고의 노력을 기울여야 합니다. 그렇게 해도 "열 길 물속은 알아도 한 길 사

람 속은 모른다"는 말처럼 여전히 잘 모르고 오해하는 부분이 많습니다.

하지만 하나님은 관찰하고 경험하며 추론한 지식이나 지혜에 근거해 세상을 창조·보존하거나 통치하시는 것이 아닙니다. 하나님은 본래부터 지니신 지식과 지혜에 근거해 세상의 창조와 보존과 통치를 이루십니다. 하나님은 모든 것에 대해서 완벽한 지식을 갖고 계시고, 그 지식을 당신의 목적을 이루는 데 완벽하게 사용하는 지혜 또한 갖고 계십니다. 하나님은 모든 것이 협력하여 선을 이루게 하시고 우리 각자의 중심을 아시기에 그에 맞게 우리를 다루시며 우리가 거룩해지도록 적합하게 이끄십니다.

그러므로 우리는 지혜가 부족하면 하나님께 구해야 합니다. 우리에게 있는 목적을 우리 자신의 방법으로 이루기보다 하나님의 방법으로 이루어달라고 기도할 줄 알아야 합니다. 우리의 뜻과 다르게 일들이 진행된다고 불평하기에 앞서 하나님의 차원 높은 인도하심을 받아들이며 하나님의 일하심을 기대하고 바라보아야 합니다.

참고 성구

여호와께서 사무엘에게 이르시되 "그의 용모와 키를 보지 말라. 내가 이미 그를 버렸노라. 내가 보는 것은 사람과 같지 아니하니 사람은 외모를 보거니와 나 여호와는 중심을 보느니라" 하시더라(삼상 16:7).

2주께서 내가 앉고 일어섬을 아시고 멀리서도 나의 생각을 밝히 아시오며 3나의 모든 길과 내가 눕는 것을 살펴보셨으므로 나의 모든 행위를 익히 아시오니 4여호와여, 내 혀의 말을 알지 못하시는 것이 하나도 없으시니이다(시 139:2-4).

우리가 알거니와 하나님을 사랑하는 자 곧 그의 뜻대로 부르심을 입은 자들에게는 모든 것이 합력하여 선을 이루느니라(롬 8:28).

그대는 겹겹이 쌓인 구름과 완전한 지식의 경이로움을 아느냐?(욥 37:16)

10여호와께서 나라들의 계획을 폐하시며 민족들의 사상을 무효하게 하시도다. 11여호와의 계획은 영원히 서고 그의 생각은 대대에 이르리로다(시 33:10-11).

ㄷ. 권능(power) 하나님은 전능하십니다. 적은 능력이 아니라 완전한 능력을 가지고 계십니다. 만일 하나님께 하실 수 없는 일이 있다면 그 일 때문에 하나님은 곤란을 겪으실 수밖에 없습니다. 그리고 그 곤란은 끝내 늙음과 병듦과 죽음으로 이어질 것입니다. 이러한 신은 참된 신이 아닙니다. 그래서 성경은 참된 신이신 하나님이 전능하시다고 누누이 강조합니다.

물론 하나님이 하실 수 없는 일들이 있습니다. 하나님은 거짓말을 못 하십니다. 또 하나님은 자신을 부인할 수 없으십니다. 하나님에게는 후회나 변개함이 없으십니다. 어떤 사람도 거짓말로 인해 그 존재 자체에 하자가 생기지는 않습니다. 하지만 하나님이 거짓말을 하거나 죄를 지으신다면 그 순간 하나님은 이미 참된 신이 아니십니다. 사람은 존재와 본질과 속성이 일치하지 않지만, 하나님은 존재와 본질과 속성이 같기 때문입니다.

Tip 하나님은 그 존재와 본질과 속성이 같으시다(존재=본질=속성).

하나님이 하실 수 없는 일들을 보여주는 성구

하나님은 사람이 아니시니 거짓말을 하지 않으시고 인생이 아니시니 후회가 없으시도다. 어찌 그 말씀하신 바를 행하지 않으시며 하신 말씀을 실행하지 않으시랴?(민 23:19)

"이스라엘의 지존자는 거짓이나 변개함이 없으시니 그는 사람이 아니시므로 결코 변개하지 않으심이니이다" 하니(삼상 15:29).

우리는 미쁨이 없을지라도 주는 항상 미쁘시니 자기를 부인하실 수 없으시리라(딤후 2:13).

하나님의 전능하심을 보여주는 성구

여호와께 능하지 못한 일이 있겠느냐? 기한이 이를 때에 내가 네게로 돌아오리니 사라에게 아들이 있으리라(창 18:14).

오직 우리 하나님은 하늘에 계셔서 원하시는 모든 것을 행하셨나이다(시 115:3).

네 구속자요 모태에서 너를 지은 나 여호와가 이같이 말하노라. 나는 만물을 지은 여호와라. 홀로 하늘을 폈으며 나와 함께한 자 없이 땅을 펼쳤고(사 44:24).

슬프도소이다, 주 여호와여! 주께서 큰 능력과 펴신 팔로 천지를 지으셨사오니 주에게는 할 수 없는 일이 없으시니이다(렘 32:17).

나는 여호와요 모든 육체의 하나님이라. 내게 할 수 없는 일이 있겠느냐?(렘 32:27)

속으로 아브라함이 우리 조상이라고 생각하지 말라. 내가 너희에게 이르노니 하나님이 능히 이 돌들로도 아브라함의 자손이 되게 하시리라(마 3:9).

내가 복음을 부끄러워하지 아니하노니 이 복음은 모든 믿는 자에게 구원을 주시는 하나님의 능력이 됨이라. 먼저는 유대인에게요 그리고 헬라인에게로다(롬 1:16).

기록된 바 "내가 너를 많은 민족의 조상으로 세웠다" 하심과 같으니 그가 믿은 바 하나님은 죽은 자를 살리시며 없는 것을 있는 것으로 부르시는 이시니라(롬 4:17).

그의 힘의 위력으로 역사하심을 따라 믿는 우리에게 베푸신 능력의 지극히 크심이 어떠한 것을 너희로 알게 하시기를 구하노라(엡 1:19).

ㄹ. 거룩(holiness) "거룩"은 히브리어로 "코데쉬"(קֹדֶשׁ)인데, 코데쉬는 원래 "절단하다, 분리하다, 구별하다"라는 뜻을 가진 단어입니다. 하나님은 모든 피조물과 구별되어 하나님만이 가지시는 무한한 위엄 속에 높이 계신 분입니다. 하나님은 도덕적 악과 죄로부터 분리되신 분으로서 하나님을 믿는 신자들에게도 부정과 악과 죄로부터 분리될 것을 명하십니다. 우리가 더러운 죄인이었을 때에 하나님은 우리를 예수 그리스도의 피로 거룩하게 하셔서 죄인들로부터 구별해주셨습니다. 그래서 우리는 믿지 않는 자와 멍에를 함께 메어서는 안 되고 그들과 똑같이 살아서도 안 되며 부정한 것에 손을 대서도 안 됩니다.

참고 성구

여호와여 신 중에 주와 같은 자가 누구니이까? 주와 같이 거룩함으로 영광스러우며 찬송할 만한 위엄이 있으며 기이한 일을 행하는 자가 누구니이까?(출 15:11)

여호와와 같이 거룩하신 이가 없으시니 이는 주밖에 다른 이가 없고 우리 하나님 같은 반석도 없으심이니이다(삼상 2:2).

그러므로 너희 총명한 자들아, 내 말을 들으라. 하나님은 악을 행하지 아니하시며 전능자는 결코 불의를 행하지 아니하시고(욥 34:10).

14너희는 믿지 않는 자와 멍에를 함께 메지 말라. 의와
불법이 어찌 함께하며 빛과 어둠이 어찌 사귀며 15그
리스도와 벨리알이 어찌 조화되며 믿는 자와 믿지 않
는 자가 어찌 상관하며 16하나님의 성전과 우상이 어
찌 일치가 되리요? 우리는 살아계신 하나님의 성전이라. 이와 같이 하나님께서 이르시되 "내가 그들 가운데 거하며 두루 행하여 나는 그들의 하나님이 되고 그들은 나의 백성이 되리라"(고후 6:14-16).

ㅁ. 공의(justice) 공의는 하나님이 당신의 거룩하심을 유지하는 것과 관련됩니다. 하나님은 자신의 거룩하심에 부합하게 행한 자들에게는 상을 주시고 어긋나게 행한 자들에게는 형벌을 부과하십니다.

참고 성구

대저 여호와는 우리 재판장이시요, 여호와는 우리에게 율법을 세우신 이요, 여호와는 우리의 왕이시니 그가 우리를 구원하실 것임이라(사 33:22).

10너희는 의인에게 복이 있으리라 말하라. 그들은 그
들의 행위의 열매를 먹을 것임이요, 11악인에게는 화
가 있으리니 이는 그의 손으로 행한 대로 그가 보응을 받을 것이니라(사 3:10-11).

6하나님께서 각 사람에게 그 행한 대로 보응하시되 7
참고 선을 행하여 영광과 존귀와 썩지 아니함을 구하
는 자에게는 영생으로 하시고 8오직 당을 지어 진리
를 따르지 아니하고 불의를 따르는 자에게는 진노와 분노로 하시리라(롬 2:6-8).

내 사랑하는 자들아 너희가 친히 원수를 갚지 말고 하나님의 진노하심에 맡기라. 기록되었으되 "원수 갚는 것이 내게 있으니 내가 갚으리라"고 주께서 말씀하시니라(롬 12:19).

ㅂ. 선함(goodness) 하나님은 모든 피조물, 특히 하나님의 자녀인 신자들을 선하게 대하십니다. 하나님의 선하심은 사랑과 은혜와 긍휼과 오래 참으심 등으로 표현됩니다.

참고 성구

젊은 사자들은 그들의 먹이를 쫓아 부르짖으며 그들의 먹이를 하나님께 구하다가(시 104:21).

8여호와는 은혜로우시며 긍휼이 많으시며 노하기를 더디 하시며 인자하심이 크시도다. 9여호와께서는 모든 것을 선대하시며 그 지으신 모든 것에 긍휼을 베푸시는도다(시 145:8-9).

이같이 한즉 하늘에 계신 너희 아버지의 아들이 되리니 이는 하나님이 그 해를 악인과 선인에게 비추시며 비를 의로운 자와 불의한 자에게 내려주심이라(마 5:45).

공중의 새를 보라. 심지도 않고 거두지도 않고 창고에 모아들이지도 아니하되 너희 하늘 아버지께서 기르시나니, 너희는 이것들보다 귀하지 아니하냐?(마 6:26)

"그러나 자기를 증언하지 아니하신 것이 아니니 곧 여러분에게 하늘로부터 비를 내리시며 결실기를 주시는 선한 일을 하사 음식과 기쁨으로 여러분의 마음에 만족하게 하셨느니라" 하고(행 14:17).

ㅅ. 진실(truth) 하나님은 다른 거짓되고 허황된 우상들과 달리 유일하게 참된 신이십니다. 진실하신 하나님은 인간을 참되고 신실하게 대하셔서 약속한 것을 끝까지 지키십니다.

참고 성구

하나님은 사람이 아니시니 거짓말을 하지 않으시고 인생이 아니시니 후회가 없으시도다. 어찌 그 말씀하신 바를 행하지 않으시며 하신 말씀을 실행하지 않으시랴?(민 23:19)

그는 반석이시니 그가 하신 일이 완전하고 그의 모든 길이 정의롭고 진실하고 거짓이 없으신 하나님이시니 공의로우시고 바르시도다(신 32:4).

여호와의 모든 길은 그의 언약과 증거를 지키는 자에게 인자와 진리로다(시 25:10).

영생의 소망을 위함이라 이 영생은 거짓이 없으신 하나님이 영원 전부터 약속하신 것인데(딛 1:2).

하나님은 약속을 기업으로 받는 자들에게 그 뜻이 변하지 아니함을 충분히 나타내시려고 그 일을 맹세로 보증하셨나니(히 6:17).

하나님의 속성

- **비공유적 속성**: 무한, 영원, 불변
- **공유적 속성**: 존재, 지혜, 권능, 거룩, 공의, 선함, 진실

〈표5〉 하나님의 속성에 대한 논의 구성

1. "레 미제라블"의 내용을 알고 있으신가요? 여러분은 자베르에 가까운 사람입니까, 아니면 장발장에 가까운 사람입니까? 자베르처럼 법을 지키고 정의를 위한다는 명분으로 사람들을 힘들게 한 적은 없습니까? 특히 법을 집행하는 입장에 있는 가장이나 교사나 목사나 상사라면 자신을 돌아보는 시간을 갖기 바랍니다.

2. 웨스트민스터 소요리문답 제4문을 서로 묻고 답해봅시다. 관련 성구도 함께 살펴봅시다.

3. 사람들은 왜 엑스맨(X-Men)에 나오는 주인공들의 초월적인 능력에 의문을 제기하지 않습니까? 작정, 창조, 섭리라는 하나님 사역을 이해하려면 먼저 무엇에 대한 이해가 있어야 합니까?

4. 하나님이 영이시라고 말씀하는 디모데전서 1:17, 6:16과 사도행전 17:24-5을 다시 한번 자세히 살펴봅시다.

5. 무한성과 영원성과 불변성은 하나님의 비공유적 속성에 해당합니다. 비공유적 속성과 공유적 속성의 차이는 무엇인가요?

6. 하나님은 시간과 공간의 제약을 받으시나요? 하나님에게 시간과 공간은 어떤 의미가 있는지 이야기해봅시다.

7. 하나님의 불변성이란 무엇인가요? 창세기 6:5-6, 출애굽기 32:10-14, 요나 3:10, 잠언 11:20, 12:22을 통해 이신론(deism)이 무엇이 잘못되었는지 말해봅시다.

8. 출애굽기 3:14, 사도행전 17:25을 통하여 하나님의 존재와 피조물의 존재 사이에 있는 차이를 말해봅시다.

9. 하나님의 전능하심을 보여주는 성경 구절들과 하나님이 하실 수 없는 일들을 보여주는 성경 구절들을 통해 하나님의 권능에 대하여 말해봅시다.

10. 거룩에 해당하는 히브리어 코데쉬의 원래 뜻은 무엇인가요? 이를 통해 거룩에는 어떤 의미가 있는지 이야기해봅시다.

11. 나에게 하나님은 어떤 분인지 이야기해봅시다. 하나님과 동행하는 삶을 살기 위해 내가 넘어서야 할 과제는 무엇인가요?

제5-1과

한 분 하나님

제5문. 하나님 한 분 외에 더 많은 하나님들이 있습니까?

Are there more Gods than one?

답. 살아계시며 참되신 하나님은 오직 유일하게 한 분뿐이 십니다(신 6:4; 렘 10:10).

There is but one only, the living and true God.

---

more 더 많은 수(양)의

living 살아 있는 ←**live** 살다, 생존하다

true 진짜의, 정확한, 진정한, 참된, 충실한

근거 성구

이스라엘아, 들으라. 우리 하나님 여호와는 오직 유일한 여호와이시니(신 6:4).

오직 여호와는 참 하나님이시요 살아 계신 하나님이시요 영원한 왕이시라. 그 진노하심에 땅이 진동하며 그 분노하심을 이방이 능히 당하지 못하느니라(렘 10:10).

해설

오직 유일하게 한 분뿐이신 하나님

웨스트민스터 소요리문답 제4문이 하나님의 속성을 다룬다면 제5문은 그러한 속성을 가지신 하나님이 한 분이심을 이야기합니다. 영어 "but"은 접속사로 쓰이면 "그러나"라는 뜻이지만 부사로는 "오직"이란 뜻을 갖습니다. 그래서 "but one only"는 "오직 유일하게 한 분뿐"이라고 번역할 수 있습니다. 하나임을 의미하는 단어가 삼중으로 쓰인 것입니다.

Tip but: 오직, …만(부사), 그러나(접속사), …외에(전치사)

우리는 앞서 하나님은 무한하고 영원하고 불변하신 영이심을 살펴보았습니다. 이러한 하나님이 달리 또 있을까요? 유한하고 변하는 "신"들은 많습니다. 그리스-로마 신화에 나오는 "신"들이 대표적입니다. 그 신들은 참된 하나님이 갖는 완전한 지혜·권능·거룩·공의·선함·진실의 속성 대신, 사람들처럼 오욕칠정(五慾七情)을 갖습니다. 신화에 나오는 신들은 여호와 하나님처럼 스스로 존재하며 영원히 계신 것이 아니라 사람들처럼 태어나고 죽으며 시간과 공간의 제한을 받습니다.

Tip 오욕(五慾): 수면욕, 식욕, 성욕, 명예욕, 재물욕 등 다섯 가지 욕심

칠정(七情): 기쁨, 노여움, 슬픔, 즐거움, 미움, 두려움, 사랑 등 일곱 가지 감정

참고 성구

너희는 거기서 사람의 손으로 만든 바 보지도 못하며 듣지도 못하며 먹지도 못하며 냄새도 맡지 못하는 목석의 신들을 섬기리라(신 4:28).

또 그들의 신들을 불에 던졌사오니 이는 그들이 신이 아니요 사람의 손으로 만든 것 곧 나무와 돌뿐이므로 멸하였나이다(왕하 19:18).

24우주와 그 가운데 있는 만물을 지으신 하나님께서는 천지의 주재시니 손으로 지은 전에 계시지 아니하시고 25또 무엇이 부족한 것처럼 사람의 손으로 섬김을 받으시는 것이 아니니 이는 만민에게 생명과 호흡과 만물을 친히 주시는 이심이라(행 17:24-25).

하나님을 제외한 다른 모든 신은 사람이 만든 것입니다. 심지어 은금과 목석으로 만들어 보거나 듣거나 먹거나 냄새 맡지도 못하는 우상을 신으로 섬기는 사람들도 있습니다. 무엇이 부족한 것처럼 사람의 손으로 섬김을 받는 신, 또 거주할 곳이 없어 사람이 만든 신전에 있는 신은 참된 신이 아닙니다(행 17:24-25). 상식적으로 조금만 생각해봐도 참된 신은 어떠해야 하는지를 알 수 있지 않을까요? 하지만 많은 사람이 미신에 빠져 사람이 만든 신을 섬기고 있으니 참으로 안타깝습니다.

제5문은 이렇게 간단히 살펴보고 넘어가겠습니다. 제5문은 제6문을 통해 더 깊이 이해할 수 있기 때문입니다.

제5-2과

한 본질, 세 위격의 하나님

제6문. 하나님의 신격에 몇 위가 계십니까?

How many persons are there in the Godhead?

답. 하나님의 신격에 삼위가 계시니 성부와 성자와 성령이 신데, 이 삼위는 한 하나님이시고, 본질에 있어 같고, 권능과 영광에 있어 동등하십니다(요일 5:8; 마 28:19).

There are three persons in the Godhead; the Father, the Son, and the Holy Ghost; and these three are one God, the same in substance, equal in power and glory.

---

person 사람, 인격, 위격(位格)
Godhead 신, 신성(神性), 신격(神格)
substance 본질, 실체
equal 동일한, 동등한, 평등한

근거 성구

16 예수께서 세례를 받으시고 곧 물에
서 올라오실새 하늘이 열리고 하나님
의 성령이 비둘기 같이 내려 자기 위에
임하심을 보시더니 17 하늘로부터 소리
가 있어 말씀하시되 "이는 내 사랑하는
아들이요, 내 기뻐하는 자라" 하시니라
(마 3:16-17).

그러므로 너희는 가서 모든 민족을 제자로 삼아 아버지와 아들과 성령의 이름으로 세례를 베풀고(마 28:19).

아버지여, 창세 전에 내가 아버지와 함께 가졌던 영화로써 지금도 아버지와 함께 나를 영화롭게 하옵소서(요 17:5).

주 예수 그리스도의 은혜와 하나님의 사랑과 성령의 교통하심이 너희 무리와 함께 있을지어다(고후 13:13).

성령과 물과 피라. 또한 이 셋은 합하여 하나이니라(요일 5:8).

해설

한 본질, 세 위격의 하나님

웨스트민스터 소요리문답 제4문은 하나님의 속성을 다루고, 제5문은 그러한 속성을 지니신 하나님이 한 분이심을 이야기합니다. 이어서 제6문은 그 하나님이 한 본질, 세 위격이심을 말해줍니다. 다음 표는 이번 과에서 다루는 주제와 앞에서 다룬 내용과의 관계가 어떠한지를 보여줍니다.

하나님의 존재 (제4-6문)	하나님의 속성 (제4문)	
	하나님은 한 분이시다 (제5문)	
	한 본질, 세 위격의 삼위일체 (제6문)	→ 시간 전의 하나님의 내재적 사역

〈표6〉 하나님의 존재에 대한 논의

성자 하나님이 성부 하나님의 영원한 아들임을 보여주는 성구

여호와께서 내게 이르시되 "너는 내 아들이라. 오늘날 내가 너를 낳았도다"(시 2:7).

천사가 대답하여 이르되 "성령이 네게 임하시고 지극히 높으신 이의 능력이 너를 덮으시리니 이러므로 나실 바 거룩한 이는 하나님의 아들이라 일컬어지리라"(눅 1:35).

말씀이 육신이 되어 우리 가운데 거하시매 우리가 그의 영광을 보니 아버지의 독생자의 영광이요, 은혜와 진리가 충만하더라(요 1:14).

하나님이 세상을 이처럼 사랑하사 독생자를 주셨으니 이는 그를 믿는 자마다 멸망하지 않고 영생을 얻게 하려 하심이라(요 3:16).

때가 차매 하나님이 그 아들을 보내사 여자에게서 나게 하시고 율법 아래에 나게 하신 것은(갈 4:4).

1. 성자 하나님

신자들은 예수님의 자녀입니다. 그런데 예수님은 하나님의 독생자로서 하나님을 아버지라고 부르십니다. 그러면 우리는 예수님의 자녀이니, 하나님을 할아버지라고 불러야 할까요? 실제로 성경 공부를 인도하다 보면 이런 질문이 나오기도 합니다.

예수님이 하나님의 독생자라는 것과 예수님이 마리아에게 태어나신 것을 혼동해서는 안 됩니다. 하나님은 그리스도를 낳으셨지만 시간 속에서 낳으신 것이 아니라, 시간을 초월하여 낳으셨습니다. 이를 보통 "영원히(eternally) 낳으셨다"고 말합니다. 앞서 우리는 하나님이 영원하시어 존재하시지 않은 때가 없었음을 살펴보았습니다. 예수님이 어느 순간 태어났고 존재하시지 않았던 때가 있었다면 예수님은 피조물이지 하나님이 될 수는 없습니다. 예수님이 하나님이심을 고백하는 우리는, 하나님이 예수 그리스도를 "낳은" 것을 시간 속에서 생각하면 절대 안 됩니다.

이에 비해 마리아가 예수님을 출산한 사건은 구체적인 시간 속에서, 즉 지금부터 약 2천 년 전에 일어났습니다. 성자 하나님이 사람의 육신을 입어 사람이 되신 이 사건을 성자 하나님의 성육신(成肉身, incarnation)이라고 합니다. 성육신은 무한하고 영원하고 불변하신 하나님이 유한한 사람이 되신 놀라운 자기 비움의 사건이라고 할 수 있습니다.

정리하자면, "예수님은 하나님의 독생자시다"라는 말은 성부 하나님이 성자 하나님을 시간 속이 아니라 시간을 초월하여 영원히 낳으셨다는 뜻입니다. 사람의 아들은 사람이고 개의 자식은 개이듯이, 하나님의 아들이신 예수 그리스도는 하나님이신데 성부 하나님과의 관계에 있어서 아버지와 아들의 관계로 계십니다. 그에 비해 "예수님은 마리아에게 나셨다"라는 말은 성자 하나님이 사람이 되신 사건을 일컫는 것으로 약 2천 년 전이라는 구체적

예수 그리스도의 신성을 보여주는 성경 구절

이는 한 아기가 우리에게 났고 한 아들을 우리에게 주신 바 되었는데 그 어깨에는 정사를 메었고 그의 이름은 기묘자라, 모사라, 전능하신 하나님이라, 영존하시는 아버지라, 평강의 왕이라 할 것임이라(사 9:6).

1태초에 말씀이 계시니라. 이 말씀이 하나님과 함
께 계셨으니 이 말씀은 곧 하나님이시니라 2그가
태초에 하나님과 함께 계셨고 3만물이 그로 말미
암아 지은 바 되었으니 지은 것이 하나도 그가 없
이는 된 것이 없느니라(요 1:1-3).

6그는 근본 하나님의 본체시나 하나님과 동등됨
을 취할 것으로 여기지 아니하시고 7오히려 자기
를 비어 종의 형체를 가지사 사람들과 같이 되셨
고 8사람의 모양으로 나타나사 자기를 낮추시고
죽기까지 복종하셨으니 곧 십자가에 죽으심이라
(빌 2:6-8).

또 아는 것은 하나님의 아들이 이르러 우리에게 지각을 주사 우리로 참된 자를 알게 하신 것과 또한 우리가 참된 자 곧 그의 아들 예수 그리스도 안에 있는 것이니 그는 참 하나님이시요 영생이시라(요일 5:20).

시간 속에서, 그리고 베들레헴이라는 장소에서 이루어졌습니다.

2. 성령 하나님

성부 하나님이 성자 하나님을 영원히 낳으셨다면 성령 하나님은 성부 하나님과 성자 하나님으로부터 영원히 나오십니다. 여기서 낳으심과 나오심이 무엇을 의미하는지 우리는 정확히 알 수 없습니다. 단지 성경의 가르침을 따라 그렇게 말할 수 있을 뿐입니다. "낳다"라는 표현과 관련해 우리는 부모와 자녀의 관계를 성부와 성자에 적용해서 이해할 수 있는 부분이 있지만, "낳다"에 담긴 신비한 의미가 정확히 무엇인지는 인간 인식의 한계 때문에 제대로 알지 못합니다. 성령이 성부와 성자로부터 나오신다는 표현은 더 이해하기가 어렵습니다. 사람에게는 "나와서" 존재하는 경험 자체가 없기 때문입니다.

성령은 성부와 성자로부터 나오시는데, 영원히 나오십니다. 시간 속에서 나오신 것이 아니라 시간을 초월하여 시간 전에 나오십니다. 그래서 태초에 하나님이 천지를 창조하실 때에 성부만 창조의 사역을 하신 것이 아니라, 영원히 존재하시는 성자와 성령 하나님도 창조에 동참하셨습니다. 앞서 제4문에서 살펴본 하나님의 무한·영원·불변의 비공유적 속성과 존재·지혜·권능·거룩·공의·선함·진실의 공유적 속성은 성부 하나님에게만 속한 것이 아니라 성자와

성령이 성부와 성자로부터 나오심을 보여주는 성구

내가 아버지께로부터 너희에게 보낼 보혜사, 곧 아버지께로부터 나오시는 진리의 성령이 오실 때에 그가 나를 증언하실 것이요(요 15:26).

만일 너희 속에 하나님의 영이 거하시면 너희가 육신에 있지 아니하고 영에 있나니 누구든지 그리스도의 영이 없으면 그리스도의 사람이 아니라(롬 8:9).

너희가 아들이므로 하나님이 그 아들의 영을 우리 마음 가운데 보내사 아빠 아버지라 부르게 하셨느니라(갈 4:6).

성령 하나님께도 속합니다. 보통 신론에서는 하나님에 대해 서술할 때 먼저 하나님의 속성에 대해 서술하고 그다음에 삼위일체를 다룹니다. 하나님의 속성은 성부와 성자와 성령 모두에게 속한 것임을 강조하는 것입니다.

삼위일체 하나님은 무한하고 영원하십니다. 따라서 성자와 성령 하나님 모두 구약 시대에도 계셨습니다. 물론 성자 하나님은 2천 년 전에 사람이 되시어 신인(神人, God-man)으로서 고난을 받고 십자가에 못 박혀 죽으셨습니다. 하지만 성경은 성자 하나님이 사람이 되시기 전, 구약 시대부터 "하나님"으로서 창조와 구원의 일을 하셨다고 기록합니다. 성령 하나님도 구약 시대부터 하나님으로서 창조와 구원의 일을 하셨습니다. 창세기 1:2의 "땅이 혼돈하고 공허하며 흑암이 깊음 위에 있고 하나님의 영은 수면 위에 운행하시니라"라는 말씀은 하나님의 영이 이미 존재하시며 일하셨음을 알려줍니다. 그 영원하신 성령 하나님이 예수 그리스도의 죽음 이후에 50일이 지나 이 땅에 오셨습니다. 성자 하나님이 사람이 되시어 이 땅

성령 하나님의 신성을 보여주는 성구

7내가 주의 영을 떠나 어디로 가며 주의 앞에서
어디로 피하리이까? 8내가 하늘에 올라갈지라도
거기 계시며 스올에 내 자리를 펼지라도 거기 계
시니이다(시 139:7-8).

누가 여호와의 영을 지도하였으며 그의 모사가 되어 그를 가르쳤으랴?(사 40:13)

7그러므로 성령이 이르신 바와 같이 오늘 너희가
그의 음성을 듣거든 8광야에서 시험하던 날에 거
역하던 것 같이 너희 마음을 완고하게 하지 말라.
9거기서 너희 열조가 나를 시험하여 증험하고 사
십 년 동안 나의 행사를 보았느니라(히 3:7-9).

3베드로가 이르되 "아나니아야, 어찌하여 사탄이
네 마음에 가득하여 네가 성령을 속이고 땅 값 얼
마를 감추었느냐? 4땅이 그대로 있을 때에는 네 땅
이 아니며 판 후에도 네 마음대로 할 수가 없더냐?
어찌하여 이 일을 네 마음에 두었느냐? 사람에게
거짓말한 것이 아니요 하나님께로다(행 5:3-4).

예언은 언제든지 사람의 뜻으로 낸 것이 아니요, 오직 성령의 감동하심을 받은 사람들이 하나님께 받아 말한 것임이라(벧후 1:21).

그러므로 너희는 가서 모든 민족을 제자로 삼아 아버지와 아들과 성령의 이름으로 세례를 베풀고(마 28:19).

에 오셔서 구원의 일을 하셨듯이, 성령 하나님도 이 땅에 오셨습니다.

3. 삼위일체

ㄱ. 잘못된 주장들 먼저 삼위일체(Trinity)에 대한 잘못된 주장 세 가지를 살펴보겠습니다. 첫 번째는 아리우스(Arius, 250?-336)의 "성자 종속설"입니다. 아리우스는 그리스도가 뛰어나기는 하지만 하나님은 아니며, 존재하기 시작한 때가 있었다고 주장했습니다. 이 말은 예수님이 영원하신 분이 아니라는 뜻입니다. 그는 성부가 성자를 "영원히" 낳으셨다는 것을 올바로 이해하지 못했습니다. 아리우스는 요한복음 3:16의 "독생자"란 표현을 시간 속에서 이해했고 성부 하나님이 그리스도를 낳으셨을 때 비로소 그리스도가 존재하기 시작하셨다고 해석했습니다. 아리우스의 가르침을 따른 아리우스파는 오직 성부만이 진정한 하나님이시고 성자와 성령은 성부에 종속된 존재라고 보았습니다. 이 종속설에는 다양한 형태가 있습니다. 예를 들어 "성령의 종속설"은 성령을 인격으로 보지 않고 단순히 하나님의 영혼이나 기운 정도로 보는 관점입니다.

Tip 樣: 모양, 꼴, 형상 양
態: 모습, 모양, 형태 태

삼위일체에 대한 두 번째 잘못된 주장은 "양태론"(樣態論, Modalism)입니다. 양태론은 어떤 사람이 다양한 신분을 갖고 다양한 역할을 하듯이 하나님도 시대에 따라 다양한 역할을 하신다고 보는 관점입니다. 가령 저는 집에서는 아이들의 아버지이자 아내의 남편이고, 교회에서는 목사이고, 신학교에서는 교수입니다. 양태론에 따르면 한 하나님이 구약 시대에는 성부 하나님으로, 신약 시대에는 성자 하나님으로, 그 후에는 성령 하나님으로 나타나셨습니다. 이는 하나님이 한 분이심을 강조하는 관점이기는 하지만 실제로는 성경의 가르침과 어긋나는 주장입니다. 성경을 절대 기준으로 삼지 않고 자신의 경험이나 논리를 기준으로 삼는 이들은 종속설과 양태론 같은 잘못된 사상에 빠지기 쉽습니다.

삼위일체에 대한 세 번째 잘못된 주장은 "삼신론"(三神論, tri-theism)입니다. 이 입장은 무한하고 영원하고 불변하신 하나님이 세 분이라고 보는 관점입니다. 세 신은 서로 구별될 뿐만 아니라 분리되어 각자 독립적으로 존재하고 활동하는 세 본질입니다. 삼신론에 따르면 독자적인 세 신이 각자의 영역에서 각자의 활동을 하는데, 단지 목적과 내용에서 일치가 있다고 봅니다. 하지만 삼신론이 주장하는 세 개의 본질은 그 어느 본질도 완전한 본질이 되지 못하여 완전한 신성에 흠을 가져옵니다.

ㄴ. 올바른 관점 그렇다면 삼위일체에 대한 올바른 관점은 어떤 것일까요? 무한하고 영원하고 불변하신 하나님은 오직 한 분밖에 없습니다. 한 하나님은 성부 하나님과 성자 하나님과 성령 하나님의 세 위격으로 계십니다. 성부와 성자와 성령은 모두 하나님이시므로 스스로 계십니다. 그런데 세 위격 간의 관계를 통해 살펴보면, 성부는 다른 위격들에 의해 존재하시는 것이 아니라 기원 없이 존재하시고, 성자는 성부가 영원히 낳으심으로 존재하시며, 성령은 성부와 성자로부터 영원히 나옴으로써 존재하십니다. 그런데 성부와 성자와 성령의 존재 관계는 절대로 시간 속에서 생각해서는 안 되고, 시간을 초월한 영원 속에서 생각해야 합니다.

앞서 살펴보았지만, 삼위의 이러한 영원한 관계를 성자 하나님이 마리아에게 태어나신 것과 혼동해서는 안 됩니다. 성부가 성자를 낳는 것은 시간 속에서가 아니라 시간을 초월하여 "영원히" 이루어진 일이기 때문입니다. 또한 성령이 성부와 성자로부터 영원히 나오시는 것을 오순절에 성령이 이 땅에 오신 것과 혼동해서는 안 됩니다. 전자는 시간을 초월하여 이루어진 일이고, 후자는 시간 속에서 이루어진 일이기 때문입니다.

Tip **proper**: 고유의, 적절한, 완전한, 엄밀한 의미의
properties: 성질, 특징
property: 재산, 부동산, 건물

성부와 성자와 성령은 본질이 같으시지만, 각각의 위격적 특성(the personal properties of the three persons)을 가지고 계십니다. 성부는 성자를 낳으신 것이 고유하고(proper), 성자는 성부에게 낳은 바 되신 것이 고유하며, 성령은 성부와 성자로부터 나오신 것이 고유합니다. 성부와 성자와 성령은 본질에 있어서 같고 위격적 특성에 있어서 구분됩니다.

성부와 성자와 성령은 무한·영원·불변·자존의 속성을 가진 한 본질이시고 세 위격으로 존재하십니다. 한 본질을 가지셨기에 성부와 성자와 성령은 이 세상의 창조와 구원에 있어서 한 목적과 한뜻과 한 계획을 가지고 계십니다. 성부와 성자와 성령은 한 본질이시라 나뉘지 않고, 구약과 신약에 있어서 하시는 모든 일에 같이 참여하십니다. 성부나 성자나 성령의 한 위격만 성경에 언급된다고 해서 다른 두 위격이 배제되지 않습니다. 어떤 사건에 한 위격이 참여하신다면 기본적으로 삼위일체이시므로 다른 두 위격도 참여하십니다.

반면 같은 일에 세 위격이 모두 참여하신다고 하여 한 위격에게 그 일이 특별히 돌려지지 않는 것은 아닙니다. 우리는 성경의 가르침에 따라 작정과 창조와 섭리는 성부께, 사람이 되시어 구원을 획득하시는 일은 성자께, 획득된 구원을 신자들에게 적용하시는 일은 성령께 돌립니다. 사람이 되시어 고난을 받고 죽으신 분은 성자 하나님이시므로 성육신과 죽음과 부활로 대표되는 구원의 획득은 성자 하나님께 돌려져야

합니다. 그런데 성자 하나님이 이러한 일들을 하실 때도 성부와 성령이 같이하십니다. 성육신과 죽음과 부활은 그리스도가 하시지만 그리스도가 하시는 그 일에 성부와 성령이 참여하시어 같이하시는 것입니다.

신앙고백이나 교리나 신학의 구조는 대부분 성부, 성자, 성령의 순으로 이루어져 있습니다. 사도신경도 마찬가지입니다. 사도신경의 전체 구조를 살펴보면 다음과 같이 삼위일체를 나타내고 있다는 사실을 알 수 있습니다.

나는 전능하신 아버지 하나님, 천지의 창조주를 믿습니다. —— **성부**

나는 그의 유일하신 아들, 우리 주 예수 그리스도를 믿습니다.
그는 성령으로 잉태되어 동정녀 마리아에게서 나시고,
본디오 빌라도에게 고난을 받아 십자가에 못 박혀 죽으시고,
장사된 지 사흘 만에 죽은 자 가운데서 다시 살아나셨으며,
하늘에 오르시어 전능하신 아버지 하나님 우편에 앉아계시다가,
거기로부터 살아 있는 자와 죽은 자를 심판하러 오십니다. —— **성자**

나는 성령을 믿으며, 거룩한 공교회와 성도의 교제와
죄를 용서받는 것과 몸의 부활과 영생을 믿습니다.아멘. —— **성령**

Tip 칼뱅의 유명한 『기독교강요』 또한 성부와 성자와 성령을 차례로 다루며 총 4권으로 구성된다.

제1권: 창조주 하나님에 관하여
제2권: 구속주 하나님에 관하여
제3권: 성령 하나님에 관하여
제4권: 교회에 관하여

우리는 삼위일체를 올바로 이해할 때 비로소 성부와 성자와 성령이 하시는 일을 분리하여 오해하는 실수를 범하지 않게 됩니다.

심화 연구

분리되지 않는 하나님의 사역

앞서 우리는 "외부를 향한 삼위일체 하나님의 사역은 분리되지 않음"(*opera trinitatis ad extra non sunt divisa*)을 살펴보았습니다.[1] 그렇다면 성부와 성자와 성령은 창조에 어떻게 분리되지 않고 참여하실까요? 요한복음 1:3은 "만물이 그로 말미암아 지은 바 되었으니 지은 것이 하나도 그가 없이는 된 것이 없느니라"라고 말합니다. 여기서는 성자 하나님이 창조에 참여하시는 것을 "말미암아"(through)라는 전치사를 통해 말하고 있습니다. 또한 창세기 1:2은 "땅이 혼돈하고 공허하며 흑암이 깊음 위에 있고 하나님의 영은 수면 위에 운행하시니라"라고 기록하여 성령 하나님이 창조에 참여하신 것을 말하고 있습니다.

Tip Through him all things were made; without him nothing was made that has been made(John 1:3).

헤르만 바빙크는 타락 후에 주어진 모든 은혜가 성부로부터(from the Father), 성자를 통하여(through the Son), 성령 안에서(in the Holy Spirit) 주어진다고 말하여 모든 은혜의 사역이 세 위격의 일임을 강조합니다.[2] 외부를 향한 삼위일체 하나님의 사역에서 각 위격이 어떻

1) 아우구스티누스는 "성부와 성자와 성령은 분리할 수 없으며 분리되지 않은 채 역사하신다"(*pater et filius et spiritus sanctus sicut inseparabiles sunt, ita inseparabiliter operentur*)라고 말했습니다. Augustinus, "The Trinity," in *The Fathers of the Church*, vol. 45 (Washington: The Catholic University of America Press, 1963), I.iv.7.

2) Herman Bavinck, *Reformed Dogmatics: Sin and Salvation in Christ*, vol 3, trans. the Dutch Reformed Translation Society (Michigan: Baker Academic, 2006), 2145; "All the grace that is extended to the creation after the fall comes to it from the Father, through the Son, in the Holy Spirit."

게 참여하는지를 서로 다른 전치사를 통해 세 위격 모두의 일로 표현한 것입니다. 성부는 다른 어떤 위격으로부터도 기원하지 않고 오히려 다른 두 위격의 기원이 되시므로 외부를 향한 사역에서도 기원을 뜻하는 전치사(from)가 사용됩니다. 영원 전의 존재에 있어서 기원을 성부에게 두는 성자와 성령의 사역은 각각 "통하여"(through)와 "안에서"(in)라는 영어 전치사로 표현될 수 있습니다.

> **참고 성구**
>
> 하나님의 성령을 근심하게 하지 말라. 그 **안에서** 너희가 구원의 날까지 인치심을 받았느니라(엡 4:30).
>
> 너희 중에 이와 같은 자들이 있더니 주 예수 그리스도의 이름과 우리 하나님의 성령 **안에서** 씻음과 거룩함과 의롭다 하심을 받았느니라(고전 6:11).

그런데 어떤 전치사를 각 위격에게 돌리느냐보다 더 중요한 것은 외부를 향한 삼위일체 하나님의 사역은 분리되지 않는다는 사실입니다. 제임스 어셔(James Ussher, 1581-1656)는 바빙크와 다른 전치사를 사용했습니다.

> 성부는 자신으로부터, 아들 안에서, 성령에 의해 모든 것을 합니다. 성자는 성부로부터 성령에 의하여 합니다. 성령은 성부와 성자로부터 합니다.[3)]

"분리되지 않는 하나님의 사역"에 대한 전이해가 있으면 기독론과 구원론(성령론)을 살필 때도 예수 그리스도와 성령의 독자적 사역이 아니라 삼위일체 하나님이 공동으로 참여하시는 사역임을 알 수 있습니다. 또 성자와 성령 하나님이 신약 시대에만 일하시는 것이 아니라 구

---

3) James Ussher, *A Body of Divinity: the Sum and Substance of Christian Religion* (London: Printed by R. J. for Jonathan Robinson, 1702), 78.

약 시대에도 일하셨다는 사실을 이해할 수 있습니다. 나아가 구약 백성의 구원이 신약 백성의 구원과 아무런 차이가 없고, 그 방법에서도 같음을 알 수 있습니다. 삼위일체를 믿고 받아들인다는 것은 이런 내용들을 모두 받아들인다는 뜻이지, 단순히 성부와 성자와 성령이 한 하나님이라고 인정한다는 뜻이 아닙니다. 이런 내용들을 모르면 입으로는 삼위일체를 믿는다고 말하면서도 실제로는 단일신론자나 삼신론자가 되기 쉽습니다.

1. 하나님에 대한 성경 구절의 분류

성경에는 하나님에 대한 구절이 참 많습니다. 그런데 그 구절들이 모두 하나님의 본질에 대한 것은 아닙니다. 어떤 구절은 성부와 성자와 성령의 관계에 대한 것이고, 어떤 구절은 하나님과 피조물과의 관계에 대한 것입니다. 따라서 하나님에 대한 성경 구절들은 하나님의 본질에 대한 것인지, 성부와 성자와 성령의 관계에 대한 것인지, 하나님과 피조물과의 관계에 대한 것인지를 살펴서 이해해야 합니다.

ㄱ. 하나님의 본질에 대한 성구 다음과 같은 말씀들은 하나님의 본질에 대한 것입니다. 물론 이는 성부에 대한 것만이 아니고 성부와 성자와 성령에 대해서 기록한 말씀입니다. 앞서 하나님의 속성을 다루며 살펴본 성경 구절들은 대부분 하나님의 본질을 다루는 것으로서 성부만이 아니라 성자와 성령에 대한 것이기도 합니다.

> 무릇 주는 위대하사 기이한 일들을 행하시오니 주만이 하나님이시니이다(시 86:10).

이스라엘아, 들으라. 우리 하나님 여호와는 오직 유일한 여호와이시니(신 6:4).

ㄴ. 성부와 성자와 성령의 관계에 대한 성구 다음에 살펴볼 성경 구절들은 하나님의 본질이 아니라, 성부와 성자와 성령의 관계를 다루는 것입니다.

내가 아버지께로부터 너희에게 보낼 보혜사 곧 아버지께로부터 나오시는 진리의 성령이 오실 때에 그가 나를 증언하실 것이요(요 15:26).

만일 너희 속에 하나님의 영이 거하시면 너희가 육신에 있지 아니하고 영에 있나니, 누구든지 그리스도의 영이 없으면 그리스도의 사람이 아니라(롬 8:9).

"나와 아버지는 하나이니라" 하신대(요 10:30).

요한복음 15:26에서 "내가"는 성자 하나님을, "아버지께로부터"는 성부 하나님을, "보혜사"와 "진리의 성령"은 성령 하나님을 의미합니다. 로마서 8:9에서 "하나님의 영"은 성령 하나님을, "그리스도"는 성자 하나님을, "그리스도의 영"은 성령 하나님을 의미합니다. 요한복음 10:30에서 "나"는 성자 하나님을, "아버지"는 성부 하나님을 의미합니다.

이 책의 98쪽에서 다룬 "성자 하나님이 성부 하나님의 영원한 아들임을 보여주는 성구"와 100쪽에서 다룬 "성령이 성부와 성자로부터 나오심을 보여주는 성구"는 대부분 하나님의 본질이 아니라 성부와 성자와 성령의 관계를 다룬 성경 말씀들입니다.

ㄷ. 하나님과 피조물과의 관계에 관한 성구 마지막으로 하나님과 피조물과의 관계에 대한 말씀을 살펴보겠습니다. 처녀 마리아에게서 나신 분은 성부나 성령이 아니라 성자 하나님이십니다. 십자가에 달려 죽으신 분도 성부나 성령이 아니라 성자이십니다. 그렇다고 해서 성부와 성령이 이 일을 같이하지 않으셨던 것은 아닙니다. 또 예수님이 요한에게 세례를 받으실 때 "너는 내 사랑하는 아들이라"(막 1:11)라고 말씀하시고, 무리와 함께 있을 때 천둥소리처럼 "내가 이미 영광스럽게 하였고 또다시 영광스럽게 하리라"(요 12:28)라고 말씀하신 것은 삼위일체가 아니라 성부 하나님이십니다. 하지만 여기서도 성부 홀로 그 일을 하신 것이 아니라 성자와 성령도 그 일에 함께하셨습니다. 이에 대해 아우구스티누스(Aurelius Augustinus, 354-430)는 다음과 같이 말했습니다.

> 성부와 성자와 성령은 시간적 운동이나 시간, 공간의 간격 없이 모든 피조물 위에 있지만 시간과 공간에서 표현될 때에는 본질이 다른 피조물로, 특히 물질적인 피조물로 분리하지 않고 나타낼 수는 없다. 우리가 우리의 음성으로 성부와 성자와 성령이라고 부를 때 우리는 시간적 간격을 두지 않을 수 없으며 그 간격을 그 이름의 음절들이 채운다.[4)]

앞서 우리는 성부와 성자와 성령은 본질이 동일하시므로 분리되지 않고 일체로서 역사하신다는 것을 살펴보았습니다. 하지만 성부와 성자와 성령이 시간과 공간에서 표현될 때에는 분리해서 표현할 수밖에 없습니다. 따라서 "성부의 음성과 성자의 육신과 성령의 비둘기를 각각

4) Augustinus, IV.xxi.30.

의 한 위격에 돌리지만, 사실은 삼위일체가 함께 성부의 음성과 성자의 육신과 성령의 비둘기를 만드는 것입니다."[5)]

그러므로 우리는 성경에서 어느 한 위격이 나타날 때 그 사역을 그 위격에게만 돌릴 것이 아니라 삼위일체 하나님께 돌려야 합니다. 이것이 바로 하나님과 피조물과의 관계에 대한 말씀들을 해석하는 방법입니다. 아우구스티누스는 "그 자체로 분리될 수 없는 삼위일체가 보이는 피조물의 형태를 통해 분리되어 나타날 수 있고, 또한 성부 혹은 성자 혹은 성령이 나타나신 것이라고 고유하게 분류할 수 있는 것들에 대해서도 삼위일체의 분리되지 않는 역사하심이 있는 것이다"라고 말합니다.[6)] 또한 그는 "삼위일체의 역사는 분리할 수 없으므로, 이때에도 성자와 성령의 역사 없이 음성이 들렸다고 말하는 것이 아니라, 이 말씀이 성부의 위격만을 계시하는 방법으로 들렸다고 말하는 것이다. 마치 삼위일체가 처녀에게서 인간의 형체를 지으셨으나, 그 형체는 성자의 위격뿐인 것과 같다. 보이지 않는 삼위일체께서 보이는 성자의 위격만을 창조하신 것이다"라고 말합니다.[7)]

---

5) Augustinus, IV.xxi.30. "The whole Trinity together produced the voice of the Father, the flesh of the Son, and the dove of the Holy Spirit, although each is referred to one particular person."

6) Augustinus, IV.xxi.30. "The Trinity, inseparable in itself, can be manifested separately through the form of a visible creature, and also that the working of the Trinity is also inseparable in each of these things, which are said to pertain properly to the manifesting of the Father, or the Son, or the Holy Spirit."

7) Augustinus, II.x.18.

1. 주변에 유머 감각이 있다고 말할 수 있는 사람이 있나요? 다른 조원들을 위해 재미있는 이야기를 하나씩 해봅시다. 웃기지 못한 분은 벌칙으로 간단한 간식을 사시기 바랍니다.

2. 소요리문답 제5문과 제6문을 서로 묻고 답해봅시다. 근거 성구도 함께 살펴봅시다.

3. "but one only"의 뜻은 무엇입니까? 살아계시며 참되신 하나님은 몇 분입니까? 무한하지 않고 영원하지도 않으며 불변하지 않는 신들은 얼마나 많습니까? 이와 관련한 성구(신 4:28; 왕하 19:18; 시 135:15; 행 17:24-25)를 살펴보며 이야기를 나누어봅시다.

4. 예수 그리스도가 하나님의 독생자인 것과 예수 그리스도가 마리아에게 태어나신 것 사이에는 어떤 차이가 있습니까? 성자 하나님이 존재하시지 않았던 때가 있습니까?

5. 성자 하나님이 성부 하나님의 영원한 아들임을 보여주는 성경 구절들과 예수 그리스도의 신성을 보여주는 성경 구절들을 살펴보십시오.

6. 자존하시는 성자 하나님의 존재 방식은 성부 하나님이 영원히 그분을 낳으심인데, 그렇다면 성령 하나님의 존재 방식은 어떻게 됩니까?

7. 성령이 성부와 성자로부터 나오심을 보여주는 성경 구절들과 성령 하나님의 신성을 보여주는 성경 구절들을 살펴보십시오.

8. 삼위일체에 관하여 이단에 속하는 종속설과 양태론과 삼신론이 무엇인지 이야기해봅시다.

9. 분리되지 않는 하나님의 사역에 대해 나누어봅시다.

10. 하나님에 대한 성경 구절들을 분류하는 세 가지 기준은 무엇인가요? 삼위일체 하나님에 대해 새롭게 알게 된 사실이 있다면 함께 나누어봅시다.

제6-1과

하나님의 영원한 작정

제7문. 하나님의 작정은 무엇입니까?

What are the decrees of God?

답. 하나님의 작정은 그의 뜻의 계획에 따른 그의 영원한 목적으로, 이로 말미암아 자기 자신의 영광을 위하여 일어나는 일은 무엇이든지 미리 정하셨습니다.

The decrees of God are, his eternal purpose, according to the counsel of his will, whereby, for his own glory, he hath fore-ordained whatsoever comes to pass.

---

decree 법령, (법정의) 판결, (미래의 일에 관한) 신의 뜻, 작정(作定)

according to …에 따라

counsel 의논, 조언, 계획, 방침, 변호사, 〈고어〉지혜, 분별

whereby 〈고어〉(그것에 의해) …하는, 그것으로써

foreordain 미리 정하다

whatsoever (…하는 것은) 무엇이나; whatever의 강조형

come to pass (일이) 일어나다(happen), 실현되다

근거 성구

곧 창세 전에 그리스도 안에서 우리를 택하사 우리로 사랑 안에서 그 앞에 거룩하고 흠이 없게 하시려고(엡 1:4).

모든 일을 그의 뜻의 결정대로 일하시는 이의 계획을 따라 우리가 예정을 입어 그 안에서 기업이 되었으니(엡 1:11).

22만일 하나님이 그의 진노를 보이시
고 그의 능력을 알게 하고자 하사 멸
하기로 준비된 진노의 그릇을 오래 참
으심으로 관용하시고 23또한 영광 받
기로 예비하신 바 긍휼의 그릇에 대
하여 그 영광의 풍성함을 알게 하고
자 하셨을지라도 무슨 말을 하리요(롬
9:22-23).

해설

하나님의 영원한 작정

웨스트민스터 소요리문답 제4-6문은 하나님의 존재, 하나님의 속성, 하나님의 한 분 되심과 삼위일체를 다루었습니다. 이어서 제7-12문은 하나님의 사역을 다룹니다. 그중 작정(제7-8문)은 시간 전에 하시는 하나님의 외적 사역이고, 창조(제9-10문)와 섭리(제11-12문)는 시간 속에서 하시는 하나님의 외적 사역입니다. 다음 표는 조직신학의 "신론"에 해당하는 제4-12문의 관계와 내용을 보여줍니다.

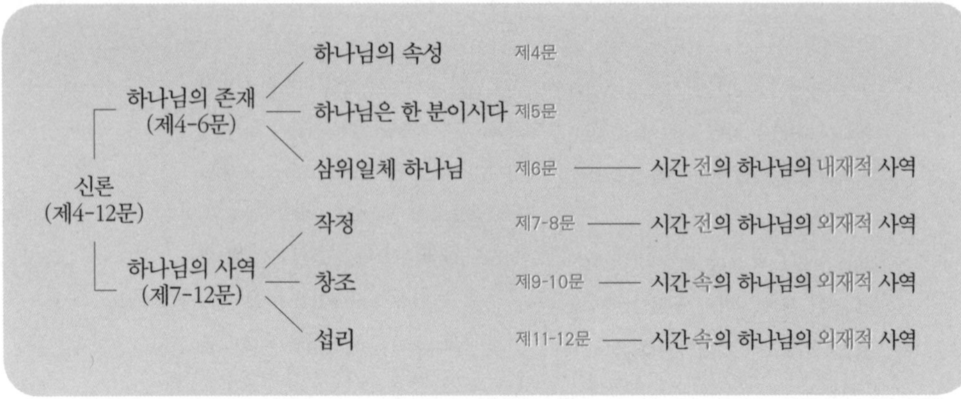

〈표7〉 신론의 구성

건축 과정은 크게 "설계"와 "시공"으로 나눌 수 있습니다. 설계자는 소유주의 요청에 따라 미학적으로 아름답고, 공학적으로 튼튼하며, 용도에 적합한 공간을 구상하여 그 모양과 시공 과정을 도면에 표시합니다. 설계자는 예술과 공학과 사람의 삶에 대해 깊이 이해하고 있어야 좋은 설계를 할 수 있습니다. 시공자는 자기가 하고 싶은 대로 일을 처리하면 안 되고 설계도에 따라 시공을 해야 합니다. 시공자는 설계를 마음대로 변경할 수 없으며 사소한 변경이라도 꼭 설계자와 상의해서 결정합니다. 그런데 실제 건축 현장에서는 시공자와 설계자가 서로 미덥지 않게 여기는 경우가 종종 있습니다. 시공자는 설계자가 공사의 실상을 모르고 책상에서 이론적으로 설계했다고 불평하고, 설계자는 시공자가 무식하여 예술과 공학, 인문학을 모르고 시공하기에 편리한 대로 행하려 한다고 비판하는 것입니다.

1. 그의 뜻의 계획에 따른(according to the counsel of his will)

집을 짓는 설계자와 시공자는 사람이기에 어쩔 수 없는 부족함이 있습니다. 주어진 여건에서 최선을 다해 설계와 시공을 하지만 미래를 내다보지 못하는 사람은 앞으로 어떤 일이 벌어질지 모릅니다. 건축물이 앞으로 어떤 용도로 쓰일지 알 수 없고, 지진이나 산사태 같은 자연재해를 예측할 수도 없습니다.

그러나 하나님은 다릅니다. 하나님은 이 세상을 창조하고 또 창조한 세계에서 여러 가지 일을 진행해갈 때 모르는 것이 하나도 없으셨습니다. 전지하신 하나님은 시간과 공간과 하늘과 땅을 만들 때 거기서 벌어질 모든 일을 담아낼 수 있게 만드셨습니다.

앞서 우리가 살펴본 것처럼 하나님은 시간 자체를 만드셨기 때문에 시간에 갇히지 않으시고 시간을 지배하고 다스리십니다. 하나님께는 알지 못하는 미래가 있을 수 없습니다. 하나님은 오히려 그 미래를 만들고 규정하십니다. 그래서 하나님은 자신의 뜻에 따라 그 시간 속에서 벌어질 모든 일을 계획하십니다. 그 계획은 무한하고 영원하고 불변하신 하나님의 지혜로 말미암아 아무 부족함과 흠이 없는 완벽한 계획입니다. 하나님께는 변경과 후회가 없으십니다.

여기서 하나님의 뜻(will)과 하나님의 계획(counsel)을 구분할 필요가 있습니다. 가령 사람을 자녀로 삼으시겠다는 하나님의 뜻과 어떻게 자녀로 삼으실 것인가 하는 계획은 서로 구분됩니다. 하나님이 우리를 자녀로 삼으시는 뜻은 분명하고 이해하기도 쉽습니다. 그런데 그 뜻이 펼쳐지는 계획(방식, 지혜, 경륜)은 은밀하고 이해하기 어려울 때도 있습니다.

자녀를 훌륭하게 키우겠다는 뜻을 품은 부모는 어떤 때는 자녀를 꾸

짖기도 하고, 어떤 때는 품에서 자녀를 떠나보내기도 합니다. 부모의 계획 속에서, 자녀가 이해하고 받아들이기 힘든 다양한 상황들이 눈 앞에 펼쳐지기도 합니다. 그러나 자녀가 부모의 사랑을 확신하고 어려운 상황들을 꿋꿋하게 이겨내면 나중에는 부모의 계획을 이해하게 됩니다.

마찬가지로 우리를 향한 하나님의 계획도 때로는 이해하기 어렵고 감당하기 힘들 수 있습니다. 하지만 지금은 거울로 보는 것 같이 희미할지라도, 하나님의 계획에 우리를 향한 하나님의 사랑과 지혜가 깃든 줄 알고 순종하면 나중에는 얼굴과 얼굴을 대하여 보고 주께서 우리를 아신 것 같이 우리가 온전히 알게 될 것입니다(고전 13:12). 이 세상에서 일어나는 모든 일에는 사람이 헤아리기 힘든 하나님의 뜻이 담겨 있습니다. 우주와 자연의 신비가 그렇고, 인체의 오묘한 작동이 그렇고, 인류 역사와 인간의 대소사가 그렇습니다. 그러므로 우리는 함부로 하나님을 단정하며 비난하거나 항거하면 안 됩니다.

하나님의 작정에는 다른 이유나 조건이 없습니다. 하나님으로 하여금 그렇게 작정하시도록 영향을 미칠 수 있는 것은 아무것도 없습니다. 하나님보다 더 큰 존재와 지혜자가 없기에 하나님의 뜻만이 작정의 유일한 동기입니다. 하나님은 전지(全知)하시기 때문에 앞으로 일어날 일들을 모두 아시지만, 미리 아시는 그것 때문에 작정하시지는 않습니다. 하나님은 미래에 일어날 일 자체를 정하는 첫 번째 원인자이시고, 하나님의 뜻을 떠나 미래에 발생할 일은 하나도 없기 때문입니다. 우리는 이것을 "하나님은 다른 어떤 것의 영향을 받지 않고 오직 하나님의 뜻만으로 **자유롭게**(freely) 작정하신다"고 표현합니다. 다른 모든 것들은 그 존재와 행동에 있어서 하나님이 만드신 것들의 도움과 영향을 받는 종속적 존재입니다. 진정 자유로우신 분은 하나님뿐이고 우리는 그 하나님의 자녀가 될 때만 더욱 자유로워집니다.

참고 성구

여호와여, 주께서 하신 일이 어찌 그리 많은지요? 주께서 지혜로 그들을 다 지으셨으니 주께서 지으신 것들이 땅에 가득하니이다(시 104:24).

여호와께서는 지혜로 땅에 터를 놓으셨으며 명철로 하늘을 견고히 세우셨고(잠 3:19).

"인자는 이미 작정된 대로 가거니와 그를 파는 그 사람에게는 화가 있으리로다" 하시니(눅 22:22).

그가 하나님께서 정하신 뜻과 미리 아신 대로 내준 바 되었거늘 너희가 법 없는 자들의 손을 빌려 못 박아 죽였으나(행 2:23).

내 안에 거하라. 나도 너희 안에 거하리라. 가지가 포도나무에 붙어 있지 아니하면 스스로 열매를 맺을 수 없음 같이 너희도 내 안에 있지 아니하면 그러하리라(요 15:4).

2. 그의 영원한 목적(his eternal purpose)

하나님은 자신의 뜻과 계획에 따라 발생할 모든 일을 정하실 때 사사로운 동기나 꼼수나 목적을 가지고 그렇게 하지 않으십니다. 하나님은 무한·영원·불변의 거룩과 진실을 지닌 분이시며 그분의 뜻과 계획은 가장 아름답고 고결합니다. 한 치 앞을 내다보지 못하는 사람과 달리, 하나님은 영원까지 생각하시며 가장 고귀하고 적합한 목적을 위해 작정하시고 무한한 능력으로 그대로 실행하십니다. 그래서 하나님의 작정은 하나님의 영원하심으로 인하여 도중에 변경이 없는 영원한 목적이 될 수밖에 없습니다.

삼위 간의 관계와 작정을 이해할 때 하나님의 "영원성"이란 속성을 이해하는 것은 매우 중요합니다. 성부가 성자를 낳으신 것은 시간 속에서가 아니라 "영원히" 낳으신 것입니다. 성부와 성자로부터 성령이 나오시는 것도 시간 속에서 이루어진 일이 아니라 "영원히" 나오신 것입니다. 성부와 성자와 성령의 영원한 관계는 기원과 근원이 있습니다. 성부가 성자와 성령의 영원한 기원과 근원이 되십니다. 하지만 피조물에 대해서는 성부와 성자와 성령이 그 기원과 근원이 되십니다.

하나님의 작정은 하나님의 영원성이란 속성에서 나옵니다. 하나님은 시간을 만드셨기에 시간을 초월하며 시간을 지배하십니다. 하나님에게는 과거와 현재와 미래가 같고, 하루가 천 년 같습니다. 그래서 하나님은 시간이 있기 전에, 즉 시간을 초월하여 모든 것을 영원히 정하십니다. 하나님의 작정은 하나님의 영원성을 이해할 때만 이해가 됩니다. 영원성에 대한 이해가 없으면 하나님의 작정은 운명론과 숙명론에 오염되고 하나님은 죄의 조성자가 되어버립니다. 하나님은 자신의 영광을 위하여 모든 것을 영원의 관점에서 바라보고 미리 정하십니다.

참고 성구

여호와의 계획은 영원히 서고 그의 생각은 대대에 이르리로다(시 33:11).

내가 시초부터 종말을 알리며 아직 이루지 아니한 일을 옛적부터 보이고 이르기를 "나의 뜻이 설 것이니 내가 나의 모든 기뻐하는 것을 이루리라" 하였노라(사 46:10).

하나님이 우리를 구원하사 거룩하신 소명으로 부르심은 우리의 행위대로 하심이 아니요, 오직 자기의 뜻과 영원 전부터 그리스도 예수 안에서 우리에게 주신 은혜대로 하심이라(딤후 1:9).

나는 알파와 오메가요, 처음과 마지막이요, 시작과 마침이라(계 22:13).

3. 하나님 자신의 영광을 위하여(for his own glory)

하나님이 작정하실 때 자신의 영광을 위하여 한다는 말은 결코 이기적인 차원의 이야기가 아닙니다. 이 세상에서 하나님의 영광보다 더 아름답고 찬란하며 영예롭고 큰 것은 없습니다. 하나님의 무한·영원·불변하신 속성만큼이나 그 영광도 무한·영원·불변합니다. 그러므로 하나님이 작정하실 때 자신의 영광을 위하여 한다는 것은 그 작정의 질과 규모가 바로 무한·영원·불변만큼 높다는 것입니다. 따라서 이 말은 하나님이 자신의 무한·영원·불변의 속성에 맞추어 가장 높고 깊은 차원에서 작정하고 실행하신다는 것으로서 자연스럽게 하나님을 드높인다는 뜻으로 해석해야지, 자기 자신만을 위한다는 뜻으로 보면 안 됩니다.

4. 작정에 대한 의문들: 자유와 죄의 조성 문제

하나님이 이렇게 일어나는 모든 일을 미리 정하시면 사람들은 입력된 대로 움직이는 로봇이 되어버리지 않을까요? 사람에게 주어진 "자유"를 어떻게 설명할 수 있을까요? 또 어떤 사람이 죄를 지으면 그것도 하나님이 미리 정하신 것으로서 하나님은 죄를 조성하시는 분일까요? 실제로 이런 논리를 앞세워 기독교 신앙을 공격하는 사람들이 있습니다.

하지만 이것은 시간 속에서 무슨 일을 계획하고 실행하는 사람의 능력을 전제할 때 발생하는 논리입니다. 하나님은 무한하신 능력으로 시간을 초월하여 영원히 작정하십니다. 하나님의 작정에 대하여 생각할 때 하나님이 무한하고 영원하고 불변하신 영이시라는 것과 시간과 공간 자체도 하나님이 만드신 것이라는 사실을 꼭 염두에 두어야 합니다.

성경은 하나님이 미리 정하신다고 말하지만 동시에 사람이 자기 행동에 책임을 져야 한다고 말하기도 합니다. 죄의 책임은 하나님께 있지 않고 인간에게 있습니다. 성경은 하나님의 작정과 인간의 책임을 모순이라고 말하지 않습니다. 반면 이 두 가지를 조화시키려고 시도하지도 않습니다. 그저 당연하게 받아들일 뿐입니다. 이것이 어떻게 양립할 수 있는지 우리의 이성으로는 다 이해할 수 없지만, 우리는 내적 인식 원리인 "믿음"으로 그 방법과 과정의 신비를 충분히 받아들일 수 있습니다.

하나님은 모든 일을 미리 정하시면서도 동시에 "제2원인들의 자유나 우연성"(the liberty or contingency of second causes)이 제거되지 않고 도리어 확립되게 하는 무한한 지혜와 능력을 갖추고 계십니다. 하나님의 작정에 대한 믿음은 우리를 무기력하게 만드는 것이 아니라 더욱 활기차게 합니다. 하나님의 작정 안에서 소망을 발견하는 사람들은 적극적으로 더욱 열심히 노력할 수 있습니다. 모든 사람이 구원에 이르기를 원하시는 하나님의 마음을 아는 사람은 전도의 가능성이 없어 보이는 척박한 상황에서도 열심히 전도할 수 있는 것입니다. 다음의 성경 구절들을 통해 하나님의 작정에 대한 풍성한 이해가 있기를 바랍니다.

Tip contingency: 우연성, 우발 사건, 뜻밖의 사고

하나님은 죄의 조성자가 아니심을 보여주는 성구

여호와의 정직하심과 나의 바위 되심과 그에게는 불의가 없음이 선포되리로다(시 92:15).

내가 깨달은 것은 오직 이것이라. 곧 하나님은 사람을 정직하게 지으셨으나 사람이 많은 꾀들을 낸 것이니라(전 7:29).

사람이 시험을 받을 때에 "내가 하나님께 시험을 받는다" 하지 말지니 하나님은 악에게 시험을 받지도 아니하시고 친히 아무도 시험하지 아니하시느니라(약 1:13).

우리가 그에게서 듣고 너희에게 전하는 소식은 이것이니 곧 하나님은 빛이시라. 그에게는 어둠이 조금도 없으시다는 것이니라(요일 1:5).

사람의 자유와 책임을 보여주는 성구

19 요셉이 그들에게 이르되 "두려워하지 마소서. 내가 하나님을 대신하리이까? 20 당신들은 나를 해하려 하였으나 하나님은 그것을 선으로 바꾸사 오늘과 같이 많은 백성의 생명을 구원하게 하시려 하셨나니"(창 50:19-20).

22 이스라엘 사람들아, 이 말을 들으라. 너희도 아는 바와 같이 하나님께서 나사렛 예수로 큰 권능과 기사와 표적을 너희 가운데서 베푸사 너희 앞에서 그를 증언하셨느니라. 23 그가 하나님께서 정하신 뜻과 미리 아신 대로 내준 바 되었거늘 너희가 법 없는 자들의 손을 빌려 못 박아 죽였으나(행 2:22-23).

25 또 주의 종 우리 조상 다윗의 입을 통하여 성령으로 말씀하시기를 "어찌하여 열방이 분노하며 족속들이 허사를 경영하였는고? 26 세상의 군왕들이 나서며 관리들이 함께 모여 주와 그의 그리스도를 대적하도다" 하신 이로소이다. 27 과연 헤롯과 본디오 빌라도는 이방인과 이스라엘 백성과 합세하여 하나님께서 기름 부으신 거룩한 종 예수를 거슬러 28 하나님의 권능과 뜻대로 이루려고 예정하신 그것을 행하려고 이 성에 모였나이다(행 4:25-28).

23 내가 속한 바 곧 내가 섬기는 하나님의 사자가 어제 밤에 내 곁에 서서 말하되 24 "바울아, 두려워하지 말라. 네가 가이사 앞에 서야 하겠고 또 하나님께서 너와 함께 항해하는 자를 다 네게 주셨다" 하였으니, 25 그러므로 여러분이여 안심하라. 나는 내게 말씀하신 그대로 되리라고 하나님을 믿노라(행 27:23-24).

10 빌라도가 이르되 "내게 말하지 아니하느냐? 내가 너를 놓을 권한도 있고 십자가에 못 박을 권한도 있는 줄 알지 못하느냐?" 11 예수께서 대답하시되 "위에서 주지 아니하셨더라면 나를 해할 권한이 없었으리니, 그러므로 나를 네게 넘겨 준 자의 죄는 더 크다" 하시니라(요 19:10-11).

12 그러므로 나의 사랑하는 자들아 너희가 나 있을 때뿐 아니라 더욱 지금 나 없을 때에도 항상 복종하여 두렵고 떨림으로 너희 구원을 이루라. 13 너희 안에서 행하시는 이는 하나님이시니 자기의 기쁘신 뜻을 위하여 너희에게 소원을 두고 행하게 하시나니 모든 일을 원망과 시비가 없이 하라(빌 2:12-14).

5. 작정(decrees)과 예정(predestination)의 구분

작정 중 사람과 천사와 같은 이성적인 피조물(reasonable creatures)에 관한 것을 "예정"이라고 합니다. 하나님은 인류 중 일부를 하나님의 자녀가 되어 영생에 이르도록 선택하십니다. 하나님의 선택은 **순전히 하**

나님의 자유로운 은혜와 사랑으로 인한 것(out of his mere free grace and love) 이지, 절대로 택함을 받은 자들의 **신앙이나 선행이나 견디어냄을 미리 보았기**(without any foresight of faith, or good works, or perseverance) 때문이 아닙니다. 하나님의 이런 선택을 조장할 수 있는 원인이나 조건이 사람이나 다른 피조물에게는 전혀 없습니다. 오직 하나님의 자유로운 은혜와 사랑이 선택의 유일한 원인과 조건입니다.

〈표8〉 예정과 작정

Tip **foresight**: 예지력, 선견지명
perseverance: 인내, 인내심

심화 연구

절대예정(칼뱅주의)과 조건예정(아르미니우스주의)

종교개혁자 칼뱅은 사람이 전적으로 부패하여 스스로 하나님을 믿을 수 있는 능력이 없고, 오직 하나님의 순전한 은혜와 사랑으로만 구원을 받을 수 있다고 말했습니다. 이에 대해 아르미니우스(Jacob Arminius, 1560-1609)는 사람이 타락하기는 했지만 선행을 할 수 없거나 믿음을 가질 수 없을 만큼 타락하지는 않았다고 보았습니다. 칼뱅의 가르침을 따르는 칼뱅주의에서는 하나님이 어떤 사람들을 하나님의 자녀로 예정하실 때에 순전히 하나님의 은혜와 사랑 안에서 하신 것이라고 봅니다. 이런 예정을 "절대예정"이라고 합니다. 반면 아르미니우스주의에서는 하나님이 전지하시어 미래의 일까지 모두 아시므로 한 사람의 신앙이나 선행이나 견디어냄 등을 미리 보고서 예정하셨다고 봅니다. 이런

예정을 "조건예정"이라고 합니다. 칼뱅주의는 사람이 전적으로 타락하여 스스로 하나님을 알고 믿을 수 없다고 보면서 하나님의 전적 은혜를 강조하지만, 아르미니우스주의는 사람이 부분적으로 타락했다고 보면서 사람의 결단과 열심을 강조합니다.

아르미니우스를 따르던 46명의 목사는, 아르미니우스가 죽은 이듬해인 1610년에 "5개조 항의문"(Remonstrance)을 의회에 제출하여 칼뱅주의 교리를 다음처럼 수정해달라고 요청했습니다.

Tip 칼뱅주의를 따르는 교단에는 장로교와 칼뱅주의 침례교가 있고, 아르미니우스주의를 따르는 교단에는 감리교, 구세군, 나사렛, 성결교, 오순절 교단 등이 있다.

① **인간의 무능력**: 인간은 타락하였으므로 믿음과 선행을 위해서는 하나님의 은혜가 필요하지만, 전적 타락과 전적 무능력은 아니다.
② **조건적 선택**: 하나님은 개인의 신앙 여부를 미리 보시고서(예지, 豫知) 선택 여부를 결정하신다. 따라서 개인의 신앙을 조건으로 하여 하나님의 선택이 이루어진다.
③ **보편적 대속**: 믿는 자만 구원을 받지만, 그리스도는 모든 인류를 구원하시고 속죄하시기 위해 죽으셨다.
④ **항력적 은혜**: 성령의 역사로 사람의 중생과 회개가 이루어지지만, 사람이 성령의 은혜를 거절할 수 있다.
⑤ **은혜로부터의 타락 가능성**: 한 번 믿었다고 하여 계속 믿음의 자리에 유지되는 것이 아니고 은혜의 믿음의 자리에서 떨어져 구원을 상실할 수 있다.

네덜란드 의회는 네덜란드 목사들만이 아니라 독일·스위스·영국 등의 개혁교회 대표자들도 참여하는 도르트 회의(Synod of Dort)를 1618년 11월에 소집하여 1619년 5월까지 7개월 동안 154번의 회의를

Tip **synod**: 종교(교회) 회의

열어 이 문제를 다루었습니다. 그 결과 아르미니우스를 따르던 항론파의 주장은 거부되고 다음과 같은 칼뱅주의 5대 교리가 채택되었습니다. 칼뱅주의 5대 교리는 영어 첫 글자를 모아서 보통 "튤립"(tulip)이라고 부릅니다.

① **T**otal Depravity: 인간의 전적 부패(人間의 全的 腐敗)
② **U**nconditional Election: 무조건적 선택(無條件的 選擇)
③ **L**imited Atonement: 제한 속죄(制限 贖罪)
④ **I**rresistible Grace: 불가항력적 은혜(不可抗力的 恩惠)
⑤ **P**erseverance of Saints: 성도의 견인(聖徒의 堅忍)

1. 예정론을 다루는 자세

사실 예정론은 사람의 인식 능력으로 모두 이해하고 받아들이기에는 너무 높고 신비합니다. 따라서 신중하고 조심스럽게 다루어야 합니다. 예정론을 사람의 지성이 아니라 하나님의 말씀에 중심을 두고 믿음으로 잘 받아들이면, 사람의 구원이 어떤 다른 조건에 있는 것이 아니라 오직 하나님의 순전한 은혜와 사랑으로 인한 줄로 깨달아 자신의 상태와 자격을 뛰어넘어 구원에 대한 분명한 확신을 가지고 하나님을 온 마음 다해 찬양할 수 있습니다. 어떤 비참하고 곤고한 처지에서도 하나님을 바랄 수 있고 어떤 열악한 상황에서도 믿음을 붙들 수 있으며 어떤 박해가 닥치거나 아무 열매가 없는 상황에서도 전도할 수 있습니다. 예정론에 대한 참된 이해에서 겸손과 풍성한 위로, 끊이지 않는 소망과 지치지 않는 활력, 진정한 찬양과 깊은 경건이 생겨나는 것입니다.

하나님의 은혜와 사랑으로 인한 선택을 보여주는 성구

10그뿐 아니라 또한 리브가가 우리 조상 이삭 한 사람
으로 말미암아 임신하였는데 11그 자식들이 아직 나
지도 아니하고 무슨 선이나 악을 행하지 아니한 때에
택하심을 따라 되는 하나님의 뜻이 행위로 말미암지
않고 오직 부르시는 이로 말미암아 서게 하려 하사 12
리브가에게 이르시되 "큰 자가 어린 자를 섬기리라"
하셨나니 13기록된 바 "내가 야곱은 사랑하고 에서는
미워하였다" 하심과 같으니라(롬 9:10-13).

16그런즉 원하는 자로 말미암음도 아니요, 달음박질
하는 자로 말미암음도 아니요, 오직 긍휼히 여기시는
하나님으로 말미암음이니라. 17성경이 바로에게 이르
시되 "내가 이 일을 위하여 너를 세웠으니 곧 너로 말
미암아 내 능력을 보이고 내 이름이 온 땅에 전파되게
하려 함이라" 하셨으니 18그런즉 하나님께서 하고자
하시는 자를 긍휼히 여기시고 하고자 하시는 자를 완
악하게 하시느니라(롬 9:16-18).

4곧 창세 전에 그리스도 안에서 우리를 택하사 우리
로 사랑 안에서 그 앞에 거룩하고 흠이 없게 하시려고
5그 기쁘신 뜻대로 우리를 예정하사 예수 그리스도로
말미암아 자기의 아들들이 되게 하셨으니(엡 1:4-5).

하나님이 우리를 구원하사 거룩하신 소명으로 부르심은 우리의 행위대로 하심이 아니요, 오직 자기의 뜻과 영원 전부터 그리스도 예수 안에서 우리에게 주신 은혜대로 하심이라(딤후 1:9).

2. 구원의 수단들도 정하신다

하나님은 사람들을 당신의 자녀로 정하실 때, 그들을 구원에 이르게 하는 모든 수단도 함께 정하십니다. 하나님이 택하신 자들이 어떤 단계와 과정과 방법들을 통해 하나님의 영광에 이를 것인지 모든 수단을 정하시는 것입니다. 이 수단들에는 아담의 타락, 그리스도에 의한 구속, 그리스도의 영에 의한 부르심, 양자됨, 믿음, 칭의, 성화, 견인 등이 포함됩니다.

앞서 우리는 하나님의 뜻(will)과 하나님의 계획(counsel)을 구분해서 살펴보았습니다. 우리를 하나님의 영광의 자녀로 삼으시는 것이 하나님의 뜻이라면, 아담의 타락, 그리스도에 의한 구속, 그리스도의 영

에 의한 부르심, 양자됨, 믿음, 칭의, 성화, 견인 등은 하나님의 계획이라고 할 수 있습니다.

하나님이 단지 구원받을 자만 정하시는 것이 아니라 그 수단들까지도 정하신다는 사실을 받아들이면 이후의 내용을 이해하는 데 큰 도움이 됩니다. 그리스도의 사역도 "작정"이라는 큰 틀에서 삼위일체의 관점으로 이해할 수 있으며, 소요리문답이 왜 부르심, 양자됨, 믿음, 칭의, 성화, 견인 등을 하나님의 영의 사역이라고 하는지도 이해할 수 있습니다. 하나님이 하시는 모든 일을 분리하지 않고 연결하여 이해할 수 있고, 하나님의 계획이 얼마나 지혜롭고 거룩하며(the most wise and holy counsel), 우리를 향한 사랑이 얼마나 큰지를 더욱 잘 알 수 있습니다. 작정을 다루는 웨스트민스터 신앙고백 제3장 6항은 구원의 수단에 대하여 다음과 같이 말합니다.

> 하나님은 택하신 자들을 영광에 이르도록 정하신 것처럼 그의 뜻의 영원하며 지극히 자유로운 목적을 따라 그들로 영광에 이르도록 하는 데 있어야 할 **모든 수단을 먼저 정하셨다**. 그러므로 택하심을 입은 자들은 아담 안에서 타락하였으나, 그리스도에 의해 구속을 받았고 때가 되어 역사하시는 그리스도의 영에 의해 그리스도를 믿도록 효과적으로 부름을 받고, 그의 권능에 의해 믿음을 통해 구원에 이르도록 의롭다 칭함을 얻고 양자됨을 얻고 성화되고 보호를 받는다. 그러나 택함을 받은 자 외에는 다른 아무도 그리스도에 의해 구속을 받지 못하고 효과적으로 부름을 받지 못하고 칭의, 양자, 성화, 구원을 받지 못한다.[1]

1) 웨스트민스터 신앙고백 제3장 6항의 원문은 다음과 같다. As God has appointed the elect

다음에 이어지는 웨스트민스터 소요리문답들은 이 작정이 도대체 어떻게 실행되는지를 알려줍니다.

---

unto glory, so has He, by the eternal and most free purpose of His will, foreordained all the means thereunto. Wherefore, they who are elected, being fallen in Adam, are redeemed by Christ, are effectually called unto faith in Christ by His Spirit working in due season, are justified, adopted, sanctified, and kept by His power, through faith, unto salvation. Neither are any other redeemed by Christ, effectually called, justified, adopted, sanctified, and saved, but the elect only.

제6-2과

작정의 실행

제8문. 하나님은 자신의 작정을 어떻게 실행하십니까?

How does God execute his decrees?

답. 하나님은 자신의 작정을 창조와 섭리의 사역에서 실행하십니다.

God executes his decrees in the works of creation and providence.

---

execute 실행하다, 수행하다

executive 행정관, 집행부, 간부(사장, 중역 등)

creation 창조

providence 섭리, 선견(지명), 조심, 준비

provide 공급하다, 준비하다, 마련하다

근거 성구

너희는 눈을 높이 들어 누가 이 모든 것을 창조하였나 보라. 주께서는 수효대로 만상을 이끌어내시고 그들의 모든 이름을 부르시나니 그의 권세가 크고 그의 능력이 강하므로 하나도 빠짐이 없느니라(사 40:26).

땅의 모든 사람들을 없는 것 같이 여기시며 하늘의 군대에게든지 땅의 사람에게든지 그는 자기 뜻대로 행하시나니 그의 손을 금하든지 혹시 이르기를 "네가 무엇을 하느냐?"고 할 자가 아무도 없도다(단 4:35).

24그들이 듣고 한마음으로 하나님께
소리를 높여 이르되 "대주재여, 천지와
바다와 그 가운데 만물을 지은 이시요,
25또 주의 종 우리 조상 다윗의 입을 통
하여 성령으로 말씀하시기를 '어찌하
여 열방이 분노하며 족속들이 허사를
경영하였는고, 26세상의 군왕들이 나서
며 관리들이 함께 모여 주와 그의 그리
스도를 대적하도다' 하신 이로소이다.
27과연 헤롯과 본디오 빌라도는 이방
인과 이스라엘 백성과 합세하여 하나
님께서 기름 부으신 거룩한 종 예수를
거슬러 28하나님의 권능과 뜻대로 이루
려고 예정하신 그것을 행하려고 이 성
에 모였나이다"(행 4:24-28).

"우리 주 하나님이여, 영광과 존귀와 권능을 받으시는 것이 합당하오니 주께서 만물을 지으신지라. 만물이 주의 뜻대로 있었고 또 지으심을 받았나이다" 하더라(계 4:11).

해설

작정의 실행: 창조와 섭리

웨스트민스터 소요리문답 제8문은 작정이 어떻게 실행되는지를 다룹니다. 시간이 만들어지기 전에 하나님이 행하시는 외재적 사역이 "작정"이라면 시간 속에서 하나님이 행하시는 외재적 사역은 "실행"입니다.

작정은 "창조"와 "섭리"로 실행됩니다. 따라서 작정은 창조와 섭리에 해당하는 모든 것들을 미리 정하시는 것입니다. 창조와 섭리에 대한 구체적인 내용은 이어지는 문답을 통해 확인할 수 있습니다.

보통 사람들은 하나님이 어떤 분이신지 잘 몰라도, 하나님이 시간 속에서 행하신 창조와 섭리를 통해서 하나님에 대해 어느 정도 인식할 수 있습니다. 그래서 아무도 하나님을 알 기회가 없었다고 핑계할 수 없습니다. 창조 세계에서 자연이나 역사의 섭리를 매일 경험하며 사는 사람들은 모두 하나님을 알 수 있는 기회를 수없이 만난 것입니다.

바울은 로마서 1장에서 하나님이 진리를 모르고 거부하는 사람들의 경건하지 않음과 불의에 대해 진노하시는데, 그 이유는 하나님이 하나님을 알 만한 것들을 그들에게 보이셨기 때문이라고 말합니다. 하나님의 영원하신 능력과 신성은 창세로부터 하나님이 만드신 만물에 분명히 보여 알려졌기 때문에 그들은 핑계할 수 없습니다(롬 1:18-21).

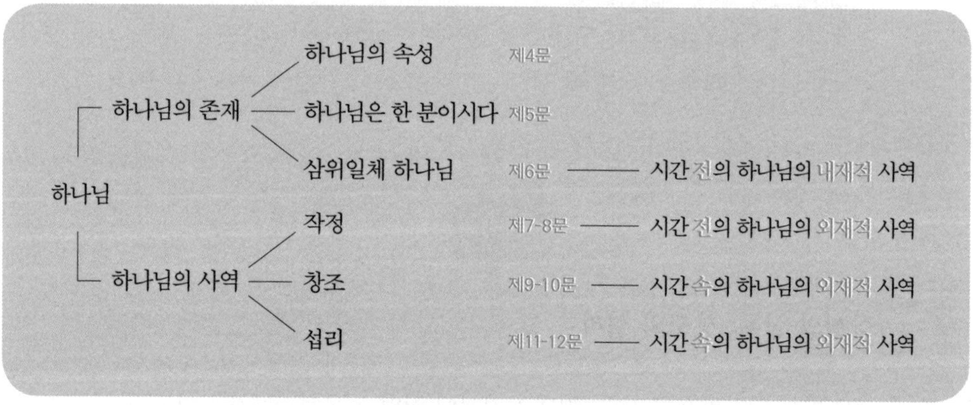

〈표9〉 하나님에 대한 논의

믿음을 가진 우리는 하나님의 창조와 섭리에서, 그리고 이것을 기록한 성경에서 하나님의 영원하신 능력과 신성을 찾아 더 크게 누릴 수 있으니 어서 창조와 섭리에 대한 다음 문답으로 넘어가 감사하는 마음으로 하나님을 영화롭게 합시다.

1. "7번 방의 선물"이란 영화를 보셨다면 어떤 내용인지 소개해봅시다. 여러분은 어느 곳에 갔을 때 그곳의 선물이 됩니까, 아니면 부담이 됩니까? 어떤 면에서 선물과 부담이 됩니까? 오늘 모임에서는 선물이 되기 위해 노력해봅시다.

2. 소요리문답 제7, 8문을 서로 묻고 답해봅시다. 관련 성경 구절도 살펴봅시다.

3. 소요리문답 제4-12문이 어떻게 하나님의 존재와 사역으로 나뉘는지 말해봅시다.

4. 하나님의 작정은 시간 속에서 하는 계획입니까? 아니면 영원히 하는 계획입니까? 하나님의 작정이 곧 영원한 목적(his eternal purpose)이라는 말이 무슨 뜻인지 나누어봅시다.

5. 하나님이 자신의 영광을 위하여(for his own glory) 작정하시는데, 왜 이기적이라거나 자기중심적이라고 비난할 수 없습니까?

6. 하나님의 작정이 사람의 자유와 책임을 없애버립니까? 관련 성구(창 50:19-20; 요 19:10-11; 행 2:22-23; 4:25-28; 27:23-24; 빌 2:12-14)를 참고하면서 논의해봅시다.

7. 하나님이 발생하는 모든 것을 미리 정하신다면 사람이 짓는 죄의 책임도 하나님께 있는 것이 아닐까요? 관련 성구(시 92:15; 전 7:29; 약 1:13; 요일 1:5)를 통해 살펴봅시다.

8. 절대예정과 조건예정은 어떻게 구분됩니까? 관련 성구(롬 9:10-18; 엡 1:4-5; 딤후 1:9)를 통해 살펴봅시다.

9. 칼뱅주의 5대 교리가 무엇인지 이야기해봅시다.

10. 절대예정을 받아들이면서도 운명론이나 숙명론에 빠지지 않고 온 힘을 다해 하나님을 섬기는 삶을 살기 위해서는 어떻게 해야 할까요?

제7-1과

하나님의 창조

제9문. 창조의 사역은 무엇입니까?

What is the work of creation?

답. 창조의 사역은 하나님이 무(無)에서 모든 것을 만드신 것인데 자신의 권능의 말씀으로, 엿새 동안에, 그리고 매우 심히 좋게 만드신 것입니다.

The work of creation is, God's making all things of nothing, by the word of his power, in the space of six days, and all very good.

---

creation 창조, 창작

nothing 아무것도, 무(無); no + thing = nothing

of nothing 무(無)에서, 아무 근거도 없이

space 공간, 기간(주로 단수로 쓰임)

all 모든(형용사), 모두(명사, 대명사), 아주, 완전히(부사)

근거 성구

1태초에 하나님이 천지를 창조하시니
라.…31하나님이 지으신 그 모든 것을
보시니 보시기에 심히 좋았더라. 저녁
이 되고 아침이 되니 이는 여섯째 날이
니라(창 1:1-31).

믿음으로 모든 세계가 하나님의 말씀으로 지어진 줄을 우리가 아나니 보이는 것은 나타난 것으로 말미암아 된 것이 아니니라(히 11:3).

해설

하나님의 창조 사역

태초에 천지를 창조하시기 전에 하나님은 무엇을 하고 계셨을까요? 이 질문에 대한 재밌는 답이 있습니다. 이 질문처럼 하나님의 존재에 대해 의문을 제기하는 사람들을 위해 지옥을 만드셨다는 것입니다. 하나님은 시간 속에서 세계를 창조하신 것이 아니라 시간과 함께 만물을 창조하셨습니다. 하나님은 시간 밖에서 존재하시면서 하나님의 신비스러운 일을 하십니다. 하나님은 영원한 분이신데 하나님의 영원성이 어떤 의미인지를 하나님의 창조를 염두에 두고 생각해볼 필요가 있습니다.

창조는 하나님의 작정이 시행된 사건입니다. 다음 표는 창조에 대한 전체적인 내용을 요약해서 보여줍니다.

Tip 작정의 시행인 창조와 섭리에 대해 제9-10문은 창조를, 제11-12문은 섭리를 다룬다.

창조
① 무에서 모든 것을 만드심
② 하나님의 권능의 말씀으로 만드심
③ 엿새 동안에 매우 심히 좋게 만드심

〈표10〉 창조

1. 무에서 모든 것을 만드신 것(making all things of nothing)

하나님의 창조는 무(無)에서(of nothing) 모든 것(all things)을 만든 사건입니다. 사람을 비롯한 피조물들이 하는 창조는 하나님이 만드신 모든 것에서(of all things) 무언가(something)를 변형(變形)하는 것에 지나지 않습니다. 하나님이 만드신 것이 없으면 사람은 아무것도 할 수 없습니다. 사람을 비롯한 모든 피조물은 존재 자체뿐만 아니라 먹고 마시고 입고 행하는 모든 것에서 하나님께 빚지고 있습니다.

원 의미를 생각한다면 창조는 하나님께만 어울리는 단어이고 피조물에게는 변형이라는 단어가 어울릴 뿐입니다. 영어에 "트랜스"(trans)라는 접두사가 있습니다. 접두사(接頭辭)는 어떤 단어 앞에 붙어 새로운 단어를 만드는 말인데 우리말에서 "맨손"의 "맨"이나 "시퍼렇다"의 "시"가 접두사에 해당합니다. 영어 "trans"는 "다른 장소나 상태로 변화·이전함"을 나타내는 접두사로 "transplant"(이식하다), "transform"(변형시키다), "translate"(번역하다), "transport"(수송하다) 등의 단어에서 확인할 수 있습니다. 사람이 하는 모든 창조는 무에서 유로의 창조가 아니라 앞에 "trans-"를 붙여야 하는 변형에 불과합니다.

그런데 사람들은 자기 힘만으로 할 수 있는 것이 아무것도 없음에도 자신의 힘으로 어떤 큰일을 하는 것처럼 생각하며 우쭐댑니다. 이에 대해 하늘에 계신 하나님은 웃으실 뿐입니다(시 2:4). 하나님이 그날 저녁에 그들의 목숨을 거두어가시면 그들은 무(nothing)와 같은 존재가 되어버리는데, 자신의 처음과 끝은 생각해보지도 않고 처음과 끝이 되시는 하나님을 대적하는 것입니다.

일차적 창조와 이차적 창조

일차적 창조는 하나님이 어떤 것을 무로부터 창조하시는 것으로서 대부분 창조가 여기에 속한다. 이차적 창조는 본질에 있어 적합하지 않은 재료로 창조하시는 것으로서 하나님이 흙으로 사람을 지으신 것(창 2:7)과 아담의 갈빗대로 하와를 지으신 것(창 2:22)이 여기에 속한다. 사람이 아무리 흙으로 사람을 빚어 입바람을 불어넣는다고 해도 살과 뼈와 영혼이 있는 생명을 만들어낼 리는 만무하다. 흙은 자연스럽게 사람이 되는 재료가 전혀 아니기 때문이다. 흙이나 갈빗대가 모두 사람을 창조하는 데 사용되었다는 사실은 재료가 아니라, 부적합한 재료를 통해 무엇이든 창조하시는 창조주 하나님이 중요함을 드러낸다. 따라서 이차적 창조도 하나님만이 하실 수 있는 창조에 속한다.

2. 자신의 권능의 말씀으로 (by the word of his power)

하나님은 무에서 모든 것을 만드실 때 엄청난 시간을 들여 노력을 기울일 필요가 없으셨습니다. 하나님은 전능하시기에 하나님이 뜻하시면 그대로 됩니다. 하나님이 "빛이 있으라" 하시니 빛이 있었고, "천하의 물이 한곳으로 모이고 뭍이 드러나라" 하시니 그대로 되었습니다. 또 "광명체들이 하늘의 궁창에 있어 땅을 비추라" 하시니 그것도 그대로 되었습니다. 하나님이 세상을 창조하시는 엿새 동안 하나님이 원하시는 모든 것이 그대로 되었고 당연히 하나님이 보시기에 심히 좋았습니다.

하나님은 일곱째 날에 하시던 일을 마치시고 안식하셨습니다. 천지와 만물이 다 이루어졌기에(창 2:1) 하나님은 일곱째 날을 복되게 하사 거룩하게 하시고 안식하셨습니다. "다 이루었다"라는 표현은 오직 하나님만이 하실 수 있습니다. 피조물이 하는 모든 일에는 하자와 유통기한이 있습니다. 성자 하나님은 사람의 죄로 그 "다 이루심"이 깨어졌을 때 친히 사람이 되어 십자가에 못 박혀 죽으시며 다시 "다 이루었다"(요 19:30)라고 말씀하셨습니다. 창조와 재창조인 구원이 모두 삼위일체 하나님에 의해서 우리에게 선물로 주어지고 있습니다.

하나님만이 스스로 계시어 우주와 그 가운데 만물을 존재하게 하시고 그것을 주재하십니다. 그래서 하나님은 손으로 지은 전에 계시지 아니하시고 무엇이 부족한 것처럼 사람의 손으로 섬김을 받지 않으십니다. 하나님은 만민에게 생명과 호흡과 만물을 친히 주십니다(행 17:24-25). 하나님은 모든 만물의 원인이시고 그것을 당신 뜻의 지혜로 창조하십니다. 온 세상은 하나님이 원하시는 그대로 창조되고 유지됩니다.

3. 엿새 동안에(in the space of six days)

하나님은 엿새 동안에 걸쳐 천지와 만물을 창조하셨습니다. 이렇게 하신 것은 하나님께 엿새라는 시간이 절대적으로 필요했기 때문이 아니라, 자기 뜻의 지혜로 그렇게 하신 것뿐입니다.

첫째 날	넷째 날
천지와 빛의 창조 빛과 어둠의 분리	광명체들의 창조 광명체들로 낮과 밤을 주관하게 하심
둘째 날	**다섯째 날**
물과 물의 분리로 궁창이 있게 하심 궁창을 하늘이라 부르심	물속의 짐승과 하늘의 새의 창조 복을 주시며 생육하고 번성하라고 하심
셋째 날	**여섯째 날**
물과 뭍의 분리 뭍을 땅이라, 모인 물을 바다라 부르심 땅으로 채소와 나무를 내게 하심	땅의 가축과 짐승과 기는 것의 창조 사람의 창조 복을 주시며 생육하고 번성하고 다스리라 하심

〈표11〉 창조의 엿새

이 표처럼 첫째와 넷째, 둘째와 다섯째, 셋째와 여섯째 날의 창조는 서로 연관되어 있습니다. 첫째 날에 빛을 창조하시고, 넷째 날에 광명체들을 창조하신 것은 모순이 아닙니다. 빛 자체와 빛을 발산하는 광명체는 차이가 있습니다. 태양이 빛 자체는 아닙니다.

4. 매우 심히 좋게(all very good)

팽이는 계속해서 가속하지 않으면 곧 속도가 줄어 멈춰버립니다. 그런데 지구는 한시도 쉬지 않고 24시간에 맞추어 자전하고, 365일에 맞추어 태양 주위를 공전합니다. 지구는 컨디션에 따라 느리거나 빠르게 돌지 않습니다. 만약 하나님이 세상을 대충 지으셔서 지구가 어떤 때는 빠르게 돌고 어떤 때는 느리게 돈다면 어떤 일이 발생할까요? 지질이나 기후, 생태계 등이 엉망이 되어 이 세상은 순식간에 아수라장이 되어버릴 것입니다.

Tip 지질(地質): 지각을 이루는 여러 가지 암석이나 지층의 성질 또는 상태

현대 기술력의 응집체라는 자동차도 10년이 지나면 고장이 잦아지며 20년 정도 되면 폐차장으로 보내야 합니다. 하지만 사람의 수명은 80년 정도입니다. 사람의 몸은 그 오랜 시간 동안 스스로 음식을 먹고 소화하며 생명을 유지합니다. 식물들은 햇빛과 물과 이산화탄소를 가지고 광합성 활동을 하여 영양분을 만들어냅니다. 하나님은 짐승과 새와 가축과 기는 것이 생육하고 번성하도록 만물을 매우 좋게 만드셨습니다. 두 눈을 크게 뜨고 동식물과 자연과 사람을 관찰하면 할수록 그 신비감은 더욱 크게 드러납니다.

하나님은 당신의 영원하신 능력과 신성이 새겨지도록 만물을 매우 심히 좋게 만드셨습니다(롬 1:20). 웨스트민스터 소요리문답 제9문은 "매우 좋게"(very good)로도 부족하여 "매우 심히 좋게"(all very good)

라고 말하며 하나님의 창조가 얼마나 훌륭한지를 강조하고 있습니다. 우리 피조물들이 해야 할 일은 하나님이 지으신 세상 만물을 누리며 하나님의 영원하신 능력과 신성을 찾아 발견하고 찬양하는 것입니다.

생각할 거리

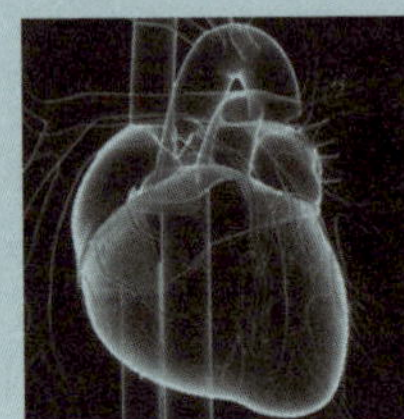

수의근과 불수의근

사람의 근육은 수의근(voluntary muscle, 隨意筋)과 불수의근(involuntary muscle, 不隨意筋)으로 나뉜다. 수의근은 사람의 의지에 따라 움직일 수 있는 근육을 일컫는 것으로서 팔, 다리, 입의 근육 등이 여기에 속한다. 불수의근은 사람의 의지와 관계없이 알아서 움직이는 근육으로 내장근의 대부분과 심장의 근육이 여기에 해당한다.

우리가 지금 이 책을 읽을 수 있는 이유 중 하나는, 위와 소장을 비롯한 여러 장기가 움직이며 알아서 소화활동을 해주기 때문이다. 우리가 밤에 걱정하지 않고 잠을 잘 수 있는 이유도 심장 근육이 멈추지 않고 자율적으로 혈액을 공급해주기 때문이다. 우리가 밥을 짓고, 밥술을 떠 꼭꼭 씹어 먹는다고 해서 소화까지 우리 의지로 한다고 생각하면 안 된다. 우리의 의지와 상관없이 나오는 침이나 소화액, 효소가 없다면 아무리 열심히 씹어도 음식이 소화되지 않기 때문이다. 우리가 아무리 운동을 열심히 해서 근력을 키워도, 심장이 멈춰 피를 온몸 구석구석에 보내지 않으면 죽을 수밖에 없다. 심장이 멈추는 것은 죽음의 가장 큰 특징 중 하나다. 불수의근인 심장 근육은 인간의 의지와 상관없이 멈추게 되는데, 그때 바로 죽음이 찾아오는 것이다.

근육은 수많은 세포로 이루어져 있다. 그런데 사람은 세포 하나를 만들어내지 못한다. 지금 인류는 과거 선조들이 상상할 수도 없었던 컴퓨터와 스마트폰, 우주선 등의 첨단 장비들을 만들어냈지만, 아주 오래전부터 인류의 몸을 구성해온 세포 하나를 만들어내지 못하는 것이다. 그뿐인가? 쓸데없다고 생각해 치우기 바쁜 낙엽 하나도 만들어내지 못하는 것이 사람이다. 이쯤에서 생각해보자. 최첨단 기술력은 컴퓨터와 잠수함이 아니라 세포와 낙엽에서 찾아야 하는 것이 아닐까?

자연에서 낙엽은 썩어 자양분이 되고 그것을 통해 나무는 다시 잎을 틔우고 열매를 맺는다. 이런 순환과 흐름이야말로 가장 앞선 과학이라고 할 수 있지 않을까? 바다에 여러 가지 재료를 던져넣은 후 만 년이나 수억 년을 기다린다고 해서 어느 날 스마트폰이 바다에서 떠오를까? 그렇다면 세포 하나가 물질에서 저절로 만들어졌다는 주장은 설득력이 있을까? 우리는 더욱 눈을 크게 뜨고 창조 세계 곳곳에 새겨진 하나님의 영원하신 능력과 신성을 찾아 누리고 감사해야 한다.

생각할 거리

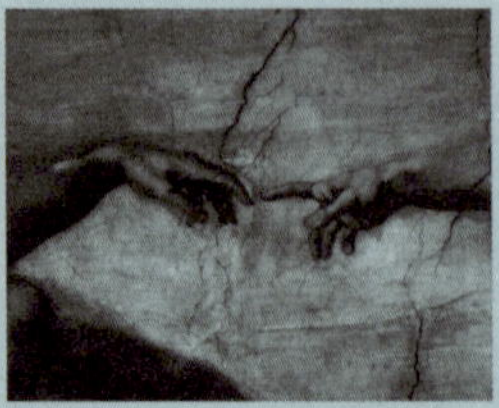

성숙한 창조 *mature creation*

하나님은 흙으로 아담을 창조하실 때, 갓난아이가 아닌 성인으로 만드셨다. 하나님은 아담을 만드신 후에 에덴동산에 두시고 경작하며 지키게 하셨는데, 그 일에 부족함이 없는 성인으로 아담을 만드신 것이다. 단순히 체격과 외모만 성인이었다는 말이 아니다. 하나님은 아담의 인식과 판단과 정서도 성인의 수준으로 만드셨다. 에덴동산을 경작하며 지키는 일에는 종합적인 판단력이 필수적이었기 때문이다. 이에 대해 웨스트민스터 신앙고백은 "그 마음에 하나님의 법을 기록하시고(롬 2:14, 15) 그 법을 행할 능력을 주셨다(전 7:29)"(having the law of God written in their hearts, and power to fulfill it)라고 말한다.

그런데 사실 사람은 태어날 때도 어느 정도 성숙하게 태어난다. 갓난아이는 태어나자마자 자신의 감정을 울음으로 표현할 수 있고, 배가 고프면 입으로 엄마의 젖을 빨아야 한다는 것을 안다. 보통 이런 능력을 "본능"이라고 부른다. 야생 동물을 살펴보면 이 본능이 얼마나 대단한지를 더욱 실감할 수 있다. 아프리카 초원에서 풀을 뜯는 임팔라, 얼룩말, 누(gnu) 등은 사자와 표범과 하이에나 등의 먹잇감이다. 포식자들은 이들이 새끼를 낳는다고 봐주지 않고 오히려 새끼들을 노린다. 그렇다면 초식 동물은 빠른 속도로 멸종했어야 하지 않을까? 하지만 우리는 이에 대해서 별걱정 안 해도 괜찮다. 임팔라, 얼룩말, 누 등의 새끼들은 태어난 지 30분에서 1시간 만에 어미가 달리는 속도의 80퍼센트 정도로 달릴 수 있기 때문이다. 하나님은 그런 동물들을 최소한 달리는 면에서는 성숙하게 창조하신 것이다.

새들이 나무에 집을 짓고 비버가 댐을 만들며 연어가 태어난 곳으로 돌아오고 철새들이 계절에 따라 이동하는 모든 신기한 습성들은 결코 배운 것이 아니다. 하나님이 그런 짐승들을 성숙하게 창조하셨기 때문에 하나님이 부여하신 본능에 따라 그렇게 살아갈 뿐이다.

동식물만이 아니라 동식물이 거주하는 땅과 하늘과 이들을 비추는 태양과 달도 성숙하게 지어졌다. 이것들이 성숙하게 지어지지 않았다면 어떻게 동식물이 거주할 수 있겠는가? 하나님이 모든 것을 "매우 좋게 지으셨다"는 말에는 이 모든 의미가 포함된다. 그리스도인은 주변에서 평범하게 지나치기 쉬운 것들에도 주목하고 신비와 이적과 초월로 인식할 수 있어야 한다. 그렇게 인식할 때 우리는 일상의 삶을 산다는 것이 하나님의 은혜임을 깨닫게 되어 범사에 감사하고 주 안에서 항상 기뻐하게 된다.

심화 연구

삼위일체 하나님의 창조

앞서 우리는 외부를 향한 삼위일체 하나님의 사역이 분리되지 않음을 살펴보았습니다. 하나님은 모든 은혜를 성부로부터, 성자를 통하여, 성령 안에서(from the Father, through the Son, in the Holy Spirit) 주십니다. 창조의 사역도 마찬가지로 성부로부터, 성자를 통하여, 성령 안에서 이루어집니다. 태초에 천지를 창조하신 하나님은 삼위일체 하나님으로서 성자와 성령도 창조에 참여하십니다. 그런데 성경은 전체적으로 창조를 성부의 일로 돌립니다.

삼위일체의 창조를 보여주는 성구

태초에 하나님이 천지를 창조하시니라(창 1:1).

누가 손바닥으로 바닷물을 헤아렸으며 뼘으로 하늘을 쟀으며 땅의 티끌을 되에 담아보았으며 접시 저울로 산들을, 막대 저울로 언덕들을 달아보았으랴(사 40:12).

네 구속자요 모태에서 너를 지은 나 여호와가 이같이 말하노라. 나는 만물을 지은 여호와라. 홀로 하늘을 폈으며 나와 함께한 자 없이 땅을 펼쳤고(사 44:24).

내가 땅을 만들고 그 위에 사람을 창조하였으며 내가 내 손으로 하늘을 펴고 하늘의 모든 군대에게 명령하였노라(사 45:12).

성부의 창조를 보여주는 성구

그러나 우리에게는 한 하나님 곧 아버지가 계시니 만물이 그에게서 났고 우리도 그를 위하여 있고 또한 한 주 예수 그리스도께서 계시니 만물이 그로 말미암고 우리도 그로 말미암아 있느니라(고전 8:6).

이 모든 날 마지막에는 아들을 통하여 우리에게 말씀하셨으니 이 아들을 만유의 상속자로 세우시고 또 그로 말미암아 모든 세계를 지으셨느니라(히 1:2).

"우리 주 하나님이여 영광과 존귀와 권능을 받으시는 것이 합당하오니 주께서 만물을 지으신지라. 만물이 주의 뜻대로 있었고 또 지으심을 받았나이다" 하더라(계 4:11).

성자의 창조를 보여주는 성구

만물이 그로 말미암아 지은 바 되었으니 지은 것이 하나도 그가 없이는 된 것이 없느니라(요 1:3).

그러나 우리에게는 한 하나님 곧 아버지가 계시니 만물이 그에게서 났고 우리도 그를 위하여 있고 또한 한 주 예수 그리스도께서 계시니 만물이 그로 말미암고 우리도 그로 말미암아 있느니라(고전 8:6).

만물이 그에게서 창조되되 하늘과 땅에서 보이는 것들과 보이지 않는 것들과 혹은 왕권들이나 주권들이나 통치자들이나 권세들이나 만물이 다 그로 말미암고 그를 위하여 창조되었고(골 1:16).

성령의 창조를 보여주는 성구

땅이 혼돈하고 공허하며 흑암이 깊음 위에 있고 하나님의 영은 수면 위에 운행하시니라(창 1:2).

그의 입김으로 하늘을 맑게 하시고 손으로 날렵한 뱀을 무찌르시나니(욥 26:13).

하나님의 영이 나를 지으셨고 전능자의 기운이 나를 살리시느니라(욥 33:4).

주의 영을 보내어 그들을 창조하사 지면을 새롭게 하시나이다(시 104:30).

제7-2과

사람을 창조하심

제10문. 하나님은 사람을 어떻게 창조하셨습니까?

How did God create man?

답. 하나님은 사람을 남자와 여자로 창조하시되, 지식과 의와 거룩에 있어 자기 자신의 형상을 따라 피조물들을 지배하게 창조하셨습니다.

God created man male and female, after his own image, in knowledge, righteousness, and holiness, with dominion over the creatures.

---

image 상(像), 모습, 모양, 꼴, 영상
after 뒤에, 후에, …을 본뜬(따른)
knowledge 지식; know(알다)의 명사형
righteousness 올바름, 정직, 정의, 공정
dominion 지배, 통치

근거 성구

26하나님이 이르시되 "우리의 형상을
따라 우리의 모양대로 우리가 사람을
만들고 그들로 바다의 물고기와 하늘
의 새와 가축과 온 땅과 땅에 기는 모
든 것을 다스리게 하자" 하시고 27하나
님이 자기 형상 곧 하나님의 형상대로
사람을 창조하시되 남자와 여자를 창
조하시고 28하나님이 그들에게 복을
주시며 하나님이 그들에게 이르시되
"생육하고 번성하여 땅에 충만하라, 땅
을 정복하라, 바다의 물고기와 하늘의
새와 땅에 움직이는 모든 생물을 다스
리라" 하시니라(창 1:26-28).

새 사람을 입었으니 이는 자기를 창조하신 이의 형상을 따라 지식에까지 새롭게 하심을 입은 자니라(골 3:10).

하나님을 따라 의와 진리의 거룩함으로 지으심을 받은 새 사람을 입으라(엡 4:24).

해설

사람의 창조

웨스트민스터 소요리문답 제9문이 창조 일반에 대해 다루었다면, 제10문은 "사람의 창조"를 자세히 다룹니다. 다음 표는 이번 과에서 다룰 중요한 내용이 무엇인지 보여줍니다.

사람의 창조
- ① 남자와 여자로 창조하심
- ② 지식과 의와 거룩에 있어 하나님의 형상을 따라 창조하심
- ③ 피조물들을 지배하게 창조하심

〈표12〉 사람의 창조

1. 짐승과 다른 사람

앞서 살펴본 것처럼 짐승에게는 윤리적 방향성이나 죄의 개념이 없습니다. 짐승과 사람의 인식 능력에는 양적 차원이 아닌 질적 차원에서 넘을 수 없는 간격이 존재합니다. 아주 옛날부터 변함없이 낚시질이 가능한 이유는 물고기들이 여전히 미끼를 구분하지 못하고 입질을 하기 때문입니다. 동물들은 자기들이 학습한 내용을 갈고 닦아 기록이나 구전으로 후세에 전해주질 못합니다. 그래서 동물의 세계에는 문화와 학문이 존재하지 않고, 단지 주어진 본능에 따라 살아가는 것입니다.

사람은 다릅니다. 공중 화장실을 떠올려보십시오. 배변과 배뇨를 하는 곳에 예쁜 액자가 놓여 있고 잔잔한 음악이 흐르기도 합니다. 지저분한 곳을 그렇게 꾸며놓는 이유는 무엇일까요? 사람은 아름다움을 통해 마음이 편해지고 기분이 좋아지는 예술적 존재이기 때문입니다. 얼마나 많은 나라가 수준 높은 오케스트라를 운영하기 위해 각고의 노력을 기울이는지 모릅니다. 음악을 듣는다고 돈이나 쌀이 나오지는 않지만, 그럼에도 수많은 사람이 음악을 들으며 감동하고 마음의 상처를 달래기도 합니다.

100미터를 사람보다 빨리 달리는 동물들은 아주 많습니다. 그런데 마라톤을 사람보다 빨리 달리는 동물은 별로 없습니다. 왜냐하면 그 긴 거리를 빠른 속도로 뛰려면 강한 의지가 필요하기 때문입니다. 사람의 의지는 목표를 향한 높은 집중력을 유발하며 새로운 차원의 성취를 이루게 합니다.

사람은 동물과 다른 이러한 특성 때문에 "언어의 동물", "놀이의 동물", "도구의 동물", "사회적 동물" 등과 같은 다양한 호칭으로 불립니다. 사람은 특별한 노력 없이 언어를 사용할 수 있고, 유희(遊戲)를 위해 많은 돈과 노력을 기울이고, 도구를 사용하여 여러 문제를 해결하고, 같이 어울려 살면서 복잡한 사회구조를 만들어낼 수 있습니다. 사람에게는 지극히 평범하고 당연한 것들이 동물에게는 너무나 어려운 초월이고 이적이고 신비가 됩니다.

2. 하나님의 형상

이처럼 사람이 동물과 다른 이유는 무엇일까요? 이는 절대로 사람이 노력으로 얻어낸 결과가 아닙니다. 아무리 수영을 잘하는 사람도 물고기처럼 잘할 수는 없습니다. 물고기들은 태어나자마자 자유롭게 헤엄을 칩니다. 새들은 어느 정도 자라면 날 수 있습니다. 아무리 잘 만든 비행기도 새들처럼 능수능란하게 날아다닐 수는 없습니다. 동물들의 그런 능력은 그들의 신체 구조와 연관이 있습니다. 물고기와 새는 비늘이나 날개가 있어서 물속을 다니거나 하늘을 날기에 적합한 구조와 외형을 갖추고 있습니다. 사람이 모든 만물을 다스리는 영장(靈長)이 될 수 있는 것도 역시 영장이 되는 능력, 지정의(知情意)를 갖추고 태어나기 때문입니다. 사람의 지정의는 물고기와 새의 비늘과 날개처럼 하나님이 만들어주신 선물이지 노력이나 진화의 결과가 아닙니다.

Tip **영장(靈長)**: 영묘한 힘을 가진 우두머리

하나님은 "우리의 형상을 따라 우리의 모양대로 우리가 사람을 만들고 그들로 바다의 물고기와 하늘의 새와 가축과 온 땅과 땅에 기는 모든 것을 다스리게 하자"(창 1:26)라고 말씀하셨습니다. 사람은 하나님의 형상으로 만들어졌기 때문에 모든 생물을 다스리는 능력을 갖추게 되었습니다. 사람이 이런 능력을 갖추게 된 이유는 하나님이 사람을 특별히 사랑하시어 복을 주셨기 때문이지(창 1:28), 사람에게 어떤 자격이 있었던 것은 아닙니다.

골로새서 3:10은 "새 사람을 입었으니 이는 자기를 창조하신 이의 형상을 따라 지식에까지 새롭게 하심을 입은 자니라"라고 말하고, 에베소서 4:24은 "하나님을 따라 의와 진리의 거룩함으로 지으심을 받은 새 사람을 입으라"라고 말합니다. 즉 하나님의 형상은 지식과 의와 거룩함이지 사람의 눈코입과 같은 외모가 아닙니다. 하나님은 물질이 아닌 영이시기 때문입니다.

지식과 의와 거룩함은 동물과 비교하여 사람만이 갖는 "지정의"라고 표현할 수도 있습니다. 물론 성경이 따로 지정의에 대해 말하는 것은 아닙니다. 그러나 지식과 의와 거룩함은 결과적으로 지정의로 표현되기 때문에 하나님의 형상은 "지정의"라고도 말할 수 있습니다.

3. 남자와 여자로 지으시되

하나님은 사람을 남자와 여자로 창조하셨습니다. 창세기 1:27은 "하나님이 자기 형상 곧 하나님의 형상대로 사람을 창조하시되 남자와 여자를 창조하시고"라고 말합니다. 그리고 사람의 창조에 대해 더욱 자세한 내용을 말해주는 창세기 2:7은 "여호와 하나님이 땅의 흙으로 사람을 지으시고 생기를 그 코에 불어넣으시니 사람이 생령이 되니라"라고 말합니다. 하나님은 어떤 특별한 흙이 아니라, 그냥 일반적인 흙으로 사람을 지으시고 생기를 그 코에 불어넣으셨습니다. 그 누구도 흙으로 살아 있는 생명체를 만들지 못합니다. 하지만 "만민에게 생명과 호흡과 만물을 친히 주시는 이"(행 17:25)이신 권능의 하나님은 흙으로 살아 있는 사람을 만드셨습니다.

사람이 혼자 사는 것이 좋지 않다고 보신 하나님은 아담의 갈빗대로 여자를 만드시어 돕는 배필이 되게 하셨습니다. 여자를 처음 본 아담은 "내 뼈 중의 뼈요, 살 중의 살이라"라고 감탄했습니다. 이는 자기의 뼈와 살로부터 나왔다는 것이고 자기의 뼈와 살 같다는 고백이었습니다. 여자가 갈빗대로 지어졌다고 해서 아담보다 뒤떨어지는 것은 아닙니다. 아담도 겨우 흙으로 지어졌을 뿐입니다. 재료가 무엇이냐가 중요한 것이 아닙니다. 궁극적으로 아담과 하와는 하나님의 사랑의 권능으로 창조되었습니다. 재료보다 하나님의 사랑의 권능이 중요합니다.

남자와 여자가 모두 하나님의 형상으로 지음을 받은 귀한 존재라고 하여 남녀 간에 질서가 없는 것은 아닙니다. 바울은 고린도전서 11:3에서 "그러나 나는 너희가 알기를 원하노니 각 남자의 머리는 그리스도요, 여자의 머리는 남자요, 그리스도의 머리는 하나님이시라"라고 말합니다. 바울이 그렇게 말하는 이유는 다음과 같습니다.

> 8남자가 여자에게서 난 것이 아니요, 여자가 남자에게서 났으며 9또 남자가 여자를 위하여 지음을 받지 아니하고 여자가 남자를 위하여 지음을 받은 것이니(고전 11:8-9).

앞서 삼위일체를 다루며 살펴보았듯이 위격 간의 관계에서 성부가 성자를 낳았기 때문에 성부가 성자의 근원이 됩니다. 그래서 성경은 그리스도의 머리가 하나님이시라고 말합니다. 성부와 성자와 성령이 동등하지만 질서가 있듯이, 남자와 여자도 동등하지만 질서가 있습니다. 바울은 하나님이 남자를 먼저 지으신 창조 질서를 근거로 남자가 여자의 머리라고 말합니다.

성경은 "이러므로 남자가 부모를 떠나 그의 아내와 합하여 둘이 한 몸을 이룰지로다"(창 2:24)라고 가르칩니다. 하나님은 남자와 여자가 서로 뼈 중의 뼈가 되고, 살 중의 살이 되어 돕는 배필로 한 몸이 되기를 바라십니다. 성경은 "부부는 일심동체(一心同體)"라는 옛말을 지지해줍니다. 또한 성도들은 단순히 부부관계만이 아니라 모든 관계에서 서로 존중하며 하나됨을 위해 애써야 합니다(엡 5:21).

4. 마지막 여섯째 날에

우리는 컴퓨터를 사용해 글을 쓰고 음악을 듣고 그림을 그리는 등 다양한 활동을 합니다. 우리는 컴퓨터의 작동 원리나 구조, 프로그램 언어에 대해서는 잘 모르지만, 컴퓨터를 켜서 원하는 프로그램을 작동시킬 수는 있습니다. 사실 전문가들은 보통 사람들이 기초적인 지식과 감각만으로 컴퓨터를 이용할 수 있게 하려고 얼마나 많은 노력을 기울이는지 모릅니다. 그뿐 아니라, 우리가 컴퓨터를 제대로 사용하기 위해서는 전기가 공급되고 인터넷망이 원활하게 작동하는 등 주변 환경이 적합하게 구성되어야 합니다.

사람이 이 땅에서 제대로 살아가기 위해서는 얼마나 많은 것들이 필요할까요? 사람이 생육하고 번성하여 땅에 충만하려면 그에 적합한 환경이 설정되어 있어야 합니다. 하나님은 바로 이런 환경 설정을 앞선 6일간에 하시고 마지막으로 사람을 만드셨습니다. 이는 사람이 창조의 꽃이고 피조 세계의 면류관임을 보여줍니다. 다른 모든 피조물이 사람을 위하여 존재하지 사람이 피조물을 위하여 존재하는 것이 아닙니다. 천하보다 귀한 것이 하나님의 형상으로 지어진 한 사람입니다.

하나님은 사람이 하나님이 만드신 만물을 지배하고 다스리도록 모든 환경을 설정하시어 사람이 조금만 생각하고 노력하면 이용할 수 있게 하셨습니다. 학문은 그 신비로운 만물의 원리와 과정을 탐구하는 것입니다. 그런데 하나님의 만물은 탐구하면 할수록, 근원에 가까이 접근하면 할수록 의문과 신비를 남깁니다. 물질을 쪼개고 쪼개어 분자와 원자와 양성자와 쿼크에 다가가지만 신비가 풀리기는커녕 미지의 영역이 넓어질 뿐입니다.

아담이 죄를 지었을 때 땅은 아담으로 말미암아 저주를 받아 가시덤불과 엉겅퀴를 냈습니다. 노아의 홍수 때는 사람의 죄로 인하여 다른 짐승들까지 모두 죽임을 당했습니다. 이런 사건들은 하나님이 사람을 얼마나 귀하게 여기시며 주인공으로 삼으시는지를 보여줍니다. 우리는 그런 하나님의 마음을 깨달아 자신을 귀하게 여기고 타인을 존중해야 합니다. 사람은 존재 자체만으로도 너무나 귀합니다. 생산적인 일을 하지 못하는 장애인이나 어린아이, 노인도 그 존재만으로 소중합니다. 이들 모두는 하나님의 형상이 담긴 놀라운 존재입니다. 그래서 생산성과 효율성에 상관없이 하나님의 형상을 지닌 하나님의 자녀로서 인정되고 그에 걸맞은 대우를 받아야 합니다. 성경은 끊임없이 사회적 소외계층인 나그네와 과부와 고아와 이방인에게 친절을 베풀라고 가르칩니다. 사람을 어떻게 이해하느냐에 따라 사람을 대하는 문화와 사회의 전반적인 제도가 결정됩니다.

성경으로 읽는 문학

김소월의 "예전엔 미처 몰랐어요"

봄 가을 없이 밤마다 돋는 달도
예전엔 미처 몰랐어요

이렇게 사무치게 그리울 줄도
예전엔 미처 몰랐어요

달이 암만 밝아도 쳐다 볼 줄을
예전엔 미처 몰랐어요

이제금 저 달이 설움인 줄을
예전엔 미처 몰랐어요

누구나 "예전엔 미처 몰랐어요"라고 말했던 때가 있었을 것이다. 사춘기 시절 갑자기 찾아왔던 이성에 대한 그리움…. 나 또한 중학생 때 이성에 대한 관심이 생겨 그리움이 무엇인지 알았고, 사람이 빵만으로 살 수 없다는 말도 이해하게 되었다. 밤하늘이 왜 아름답고 낭만적인지, 왜 청춘 남녀가 밤하늘의 달을 쳐다보는지도 알게 되었다.

이성에 대한 감정으로 시작된 사춘기는 그 이후에 인생 자체에 대한 생각으로 깊이 물들어갔다. 나의 젊음도, 예쁜 여학생의 아름다움도 시간이 지나면 모두 사그라지고 끝내는 죽음에 이르니 변치 않는 아름다움이란 존재하지 않는다고 생각하며 허무주의에 빠지기도 했다.

1980년대 초에 대학 생활을 시작한 나는 자연스레 운동권의 시각을 접하게 되었다. 대자보를 통해, 선배나 동기들과의 대화를 통해, 여러 학회를 통해 알게 된 근현대사에 대한 새로운 이해와 사회주의에 대한 시각은 예전엔 미처 몰랐던 사실들을 알게 해주었다.

그뿐인가? 우리가 살아가면서 새롭게 알게 되는 사실들이 얼마나 많은지 모른다. 비 온 뒤에 뒷산의 식물들이 우후죽순처럼 자라고 공기가 깨끗해지는 것처럼 인생의 고난이 사람을 성장시키고 정화한다는 사실도 인생의 어느 시점이 되면 깨닫게 된다. 태산처럼 우뚝 서서 흔들리지 않을 것처럼 보이던 부모님도, 어느 순간 갑자기 나이 드신 노인네가 되어 오히려 자식에게 기대시는 것을 보며 나이 앞에 장사 없다는 말이 사실임을 깨닫게 되기도 한다.

사람은 저마다 기호와 가치관이 다르다. 그 다양함 때문에 예전엔 미처 몰랐던 것을 깨닫는 내용이나 시점에도 차이가 생긴다. 누구는 돈과 권력의 중요함을 먼저 깨닫고, 누구는 예술의 기쁨을 먼저 깨닫고, 누구는 운동의 즐거움을 먼저 깨닫는다. 하지만 이런 다양함도 나이에 따른 일반적인 인식 수준을 벗어나기는 힘들다.

나는 기회가 있을 때마다 어르신들을 관찰하곤 한다. 나이 드신 분들이 소중하게 여기는 것들이 무엇인지를 알고 지금부터 그것을 준비하면 옳지 않은 곳에 시간과 정열을 낭비하는 실수를 줄일 수 있지 않을까 해서다. 겸손하게 다른 사람의 경험을 통해 배운다면 "예전엔 미처 몰랐어요"라고 후회하지 않을 수도 있을 것이다.

9하나님은 헤아릴 수 없이 큰일을 행하시며 기이한 일을 셀 수
없이 행하시나니 10비를 땅에 내리시고 물을 밭에 보내시며(욥
5:9-10).

보통 사람들은 비가 내려 밭으로 흘러가는 것을 평범한 일로 여긴다. 하지만 욥기 5장에서 엘리바스는 비가 땅에 내리고 물이 밭으로 흘러가는 것을 두고 하나님이 행하시는 크고 기이한 일이라고 말한다. 왜 같은 사건을 어떤 사람은 평범한 일로 여기고, 어떤 사람은 크고 기이한 일로 평가할까?

이스라엘 백성은 광야 생활 40년 동안 "만나"라는 신기한 음식을 먹었다. 진 사방에 아침마다 수십 년 동안 만나가 내렸으니 이 얼마나 놀라운 일인가? 하지만 이러한 신비감은 오래가지 않았다. 만나를 먹기 시작한 지 얼마 지나지 않아 이스라엘 백성은 애굽을 그리워하며 예전에 먹던 생선과 참외와 부추와 파와 마늘이 먹고 싶다고 투정을 부렸다. 사람의 마음이 얼마나 간사한지 모른다. 사람은 호의가 반복되면 권리처럼 여기고, 햇빛과 공기와 물처럼 너무나 소중해 공짜로 주어질 수밖에 없는 자원의 가치를 너무 쉽게 잊고 산다.

이스라엘 백성의 광야 생활 중 태어난 사람들에게 만나는 "일상"이었을 것이다. 아주 어릴 때부터 당연하게 만나를 먹은 사람에게는 만나가 신기할 이유가 없다. 우리에게 만나처럼 당연하게 여겨지는 기적은 없을까? 우리가 자연현상이나 일상이라고 여기는 것들이 실제로는 얼마나 크고 기이한 일인지 한번 생각해보자.

우주의 그 많은 별 중 지구처럼 대기순환의 형태로 비가 내리는 별은 아직도 확실히 발견되지 않았다. 비가 땅에 내리고, 그 물이 밭으로 흘러가 작물을 자라게 하는 것은 평범한 일이 아니라 기이한 일이다. 만나가 하룻밤 사이에 주어지는 하나님의 선물이라면 농작물은 몇 달, 몇 년에 걸쳐 주어지는 선물이다. 농사는 농부가 아니라 하늘이 짓는다는 말이 있다. 농부는 재배를 위해 수고로이 노동하지만 농작물은 농부의 힘만으로 얻을 수 없다. 사람에게 농사를 지을 수 있는 능력을 주시고 작물이 자라는 데 필요한 모든 것을 공급해주시는 분은 바로 하나님이시다. 하나님은 사람이 하나님의 일에 참여하면서 하나님의 형상으로 지음 받았다는 사실을 누리게 하신다.

우리는 하나님이 창조자로서 모든 것을 심히 좋게 만드시고 지금도 유지하고 계심을 알아야 한다. 하나님은 사람에게 창조 세계의 선함과 신비를 관찰하고 음미할 수 있는 능력을 특별히 "지정의"의 형태로 주셨다. 우리는 이런 능력을 당연하게 여길 것이 아니라 하나님의 권능과 은혜로 여겨야 한다. 성도들은 곳곳에서 겸손하게 "예전엔 미처 몰랐어요"라는 고백을 해야 한다. 예전에는 관심을 두지 않던 것에서 하나님의 권능과 은혜를 발견하고 감사하며 기뻐해야 한다.

우리가 감탄할 것이 얼마나 많은가? 음악과 미술의 세계는 얼마나 다양하고 깊은지, 모든 것을 의심하고 탐구하는 철학의 장악력은 얼마나 강력한지, 순간의 감정까지 포착해 마술 같은 언어로 묘사하는 문학은 얼마나 매력적인지 다 설명하기 어렵다. 그뿐 아니라 이 세상에는 매력적이고 놀라운 것들이 너무나도 많다. 어쩌면 그 때문에 세상 재미에 빠져 그리스도를 돌아보지 않는 사람들이 생기는지도 모르겠다.

사도 바울은 그리스도 예수를 아는 지식을 가장 고상하게 여겼다. 그는 예수님을 만나는 기쁨을 예전엔 미처 몰랐지만 그것을 안 이후로는 다른 모든 것을 배설물처럼 여겼다고 말한다. 이 책을 읽는 독자분들도 하나님의 영원하신 능력과 신성을 곳곳에서 발견하는 깨달음의 기쁨을 깊이 누리길 소망한다. 또 바울처럼 오직 그리스도를 믿음으로 말미암는 의가 얼마나 고상한가를 확실히 깨달아 다른 사소한 것들에 마음을 빼앗기지 않는 삶을 살기 바란다.

함께 나누기

1. 여러분은 말을 조리 있고 생동감 있게 하는 편입니까, 아니면 지루하게 하는 편입니까? 다른 사람과 대화할 때 일방적으로 말하는 편입니까, 아니면 상대방의 의견과 반응을 살피며 말을 주고받는 편입니까?

2. 소요리문답 제9문과 10문을 서로 묻고 답해봅시다. 근거 성구도 함께 살펴봅시다.

3. 엄밀한 의미의 "창조"는 하나님께만 어울리는 단어입니다. 그 이유는 무엇입니까?

4. 수의근(voluntary muscle, 隨意筋)과 불수의근(involuntary muscle, 不隨意筋)을 구분해봅시다. 또 성숙한 창조(mature creation)의 의미에 대해서도 나누어봅시다.

5. 삼위일체 하나님이 창조에 어떻게 참여하셨습니까?

6. 인간의 지정의(知情意)는 어떤 측면에서 하나님의 형상이라고 말할 수 있습니까?

7. 남자와 여자의 동등함과 질서에 대하여, 그리고 모든 사람의 소중함에 대하여 성경은 어떻게 이야기하나요?

8. 생산성과 효율성으로 사람의 가치를 평가하는 문화와 사람의 존재 자체를 가치 있게 여기는 문화 중 하나님의 뜻에 더 부합하는 문화는 어떤 것입니까? 지금 우리 사회의 문화를 평가해봅시다.

9. 김소월의 시 "예전엔 미처 몰랐어요"를 읽고 그에 대한 감상을 나누어봅시다. 여러분은 "예전엔 미처 몰랐어요"라는 말을 언제 합니까? 후회의 의미에서 합니까, 아니면 새로운 사실을 알게 된 감탄의 의미에서 합니까?

제8-1과

하나님의 섭리

제11문. 하나님의 섭리의 사역은 무엇입니까?

What are God's works of providence?

답. 하나님의 섭리의 사역은 하나님이 가장 거룩하고(시 145:17), 지혜롭고(시 104:24; 사 28:29), 권능 있게 자신의 모든 창조물과 그 모든 행동을 보존하시고(히 1:3) 통치하시는(시 103:19; 마 10:29-31) 것입니다.

God's works of providence are, his most holy, wise, and powerful preserving and governing all his creatures, and all their actions.

---

providence 섭리, 선견(지명), 조심, 준비
provide 공급하다, 준비하다, 마련하다
preserve 지키다, 보존하다
govern 통치하다, 지배하다, 다스리다; 여기서 government(정부, 통치)가 파생되었다.
creature 창조물, 피조물, 생물

근거 성구

여호와께서는 그 모든 행위에 의로우시며 그 모든 일에 은혜로우시도다(시 145:17).

여호와여, 주께서 하신 일이 어찌 그리 많은지요. 주께서 지혜로 그들을 다 지으셨으니 주께서 지으신 것들이 땅에 가득하니이다(시 104:24).

이도 만군의 여호와께로부터 난 것이라. 그의 경영은 기묘하며 지혜는 광대하니라(사 28:29).

이는 하나님의 영광의 광채시요, 그 본체의 형상이시라. 그의 능력의 말씀으로 만물을 붙드시며 죄를 정결하게 하는 일을 하시고 높은 곳에 계신 지극히 크신 이의 우편에 앉으셨느니라(히 1:3).

여호와께서 그의 보좌를 하늘에 세우시고 그의 왕권으로 만유를 다스리시도다(시 103:19).

29참새 두 마리가 한 앗사리온에 팔리지 않느냐? 그러나 너희 아버지께서 허락하지 아니하시면 그 하나도 땅에 떨어지지 아니하리라. 30너희에게는 머리털까지 다 세신 바 되었나니 31두려워하지 말라. 너희는 많은 참새보다 귀하니라(마 10:29-31).

해설

하나님의 섭리

하나님의 작정은 창조와 섭리로 시행됩니다. 소요리문답 제9-10문은 창조를, 제11-12문은 섭리를 다룹니다.

섭리
- ① 가장 거룩하고 지혜롭고 권능 있게
- ② 모든 창조물과 그 모든 행동을
- ③ 보존하시고 통치하시는 것

〈표13〉 섭리

1. 거룩하고 지혜롭고 권능 있게(his most holy, wise, and powerful)

하나님은 모든 창조물과 그 행동을 섭리하실 때 거룩하고 지혜롭고 권능 있게 하십니다. "정직이 최선의 방책"이라는 말이 있습니다. 그 말은 어떤 어려운 상황에 부닥쳤을 때, 꼼수를 부려 위기를 모면하기보다 정직하게 반응하고 대처하는 것이 긴 시간을 두고 보면 가장 좋은 선택임이 드러난다는 뜻입니다. 하나님은 거룩하게 하는 것이 옳기 때문에, 또 거룩하게 하는 것이 가장 좋은 결과를 가져오기 때문에 거룩하게 섭리하십니다.

Tip Honesty is the best policy.

의도가 아무리 좋아도 지혜가 없으면 소용이 없습니다. 거룩하되 지혜로워야 합니다. 지혜 없이 거룩하기만 한 계획은 의도치 않은 결과를 가져오기 쉽습니다. 너무 많은 사슴 때문에 생태계가 교란되었던 미국의 옐로스톤 국립공원의 이야기를 들어보셨나요? 관리 당국은 사슴을 보호하기 위해 몰아내었던 회색늑대를 다시 들여오기로 과감하게 결정했습니다. 사슴이 너무 번성해서 다른 동물들뿐 아니라 사슴들까지 위험한 지경이 되었기 때문입니다. 늑대가 다시 나타나자 늑대의 먹이인 사슴은 줄어들었지만 그동안 사슴 때문에 잘 자라지 못하던 나무들이 무성해졌고 그에 따라 다른 여러 동물의 개체수도 증가했습니다.

가장 지혜로운 사람들이 세우는 계획도 처음부터 완벽한 경우는 별로 없습니다. 사슴을 잡아먹는 늑대가 잔인하다고 해서 늑대를 모두 죽여버리니 오히려 생태계 전체가 파괴되어 결국에는 사슴까지 위험해집니다. 이처럼 사람의 계획은 불완전하지만 하나님의 섭리에는 항상 지혜가 가득하므로 우리는 불평하기 전에 하나님의 섭리를 인정하고 시간이 흐를수록 무엇이 옳게 판명 나는지 살펴보아야 합니다.

반면 아무리 거룩하고 지혜로운 계획일지라도 실행에 옮길 힘이 없으면 탁상공론에 지나지 않습니다. 대통령 후보가 선거 기간에 여러 가지 장밋빛 공약(公約)을 내걸지만 실행력이 없으면 이는 모두 공약(空約)에 지나지 않습니다. 하지만 하나님은 당신의 섭리를 의도하신 대로 집행할 능력이 있으십니다.

Tip 公: 공평할, 함께할 공
空: 없을, 헛될 공

지금까지 하나님의 섭리는 거룩하고 지혜롭고 권능이 있음을 살펴보았습니다. 사실 거룩과 지혜와 권능은 제4문에서 다룬 하나님의 속성 중 공유적 속성에 해당하는 요소들입니다. 하나님의 공유적 속성에는 존재·지혜·권능·거룩·공의·선함·진실이 해당합니다. 하나님은 거룩과 지혜와 권능이란 속성을 가지셨으므로 섭리 또한 거룩하고 지혜롭고 권능 있게 하실 수밖에 없습니다. 하나님은 존재와 본질과 속성과 일하심이 분리되지 않습니다. 따라서 하나님의 속성을 제대로 아는 것은 하나님의 사역을 이해하는 데 매우 중요한 사안입니다.

2. 섭리의 3요소: 보존, 협력, 통치

창조와 섭리는 구별은 되지만 분리되지는 않습니다. 하나님이 하늘과 땅 그리고 사람을 포함한 만물을 어떻게 창조하셨느냐에 따라 그 이후의 섭리가 진행됩니다. 하나님이 지구의 유통기한을 만 년 정도로 정하셨다면 모든 피조물에 대한 하나님의 섭리 또한 그에 걸맞게 진행되었을 것입니다. 어떻게 보면 창조는 하나님이 피조물의 협력 없이 무에서 만물을 만드시는 것이고, 섭리는 하나님이 피조물의 협력을 통하여 그 만물을 지속시키는 것이라고 할 수 있습니다.

소요리문답 제11문은 섭리의 요소로 보존과 통치만을 말하지만 일반적으로 섭리는 보존과 협력과 통치의 3요소를 갖고 있습니다. 이 세 가지 요소 역시 정확하게 분리되지 않고 서로 겹치는 부분이 있습니다.

ㄱ. 보존(preservation): 존재에 관한 것 하나님은 태초에 만드신 만물을 보존하는 일을 계속하십니다. 하나님은 지구가 자전 및 공전하도록 만드셨고 지금도 큰 지혜와 권능으로 천체의 움직임을 주장하고 계십니다. 천체들이 스스로 법칙과 원리에 따라 움직이는 것이 아닙니다. 하나님은 이신론(deism)에서 말하는 것처럼 창조 때에 만물에 특성을 부여하고 그에 따라 만물이 운행하게 한 후로는 간섭하지 않는 분이 아니십니다. 하나님이 한순간이라도 만물을 붙드는 사역을 하지 않으시면 만물은 즉시 혼돈과 공허에 빠질 것입니다.

참고 성구

"내가 너와 함께 있어 네가 어디로 가든지 너를 지키며 너를 이끌어 이 땅으로 돌아오게 할지라. 내가 네게 허락한 것을 다 이루기까지 너를 떠나지 아니하리라" 하신지라(창 28:15).

오직 주는 여호와시라. 하늘과 하늘들의 하늘과 일월성신과 땅과 땅 위의 만물과 바다와 그 가운데 모든 것을 지으시고 다 보존하시오니 모든 천군이 주께 경배하나이다(느 9:6).

우리가 그를 힘입어 살며 기동하며 존재하느니라. 너희 시인 중 어떤 사람들의 말과 같이 "우리가 그의 소생이라" 하니(행 17:28).

이는 하나님의 영광의 광채시요, 그 본체의 형상이시라. 그의 능력의 말씀으로 만물을 붙드시며 죄를 정결하게 하는 일을 하시고 높은 곳에 계신 지극히 크신 이의 우편에 앉으셨느니라(히 1:3).

Tip concurrence: 협력, 동의, 의견 일치, 동시 발생

ㄴ. 협력(concurrence, cooperation): 활동에 관한 것 요셉은 자신의 정체를 형들에게 밝히며 "당신들이 나를 이곳에 팔았다고 해서 근심하지 마소서. 한탄하지 마소서. 하나님이 생명을 구원하시려고 나를 당신들보다 먼저 보내셨나이다"(창 45:5)라고 말했습니다. 요셉은 형들이 자신을 노예로 팔아넘긴 사건이 하나님의 큰 계획 가운데 일어났다고 해석한 것입니다. 이처럼 하나님은 피조물의 모든 행위에 함께하시는 가운

데 그것들이 합력하여 선이 되도록 이끄십니다.

하지만 신적 협력에서 사람이 50퍼센트, 하나님이 나머지 50퍼센트를 감당하는 것은 아닙니다. 사람도 자신의 뜻으로 자유롭게 100퍼센트를 하고 하나님도 100퍼센트를 하시는데, 사람의 100퍼센트는 하나님을 떠나서는 이루어지지 않습니다. 또 하나님은 피조물로 행하게 하시지만 그 행위의 책임이 하나님께 있는 것은 아닙니다. 반면 사람은 자기의 뜻대로 자유롭게 선택하고 행동하지만 그 행동이 하나님의 다스림에서 벗어나 있다고 말할 수 없습니다. 이것은 사람이 다 이해할 수 없는 신비입니다. 우리는 단지 성경이 그렇게 말하고 있기에 신적 협력을 받아들입니다. 우리는 하나님이 무한하고 영원한 지혜와 권능을 가지고 계시다는 전제 위에서 하나님의 섭리를 이해할 뿐입니다.

욥기 1장을 보면 하나님 앞에서 욥을 송사하는 사탄과 욥의 재산을 탈취하는 스바 사람, 갈대아 사람이 나옵니다. 이들은 모두 자신의 목적을 이루기 위해 사용 가능한 수단을 동원해 자유롭게 행동합니다. 사탄은 어떻게든 욥을 하나님에게서 떼어놓으려고 스바 사람과 갈대아 사람들을 동원하고 바람과 불을 이용했습니다. 스바 사람과 갈대아 사람들은 칼로 욥의 종들을 죽이며 재산을 빼앗아갔습니다. 이에 대해 욥은 자기 수준에서 해석할 뿐이었습니다. 그런데 하나님은 이 모든 것을 통해 욥을 더욱 연단하셨습니다. 사탄, 스바 사람과 갈대아 사람, 욥 자신마저도 하나님의 손안에 있을 뿐이었습니다. 하나님은 사람이나 사탄보다 더 높은 차원의 목적과 수단을 가지고 일하십니다. 하나님은 사람이나 사탄의 생각과 행동을 무시하지 않고 그 모든 것을 내포하면서도 그보다 더 높은 차원에서 하나님의 뜻을 이루어가십니다.

Tip 사람도 일하고 사탄도 일하고 하나님도 일하시는데, 그 목적과 방법의 차원이 다르다.

참고 성구

내가 애굽 사람들의 마음을 완악하게 할 것인즉 그들이 그 뒤를 따라 들어갈 것이라. 내가 바로와 그의 모든 군대와 그의 병거와 마병으로 말미암아 영광을 얻으리니(출 14:17).

네 하나님 여호와를 기억하라. 그가 네게 재물 얻을 능력을 주셨음이라. 이같이 하심은 네 조상들에게 맹세하신 언약을 오늘과 같이 이루려 하심이니라(신 8:18).

여호와께서 사탄에게 이르시되 "내가 그의 소유물을 다 네 손에 맡기노라. 다만 그의 몸에는 네 손을 대지 말지니라." 사탄이 곧 여호와 앞에서 물러가니라(욥 1:12).

참새 두 마리가 한 앗사리온에 팔리지 않느냐? 그러나 너희 아버지께서 허락하지 아니하시면 그 하나도 땅에 떨어지지 아니하리라(마 10:29).

"그러나 자기를 증언하지 아니하신 것이 아니니 곧 여러분에게 하늘로부터 비를 내리시며 결실기를 주시는 선한 일을 하사 음식과 기쁨으로 여러분의 마음에 만족하게 하셨느니라" 하고(행 14:17).

ㄷ. 통치(government): 인도에 관한 것 하나님은 온 땅의 왕으로서 창조물 각자가 존재하는 목적을 이루도록 계속하여 통치하십니다. 한때 총기를 잃어버렸던 느부갓네살 왕은 다시 왕권을 회복했을 때 하나님이야말로 하늘의 군대와 땅의 사람을 자기 뜻대로 다스리시는 분이라고 찬양했습니다(단 4:34-35). 그의 고백대로 하나님의 통치가 없으면 각각의 피조물은 자신의 존재 목적을 이룰 수 없습니다.

참고 성구

여호와께서 그의 보좌를 하늘에 세우시고 그의 왕권으로 만유를 다스리시도다(시 103:19).

제비는 사람이 뽑으나 모든 일을 작정하기는 여호와께 있느니라(잠 16:33).

너희 안에서 행하시는 이는 하나님이시니 자기의 기쁘신 뜻을 위하여 너희에게 소원을 두고 행하게 하시나니(빌 2:13).

3. 창발성

개미는 일개미, 병정개미, 수개미, 여왕개미 등으로 분류할 수 있습니다. 개미들은 각자 맡은 일을 성실히 감당하는 것으로 유명합니다. 개미집을 보면 음식 저장소, 알 보관소, 부화한 애벌레의 탁아소, 버섯 재배 방 등으로 나뉘어 있고 온도를 조절하는 냉난방 기능까지 갖추고 있습니다. 어떻게 이 작은 벌레들이 이런 정교한 집을 지을 수 있을까요? 개미 한 마리의 지능은 높지 않지만, 군집을 이룬 개미는 복잡하고 정교한 구조물을 만들고 그 안에서 업무를 분담하며 살아갑니다.

이처럼 각 구성 요소로 볼 때는 생각지 못했던 기능이나 현상이 전체 차원에서 출현하는 현상을 창발성(emergence)이라고 합니다. 창발성의 관점에서 전체는 부분의 합보다 큽니다. 어떤 학자들은 창발성 개념을 이용해 생명의 출현과 진화를 설명하기도 하고, 인간의 역사 발전 단계를 설명하기도 합니다. 하지만 우리는 미약한 개미들이 보여주는 놀라운 창발성이 하나님에게서 왔음을 확신합니다. 개미만이 아니라 인간 사회에서도 사회 전체가 개인보다 더 뛰어난 기능과 방향성을 갖는 것은 하나님이 그렇게 작동시키시기 때문입니다.

4. "무심코"를 통해 일하시는 하나님

구약 시대의 유명한 악인인 아합 왕에 대해 들어본 적이 있을 것입니다. 북이스라엘의 왕 아합은 왕궁 가까이에 있는 나봇의 포도원을 탐냈습니다. 하지만 나봇은 조상의 유산을 다른 사람에게 주는 것은 하나님 말씀에 어긋난다며 한마디로 거절해버렸습니다(왕상 21:3). 이에 아합은 아내 이세벨의 조언에 따라 거짓 증인들을 세워 나봇을 모함했고, 나봇은 하나님과 왕을 저주했다는 누명을 쓰고 돌에 맞아 죽었습니다.

Tip 아합(재위: 기원전 876-854): 아합은 아버지 오므리의 뒤를 이어 북이스라엘을 강력한 왕국으로 만들었으나 바알 숭배에 동참한 왕이었다. 이스라엘의 각 지파와 가문은 가나안 정복 당시 왕이 아닌 하나님께 직접 땅을 받았으므로 왕이라도 백성의 땅을 함부로 빼앗을 수 없었다. 이세벨의 간계가 아니었다면 아합은 나봇의 땅을 빼앗지 못했을 것이다.

이 악한 사건에 대해 엘리야는 개들이 나봇의 피를 핥은 곳에서 아합의 피도 핥을 것이라는 하나님의 말씀을 예언했습니다.

그로부터 많은 시간이 흘렀습니다. 아합은 유다의 여호사밧 왕과 연합하여 아람과 전쟁을 일으켰습니다. 아합은 전쟁 결과에 대한 불길한 예언이 마음에 걸려 왕복 대신 다른 옷으로 변장하고 전장에 나섰습니다. 실제로 아람의 장수들은 왕복을 입은 여호사밧에게 집중 공격을 퍼부었습니다. 아합이 자신의 꾀대로 진행되는 상황을 보며 흐뭇해하지 않았겠습니까? 그런데 그때 어떤 사람이 "무심코" 활을 당겼고, 그 화살은 하필 아합 왕이 입은 갑옷의 솔기에 파고들었습니다. 치열한 전투 때문에 아합은 제때 치료를 받지 못한 채 그날 저녁에 병거에서 죽음을 맞았습니다. 병거 바닥에는 아합의 피가 고였고 그 병거를 사마리아 못에서 씻자 개들이 그 피를 핥았습니다. 성경은 이를 두고 "여호와께서 하신 말씀과 같이 되었더라"(왕상 22:38)라고 평가합니다.

나봇이 누명을 쓰고 죽은 후에도 이스라엘과 유다와 아람의 백성은 각자 자기 생각과 결정에 따라 자유롭게 살았습니다. 그런데 하나님은 이들 각자의 판단과 행동을 모두 사용하시어 예전에 하신 말씀을 그대로 이루셨습니다. 하나님은 이 일을 무심코(at random) 날아간 화살을 통해 이루셨습니다. 우리는 무심코 쏜 화살로 아합을 벌하신 하나님의 섭리에서 창발성을 보게 됩니다. 사람에게는 우연이지만 하나님께는 필연입니다.

Tip random: 무작위의, 닥치는 대로 하는

5. 복수하시는 하나님

억울하게 죽은 나봇의 가족들은 마음이 어땠을까요? 나봇은 죽고 포도원은 빼앗겼으며 하나님과 왕을 저주한 배도자의 가문이라는 낙인까

지 찍혔습니다. 그러니 억울함과 분노심으로 화병에 걸려 죽을 지경이었을 것입니다. 그런데 그 유족들이 하나님의 섭리를 믿는다면 어땠을까요? 그들이 악인을 벌하시는 하나님에 대한 구약의 말씀들을 붙잡았다면 분노와 복수심에 빠져 자신들의 인생을 포기하는 대신에 하나님의 복수를 믿고 맡기며 새로운 삶을 이어갈 수 있었을 것입니다.

하나님은 아합에게 무심코 날아가는 화살로 복수하셨습니다. 하나님처럼 은밀하고 정확한 저격수도 없습니다. 증거도 남기시지 않습니다. 하나님은 자기를 위하여 재물을 쌓아두고 하나님께 대하여 부요하지 못한 자의 영혼을 어느 날 밤에 갑자기 데려가십니다. 그 죽음의 원인은 심장마비나 교통사고, 높은 데서 떨어지는 바위나 나무일 수도 있습니다. 사람이 직접 복수에 나서면 불타는 복수심으로 먼저 자신의 마음이 힘들고 다른 생산적인 일에도 집중할 수 없어 경제적 손실이 발생하며 건강에도 좋지 않습니다. 설령 복수에 성공하더라도 복수는 복수를 낳기에 문제가 깔끔하게 해결되는 것은 아닙니다.

그런데 원수 갚는 것이 하나님께 있음을 안다면 우리는 마음의 짐을 내려놓을 수 있습니다. 복수심 때문에 잠을 못 자거나, 다른 일에 집중하지 못하는 일도 없습니다. 때가 되면 가장 정확하게 복수하시는 하나님을 믿기에 해야 할 일에 집중할 수 있고 하나님의 말씀대로 순종하는 삶을 살 수 있는 것입니다. 바울은 "분을 내어도 죄를 짓지 말며 해가 지도록 분을 품지 말고 마귀에게 틈을 주지 말라"(엡 4:26-27)고 말합니다. 하나님의 섭리를 믿을수록 해가 지기 전에 분을 풀어야 하고 원수 갚는 것은 하나님께 맡겨야 합니다.

앞서 욥기 5:9-10을 통해 비를 땅에 내리시는 것과 물을 밭에 보내시는 것이 하나님의 큰일과 기이한 일이라는 사실을 살펴보았습니다.

그런데 이어지는 11절은 "낮은 자를 높이 드시고 애곡하는 자를 일으키사 구원에 이르게 하시느니라"라고 말합니다. 비를 땅에 내리시고 물을 밭에 보내시는 것은 낮은 자를 높이 드시고 애곡하는 자를 일으키시는 것과 별반 다르지 않습니다. 전자는 땅에 버려진 물이 수증기가 되어 하늘로 올라가 구름을 만들고 비가 되어 밭으로 가는 섭리라면, 후자는 한 사람을 낮아지게 하고 울게 만든 일이 그 자체로 끝나지 않고 이런저런 경로와 과정을 거쳐 높이 들림 받음으로 이어지는 섭리입니다. 따라서 비가 내리는 것과 원수 갚는 것은 하나님이 똑같은 섭리로 행하시는 바입니다.

참고 성구

그들이 실족할 그때에 내가 보복하리라. 그들의 환난 날이 가까우니 그들에게 닥칠 그 일이 속히 오리로다(신 32:35).

1여호와여! 복수하시는 하나님이여, 복수하시는 하나님이여! 빛을 비추어주소서. 2세계를 심판하시는 주여, 일어나사 교만한 자들에게 마땅한 벌을 주소서(시 94:1-2).

21네 원수가 배고파하거든 음식을 먹이고 목말라하거든 물을 마시게 하라. 22그리하는 것은 핀 숯을 그의 머리에 놓는 것과 일반이요, 여호와께서 네게 갚아주시리라(잠 25:21-22).

6. 과거와 현재와 미래에 걸친 여러 목적과 의미를 동시에 섭리하시는 하나님

흉년이 들어 모압으로 가서 살던 나오미는 남편과 두 아들을 잃고 며느리 룻과 베들레헴으로 비참하게 돌아왔습니다. 시어머니와 단 둘이서 먹고살아야 하는 룻은 보리를 주우러 추수하는 밭에 나갔습니다. 룻은 "**우연히**" 보아스의 밭에 들어갔고, "**마침**" 보아스는 베들레헴으로부터 와서(룻 2:3-4) 추수하는 자들을 살피고 격려했습니다.

하나님은 늙은 시어머니를 버리지 않고, 또 시어머니의 하나님을 자신의 하나님으로 고백한 룻에게 이렇게 섭리하셨습니다. 곧 "우연히"와 "마침"을 통하여 보아스라는 좋은 남편을 만나게 하셨고, 보아스는 그 죽은 자의 기업을 되살려주어 그의 이름이 끊어지지 않게 해주었습니다. 그리고 보아스와 룻 사이에 태어난 아들이 바로 다윗 왕의 할아버지인 오벳이었습니다. 룻기는 다음과 같은 베레스의 족보로 끝납니다.

> 18베레스의 계보는 이러하니라. 베레스는 헤스론을 낳고 19헤스론은 람을
> 낳았고 람은 암미나답을 낳았고 20암미나답은 나손을 낳았고 나손은 살
> 몬을 낳았고 21살몬은 보아스를 낳았고 보아스는 오벳을 낳았고 22오벳은
> 이새를 낳고 이새는 다윗을 낳았더라(룻 4:18-22).

룻기 앞에 있는 사사기는 "그때에 이스라엘에 왕이 없으므로 사람이 각기 자기의 소견에 옳은 대로 행하였더라"(삿 21:25)라는 구절로 끝납니다. 그때에 이스라엘에 왕이 없었다는 구절은 사사기 17:6, 18:1, 19:1에도 나옵니다. 사사 시대에 이스라엘 백성은 여호와를 왕으로 모시거나 하나님의 말씀을 자신의 판단과 실행의 근거로 삼지 않고 자신들 소견에 옳은 대로 행하였습니다.

하지만 하나님은 이스라엘 백성을 여전히 사랑하시어 룻기 뒤에 있는 사무엘상에서 다윗을 등장시키셨습니다. 이스라엘의 왕이 된 다윗은 그들을 잘 이끌어 하늘에 계신 참된 왕이신 하나님을 바라보게 했습니다. 룻기는 단순히 착하게 산 룻이 보아스를 만난 내용만 말하지 않고 사사기와 사무엘상 중간에 있는 책으로서 왕이 없는 이스라엘에 참된 왕이 어떻게 준비되었는지를 보여주고 있습니다.

룻기의 마지막에 나오는 족보는 마태복음 1:3-6에 그대로 다시 나옵니다. 아브라함과 다윗의 자손 예수 그리스도의 계보를 소개하는 마태복음의 족보는 하나님이 아브라함과 그 후손을 하나님의 자녀로 삼아주시는 것과 예수 그리스도를 통해 구속을 이루시는 것을 보여줍니다. "태초에 하나님이 천지를 창조하시니라"라는 구절로 시작하는 창세기 1장이 천지와 만물의 창조를 보여준다면, 마태복음 1장은 그렇게 창조된 세상이 죄로 일그러졌을 때 하나님이 아브라함과 다윗의 자손인 예수 그리스도를 통하여 선택받은 자들을 하나님의 자녀로 삼는 재창조를 보여줍니다. 창세기 1:1은 창조를 말하고, 마태복음 1:1은 재창조를 말하는 것입니다.

이 놀라운 재창조의 중요한 일이 룻의 우연한 발걸음으로 시작됩니다. 하나님은 룻의 우연한 발걸음을 통하여 룻과 보아스와 나오미에게 큰 기쁨을 주시고, 동시에 룻과 보아스의 결합을 통하여 다윗의 할아버지 오벳이 태어나게 하십니다. 이처럼 룻의 우연한 발걸음에는 몇 가지 목적과 의미가 담겨 있습니다. 가까운 미래만이 아니라 예수 그리스도까지 이어지는 먼 미래가 담겨 있고 또 과거 사사 시대에 왕이 없었던 상황도 담겨 있습니다. 하나님은 한 사건을 통하여 과거와 현재와 미래에 걸친 여러 목적과 의미가 이루어지도록 섭리하시는 것입니다.

성경으로 읽는 문학

서정주의 "국화 옆에서"

한 송이 국화꽃을 피우기 위해
봄부터 소쩍새는
그렇게 울었나 보다.

한 송이 국화꽃을 피우기 위해
천둥은 먹구름 속에서
또 그렇게 울었나 보다.

그립고 아쉬움에 가슴 조이던
머언 먼 젊음의 뒤안길에서
인제는 돌아와 거울 앞에 선
내 누님같이 생긴 꽃이여.

노오란 네 꽃잎이 피려고
간밤엔 무서리가 저리 내리고
내게는 잠도 오지 않았나 보다.

소쩍새가 우는 것과 국화꽃이 피는 것에는 아무 상관이 없다. 소쩍새는 자기가 좋아서 울 뿐이고, 먹구름 속에서 우는 천둥 또한 마찬가지다. 그런데 이렇게 관계가 없어 보이는 것들이 결국에는 다 관계가 있다. 국화 한 송이의 개화에 소쩍새와 천둥의 전 우주적인 참여가 있듯, 여인이 "인제는 돌아와 거울 앞에" 서서 자신을 살피는 안정과 성숙에도 전 우주적인 참여가 필요하다. 인생을 살며 겪는 숱한 일들이 사람의 성숙과 깨달음에 영향을 미친다. 이러한 관찰을 비그리스도인인 서정주 시인이 멋진 시로 표현해낸 것이다. 이에 대한 양승준 시인의 평가를 살펴보자.

> 국화의 개화(開花) 과정을 통하여 어떠한 생명체라도 치열한 생명 창조의 역정을 밟고 태어난다는 것을 선명히 보여주는 이 시는 불교의 연기론(緣起論 因緣說)을 바탕으로 하고 있다. 불교에서는 어떤 일이 발생한다고 할 때, 그것이 단독으로 이루어지는 것이 아니며, 강한 힘을 부여하는 인(因)과 약한 힘을 보태는 연(緣)과의 상호 결합의 결과로 본다. 이 시에서도 국화 자체의 힘(因)과 소쩍새·천둥·무서리가 봄부터 가을까지 작용(緣)함으로써 국화가 꽃을 피우는 것이다. 여기서 국화는 모든 생명체의 대유이자 나아가 생명이 그러한 아름다움으로 승화된 상태의 상징이며, 동시에 시적 자아의 '누님'과 같은 40대 중년 여인이 도달할 수 있는 원숙하고 평온한 아름다움의 상징이기도 하다.

철학과 여러 종교는 무엇이 근본 원인이 되어 다른 제반 현상이 일어나는가에 관하여 다루지 않을 수 없다. 이것에 대해 불교는 모든 존재는 결과이면서 동시에 원인이라고 본다. 상의상관성(相依相關性)을 강조하지 남을 떠나 홀로 존재하는 절대적 자존자를 인정하지 않는 것이다. 반면 성경은 사물의 처음과 끝에 대하여, 제1원인과 제2원인에 대하여 다음과 같이 말한다.

28또 너희가 어찌 의복을 위하여 염려하느냐? 들의 백합화가 어
떻게 자라는가 생각하여보라. 수고도 아니하고 길쌈도 아니하
느니라. 29그러나 내가 너희에게 말하노니 솔로몬의 모든 영광
으로도 입은 것이 이 꽃 하나만 같지 못하였느니라. 30오늘 있
다가 내일 아궁이에 던져지는 들풀도 하나님이 이렇게 입히시
거든 하물며 너희일까보냐? 믿음이 작은 자들아(마 6:28-30).

성경은 하나의 꽃이 피어나는 데 필요한 전 우주적인 참여의 근원을 하나님께 돌린다. 들의 백합화는 수고도 안 하고 길쌈도 안 하지만 잘 자라기만 한다. 예수님은 공중의 새와 들풀도 하나님이 그렇게 입히시는데 하나님의 자녀는 어떠하겠냐고 물으신다.

하나님은 멀고 가까운 원인의 근원이 되신다. 하나님은 사람과 환경 모두를 통제하신다. 그 신비한 과정을 사람이 다 알 수는 없다. 하나님은 오른손이 하는 일을 왼손이 모르게 하시기 때문이다. 단지 확실한 것은 하나님은 공중의 새와 들의 백합화를 기르시고, 사람의 머리털을 다 세시고, 사람을 자녀처럼 사랑하신다는 사실이다.

공자는 마흔 살을 불혹의 나이라고 했다. 사람이 마흔 살이 되면 이리저리 쉽게 흔들리지 않는다는 의미다. 비신자인 서정주도 시간을 통한 연단과 성숙에 대해 말한다. 그러나 우리는 이런 연단과 성숙이 하나님의 섭리임을 안다. 하나님은 우리를 기르셔서 꽃을 활짝 피우고 열매를 맺게 하신다. 하나님은 국화의 노오란 꽃잎이 피도록 "머언 먼 뒤안길"을 걷게 하시며 연단하신다. 하나님이 최종의 원인자이시고 모든 것을 붙드시고 집행하시는데 어떻게 눈앞의 천둥에 기가 꺾일까? 그러나 우리는 불어오는 바람에도 굴하지 않고 하나님의 섭리를 믿으며 주어진 길을 걸어가야 한다.

제8-2과

사람을 향한 특별한 섭리, 행위언약

제12문. 하나님은 창조된 상태로 있는 사람을 향하여 어떤 특별한 섭리의 행위를 행하셨습니까?

What special act of providence did God exercise toward man in the estate wherein he was created?

답. 하나님은 사람을 창조하시고서, 완전한 순종을 조건으로 하여 사람과 생명언약을 맺으시고, 선과 악을 알게 하는 나무로부터 먹는 것을 사망의 벌로 금하셨습니다.

When God had created man, he entered into a covenant of life with him, upon condition of perfect obedience; forbidding him to eat of the tree of the knowledge of good and evil, upon the pain of death.

---

exercise 행사하다, 발휘하다, 사용하다, 운동하다
condition 상태, 조건, 환경, 지위
perfect 완벽한
obedience 순종, 충실
forbid 금지하다; forbid-forbade-forbidden **wherein** 어디에, 어떤 점에서, 거기에

근거 성구

율법은 믿음에서 난 것이 아니니 율법을 행하는 자는 그 가운데서 살리라 하였느니라(갈 3:12).

"선악을 알게 하는 나무의 열매는 먹지 말라. 네가 먹는 날에는 반드시 죽으리라" 하시니라(창 2:17).

해설

사람을 향한 특별한 섭리, 행위언약

소요리문답 제9문이 일반적 창조를 다루고 제10문이 사람의 창조에 대해 구체적으로 다룬 것처럼, 제11문은 일반적 섭리를 다루고 제12문은 사람을 향한 특별한 섭리를 구체적으로 다룹니다.

사람을 향한 특별한 섭리
행위(생명)언약

- ① 내용: 선악의 나무로부터 먹는 것을 금하심
- ② 조건: 완전한 순종
- ③ 벌: 사망

1. 사람과 생명언약을 맺으시고
(he entered into a covenant of life with him)

저희 집은 아이들이 받아쓰기 시험에서 백 점을 맞으면 천 원을 줍니다. 이것이 확장되어 다른 과목도 백 점을 맞으면 천 원을 줍니다. 또 중학교 1학년이 되는 생일에는 핸드폰을 사줍니다. 그런데 엄밀하게 말하면 그들이 이것들을 받을 자격이 있는 것도 아니고 우리 부부에게 꼭 줘야 할 책임이 있는 것도 아닙니다. 부모가 그동안 먹여주고 입혀주며 애지중지 키운 것을 생각하면 당연히 열심히 노력하여 백 점을 맞아야 하고 학교에 잘 다녀 제때 상급 학교로 진학해야 합니다. 그런데도 부모는 백 점 맞은 것을 격려하기 위해 천 원을 주고 큰 사건 사고 없이 건강하게 중학생이 된 것을 고마워하며 핸드폰을 사줍니다. 천 원과 핸드폰은 아이들이 받을 자격이 있어서 주는 것이 아니라 자녀들에 대한 사랑의 표현이자 앞으로 더욱 잘하라는 격려의 표현입니다.

하나님과 피조물 사이의 격차는 너무나 커서 피조물이 하나님께 무엇을 했으니 상을 달라고 할 자격이 없습니다. 그러기에는 피조물이 하나님께 너무나 많은 것을 빚지고 있습니다. 피조물이 가진 좋은 것 중 하나님께로부터 오지 않은 것은 없습니다. 그러므로 피조물은 무익한 종의 비유처럼 해야 할 바를 다한 후에 “우리가 해야 할 일을 한 것뿐입니다”라고 말해야 합니다(눅 17:7-10).

그런데 하나님은 스스로 낮아지셔서 자녀들의 순종에 대하여 축복과 상급을 주시겠다고 언약을 맺으셨습니다. 이것이 성경의 언약을 이해하는 전제입니다. 성경의 언약은 말이 언약이지 실제로는 하나님이 자녀들에게 이렇게 하겠다는 자기 맹세의 표시입니다(창 50:24). 언약은 비슷한 당사자들이 조건과 약속을 주고받아야 하는데, 피조물인 사람이 창조자 하나님께 무엇을 보답으로 줄 수 있겠습니까? 하나님은 우주와 만물을 지으신 분으로서 천지의 주재시라 사람의 손으로 지은 전에 계시지 아니하시고, 무엇이 부족하여 사람에게 섬김을 받는 분이 아니십니다(행 17:24-25).

그러므로 성경의 언약을 이해할 때에 사람 편에서 축복과 상급을 받기에 합당한 어떤 행위를 해서 그 대가로 하나님이 보답하신다고 생각하면 안 됩니다. 단지 하나님이 자기를 낮추셔서 축복과 상급을 주시고 언약의 형태로 사람을 격려하여 하나님의 구원에 이르게 하시는 것으로 생각해야 합니다.

참고 성구

요셉이 그의 형제들에게 이르되 "나는 죽을 것이나 하나님이 당신들을 돌보시고 당신들을 이 땅에서 인도하여내사 아브라함과 이삭과 야곱에게 맹세하신 땅에 이르게 하시리라" 하고(창 50:24).

24우주와 그 가운데 있는 만물을 지으신 하나님께서는 천지의 주재시니 손으로 지은 전에 계시지 아니하시고 25또 무엇이 부족한 것처럼 사람의 손으로 섬김을 받으시는 것이 아니니 이는 만민에게 생명과 호흡과 만물을 친히 주시는 이심이라(행 17:24-25).

웨스트민스터 신앙고백 제7장의 "언약"

하나님과 피조물 사이의 간격은 너무나 커서 비록 이성적 피조물들일지라도 창조주로서의 하나님께 오직 순종할 의무만을 가지고 있다. 그들은 하나님께 자신들이 행한 것에 대한 결실을 축복과 상급으로 가질 수 없었고, 오직 하나님 편에서 자발적으로 자기를 낮추심에 의해서만 그것을 얻을 수 있는데 하나님은 그것을 언약의 방법으로 표현하기를 기뻐하셨다(욥 9:32-33; 35:7-8; 시 113:5-6; 눅 17:10; 행 17:24-25).

The distance between God and the creature is so great, that although reasonable creatures do owe obedience unto him as their Creator, yet they could never have any fruition of him as their blessedness and reward, but by some voluntary condescension on God's part, which he hath been pleased to express by way of covenant.

2. 완전한 순종을 조건으로 하여
(upon condition of perfect obedience)

세상에는 털어서 먼지 안 나는 사람이 없습니다. 사람이 하나님께 완전한 순종을 할 수 있을까요? 당연히 없습니다. 아담이 죄를 지은 이후에 사람은 죄를 안 지을 수가 없습니다. 그런데 아담이 죄를 짓기 이전에는 죄를 지을 수도 있고 안 지을 수도 있는 상태였습니다. 앞서 사람의 창조에 관하여 살펴본 것처럼 하나님은 지식과 의와 거룩함으로 사람을 지으시고 그 마음에 하나님의 법을 기록하셨는데, 그 법을 행할 능력을 주시는 동시에 아담의 자유의지에 맡겨 죄를 지을 가능성도 남겨두셨기 때문입니다.

하나님은 에덴에 동산을 창설하고 아담을 거기에 두어 그것을 경작하며 지키게 하셨습니다. "경작"과 "지킴"에는 얼마나 많은 지혜와 올바른 결정이 필요한지 모릅니다. 또 아담은 하나님이 데리고 오신 각종 들짐승과 새에게 이름을 지어주었습니다. 여기서 이름을 지었다는 것은 단순하게 중복되지 않도록 이름을 배열했다는 것이 아니라 각종 들짐승과 새의 속성에 맞는 이름을 만들어냈다는 것입니다. 성인으로 창조된 아담은 사회경험을 한 적도 없고 누군가에게 가르침을 받은 적도 없는데 어떻게 동산을 관리하고 짐승들의 이름을 지었을까요? 이것은 하나님이 아담을 성인으로 만드실 때 단순히 외형만 성인으로 한 것이 아니라 지적 능력과 통찰력도 성인 수준으로 창조하셨기 때문에 가능합니다. 하나님은 아담의 마음에 하나님의 법을 기록하여 하나님을 영화롭게 하고 즐거워하며 살도록 만드신 것입니다.

하나님은 단지 선악을 알게 하는 나무 열매를 먹지 말라는 명령 하나만으로 아담의 순종 여부를 결정하지 않으셨습니다. 이미 하나님의 법이 아담의 마음에 있고 이 법을 잘 지키는지가 선악을 알게 하는 나무 열매를 먹지 않는 것으로 표현될 뿐입니다. 아담과 하와가 하나님을 자신들의 창조자로 인정하고 자신들은 피조물임을 알아 자신의 소견에 옳은 대로 하는 것이 아니라 하나님이 알려주신 진리의 말씀대로 하겠다는 생각을 가졌다면 그들은 선악을 알게 하는 열매를 먹지 않았을 것입니다. 그런데 그들은 눈이 밝아져 하나님과 같이 되어 선악을 알고 싶은 잘못된 욕망에 따라 나무의 열매를 따 먹었습니다(창 3:5). 완전한 순종에 실패한 것입니다.

웨스트민스터 신앙고백 제3장의 "창조"

하나님은 다른 모든 것을 지으신 후에 사람을 남자와 여자로 지으시고(창 1:27) 이성적이며 불멸하는 영혼을 주시고(창 2:7; 전 12:7; 마 10:28; 눅 23:43), 자기의 형상을 따라(창 1:26; 엡 4:24; 골 3:10) 지식과 의와 진정한 거룩함을 입히시고, 그 마음에 하나님의 법을 기록하시고(롬 2:14-15) 그 법을 행할 능력을 주셨지만(전 7:29), 변할 수 있는(창 3:6; 전 7:29) 그들의 자유의지에 맡겨 범법할 가능성을 남겨두셨다. 이 법이 그들의 마음에 기록되었을 뿐 아니라 그들은 선악을 알게 하는 나무의 열매를 먹지 말라는 명령을 받았고(창 2:17; 3:8-11, 23), 이 명령을 지키는 동안 그들은 하나님과 행복하게 교제하며 모든 피조물을 지배하였다(창 1:26, 28).

After God had made all other creatures, he created man, male and female, with reasonable and immortal souls, endued with knowledge, righteousness, and true holiness, after his own image; having the law of God written in their hearts, and power to fulfill it: and yet under a possibility of transgressing, being left to the liberty of their own will, which was subject unto change. Beside this law written in their hearts, they received a command, not to eat of the tree of the knowledge of good and evil; which while they kept, they were happy in their communion with God, and had dominion over the creatures.

3. 사망의 벌로 금하셨습니다(forbidding…upon the pain of death)

하나님은 아담에게 “선악을 알게 하는 나무의 열매는 먹지 말라. 네가 먹는 날에는 반드시 죽으리라”(창 2:17)라고 말씀하셨습니다. 하나님의 언약을 어기면 죽음이라는 벌이 따르고, 지키면 현재의 상태보다 훨씬 영화로운 영원한 생명의 삶을 얻습니다. 죄를 짓기 전의 아담은 죄를 지은 인간들의 비참함이 없는 상태이기는 하지만 신자들이 부활 때에 이르게 될 영화로운 상태는 아니었습니다. 그런데 완전한 순종을 하게 되면 그런 영화로운 상태에 이르게 됩니다.

그래서 소요리문답 제12문은 이 언약을 **생명언약**(covenant of life)이라고 부르고 있습니다. 또 일반적으로는 **행위언약**(covenant of work)이라고 부릅니다. 여기서 “행위”라는 명칭이 들어갔다고 해서 아담과 하와가 완전한 순종이라는 행위로 영생을 얻는다고 생각하면 안 됩니다. 이미 말한 것처럼 언약은 하나님의 낮아지심, 즉 은혜로 성립된 것입니다. 그들이 해야 하는 완전한 순종은 그들의 의무이지 어떤 축복과 상급을 요구하는 권리의 근거가 될 수는 없습니다. 다만 하나님이 완전한 순종을 조건으로 하여 그들에게 영생을 주기로 은혜를 베풀어주셨습니다. 따라서 완전한 순종이라는 조건은 엄밀한 의미의 계약서적인 조건이 아니라 하나님이 은혜를 베푸시는 방식일 뿐입니다.

그들이 행위언약을 어겨 죽음에 이르게 되었을 때 하나님은 이들과 은혜언약(covenant of grace)을 맺어 영생의 길을 여셨습니다. 은혜언약은 소요리문답 제20문이 말하므로 그때 자세히 다루겠습니다.

심화 연구

사람을 향한 특별한 섭리(special act of providence toward man)

우리는 앞서 "하나님의 영원한 작정"을 공부하면서 하나님이 구원자를 정하실 때 그 구원의 수단들도 같이 정하신다는 사실을 살펴보았습니다. 그 구원의 수단들에 속하는 것이 바로 사람을 향한 특별한 섭리입니다. 하나님은 선악을 알게 하는 나무 열매를 아담과 하와에게 먹지 말라고 하시면서 완전한 순종을 조건으로 생명언약(행위언약)을 맺으셨는데, 이것이 바로 그들에게 영원한 생명을 주시는 수단에 속합니다. 비록 아담과 하와가 행위언약을 지키지 못하여 죽음에 이르렀지만 행위언약은 하나님이 그들에게 영생을 주시는 수단 중 하나에 지나지 않습니다. 하나님의 영원한 작정이 행위언약을 통하여 사람을 향한 특별한 섭리로 나타난 것입니다.

하나님이 선악을 알게 하는 나무도 만들지 않고 행위언약도 맺지 않는 대신 처음부터 아담과 하와가 금지된 열매를 따 먹지 못하도록 만드셨으면 되지 않았을까요? 괜히 그러한 것들을 허락해놓으셔서 인류에게 비참한 상황과 죽음이 찾아온 것이 아니냐고 문제를 제기하는 사람이 있습니다. 그런데 이것을 이해하려면 절대로 인간의 이성으로 시간과 공간 속에서 연역적으로나 귀납적으로 생각해서는 안 되고, 시간과 공간을 만드신 하나님의 무한하고 영원하고 불변하신 지혜와 권능과 선함 등을 전제해야만 합니다. 하나님을 우리보다 조금 더 능력이 뛰어난 존재 정도로 생각하면 작정과 섭리는 절대로 이해할 수 없습니다. 인간을 초월한 "영원"이란 관점에서 하나님의 뜻을 가장 지혜롭게 행하시는 다양한 계획과 과정이 바로 작정과 섭리라고 봐야 합니다.

작정은 하나님의 뜻(will)과 하나님의 계획(counsel)으로 구분됩니다. 우리를 향하신 하나님의 뜻이 하나님의 무한하고 영원한 사랑과 지혜로 표현됩니다. 거기에는 사사로운 의도나 꼼수가 없고 "가장 큰 지혜와 거룩함으로 깃든 계획"(the most wise and holy counsel)이 있을 뿐입니다. 우리의 인식으로는 다 헤아릴 수 없고 이해가 되지 않지만 하나님의 무한하신 지혜가 영원의 관점에서 나타난 줄 알고 사람을 향한 하나님의 섭리를 받아들여야 하는 것입니다.

생각할 거리

섭리와 흥선대원군 콤플렉스

고등학교 국사 교과서는 흥선대원군에 대하여 "외척의 횡포 속에서 살아남기 위하여 시정배와 어울리면서 서민층의 고통을 체험한 야심만만하고 과단성 있는 인물이었다"라고 평한다. 안동 김씨 일족은 외척으로 3대째 영화를 누리며 왕족 중 기상이 꿋꿋한 사람은 누명을 씌어 모두 죽였다. 그래서 이하응(흥선대원군)은 도총관이란 직위를 미련 없이 버리고 술과 노름과 기생질에 빠진 척하며 간사한 미소와 비굴한 태도로 김 씨 일가의 잔칫집을 전전했다. 하지만 도총관 시절에 그는 뜰의 먼지 하나, 추녀 끝의 거미줄 하나도 눈에서 놓치지 않았다. 그런데도 살아남으려고 일부러 비굴하게 행동했고 그 와중에 자기 아들이 왕이 되도록 여러 일을 꾸며 끝내는 이룬다.

그런데 철두철미한 그도 한 가지 큰 실수를 했으니, 자기 아들의 부인이 이미 어렸을 적에 혼약이 되었음에도 민(閔) 씨를 택한 점이다. 흥선대원군이 민 씨를 명성황후로 택한 가장 큰 이유는 그녀가 천애의 고아라는 점이었다. 외척의 방자한 정치개입을 진저리나게 경험한 그는 "가까운 일가가 없는 양반집 딸"이라는 이유 하나로 왕비를 결정한 것이다.

하지만 명성황후는 훗날 동성동본이면 모두 일가라 하여 민 씨 성을 가진 사람들을 끌어들여 시아버지의 세력을 꺾어버렸다. 흥선대원군은 각종 비굴한 짓과 치밀한 계획을 통하여 권력을 잡았지만 하나의 잘못된 선택으로 그 모든 노력이 물거품이 되어버렸다. 그는 명성황후에게 꺾여 좌절되었을 때 콤플렉스에 빠졌을 것이다. 자기가 택한 사람들이 오히려 자기의 적이 되지 않을까, 자기가 내린 결정들이 예측과 달리 진행되지 않을까 하는 두려움과 불안을 느꼈을 것이다.

솔로몬도 흥선대원군과 같은 경험을 했다. 솔로몬은 밀로 성 건축과 다윗의 성읍 재건으로 바쁠 때, 여로보암이 큰 용사로서 부지런히 일하는 것을 보고 요셉 족속의 일을 감독하게 하였다(왕상 11:28). 그런데 솔로몬의 총애를 받아 감독관이 된 여로보암은 나중에 이스라엘의 열 지파를 규합해 나라를 분열시켰다. 그 이후로 두 나라는 멸망하기까지 통일되지 않았다. 솔로몬은 믿는 부하에게 발등을 찍힌 것이다. 이런 사건을 겪으면 누구나 자신의 선택이 혹시 예측과 다른 결과를 불러오지는 않을지에 대한 콤플렉스가 생기기 마련이다.

하지만 이스라엘이 이렇게 두 나라로 나뉜 진짜 원인은 다른 데에 있었다. 솔로몬은 하나님의 말씀을 어기고 이방의 많은 여인을 아내로 삼았으며 이들은 솔로몬의 마음을 돌아서게 하여 다른 신들을 따르게 했다. 하나님이 두 번이나 다른 신들을 따르지 말라고 경고하셨으나 솔로몬은 귀를 닫아버렸다. 이에 하나님이 내리신 벌이 바로 나라를 나누어 솔로몬의 신하에게 주는 것이었다.

우리에게도 홍선대원군 콤플렉스가 있지는 않은지 생각해보자. 인생을 살수록 사람이 좋아지는지 아니면 무서워지는지 생각해보자. 꽃보다 아름다운 것이 사람인 동시에 맹금보다 더 무서운 것도 사람이다. 그 작은 머리와 그 세 치 혀에서 나오는 계략과 말이 사람을 얼마나 아프게 하는지 모른다.

우리는 우리의 삶의 태도와 내용에 하나님의 말씀을 어기는 것은 없는지 살피며 홍선대원군 콤플렉스를 이겨낼 필요가 있다. 리비아의 독재자 카다피(Muammar al Gaddafi, 1942-2011)가 시민군에게 죽임을 당해 정육점의 돼지처럼 진열된 것은 40여 년간 이어진 독재의 결과였다. 2011년 10월 20일에 그에게 총을 쏜 것은 시민군들이었지만 그런 처참한 죽음은 그가 살아온 악한 삶의 당연한 귀결이었다.

오늘도 우리에게는 좋은 일과 나쁜 일이 발생한다. 하지만 일희일비해서는 안 된다. 좋은 것이 언제 나쁜 것으로 변할지 모르고 그 반대도 마찬가지이기 때문이다. 너무 기뻐하고 또 너무 분노하는 대신 오늘 하루 하나님을 영화롭게 하고 즐거워했는지, 하나님 말씀의 엄중함을 알고 그에 따라 살고자 하였는지 되돌아보아야 한다. 그러면서 우리가 만나는 사람들과 진실하게 교제하기 위해 애써야 한다. 그들 중 우리를 힘들게 하는 이가 있다면 그는 하나님이 사용하시는 자일 수 있다. 하나님이 우리의 잘못에 대해 이미 여러 번 경고하셨음에도 우리가 미련함과 욕심으로 알아듣지 못했을 때 하나님은 그를 통하여 우리를 치시는 것이다.

사람은 누구나 기쁘고 좋은 일만을 기대한다. 하지만 인간의 삶은 힘듦과 상처 속에서 그것을 극복해가며 이어진다. 우리는 삶의 여정에서 힘듦을 이겨내고 잘못을 뉘우치며 깊이 돌이키는 가운데 우리를 향한 하나님의 외침과 경고를 들어야 한다. 그 힘듦을 통하여 지극히 높으신 하나님이 온 세상을 다스리시고 자기의 뜻대로 사람을 세우신다는 사실을 깨닫고 겸손해진다면 우리는 괜찮은 인생을 사는 것이다. 이것을 알지 못하면 벨사살 왕처럼 석회벽에 사람의 손가락들이 나타나 "메네 메네 데겔 우바르신"이라고 쓰는 것을 보게 되고 그 넓적다리 마디가 녹는 듯하다가 그날 밤에 큰일을 당할지도 모른다(단 5:1-31). 우리는 하나님의 섭리를 기뻐하면서 동시에 경외해야 한다.

Tip 메네 메네 데겔 우바르신: "세고 세었으며 달아보고 나누었다"는 뜻으로서 바벨론의 마지막 왕이었던 벨사살을 향한 하나님의 심판 메시지다(단 5:25-28).

1. 여러분은 리더와 조력자(helper) 중 어느 위치에서 능력을 더 잘 발휘하는 편입니까? 자신의 성향과 소질이 어디에 더 잘 어울리는지 말해봅시다. 또 리더와 조력자가 가져야 할 덕목과 능력이 무엇인지 나누어봅시다.

2. 소요리문답 제11문과 제12문을 서로 묻고 답해봅시다. 근거 성구도 함께 살펴봅시다.

3. 아합 왕은 "무심코" 날아온 화살에 맞아 죽었습니다. 성경은 이 사건을 어떻게 해석합니까?

4. 흥선대원군 콤플렉스란 무엇인가요? 흥선대원군 콤플렉스를 극복하기 위해서 우리는 인생에 대해 어떤 관점을 가져야 할까요? 욥기 5:9-11과 에베소서 4:26-27을 참고해 생각해봅시다.

5. 룻기 4:18-22의 족보는 성경 어디에 또 나옵니까? 창세기 1:1이 창조라면 마태복음 1:1은 무엇을 말합니까? 룻기는 왜 사사기와 사무엘상 사이에 있습니까? 룻의 우연한 발걸음은 어떤 결과로 이어졌습니까?

6. 섭리의 3요소인 "보존, 협력, 통치"에 관하여 아는 바를 나누어봅시다.

7. 시를 가장 잘 낭송할 듯한 분이 서정주 시인의 "국화 옆에서"를 낭송하십시오. 이 시를 통해 우리가 하나님의 섭리에 대해 생각하게 되는 것은 무엇입니까?

8. 하나님과 피조물인 사람 사이의 간격은 너무나 커서 하나님과 사람 간의 언약이 하나님의 낮아지심으로만 이루어진다는 사실은 우리에게 어떤 자세를 요구합니까? 누가복음 17:7-10에 나오는 무익한 종의 비유를 떠올려봅시다.

9. 아담이 선악과를 먹지 않았다면 어땠을까요? 하나님이 아담과 행위언약 자체를 맺지 않으셨다면 어땠을까요? 이런 의문들을 뒤로하고 사람을 향한 특별한 섭리인 행위언약이 구원의 수단이라는 사실을 인정하고 받아들여야 하는 이유는 무엇인가요?

10. 우리 인생은 하나님의 섭리 가운데 있습니까? 하나님의 선하심과 신실하심을 붙잡기 위해 우리가 깨달아야 할 것, 달리 생각해야 할 것이 있다면 무엇일까요?

제3부

인간론

제13-20문

제9-1과
사람의 타락

제13문. 우리의 첫 부모는 그들이 창조되었던 상태 속에 계속하여 머물렀습니까?

Did our first parents continue in the estate wherein they were created?

답. 그들 자신의 뜻의 자유에 맡겨진 우리의 첫 부모는 하나님께 대항하여 죄를 지음으로써 그들이 창조된 상태로부터 타락했습니다.

Our first parents, being left to the freedom of their own will, fell from the estate wherein they were created, by sinning against God.

---

continue (쉬지 않고) 계속되다, 계속하다, (특정 직장이나 상태에) 계속 있다
leave 떠나다, 그만두다, (어떤 상태·장소 등에 계속) 있게 만들다; leave-left-left
freedom (권리로서의) 자유, (자기가 원하는 대로 할 수 있는) 자유; free의 명사형
fall 떨어지다, 무너지다, 타락하다, 떨어짐, 함락, 가을, 타락; fall-fell-fallen

근거 성구

6여자가 그 나무를 본즉 먹음직도 하고
보암직도 하고 지혜롭게 할 만큼 탐스
럽기도 한 나무인지라. 여자가 그 열매
를 따 먹고 자기와 함께 있는 남편에게
도 주매 그도 먹은지라. 7이에 그들의
눈이 밝아져 자기들이 벗은 줄을 알고
무화과나무 잎을 엮어 치마로 삼았더
라. 8그들이 그날 바람이 불 때 동산에
거니시는 여호와 하나님의 소리를 듣
고 아담과 그의 아내가 여호와 하나님
의 낯을 피하여 동산 나무 사이에 숨은
지라(창 3:6-8).

여호와 하나님이 여자에게 이르시되 "네가 어찌하여 이렇게 하였느냐?" 여자가 가로되 "뱀이 나를 꾀므로 내가 먹었나이다"(창 3:13).

내가 깨달은 것은 오직 이것이라. 곧 하나님은 사람을 정직하게 지으셨으나 사람이 많은 꾀들을 낸 것이니라(전 7:29).

해설

사람의 타락

소요리문답 제1-3문은 조직신학의 "서론"에 해당하며 인생의 목적과 성경에 대한 내용을 다루었습니다. 또 조직신학의 "신론"에 해당하는 제4-12문은 하나님의 속성, 삼위일체, 작정, 창조, 섭리에 대한 내용을 다루었습니다. 이제부터 시작되는 이 책의 제3부를 구성하는 소요리문답 제13-20문은 조직신학의 "인간론"에 해당하는 내용을 다룹니다. 구체적으로 각 문답의 주요 내용을 살펴보면 다음과 같습니다.

제13문: **사람의 타락**(하나님을 향해 죄를 지음으로써 타락함)

제14문: **죄의 정의**(하나님의 법을 순종하지 않거나 어기는 것)

제15문: **죄의 내용**(금지된 실과를 먹은 것)

제16문: **아담 안에서 타락한 모든 인류**

제17문: **타락의 결과**(인류를 죄와 비참의 상태로 몰아감)

제18문: **죄의 상태**(원죄와 자범죄로 인한 죄책과 원의의 상실과 전 속성의 부패)

제19문: **비참의 상태**(이생의 모든 비참과 죽음과 지옥의 고통)

제20문: **죄와 비참의 해결**(구속자에 의한 은혜언약)

인간론의 첫 부분인 제13문은 사람의 타락에 대해 다룹니다. 우리의 첫 부모인 아담과 하와는 자유의지를 가진 존재로서 하나님께 대항하여 죄를 지었습니다. 제12문에서 다루었던 행위언약을 지키지 못한 것입니다. 그 결과 아담과 하와는 창조된 상태로부터 타락해서 저주를 받았습니다.

1. 우리의 첫 부모(our first parents)

하나님이 아담과 하와를 만드셨고 그들을 통하여 가인과 아벨과 셋이 태어났으며 그중 가인과 셋을 통하여 많은 후손들이 태어났습니다. 노아 홍수 이후에는 셈과 함과 야벳에게서 그 땅의 백성들이 나뉘었습니다(창 10:32). 결국 이 땅의 모든 인류는 아담과 하와의 후손들입니다. 그래서 모든 인류의 첫 부모는 아담과 하와입니다.

2. 그들 자신의 뜻의 자유에 맡겨진 (being left to the freedom of their own will)

앞서 살펴보았던 "칵테일 파티 효과"를 다시 떠올려보십시오. 거기서 알 수 있듯이 사람은 철저히 자기중심적인 존재입니다. 또 앞서 다루었던 제12문의 내용에서 알 수 있듯이 털어서 먼지 안 나는 사람이 없고, 성령님의 도움 없이도 자기를 부인하고 자기 십자가를 지고 예수님을 따를 자는 아무도 없습니다.

아담이 죄를 짓기 전에는 인간에게 문제가 없었습니다. 인간의 방향성은 중립적이었습니다. 아담은 마음에 기록된 하나님의 법을 행할 능력이 있었습니다. 물론 아담이 범법할 가능성도 있었습니다. 아담은 말 그대로 자유의지를 가진 존재였던 것입니다.

죄를 지은 사람의 마음은 부패하여 자기중심적으로 작동합니다. 견물생심(見物生心)이라는 말이 있습니다. 어떤 물건을 보면 갖고 싶은 욕심이 생긴다는 말입니다. 욕심 대신에 아름다움을 느끼거나, 필요로 하는 이에게 주고 싶은 마음이 생긴다면 얼마나 좋습니까? 그런데 죄를 짓기 전의 아담은 물건을 봐도 자기중심적으로 갖고 싶은 욕심이 생기지 않았습니다. 아담은 자기 뜻을 자유롭게 결정하여 좋은 생각을 가질 수도 있고 나쁜 욕심을 가질 수도 있었습니다. 죄를 지은 사람은 나쁜 뜻에 사로잡힌 욕망의 포로로 "노예의지"(the bondage of the will)를 갖지만, 죄짓기 전의 아담은 진정한 의미의 자유의지를 갖고 있었습니다.

웨스트민스터 신앙고백 제9장의 "자유의지"(Free Will)

1. 하나님은 사람의 의지에 타고난 자유를 부여하셨다. 그 의지는 선이나 악이 강요되지 않으며, 어떤 절대적인 본성의 필요 때문에 선이나 악이 결정되는 것도 아니다. → 인간 창조 시 부여된 자유의지의 성격

2. 사람은 그의 무죄 상태에서는 하나님 보시기에 선하고 기뻐하실 일을 원하거나 행할 자유와 능력을 가졌으나 그런 상태로부터 변하여 타락할 수도 있었다. → 무죄(innocency) 상태 아래에서

3. 사람이 타락한 죄의 상태에서는 구원에 이를 영적 선을 행할 의지력을 모두 잃어버렸다. 그러므로 자연인은 그러한 선을 완전히 싫어하게 되고 죄 가운데 죽게 되어 자신만의 힘으로는 그러한 선의 상태로 자신을 회개시키거나 준비시킬 수 없다. → 유죄(sin) 상태 아래에서

4. 하나님은 죄인을 회개시켜 은혜의 자리로 옮기실 때 그의 본연적인 죄의 결박에서 해방하시고 오직 은혜로만 영적 선을 원하고 행할 수 있도록 하신다. 그러나 그는 남아 있는 부패성 때문에 완벽하게 선한 것만을 원하지 않고 악한 것 또한 원한다. → 은혜(grace) 상태 아래에서

5. 사람의 의지는 영화롭게 된 상태에서만 완벽하게 그리고 변함없이 선한 것만을 원하는 자유를 누리게 된다. → 영광(glory) 상태 아래에서

루터는 사람이 짐승과 구별되는 이성의 능력으로 여러 가지 훌륭한 일을 할 수 있지만 그것으로 구원을 위해 할 수 있는 일은 아무것도 없다고 보았습니다. 그는 인간의 의지가 전적으로 무능력하고 사탄에게 종속되어 있기에 자유가 없다고 말했습니다. 에라스무스는 루터의 주장을 반박하며 1524년에 『자유의지론』을 썼고, 루터는 이를 다시 반박하기 위해 1525년에 『노예의지론』을 썼습니다.

루터는 말이나 소를 탄 자가 짐승의 뜻과는 상관없이 자신의 목적과 의지대로 짐승을 몰듯이 죄인에게는 자유의지가 없고 누가 죄인의 의지를 움직이느냐가 중요하다고 보았습니다. 루터의 관점에 따르면 하나님이 어떤 사람의 의지를 움직이시면 그는 하나님의 의지에 따라

살아가게 되고 사탄이 그의 의지를 움직이면 그는 사탄의 의지에 따라 행하게 됩니다. 루터는 이런 점에서 사람에게는 자유의지가 없고 하나님의 의지와 사탄의 의지에 포로나 노예가 되는 노예의지만 있다고 본 것입니다. 루터의 주장대로라면 아담의 타락 이후 사람의 의지는 사탄에게 예속되어 있습니다.

타락 전의 사람 (Pre-Fall Man)	타락 후의 사람 (Post-Fall Man)	거듭난 사람 (Reborn Man)	영화된 사람 (Glorified Man)
able to sin able to not sin	able to sin unable to not sin	able to sin able to not sin	able to not sin unable to sin
posse non peccare et posse peccare	*non posse non peccare*	*posse non peccare*	*non posse peccare*
죄를 짓거나 안 짓는 것이 가능	죄를 안 짓는 것이 불가능	죄를 안 짓는 것이 가능	죄를 짓는 것이 불가능

〈표15〉 아우구스티누스의 "사람과 죄의 관계"

3. 하나님께 대항하여 죄를 지음으로써 타락했습니다 (They fell by sinning against God)

우리는 바로 앞의 제12문에서 행위(생명)언약에 대하여 살펴보았습니다. 하나님은 사람의 완전한 순종이란 조건으로 행위언약을 맺었습니다. 그런데 아담과 하와는 영원한 생명을 주신 하나님을 인정하지 않고 스스로 하나님이 되어 자신의 소견에 옳은 대로 행했습니다. 그들은 하나님이 마음속에 새겨둔 법과 선악을 알게 하는 나무 실과를 먹지 말라는 말씀을 어겼습니다. 그들은 하나님께 거역하여 죄를 지음으로써 최초의 지음을 받은 상태로부터 타락했습니다. 행위언약에서 실패하여 전혀 다른 상태에 빠지게 된 것입니다

성경으로 읽는 문학

한하운의 "전라도길: 소록도로 가는 길에"

가도 가도 붉은 황톳길
숨막히는 더위뿐이더라.

낯선 친구 만나면
우리들 문둥이끼리 반갑다.

천안 삼거리를 지나도
수세미 같은 해는 서산 남는데,

가도 가도 붉은 황톳길
숨막히는 더위 속으로 쩔룸거리며 가는 길…

신을 벗으면
버드나무 밑에서 지까다비를 벗으면
발가락이 또 한 개 없다.

앞으로 남은 두 개의 발가락이 잘릴 때까지
가도 가도 천리, 먼 전라도(全羅道) 길

이 시를 쓴 한하운은 1919년에 함경남도 함주군에서 태어났다. 그는 함흥공립보통학교를 졸업하고 부친의 뜻에 따라 이리농림학교 수의축산학과에 19대 1의 경쟁을 뚫고 입학했다. 그러나 그는 졸업반이었던 5학년 때 "문둥병"을 선고받았다.

피부가 문드러지는 증상으로 인해 문둥병이라고 불렸던 이 피부병은 예전에는 발생 원인과 감염 경로, 치료법 등을 잘 몰라 천형병(天刑病)이라고 했다. 게다가 "문둥이는 병에서 낫기 위해 사람을 잡아먹는다"는 속설이 있었기 때문에 마을을 지나가는 문둥이는 돌에 맞아 쫓겨날 정도로 편견이 심했었다.

지금은 문둥병의 원인인 나균(癩菌)의 정체가 밝혀졌고 단순 접촉으로 전염되지 않는다는 사실도 알려졌다. 이 병의 정식 명칭도 편견과 차별의 의미가 담긴 "문둥병"이나 "나병" 대신 "한센병"으로 바뀌었다. 한센(Gerhard Henrik Armauer Hansen, 1841-1912)은 나균의 정체를 처음으로 발견한 노르웨이의 의사다.

이 병이 무서운 것은 환자가 신체적 고통을 느끼지 못한다는 데 있다. 한센병 환자는 제 살이 썩어 문드러져도 아픔을 느끼지 못한다. 그래서 한센병 환자들은 잠을 자고 일어나면 손가락, 발가락이 온전히 10개인지 세어본다고 한다.

한하운 시인이 한센병 환자 수용 시설이 있던 소록도로 가는 길을 표현한 위의 시에도 이런 내용이 나온다. 그는 농림학교 시절에 육상선수로 활약할 정도로 몸이 아주 민첩한 사람이었다. 그런 사람이 나균의 침투로 감각을 잃자 발가락이 잘려도 아무 반응을 하지 못하게 된 것이다.

이처럼 감각을 상실한다는 것은 무서운 일이다. 환자가 아프다고 고통을 호소하며 소리를 지르는 것은 아직 그 사람이 살아 있다는 증거다. 그런 사람은 시간이 지나면서 회복될 가능성이 크다. 진짜 죽어가는 환자는 고통을 느끼거나 비명을 지르지도 못한다고 한다.

> 17그러므로 내가 이것을 말하며 주 안에서 증언하노니 이제부터
> 너희는 이방인이 그 마음의 허망한 것으로 행함 같이 행하지 말
> 라. 18그들의 총명이 어두워지고 그들 가운데 있는 무지함과 그
> 들의 마음이 굳어짐으로 말미암아 하나님의 생명에서 떠나 있도
> 다. 19그들이 감각 없는 자가 되어 자신을 방탕에 방임하여 모든
> 더러운 것을 욕심으로 행하되(엡 4:17-19).

그런데 감각은 육신만이 아니라 우리의 마음에도 있다. 죄인들의 마음은 어두워져 총명을 잃고 완고해져 결국에는 방탕의 길로 빠져든다. 노아 당시 사람들의 죄악은 세상에 가득했고 그 마음의 생각은 굳어져 모든 계획이 항상 악할 뿐이었다(창 6:5). 하나님은 이들을 지으신 것을 한탄하신 나머지 모든 생명을 쓸어버리기로 작정하셨다. 노하기를 더디 하시고 인자가 풍성하신 하나님이 이렇게 결정하실 정도였다면 그들의 죄가 어느 정도였는지 짐작이 가고도 남는다. 그런데도 그들의 감각은 둔해져서 노아가 방주를 만들어도 먹고 마시며 장가들고 시집가기 바빴다. 의인 롯이 살던 소돔과 고모라의 주민들도 마찬가지였다. 롯은 이들의 불법한 행실에 의로운 심령이 상했다(벧후 2:8). 이들은 롯을 방문한 두 천사와 관계를 가지려고 했을 뿐 아니라 그런 악행을 말리는 롯을 죽이려 들었다.

이 세상에는 우리의 감각과는 너무나 다른 감각을 가진 사람들이 많아서 그들의 잘못을 지적하면 오히려 화를 내는 경우를 쉽게 접하게 된다. 그러기에 예수님은 "거룩한 것을 개에게 주지 말며 너희

진주를 돼지 앞에 던지지 말라. 그들이 그것을 발로 밟고 돌이켜 너희를 찢어 상하게 할까 염려하라"(마 7:6)라고 경고하셨다.

많은 사람이 더욱 악해지고 혼란스러워진 시대 속에서 무엇이 진리이고 거짓인지 판단하기도 힘들어한다. 의인이 악인으로 인해 고난을 겪는 시대에는 최소한 진리에 대해 분명하게 분별할 수 있기라도 한데, 참과 거짓이 섞여 있는 요즘 같은 시대에는 적의 정체가 명확하지 않아 제대로 싸워보지도 못한 채 허우적거리다 죽게 되는 것이다.

우리는 우리의 감각을 더욱 섬세하고 예민하게 가꿀 필요가 있다. 단거리 달리기 선수들은 출발을 알리는 총소리에 매우 민감하게 반응한다. 0.01초의 차이로 승부가 결정되기 때문이다. 몇 년 전 국도를 달리다가 "고기에도 품격이 있습니다"라고 적힌 현수막을 본 적이 있다. 우리 신자들의 감각에도 품격이 있다! 나의 감각이 어린아이의 감각인지 아니면 장성한 자의 감각인지, 장성한 자의 감각이라면 범사를 분별할 수 있는 수준인지 아니면 일부만 분별하는 수준인지 되돌아보자. 우리의 목표는 그리스도에게까지 자라는 것이다. 범사를 분별하여 이 시대와 사회를 하나님의 말씀으로 논하고 하나님이 주신 자연과 가정과 공동체를 깊이 누리고 세워가야 한다.

제9-2과

죄의 정의

제14문. 죄란 무엇입니까?

What is sin?

답. 죄란 하나님의 법을 순종함에 있어 부족하거나, 하나님의 법을 어기는 것입니다.

Sin is any want of conformity unto, or transgression of, the law of God.

---

want 필요, 소용, 필요물, 결핍, 부족(of), 가난

conformity 적합, 일치, (규칙·관습 등에) 따름, 순응

transgression 위반, 범죄

근거 성구

만일 누구든지 여호와의 계명 중 하나를 부지중에 범하여도 허물이라 벌을 당할 것이니(레 5:17).

죄를 짓는 자마다 불법을 행하나니 죄는 불법이라(요일 3:4).

그러므로 사람이 선을 행할 줄 알고도 행하지 아니하면 죄니라(약 4:17).

해설

죄란 무엇인가

웨스트민스터 소요리문답 제13문에서는 아담이 하나님을 향해 죄를 지음으로써 타락했다고 이야기했습니다. 이어지는 제14문에서는 아담의 죄가 무엇인지 정의하고, 제15문에서는 죄의 내용이 무엇인지를 밝힙니다. 제14문의 정의에 따르면 죄란 하나님의 법을 순종하지 않거나 어기는 것입니다.

1. 하나님의 법을 순종함에 있어 부족하거나 (any want of conformity unto the law of God)

하나님은 아담을 창조하실 때 그 마음에 하나님의 법을 기록하셨습니다. 그 영향으로 하나님의 법을 받지 않은 이방인도 본성으로 율법의 일을 행하고 양심이 증거가 되어 그 생각들이 서로 고발하며 혹은 변명하여 그 마음에 새긴 율법의 행위를 나타냅니다(롬 2:14-15). 아담의 후손들은 모두 본성으로 율법의 일을 행하고 사람의 양심은 마음에 새긴 율법의 행위를 나타냅니다.

죄란 바로 그 하나님의 법을 순종하지 않는 것입니다. 아담의 경우에는 그 마음에 하나님의 법이 기록되었을 뿐만 아니라 선악을 알게 하는 나무의 열매를 따 먹지 말라는 말씀을 직접 받기도 했습니다. 그러니 아담이 하나님을 향하여 죄를 지은 것은 얼마나 큰 죄인가를 알 수 있습니다.

아브라함의 후손들도 모세를 통하여 십계명으로 대표되는 하나님의 법을 받았습니다. 그러니 이들이 하나님을 믿지 않고 거부함으로써 지은 죄는 율법을 받지 않은 이방인이 지은 죄보다 더 크다고 할 수 있습니다. 이방인은 직접 율법을 받지 않았어도 마음에 새긴 율법 때문에 하나님의 율법을 모른다고 변명할 수 없습니다. 그래서 바울은 "무릇 율법 없이 범죄한 자는 또한 율법 없이 망하고, 무릇 율법이 있고 범죄한 자는 율법으로 말미암아 심판을 받으리라"(롬 2:12)라고 말합니다.

여하간 이 과에서 우리가 주목해야 할 것은 살인과 간음과 도둑질과 같은 여러 행위와 형태의 죄가 있지만, 그 죄들의 근본적인 공통점이 하나님의 말씀을 순종함에 있어서 부족하다는 데 있다는 사실입니다.

2. 하나님의 법을 어기는 것(transgression of the law of God)

하나님의 법을 순종함에 있어 부족한 것과 하나님의 법을 어기는 것은 비슷한 말입니다. 굳이 이 둘을 구분하자면, 전자는 하나님의 법을 적극적으로 순종하는 자세가 부족한 것이고, 후자는 하나님의 법을 아예 어기는 것입니다. 이 구분을 출애굽기 23:9—"너는 이방 나그네를 압제하지 말라. 너희가 애굽 땅에서 나그네 되었었은즉 나그네의 사정을 아느니라"–에 적용하면, 전자는 이방 나그네를 압제하지는 않지만 적극적으로 사랑하지도 않는 것에 속하고, 후자는 이방 나그네를 아예 압제하는 것에 속합니다.

신명기 10:19은 "너희는 나그네를 사랑하라. 전에 너희도 애굽 땅에서 나그네 되었음이니라"라고 말합니다. 그러므로 나그네에 대한 하나님의 율법은 원래 소극적으로 압제하지 않는 정도에 그치는 것이 아니라 적극적으로 사랑하는 데까지 나아가라는 것입니다. 나그네를 드러내놓고 압제하거나 학대하지는 않지만 그가 절실하게 필요로 하는 것을 제공하지 않는 태도는 분명히 하나님의 법을 어기는 것입니다.

이런 면에서 하나님의 법을 순종함에 있어 부족한 것과 하나님의 법을 어기는 것은 같은 의미입니다. 앞서 "근거 성구"에서 살펴보았듯이 요한일서 3:4은 "죄를 짓는 자마다 불법을 행하나니 죄는 불법이라"라고 말합니다. 죄를 짓는 것은 당연히 하나님의 법을 어긴 것입니다. 그러나 야고보서 4:17은 "그러므로 사람이 선을 행할 줄 알고도 행하지 아니하면 죄니라"라고 말하여 선을 행하지 않는 것도 죄라고 말합니다.

제9-3과

죄의 내용

제15문. 우리의 첫 부모가 창조함을 받은 상태로부터 타락하게 된 그 죄는 무엇입니까?

What was the sin whereby our first parents fell from the estate wherein they were created?

답. 우리의 첫 부모가 창조함을 받은 상태로부터 타락하게 된 그 죄는 금지된 열매를 먹은 것입니다.

The sin whereby our first parents fell from the estate wherein they were created, was their eating the forbidden fruit.

---

whereby 무엇에 의하여, 어떻게, (그것에 의하여) …하는
forbidden 금지된; forbid의 과거분사
fruit 과일, 열매

근거 성구

여자가 그 나무를 본즉 먹음직도 하고 보암직도 하고 지혜롭게 할 만큼 탐스럽기도 한 나무인지라. 여자가 그 열매를 따 먹고 자기와 함께 있는 남편에게도 주매 그도 먹은지라(창 3:6).

아담이 이르되 "하나님이 주셔서 나와 함께 있게 하신 여자 그가 그 나무 열매를 내게 주므로 내가 먹었나이다"(창 3:12).

해설

금지된 열매를 먹은 죄

웨스트민스터 소요리문답 제14문은 죄에 대한 정의를 다루고 제15문은 죄의 정의에 따라 첫 부모가 지은 죄의 내용을 다룹니다. 이어지는 제16문은 온 인류가 아담의 첫 범죄와 함께 타락했다는 사실을 다룰 것입니다.

앞서 제14문에서 살펴보았듯이 죄는 하나님의 법을 순종함에 있어 부족하거나 하나님의 법을 어기는 것입니다. 따라서 우리의 첫 부모가 죄를 지었다면 당연히 하나님의 법을 순종하지 않았거나 어긴 것입니다. 아담과 하와가 어떤 하나님의 법을 어겼는지, 그리고 그것은 어떤 의미가 있는지 살펴봅시다.

땅의 흙으로 사람을 지으시고 생기를 불어넣어 생령이 되게 하신 하나님은, 동방의 에덴에 동산을 창설하고 사람을 거기 두셨습니다. 하나님이 그 땅에서 보기에 아름답고 먹기에 좋은 나무가 나게 하시니 동산 가운데에는 생명 나무와 선악을 알게 하는 나무도 있었습니다(창

2:8-9).

하나님은 아담에게 "동산 각종 나무의 열매는 네가 임의로 먹되 선악을 알게 하는 나무의 열매는 먹지 말라. 네가 먹는 날에는 반드시 죽으리라"(창 2:16-17)라고 명하셨습니다. 그러나 뱀은 여자에게 "너희가 결코 죽지 아니하리라. 너희가 그것을 먹는 날에는 너희 눈이 밝아져 하나님과 같이 되어 선악을 알 줄 하나님이 아심이니라"(창 3:4-5)라고 말하며 유혹했습니다. 여자가 그 나무를 본즉 먹음직도 하고 보암직도 하고 지혜롭게 할 만큼 탐스럽기도 하여 그 열매를 따 먹고 자기와 함께 있는 남편에게 주자 그도 먹었습니다. 그러자 정말 눈이 밝아져 자기들이 벗은 줄을 알고 무화과나무 잎을 엮어 치부를 가렸습니다(창 3:6-7).

그들은 결국 선악을 알게 하는 나무의 열매를 먹지 말라는 하나님의 법을 어겼습니다. 하나님과 같이 되려는 욕심으로 하나님께 거역한 것입니다. 그들은 하나님과 같이 되어 선악을 알게 된다는 뱀의 말을 들었을 때 하나님이 마음속에 심겨준 하나님의 법과 자신들이 에덴동산에서 들은 하나님의 명령에 따라 뱀의 말을 거부해야 했습니다. 그들은 창조주이신 하나님이 자신들에게 존재와 생명과 하나님의 형상을 주신 것을 생각하며 자신들에게 베풀어진 하나님의 사랑과 은혜가 얼마나 큰가를 기억하고 사탄에게 저항해야 했습니다.

그런데 그들은 하나님처럼 되고 싶어서 마음속에 새겨진 하나님의 법을 무시하고 자신들이 직접 들은 하나님의 말씀을 어겼습니다. 따라서 금지된 열매를 먹은 것은 단순히 열매 하나를 먹은 사건이 아니라, 하나님처럼 되고 싶은 그들이 하나님을 거부하고 하나님의 말씀도 거부한 사건입니다. 하나님의 말씀에 대한 거부는 하나님께 대한 거부가 드러나는 것입니다. 이 거부가 아담과 하와가 금지된 열매를 먹은 사건으로 나타났습니다.

제9-4과
죄를 지은 인류

제16문. **모든 인류는 아담의 첫 범죄에서 타락했습니까?**

Did all mankind fall in Adam's first transgression?

답. **아담과 맺어진 그 언약은 아담 자신만이 아니라 그의 후손들과도 맺어진 것이므로, 보통의 출생에 의하여 그로부터 내려오는 모든 인류는 그의 첫 범죄에 있어서 그 안에서 죄를 지었고, 그와 함께 타락했습니다.**

The covenant being made with Adam, not only for himself, but for his posterity; all mankind, descending from him by ordinary generation, sinned in him, and fell with him, in his first transgression.

---

mankind 인류, (모든) 인간
posterity 자손, 후세, 후대
generation 세대, 산출, 발생, 생식
descend 내려가다, 내려오다
descending 내려가는
ordinary 보통의, 통상의, 정규의, 평범한
extraordinary 비상한, 대단한, 특별한

근거 성구

16여호와 하나님이 그 사람에게 명하
여 이르시되 "동산 각종 나무의 열매
는 네가 임의로 먹되 17선악을 알게 하
는 나무의 열매는 먹지 말라. 네가 먹는
날에는 반드시 죽으리라" 하시니라(창
2:16-17).

그러므로 한 사람으로 말미암아 죄가 세상에 들어오고 죄로 말미암아 사망이 들어왔나니 이와 같이 모든 사람이 죄를 지었으므로 사망이 모든 사람에게 이르렀느니라(롬 5:12).

21사망이 한 사람으로 말미암았으니
죽은 자의 부활도 한 사람으로 말미암
는도다. 22아담 안에서 모든 사람이 죽
은 것 같이 그리스도 안에서 모든 사람
이 삶을 얻으리라(고전 15:21-22).

해설

아담과 함께 타락한 모든 인류

소요리문답 제15문은 제14문의 죄의 정의에 따라 첫 부모가 지은 죄의 내용이 무엇인지를 다루었습니다. 이제 제16문은 온 인류가 아담의 첫 범죄에서 함께 타락했다는 것을 이야기합니다. 이어지는 제17문에서는 타락이 인류를 죄와 비참으로 몰아갔음을 살펴볼 것입니다.

죄
- 14문: **죄의 정의**
- 15문: **죄의 내용**
- 16문: **죄를 지은 인류**
  - ① 행위언약은 아담과 그의 후손이 같이 맺음
  - ② 보통 출생에 의한 모든 인류는 아담과 같이 죄를 범하고 같이 타락함

〈표16〉 죄를 지은 인류

1. 아담만이 아니라 그의 후손과도 맺어진 행위언약
(not only for himself but for his posterity)

우리 부부는 자녀 다섯 명을 낳았는데, 신기하게도 다섯 명 모두 눈이 두 개, 코가 한 개, 입이 한 개입니다. 더 신기한 것은 얼굴이 우리 부부를 닮아서 누가 봐도 우리 자녀인 것을 알 수 있다는 사실입니다. 둘째 아들은 아토피 증상이 있는 것까지 아빠인 나를 닮았고, 막내는 성향과 식성까지 아빠를 닮았습니다. 다행스럽게도 아직까지 자녀들이 왜 자신들을 이렇게 낳았느냐고 불평한 적은 없습니다.

신기하게도 우리 자녀들은 태어나는 순간부터 대한민국 국민이 되었습니다. 또 우리 부부가 사는 집에서 같이 살면서 부모의 삶을 지켜보는 가운데 비슷한 세계관을 형성해가고 있습니다. 한 마디로 자녀들은 생물학적으로 체질과 체형과 식성을 부모에게 물려받을 뿐 아니라 같이 생활하면서 정신적인 면에서도 닮고 법적·경제적 면에서도 부모의 영향 아래 있는 것입니다. 그렇다고 이것을 불공평하다고 문제 삼지 않고 당연하게 받아들입니다.

부모와 자녀의 연결은 자연스럽습니다. 행위언약의 결과 또한 자연스럽게 온 인류에게 전달되었습니다. 아담은 단순히 한 개인이 아니라 그의 후손 전체를 대표하는 개인으로서 하나님과 행위언약을 맺었습니다. 아담과 하와를 통하여 모든 인류가 태어났고 아담과 하와가 지닌 사람으로서의 특성이 후손들에게 유전되었습니다. 따라서 그가 하나님과 맺은 언약의 조건과 상급들 또한 후손들에게 이어집니다. 우리는 사람이 태어날 때 얼마나 많은 것을 거저 받고 태어나는가를 알아야 합니다. 그리고 조상의 영향이 후대에 얼마나 많이 그대로 이어지는가를 알아야 합니다. 그런데 "잘되면 내 탓, 못되면 조상 탓"이라는 속담이 알려주듯이 사람들은 좋게 물려받은 점들은 자연스럽게 받아들이는 반면 아담의 죄의 결과와 같은 나쁜 점에 대해서는 불공평하다고 투덜댑니다.

만일 대한민국의 대통령이 주변의 어떤 나라와 전쟁을 하기로 결정하고, 국회의 동의를 거쳐 선전포고를 했다고 칩시다. 그런 상황에서는 국민이나 군인 각자가 그 전쟁에 대하여 동의하지 않더라도 전쟁을 피할 길은 없습니다. 대통령과 국회는 단순히 개인으로서 전쟁을 하겠다고 결정한 것이 아니라 온 국민을 대표하기 때문입니다. 이러한 대표성의 원리가 행위언약을 체결한 아담에게 있는 것입니다.

2. 모든 인류는 아담 안에서 죄를 지었고
(all mankind sinned in him and fell with him)

아담은 혈통의 측면에서 인류의 첫 부모로서 인류의 대표이고, 언약의 측면에서 언약의 체결자로서 인류의 대표입니다. 아담은 단순히 개인이 아니라 인류의 대표라는 사실이 중요합니다. 인류의 대표가 죄를 지었기 때문에 인류 또한 죄 가운데 있습니다. 모든 인류는 아담의 범죄에 같이 참여하여 죄를 짓고 타락했습니다. 소요리문답 제16문이 말하는 대로 "모든 인류는 그(아담)의 첫 범죄에 있어서 그 안에서 죄를 지었고, 그와 함께 타락했습니다." 바울은, 아담과 예수님이 온 인류를 대표하기 때문에 아담과 예수님의 행위는 단순히 개인 차원에 머물지 않고 온 인류에게 영향을 미친다고 말합니다.

> 18그런즉 한 범죄로 많은 사람이 정죄에 이른 것 같이, 한 의로운 행위로
> 말미암아 많은 사람이 의롭다 하심을 받아 생명에 이르렀느니라. 19한 사
> 람이 순종하지 아니함으로 많은 사람이 죄인 된 것 같이, 한 사람이 순종하

심으로 많은 사람이 의인이 되리라(롬 5:18-19).

3. 보통의 출생에 의하여 그로부터 내려오는 (descending from him by ordinary generation)

"보통의 출생"이란 아빠의 정자와 엄마의 난자 간의 수정을 통하여 아이가 태어나는 것을 말합니다. 첫 부모인 아담과 하와를 통하여 모든 인류가 태어났습니다. 그런데 오직 한 사람만은 전혀 다른 방법으로 출생했습니다. 바로 예수 그리스도이십니다. 처녀 마리아가 성령으로 잉태하여 예수님을 낳았습니다. 예수님이 성령으로 잉태하여 처녀 마리아에게 나신 것은 예수님이 죄로부터 자유롭기 위해 취해진 방식입니다. 보통의 출생으로 태어나면 모두 아담과 하와의 영향을 받기 때문에 성령이 특별히 한 몸을 예수 그리스도를 위하여 준비하셨는데 그 방법이 바로 성령으로 잉태되는 것이었습니다. 이와 달리 보통의 출생에 의하여 아담으로부터 내려오는 모든 인류는 아담과 같은 속성을 이어받습니다. 그가 죄를 지으면 모든 인류도 죄를 지은 속성을 물려받고 죄를 짓지 않으면 무흠(無欠)의 속성을 물려받습니다.

성경으로 읽는 문학

유치환의 "깃발"

이것은 소리 없는 아우성
저 푸른 해원(海原)을 향하여 흔드는
영원한 노스탤지어의 손수건
순정은 물결같이 바람에 나부끼고
오로지 맑고 곧은 이념의 푯대 끝에
애수는 백로처럼 날개를 펴다.
아아 누구던가
이렇게 슬프고도 애달픈 마음을
맨 처음 공중에 달 줄을 안 그는

깃발은 펄럭이며 소리 없는 아우성을 친다. 저 푸른 해원으로 가게 해달라고 절규한다. 저 푸른 해원! 이것은 시인 유치환이 꿈꾸고 그리는 이상향이다. 생명의 근원이자 진리의 바다다. 인간이기에 도달할 수 없는, 땅에 발 딛고 있는 직립 동물이기에 가볼 수 없는 진리의 세계다. 그것에 대한 목마른 그리움을 소리 없는 아우성으로 지르기에 깃발의 펄럭임은 더욱 안타깝게 느껴진다.

그래서 허공에서 나부끼는 깃발은, 순정이 물결같이 나부낀다. 순정이 물결같이 바람에 나부낄 때 애수는 백로의 날개처럼 하얗고 넓은 슬픔을 펴고 만다. 슬픔을 뚝뚝 떨어뜨리며 하얀 날개를 편 백로가 바람을 타고 날아가는 장면을 떠올려보라. 깃발은 바로 그 슬픔으로 나부낀다.

그 깃발은 오로지 맑고 곧은 이념의 푯대 끝에 매달려 있지만, 그 맑고 곧음만으로는 자유와 초월을 누릴 수 없다. 오히려 맑고 곧은 이념에 매달려 있기에 더욱 해원을 향하여 그리움이 뻗어 나가는지도 모른다. 헤밍웨이의 "킬리만자로의 눈"에 나오는 산정 위의 얼어붙은 그 표범처럼 깃발에서도 더 높은 곳을 향한 그리움이 짙게 느껴진다. 언제나 높은 하늘은 그리움과 아쉬움으로 남는다. 끝없이 비상하며 백로처럼 날개를 펴지만 멀리 날지 못하고 깃대에 붙어 있어야 하는 비극! 이는 산 아래로 다시 돌아와야 하는 시시포스의 비극과 다르지 않다.

아아 누구던가
이렇게 슬프고도 애달픈 마음을
맨 처음 공중에 달 줄을 안 그는

그는 누구일까? 청마 유치환일까? 그렇다고 말할 수 있을 것이다. 유치환이야말로 허한 넓은 공중에서 나부끼는 한 폭의 깃발에서 이런 슬픔과 애달픔을 처음 그려낸 사람이기 때문이다. 하지만 영원에 대한 동경을 느낀 사람은 유치환뿐만이 아니었다. 땅에 발 딛고 사는 사람은 모두 무한한 하늘을 그리워한다. 그리고 중력에 속박될 수밖에 없는 인간의 속성을 안타까워한다. 중력! 인간을 끝없이 땅의 중심으로 붙들어 매는 세속의 중력에서 벗어나 한 치라도, 조금이라도 하늘로 날아오르고 싶어 했던 사람은 모두 백로처럼 날개를 펴는 애수를 맛보았을 것이다.

깃발은 바람에 나부끼되 반드시 푯대에 매달려 있어야 한다. 하늘로 오르고 싶고 저 푸른 해원에 닿고 싶지만 푯대를 벗어나는 순간 깃발은 이제 깃발이 아니다. 중력을 벗어나 하늘에 오르고 싶지만 땅을 벗어나는 순간 사람은 자신을 통제하지 못하고 큰 충격과 함께 땅으로 떨어지고 만다. 하늘에 닿고 싶어도 땅에 발을 딛고 살아야 하는 것이 인간의 비극이다. 바람은 깃발을 흔들며 힘을 주고 충동한다. 바람으로 인해 깃발은 해원을 향한 그리움의 몸부림을 치고 동시에 애수의 날개를 편다. 바람은 깃발에게 자극이자 한계이고 탄생이자 죽음이다.

하지만 신자에게 깃발은 소리 없는 아우성도, 영원한 노스탤지어의 손수건도 아니다. 아담의 후손인 전체 인류 중 그리스도를 모르는 타락한 이들은 자신의 처음과 끝을 모른다. 어디서 와서 어디로 가는지 모르기에 영원을 향한 지독한 향수에 젖고, 바람에 나부끼는 깃발에서도 슬프고 애달픈 정서를 느낀다. 그러나 신자들에게 깃발은 그저 깃발일 뿐이다. 그리스도인은 진리를 알기 때문에 풍성한 감성이 있지만 감상주의에 빠지지 않고, 낭만이 있지만 낭만주의에 빠지지 않는다. 하나님의 영원하신 능력과 신성이 깃든 음악과 미술과 운동과 문학을 즐기고 누리지만 그것에 빠져 헤어나지 못하거나 자신이 만든 감상의 세계에서 허우적대지 않는다.

깃발은 깃발일 뿐이다. 거기에 감정을 이입하는 것은 세계관의 작용이다. 신자의 감정은 신앙으로 정화된다. 깃발은 승리로 말미암은 개가를 부를 때 휘두르는 것이다.

> 우리가 너의 승리로 말미암아 개가를 부르며 우리 하나님의 이름으로 우리의 깃발을 세우리니 여호와께서 네 모든 기도를 이루어 주시기를 원하노라(시 20:5).

깃발을 볼 때마다 우리에게 승리를 주시는 하나님의 이름을 높인다면 우리의 마음은 감사와 찬양으로 가득 찰 것이다.

그리스도인이 된다는 것은 깃발을 깃발이 되게 하는 것이다. 또 사람들 간의 질서를 인식하고 존중한다는 것이며 하나님이 세우신 창조 질서를 잘 알아 생육하고 번성하여 충만하고 모든 것을 잘 다스린다는 것이다. 그리스도인은 모든 것을 보시기에 심히 좋게 지으신 하나님의 그 좋으신 질서를 온 마음과 정서로 그대로 받아들여 알고 누린다. 인간의 한계는 그리스도인에게 여러 감성과 회한을 안겨줄 수 있지만 하나님께 소망을 두는 사람의 감정은 절망스러운 애수로까지 발전하거나 슬프고도 애달픈 탄성으로까지 나아가지 않는다. 그리스도인은 감정과 정서까지도 하나님의 사랑과 진리로 순화해가기 때문이다.

1. 여러분은 MBTI에서 인식형(P)입니까? 판단형(J)입니까? 인식형과 판단형의 특징에 대해 말해봅시다. 교회 수련회나 행사를 진행할 때 인식형과 판단형은 각각 어떻게 준비합니까? 인식형과 판단형은 서로 간에 어떤 불편과 긴장이 있고, 동시에 어떻게 서로에게 도움이 되는지 나누어봅시다.

2. 웨스트민스터 소요리문답 제13-16문을 묻고 답해봅시다. 근거 성구도 다시 한번 살펴봅시다.

3. 사람에게 자유의지(free will)가 있다고 생각합니까? 아담이 죄를 짓기 전과 지은 후를 나누어 생각해봅시다.

4. 아우구스티누스가 말한 "사람의 죄의 관계" 네 가지에 대해 정리해봅시다.

5. 죄란 무엇입니까? 죄의 정의에 대해서 이야기해봅시다.

6. 우리의 첫 부모(our first parents)가 범한 죄는 무엇입니까? 그들이 금지된 열매(the forbidden fruit)를 먹은 것은 그저 열매 하나를 먹은 것입니까? 아니면 다른 불순한 동기와 목적이 담겨 있습니까? 창세기 3:1-7을 통해 살펴봅시다.

7. 행위언약은 아담만이 아니라 그의 후손과도 맺어졌다는 것에 동의합니까? 자녀가 부모를 닮는 것과 "잘되면 내 탓, 안되면 조상 탓"이란 속담 및 대통령의 결정이 온 국민에게 영향을 미치는 사례를 통해 살펴봅시다.

8. 모든 인류가 아담 안에서 죄를 짓고 그와 함께 타락했다는 것에 동의합니까? 관련 성구(롬 5:12, 18-19, 고전 15:21-22)를 통해 살펴봅시다.

9. "보통의 출생"(ordinary generation)과 "특별한 출생"(extraordinary generation)을 구분해봅시다. 이런 구분이 필요한 이유는 무엇일까요?

10. 유치환의 "깃발"을 다시 한번 읽어보고 우리가 살면서 영원을 향한 갈망과 인간으로서의 한계를 느낄 때는 언제인지 나누어봅시다. 그리고 그것이 우리의 신앙과 어떤 연관성이 있는지 생각해봅시다.

memo

제10-1과
타락의 결과

제17문. 그 타락은 인류를 어떤 상태로 몰아갔습니까?

Into what estate did the fall bring mankind?

답. 그 타락은 인류를 죄와 비참의 상태로 몰아갔습니다.

The fall brought mankind into an estate of sin and misery.

---

bring 가져오다, 데려오다, 야기하다, (특정 상태에) 있게 하다(into)
misery 비참, 불행, 고통
consist 존재하다, 있다(in), …으로 이루어지다, 구성되다(of), …와 일치하다(with)
guilt 범죄, 유죄, 죄책(罪責: 잘못을 저지른 책임, 죗값)
original 원시의, 최초의, 본래의, 원본의
righteousness 정직, 고결, 공정, 의(義)
corruption 부패, 오염(pollution)
commonly 보통, 흔히
commonly called 소위(所謂)
common sense 상식
actual 실제의, 현실의, 당면한

제18문. 사람이 타락해 들어간 상태의 죄악됨은 어떻게 되어 있습니까?

Wherein consists the sinfulness of that estate whereinto man fell?

답. 사람이 타락해 들어간 상태의 죄악됨은 아담의 첫 범죄의 죄책(罪責), 원의(原義)의 상실, 그의 전 속성의 부패에 있는데 보통 원죄라고 불리고, 이 원죄로부터 나오는 모든 실제의 범죄들에 있습니다.

The sinfulness of that estate whereinto man fell, consists in the guilt of Adam’s first sin, the want of original righteousness, and the corruption of his whole nature, which is commonly called Original Sin; together with all actual transgressions which proceed from it.

근거 성구

그러므로 한 사람으로 말미암아 죄가 세상에 들어오고 죄로 말미암아 사망이 들어왔나니 이와 같이 모든 사람이 죄를 지었으므로 사망이 모든 사람에게 이르렀느니라(롬 5:12).

한 사람이 순종하지 아니함으로 많은 사람이 죄인 된 것 같이 한 사람이 순종하심으로 많은 사람이 의인이 되리라(롬 5:19).

1그는 허물과 죄로 죽었던 너희를 살
리셨도다. 2그때에 너희는 그 가운데서
행하여 이 세상 풍조를 따르고 공중의
권세 잡은 자를 따랐으니 곧 지금 불순
종의 아들들 가운데서 역사하는 영이
라. 3전에는 우리도 다 그 가운데서 우
리 육체의 욕심을 따라 지내며 육체와
마음의 원하는 것을 하여 다른 이들과
같이 본질상 진노의 자녀이었더니(엡
2:1-3).

14오직 각 사람이 시험을 받는 것은 자
기 욕심에 끌려 미혹됨이니 15욕심이
잉태한즉 죄를 낳고 죄가 장성한즉 사
망을 낳느니라(약 1:14-15).

마음에서 나오는 것은 악한 생각과 살인과 간음과 음란과 도둑질과 거짓 증언과 비방이니(마 15:19).

해설

죄와 비참을 가져온 타락,
그리고 죄책과 원의의 상실과 전 속성의 부패를 가져온 죄

앞서 우리는 우리의 첫 부모가 창조되었던 상태 속에 계속하여 머물지 않고, 자유의지를 사용해 타락했음을 살펴보았습니다(제13문). 그리고 제16문은 온 인류가 아담의 첫 범죄로 함께 타락했음을 이야기합니다. 이어서 제17문과 18문은 그 타락이 원죄와 실제 범하는 죄를 특징으로 하는 죄와 비참의 상태로 몰아갔음을 밝힙니다.

타락(fall) → **죄악됨**(sinfulness): 아담의 죄책 + 원의의 상실 + 전 속성의 부패 + 실제의 범죄

타락(fall) → **비참**(misery)

〈표17〉 인류의 타락과 죄악됨

웨스트민스터 소요리문답 제17문은 창조된 상태에서의 타락이 인류를 죄와 비참의 상태로 몰아간다는 사실을 알려줍니다. 제18문은 타락이 몰고 온 죄가 무엇인지에 대하여 말하고, 제19문은 타락이 몰고 온 비참이 무엇인지에 대하여 말합니다. 이어지는 제20문은 하나님이 그 죄와 비참의 상태를 해결하고 구속자에 의한 구원의 상태로 이끄시기 위해 은혜언약을 맺으셨음을 이야기합니다.

1. 죄책과 죄의 오염을 가져오는 죄

우리나라 법정에서는 "감옥"(prison)을 "교도소"(矯導所)라고 지칭합니다. 일제 강점기부터 사용되던 "형무소"(刑務所)라는 단어를 법 개정을 통해 1961년 12월 15일부터 바꿔 부르기 시작한 것입니다. 형무소는 주어진 형기를 치러낸다는 의미가 강하다면, 교도소는 "교정", "교화"의 의미를 강조합니다.

> Tip **矯**: 바로잡을, 억제할, 거스를 **교**
> **導**: 인도할, 이끌 **도**
> **刑**: 벌할, 다스릴, 법 **형**
> **務**: 힘쓸, 권면할, 일 **무**

형무소는 죄책만을 고려한다면 교도소는 죄책뿐 아니라 죄로 인한 부패까지도 고려한 단어입니다. 하지만 범죄자들은 교도소를 은어로 "학교"나 "대학"이라고 부릅니다. 교도소에서 오히려 다양한 범죄 기법과 법망을 피하는 방법을 배우기 때문입니다. 교도소는 단지 죄책을 치를 뿐 아니라 죄의 부패도 제거하는 곳이어야 하는데 오히려 범죄자를

양성하는 곳이 되어버린 것 같아 참으로 안타깝습니다.

또한 죄를 지어 교도소에 들어가면서도 부끄러워하지 않는 사람들이 요사이 부쩍 늘어난 것 같습니다. 큰 죄를 지은 사람들도 수치감을 느끼기보다 그에 상응하는 죗값을 치르면 그만이라는 식입니다. 사회의 지도층인 정치인들도 사회의 통념과 일반 도덕에 어긋나는 일을 하고서 부끄러워하기는커녕 법적으로 문제가 없었다고 뻔뻔하게 주장합니다. 죄를 지으면 죗값을 치르는 것은 당연하고 죄를 지은 것을 부끄러워하며 회개하는 것이 인간의 도리 아닐까요? 죄의 부패를 제거하려는 노력 없이 죗값을 치르는 것만으로는 부족합니다.

사람이 죄를 지으면 두 가지 결과가 발생합니다. 첫째는 그 죄에 대한 죄책(罪責, 죗값)이고, 둘째는 그 죄로 인한 부패(腐敗)입니다. 그래서 죄를 지은 범죄자는 징역형이나 벌금형으로 그에 상응하는 죗값을 치러야 하고, 죄로 인한 부패를 제거하고 바른 사람이 되기 위해 노력하는 시간을 가져야 합니다. 반성과 회개의 과정이 없으면 똑같은 죄를 다시 범할 가능성이 커집니다.

Tip 腐: 썩을, 상할 부
敗: 패할, 무너질, 썩을 패

아담이 지은 죄도 당연히 죄책(guilt)과 부패를 불러옵니다. 죄의 결과로 아담이 죄를 짓기 전에 가졌던 원래의 의로움(original righteousness, 原義)은 당연히 사라집니다. 즉 아담의 죄는 죄책과 원의의 상실과 전 속성의 부패를 가져옵니다. 이것이 바로 원죄(original sin)입니다.

Tip 원죄(原罪)
= 죄책+원의의 상실+전 속성의 부패
→ 실제의 범죄

죄 < 죄책(the guilt of the sin)
죄 < 죄의 부패(the corruption of the sin)

〈표18〉 죄책과 죄의 부패를 가져오는 죄

2. 전 속성의 부패(the corruption of his whole nature)

사람의 전 속성이 부패했다는 말은 사람이 지니는 모든 속성이 부패하여 죄를 안 짓는 것이 불가능하고 온전한 거룩함이 어디에도 없다는 뜻입니다. 인류 전체를 대표하는 아담은 하나님의 형상으로 만들어졌으나 죄로 인해 하나님의 형상이 부패했습니다. 그래서 지식과 의와 거룩함이 손상을 입었습니다. 이는 다른 말로 "지정의가 오염되었다"라고 할 수도 있고 "영혼이 부패했다"라고 할 수도 있습니다. 죄의 결과 지정의를 비롯한 인간의 모든 기능이 부패하고 육체의 모든 능력이 무능해졌습니다.

사람의 전 속성이 부패했다고 하여 사람이 착한 일을 전혀 할 수 없다는 뜻은 아닙니다. 실제로 우리 주변을 보면 착한 일을 하는 개인들이 있고 사회에는 자선과 베풂과 질서라는 선이 존재합니다. 이런 선행과 질서와 배려와 희생이 없다면 가정과 사회는 유지될 수 없을 것입니다.

그런데 전 속성이 부패했다는 말은 그런 개인적 선행과 사회적 선이 모두 오염된 상태라는 뜻입니다. 사람은 절대적으로 순수한 의미의 착한 일을 할 수는 없습니다. 칭찬이나 심리적 만족, 공동선 등의 어떤 유익이 없다면 착한 일을 도모할 사람이 있을까요? 앞서 "칵테일 파티 효과"에서 살펴본 것처럼 사람은 철저하게 자기중심적이고 사람의 지향성과 관심은 철저히 이기적입니다. 따라서 하나님의 사랑과 진리만을 바라보며 온전히 행하는 선은 없고 사람의 행위와 정서에는 모두 결함이 있다고 말할 수 있습니다.

아담과 함께 죄를 지은 온 인류는 아담이 지은 죄의 죄책과 그로 인한 부패를 이어받습니다. 아담은 죄를 지어서 죄인이지만 아담 이

참고 성구

예수께서 대답하시되 진실로 진실로 네게 이르노니 사람이 물과 성령으로 나지 아니하면 하나님의 나라에 들어갈 수 없느니라(요 3:5).

내 속 곧 내 육신에 선한 것이 거하지 아니하는 줄을 아노니 원함은 내게 있으나 선을 행하는 것은 없노라(롬 7:18).

육신의 생각은 하나님과 원수가 되나니 이는 하나님의 법에 굴복하지 아니할 뿐 아니라 할 수도 없음이라(롬 8:7).

육에 속한 사람은 하나님의 성령의 일들을 받지 아니하나니 이는 그것들이 그에게는 어리석게 보임이요, 또 그는 그것들을 알 수도 없나니 그러한 일은 영적으로 분별되기 때문이라(고전 2:14).

그는 허물과 죄로 죽었던 너희를 살리셨도다(엡 2:1).

2사람들이 자기를 사랑하며 돈을 사랑하며 자랑하며 교만하며 비방하며 부모를 거역하며 감사하지 아니하며 거룩하지 아니하며 3무정하며 원통함을 풀지 아니하며 모함하며 절제하지 못하며 사나우며 선한 것을 좋아하지 아니하며 4배신하며 조급하며 자만하며 쾌락을 사랑하기를 하나님 사랑하는 것보다 더하며(딤후 3:2-4).

후의 후손들은 죄인으로 태어나 죄를 짓습니다. 우리는 모두 태어날 때부터 전속성의 부패로 인해 죄인으로 태어납니다. 그리고 죄인이기 때문에 당연히 죄를 짓습니다. 앞에서 아우구스티누스가 논한 "사람과 죄의 관계"에서 살펴보았듯이 타락 후의 사람은 죄를 안 짓는 것이 불가능합니다. 아담의 원죄 이후에 모든 실제의 범죄들(all actual transgressions, 자범죄[自犯罪])은 바로 이 원죄로부터 나오는 것입니다. 우리는 죄인이어서 자범죄를 지을 수밖에 없습니다.

3. 성선설(性善說)과 성악설(性惡說)

맹자(孟子, 기원전 372?-289?)는 사람의 본성이 근본적으로 선(善)하다고 주장했고, 순자(荀子, 기원전 298?-238?)는 사람의 타고난 본성이 악(惡)하다고 주장했습니다. 인간의 도덕 수양(修養)을 중요한 일로 여겼던 유교에서는 그 수양이 가능한지, 그리고 그 수단은 무엇인지에 대하여 활발히 논의했는데 맹자와 순자는 상반된 입장에 서 있었던 것입니다. 맹자는 도덕성을 사람의 본성으로 보았고, 순자는 정감과 욕구와 같은 자연성을 본성으로 보았습니다. 맹자는 사람의 본성이 하늘에서 선하게 주어졌다고 여겼기 때문에 천인합일(天人合一)의 가능성을 보았습니다. 반면 순자는 하늘과 사람은 서로 나뉜다는 천인상분(天人相分)의 입장에서 사람의 본성은 후천적으로 교육과 경험을 통해 교화되어야 한다고 주장했습니다.

기독교의 입장은 성선설보다 성악설에 가깝습니다. 사람의 전 속성이 부패했다고 보기 때문입니다. 성경은 아담 이후의 모든 사람이 아예 죄인으로 태어나기 때문에 죄를 짓는 것을 피할 수 없다고 설명합니다.

> 9그러면 어떠하냐? 우리는 나으냐? 결코 아니라. 유대인이나 헬라인이나
> 다 죄 아래에 있다고 우리가 이미 선언하였느니라. 10기록된 바 "의인은 없
> 나니 하나도 없으며 11깨닫는 자도 없고 하나님을 찾는 자도 없고 12다 치
> 우쳐 함께 무익하게 되고 선을 행하는 자는 없나니 하나도 없도다. 13그들
> 의 목구멍은 열린 무덤이요 그 혀로는 속임을 일삼으며 그 입술에는 독사
> 의 독이 있고 14그 입에는 저주와 악독이 가득하고 15그 발은 피 흘리는 데
> 빠른지라. 16파멸과 고생이 그 길에 있어 17평강의 길을 알지 못하였고 18
> 그들의 눈앞에 하나님을 두려워함이 없느니라" 함과 같으니라(롬 3:9-17).

나아가 성경은 이처럼 부패한 사람의 속성을 교육이나 설득, 감시나 억압을 통해서도 통제할 수 없다고 봅니다. 성악설 중에서도 비관적 성악설의 입장에 있는 것입니다. 물론 사람이 어느 정도의 선을 행할 수 있다는 사실은 인정합니다. 그런데 말 그대로 어느 정도이지 절대로 완전한 수준에 이르지 못할 뿐 아니라 상당한 수준에 이르기도 어렵다고 봅니다. 그래서 사람들이 모여 있는 곳에는 늘 갈등과 싸움과 시기

와 질투와 전쟁이 있기 마련입니다.

4. 부패의 실천적 의미

Tip Power tends to corrupt, and absolute power corrupts absolutely. Great men are almost always bad men.

영국의 사학자 액턴 경(Lord John Acton, 1834-1902)은 "권력은 부패하는 경향이 있고, 절대 권력은 절대로 부패한다"라고 말했습니다. 절대 권력이 절대 부패하는 이유는 절대적으로 부패한 사람이 절대 권력을 올바른 곳에 사용하기란 불가능하기 때문입니다. 사람은 견제받지 않으면 스스로 조심하고 절제하는 존재가 아닙니다. 따라서 권력이 한 곳에 집중되도록 허용하면 안 됩니다. 현대 민주주의 국가의 삼권분립 제도처럼 권력을 분산시키고 여러 가지 감시 기구를 통해 재정 및 권력을 투명하게 사용하도록 해야 합니다.

돈과 권력, 명예에 관심이 없는 사람들은 대부분 아직 돈과 권력과 명예의 맛을 못 보았기 때문이지 그 맛을 보고서도 스스로 돈과 권력과 명예를 내려놓는 사람은 별로 없습니다. 우리는 우리 자신에 대해 낙관하면 안 됩니다. 사람은 통제되지 않으면 언제나 마음속의 죄성이 언어와 행동으로 튀어나온다는 사실을 인정해야 합니다. 그래서 자신을 견제와 통제에 노출할 필요가 있습니다. 타인도 너무 믿으면 안 됩니다. 사람은 그 누구든지 부패한 속성을 가진 줄로 알고 긍정적 의미에서 서로서로 견제하고 통제해야 합니다.

자기 자신의 내면에서 일어나는 악한 생각과 충동과 욕구 자체를 부정할 필요는 없습니다. 그것은 죄인으로서 겪게 되는 어쩔 수 없는 현상입니다. 진짜 문제는 그 악한 생각과 충동을 마음속에 품으며 키우는 것, 죄가 우리의 내면에 똬리를 틀며 성장하도록 내버려두는 태도입니다. 우리는 자신의 부족함을 직면하고 수용하되 성령 하나님의 도우심을 구하며 더욱 성화하기 위해 노력해야 합니다. 잘못을 저지른 타인에 대해서도 사랑하는 마음으로 주목해서 지켜보고 지속되는 악함과 약함에 대해 오래 참으며 진리로 권면할 줄 알아야 합니다.

친한 사람끼리는 함부로 사업을 하지 말라는 말이 있습니다. 사람은 돈 앞에서 예민해지기 마련인데 사업을 하면 돈과 관련된 의사 결정을 해야 할 일이 많아져서 친한 관계가 깨질 수 있기 때문입니다. 처음에 사업이나 일을 같이 시작할 때는 마음이 통하는 것 같습니다. 하지만 상황이 바뀜에 따라 사람의 마음도 흔들리면서 동업자 사이가 험악한 관계로 돌변하기 쉽습니다. 따라서 동업을 할 때에는 여러 경우에 대비하여 상세한 계약서를 쓸 필요가 있습니다.

배우자와의 관계, 친한 이들과의 우정, 맡은 일에 대한 충실도는 인간의 전 속성의 부패로 인해 언제 어떻게 변할지 모릅니다. 사랑과 우정과 의리도 변하기 마련입니다. 권태기와 침체기와 방황기는 누구에게나 찾아옵니다. 따라서 우리에게는 오히려 그런 변화를 예상하고 어려운 시기를 잘 견디어내는 힘과 지혜가 필요합니다.

생각할 거리

별수 없는 인간

모 대학교 산업정보디자인학부 교수로서 쉰 살에 가까운 이 모 씨가 2014년 8월에 미국으로 향하는 비행기에서 성추행 혐의로 체포되었다. 미연방수사국(FBI)의 조서에 따르면 그는 옆자리에 앉은 승객이 잠든 틈을 타 가슴과 목 등을 더듬으며 추행하다가 피해 여성이 깨어나 "만지지 말라"고 항의하자 화장실로 도망쳤다가 검거되었다.

이보다 더 놀라운 사건은 50대 초반의 김 모 전 제주지검장이 2014년 8월 새벽에 공공장소에서 음란행위를 하다가 체포된 사건이다. 그는 처음에는 혐의를 부인했지만 다섯 차례에 걸쳐 음란행위를 하는 모습이 촬영된 CCTV 자료가 나오자 사실을 인정할 수밖에 없었다.

나는 처음에는 이런 종류의 보도에 놀랐지만 나이가 들어갈수록 별반 놀라지 않게 되었다. "별수 없는 인간"이라고 되뇌며 내가 그 당사자가 되지 않은 것을 감사하게 여길 뿐이다. 젊은 시절에는 나이를 먹으면 성화가 나이만큼 이루어질 것 같았고 목사와 교수가 되면 누구에게나 존경받는 인격을 갖추게 되리라 생각했었다.

하지만 다섯 자녀를 양육하며 목사와 교수로 살면서 쉰 살이 넘어보니, 인간의 성화와 성숙에 대해서 갈수록 자신이 없어지는 게 사실이다. 신분과 직분이 한 사람의 됨됨이를 어느 정도 말해주지만 내면 깊숙이 자리 잡은 인간의 욕구와 죄성까지 정리해주는 것은 아니다. 나이가 들수록 내면의 욕구를 세련되게 표현하는 법을 배울 뿐, 끊임없이 새록새록 솟아나는 욕구와 죄성 자체를 해결하지는 못한다.

소설 『달과 6펜스』로 유명한 서머셋 모옴(William Somerset Maugham)은 「비」라는 단편소설을 통해 인간의 심리와 모순성을 조롱하듯 그려낸다. 남태평양 사모아 섬의 선교사 데이비슨은 원주민들이 지켜야 할 여러 가지 규칙을 만들었다. 심지어 댄스가 문란한 성생활로 이어진다는 이유로 댄스를 금지시키기도 했다. 그는 몸을 팔다 적발된 20대 아가씨 톰슨을 데려다 성경 공부를 시키며 교화에 힘썼다. 이 죄 많은 여자에게 자비를 주십사고 잔인스러울 만큼 열렬히 기도하기도 했다. 그러나 그녀가 추방되기 전날, 불안에 떠는 그녀를 진정시키겠다며 같이 있던 선교사는 그녀와 동침하게 되고, 다음 날 아침에 귀에서 귀까지 목을 그은 시체로 발견된다. 자신의 행동을 증오한 나머지 스스로 목숨을 끊은 것이다. 그리고 톰슨 양은 다시 화려한 옷차림과 예전의 건방진 모습으로 선원과 대화를 나눈다. 그녀는 자신을 책망하는 선교사의 지인들에게 경멸에 찬 증오를 드러내며 "너희 사내들! 너희 치사하고 더러운 돼지 새끼들! 너희는 다 똑같아. 어떤 놈이든 말이야!"라고 말한다.

서머셋 모옴은 「비」에서 홍등가에 몰려든 남자들을 다음과 같은 유명한 말로 묘사했다. "그들은 조용했고 마치 무엇에 눌린 것 같았다. 욕정은 슬픈 것이기에." 욕정은 슬프다. 욕정에 사로잡힌 자는 마치 무엇에 눌린 듯 대로변에서 음란행위를 하고 기내에서 잠자는 여인을 더듬는다. 그것은 교수도, 검사도, 선교사도, 젊은이도, 늙은이도 가리지 않고 파고든다. 그것으로부터 자유로운 자가 과연 얼마나 될까? 그것에 맞서 항상 승리하는 자가 얼마나 될까?

이스라엘의 위대한 왕 다윗도 슬픈 욕정을 피해가지 못했다. 다윗은 전투 수행 중인 부하의 아내를 불러 동침했고 그녀가 임신하자 남편을 맹렬한 전투에 내몰아 죽여버렸다. 다윗은 악질 가정파괴범에 살인 교사자가 아닌가! 야곱의 아들 유다도 며느리를 길거리의 창녀로 알고 관계를 맺었다. 야곱의 장자 르우벤은 아버지의 첩 빌하와 동침하여 아버지의 침상을 더럽혔다. 솔로몬은 하나님이 금하신 이방 여인들과 결혼하여 그의 아들 때에 나라가 나뉘는 벌을 받았다. 성경에는 이렇게 별수 없는 인간들의 부족함과 탐욕과 어리석음이 자주 등장한다. 성경은 용비어천가처럼 특정 인물이나 세력을 미화하지 않고 사람을 있는 그대로 묘사하면서 인간의 한계를 숨김없이 보여준다.

하나님이 죄인에게 베푸시는 용서와 은혜가 없다면 우리 중에 올곧게 설 자가 단 한 명이라도 있을까? 우리도 그 교수와 검사처럼 죄의 노예가 될 수 있다. 간음한 여인을 현장에서 붙잡아 온 자들에게 예수님은 "너희 중에 죄 없는 자가 먼저 돌로 치라"고 말씀하셨다. 그러자 그들은 양심에 가책을 느껴 어른에서부터 젊은이까지 모두 자리를 떠났다. 나이가 들어 인간의 죄를 오랫동안 경험한 사람일수록 빨리 자리를 떠났다. 그리스도인은 어떤 사람이 그런 죄를 지을 줄 몰랐다며 너무 놀랄 필요가 없다. 오히려 그리스도인은 인간의 별수 없음을 누구보다 잘 알고 경계하는 태도를 가져야 한다. 로마서 3장이 말하는 것처럼 의인은 하나도 없고, 깨닫는 자도 없고, 하나님을 찾는 자도 없다.

소설 「비」의 데이비슨 선교사는 자신을 증오하며 칼로 제 목을 그었지만 다윗과 솔로몬, 유다와 르우벤은 그렇게 하지 않았다. 대신 그들은 깊이 뉘우쳤다. 시편 51편을 보면 다윗은 하나님의 인자와 자비에 의지해 긍휼과 죄의 도말을 간구한다. 이것이 그리스도인이 해야 할 바다. 그리스도인은 자신의 범죄에 대하여 몹시 부끄러워하고 벌을 달게 받되, 별수 없는 인간인 줄 알고 하나님께 긍휼을 구해야 한다. 그리고 다시금 힘찬 경건의 삶을 출발할 줄 알아야 한다. 예수님이 자신을 용서하셨는데 자기가 자신을 용서하지 못하고 죄에 눌려서는 안 된다. 타인의 범죄에 대해서도 가차 없이 돌을 던지기 전에 그 또한 별수 없는 인간인 줄 알고 이해하고 품을 수 있어야 한다. 그리고 나 자신이 그런 범죄에 빠지지 않도록 더욱 조심해야 한다. 인간은 별수 없다. 그리고 그런 인간을 하나님은 별수 없이(?) 사랑하신다!

제10-2과

인생의 비참함과 죽음과 지옥의 고통

제19문. 사람이 타락해 들어간 상태의 비참함은 무엇입니까?

What is the misery of that estate where into man fell?

답. 자신들의 타락으로 하나님과의 교제를 잃어버린(창 3:8, 10, 24) 모든 인류는 하나님의 진노와 저주 아래 있고(엡 2:2-3; 갈 3:10), 그래서 이생에서 모든 비참함과 죽음 자체와 그리고 영원한 지옥의 고통을 받게 되었습니다(애 3:39; 롬 6:23; 마 25:41, 46).

All mankind by their fall lost communion with God, are under his wrath and curse, and so made liable to all miseries in this life, to death itself, and to the pains of hell for ever.

---

communion 공유, 교제, 친교
wrath 진노, 분노, 격노, 복수
curse 저주
liable 의무가 있는, …하기 쉬운
pain 고통, 괴로움, 비탄, 수고

근거 성구

그들이 그날 바람이 불 때 동산에 거니시는 여호와 하나님의 소리를 듣고 아담과 그의 아내가 여호와 하나님의 낯을 피하여 동산 나무 사이에 숨은지라(창 3:8).

이르되 "내가 동산에서 하나님의 소리를 듣고 내가 벗었으므로 두려워하여 숨었나이다"(창 3:10).

이같이 하나님이 그 사람을 쫓아내시고 에덴동산 동쪽에 그룹들과 두루 도는 불 칼을 두어 생명나무의 길을 지키게 하시니라(창 3:24).

2그때에 너희는 그 가운데서 행하여 이
세상 풍조를 따르고 공중의 권세 잡은
자를 따랐으니 곧 지금 불순종의 아들
들 가운데서 역사하는 영이라. 3전에는
우리도 다 그 가운데서 우리 육체의 욕
심을 따라 지내며 육체와 마음의 원하
는 것을 하여 다른 이들과 같이 본질상
진노의 자녀이었더니(엡 2:2-3).

무릇 율법 행위에 속한 자들은 저주 아래에 있나니 기록된 바 "누구든지 율법책에 기록된 대로 모든 일을 항상 행하지 아니하는 자는 저주 아래에 있는 자라" 하였음이라(갈 3:10).

살아 있는 사람은 자기 죄들 때문에 벌을 받나니 어찌 원망하랴(애 3:39).

죄의 삯은 사망이요 하나님의 은사는 그리스도 예수 우리 주 안에 있는 영생이니라(롬 6:23).

41또 왼편에 있는 자들에게 이르시되
저주를 받은 자들아 나를 떠나 마귀와
그 사자들을 위하여 예비된 영원한 불
에 들어가라.…46그들은 영벌에, 의인
들은 영생에 들어가리라 하시니라(마
25:41-46).

해설

인생의 비참함과 죽음과 지옥의 고통

웨스트민스터 소요리문답은 제17문에서 타락이 인류를 죄와 비참으로 몰아갔음을 밝힌 후, 제18문과 19문에서 죄와 비참이 무엇인지를 각각 다룹니다. 제19문을 설명하는 이번 과에서는 금지된 열매를 따 먹은 타락이 인류에게 가져온 비참에 대해 살펴볼 것입니다.

타락(fall)	
	죄악됨(sinfulness): 아담의 죄책 + 원의의 상실 + 전 속성의 부패 + 실제의 범죄
	비참(misery): 하나님의 진노와 저주 + 모든 비참함과 죽음 + 영원한 지옥의 고통

〈표19〉 인류의 타락과 비참

1. 타락으로 하나님과의 교제를 잃어버린 인류 (All mankind by their fall lost communion with God)

금지된 열매를 따 먹은 아담과 하와는 눈이 밝아져 자신들이 벗은 줄 알고 무화과나무 잎을 엮어 몸을 가렸습니다. 여기서 "눈이 밝아졌다"는 표현은 부정적 의미로서 아무 문제가 되지 않던 일들에 대해서 열등감과 부끄러움과 분노 등을 느끼게 되었다는 말입니다. 아담과 하와는 자신들의 벗은 상태에 대해 처음에는 전혀 문제를 느끼지 못했으나(창 2:25), 자신에 대한 과도한 관심과 애착 때문에 부끄러움과 치욕을 느끼게 되자 치마를 만들어 위장하고 미화했습니다.

눈이 밝아진 아담과 하와는 동산에 거니시는 여호와 하나님의 소리를 들었을 때 달려가 반가이 맞이한 것이 아니라 하나님의 낯을 피하여 동산 나무 사이에 숨었습니다. 두려움 속에서 사랑과 진리의 하나님을 피한 것입니다. 이것이 바로 죽음입니다. 죽음의 본래 의미는 하나님과의 관계가 끊어지는 것으로서 육체적 죽음은 그에 따라 얼마 후에 나타나는 결과입니다. 영적으로 죽은 인간은 육체적으로 몇십 년 살다 영원한 죽음에 이릅니다. 이는 포도나무에서 잘린 가지가 과실을 맺지 못하고 겨우 며칠 싱싱함을 유지하다 말라 죽는 것과 같습니다(요 15:4-6). 사실 아담과 하와에게 육체적 죽음이 즉시 나타났어도 이상하지 않았을 것입니다. 하지만 은혜가 풍성하신 하나님은 그들을 즉각 죽이지 않으시고 구원의 일을 시작하시며 그들에게 수명을 얼마간 연장해주셨습니다. 따라서 인간이 이 짧은 수명을 가지고 천년만년 살 것인 양 교만하게 굴어서는 안 됩니다.

2. 하나님의 진노와 저주 아래 있는 모든 인류 (All mankind are under his wrath and curse)

하나님과의 교제를 잃어버린 인류는 서로 간의 교제도 잃어버리고 서로에게서 소외되었습니다. 하나님이 아담에게 금지된 열매를 먹었느냐고 물으셨을 때 아담은 "하나님이 주셔서 나와 함께 있게 하신 여자 그가 그 나무 열매를 내게 주므로 내가 먹었나이다"라고 변명했습니다. 책임을 하나님과 여자에게 떠넘긴 것입니다. 남편과 아내는 둘이 합하여 한 몸을 이루는 관계였는데(창 2:24), 이렇게 분리가 일어나고 말았습니다.

하와 또한 "뱀이 나를 꾀므로 내가 먹었나이다"라고 책임을 뱀에게 떠넘겼습니다. 물론 뱀이 하와를 꾄 것은 사실입니다. 하지만 궁극적으로는 하와 자신이 결정하고 먹은 것이므로 자기 죄를 인정해야 옳습니다. 아담과 하와의 변명은 상황적으로는 맞습니다. 하지만 본질에서는 책임을 교묘하게 떠넘기는 비겁한 행위입니다. 이처럼 아담과 하와가 죄를 짓자마자 지식과 의와 거룩함으로 대표되는 하나님의 형상은 깨졌고 인간은 하나님을 두려워하게 되었습니다.

하나님은 여자에게 "내가 네게 임신하는 고통을 크게 더하리니 네가 수고하고 자식을 낳을 것이며 너는 남편을 원하고 남편은 너를 다스릴 것이니라"(창 3:16)라고 진노하셨습니다. 여자는 남편을 원하는데 남편은 여자의 원함을 들어주지 않고 여자를 다스리려고 합니다. 보통 남편과 아내는 이러한 원함과 다스림의 욕구 속에서 끊이지 않는 갈등을 겪습니다. 남녀가 서로 사랑하여 연애하고 결혼하지만 결혼 생활은 자기주장과 지배욕에 휩쓸려갈 위험이 늘 도사리고 있습니다.

하나님은 아담도 저주하셨습니다.

> 17아담에게 이르시되 "네가 네 아내의 말을 듣고 내가 네게 먹지 말라 한
> 나무의 열매를 먹었은즉 땅은 너로 말미암아 저주를 받고 너는 네 평생에
> 수고하여야 그 소산을 먹으리라. 18땅이 네게 가시덤불과 엉겅퀴를 낼 것
> 이라. 네가 먹을 것은 밭의 채소인즉 19네가 흙으로 돌아갈 때까지 얼굴에
> 땀을 흘려야 먹을 것을 먹으리니 네가 그것에서 취함을 입었음이라. 너는
> 흙이니 흙으로 돌아갈 것이니라" 하시니라(창 3:17-19).

아담의 잘못으로 땅도 함께 저주를 받았고 인간의 노동은 생계를 위한 고난이 되었습니다. 아무리 과학과 산업과 제도가 발달해도 사람

은 이마에 땀이 흘러야 먹고 살 수 있습니다. 사람이 하는 모든 일에는 가시덤불과 엉겅퀴가 존재하여 순전한 연소와 소화(消化), 화합과 성장을 가로막습니다. 그 결과 모든 일에는 부작용과 의도치 않은 부산물이 생기기 마련이고, 어디를 가나 서로 맞지 않는 사람이 한두 명은 있기 마련입니다.

3. 살아서의 비참함과 죽음 자체와 지옥의 고통
(all miseries in this life, death itself, and the pains of hell for ever)

사람의 불행은 저주에서 끝나지 않고 에덴동산에서 쫓겨나는 상황에까지 이르렀습니다(창 3:24). 따라서 사람은 스스로 동산(garden)을 만들어 자기 힘으로 삶을 꾸려가야 했습니다. 자신들의 선택에 따라 하나님과 같이 되어 선악을 분별하며 자기만의 에덴동산을 만들어야 했던 것입니다.

그런데 고향에서 쫓겨난 이들에게 어떤 일이 발생했습니까? 아담과 하와가 낳은 아들 가인은 자기 동생 아벨을 죽였습니다. 가인은 자신의 제사는 받아들여지지 않고 동생 아벨의 제사만 받아들여지자 시기심이 일었고 몹시 분노하여 죄를 다스리지 못한 것입니다. 이런 끔찍한 사건을 마주한 아담과 하와의 심정은 어땠을까요? 이들은 금지된 열매를 먹으면 반드시 죽으리라는 하나님의 말씀을 상기하며 자신들의 죄로 인해 자식 간의 살인이 벌어졌음을 깨닫고 전율했을 것입니다. 남북한의 동족상쟁(同族相爭)을 비롯한 인류의 수많은 전쟁의 씨는 이미 가인이 아벨을 살인하는 데 배태되어 있었습니다.

가인은 여호와를 떠나 에덴 동쪽 놋 땅에 거주했습니다. 고향을 떠난 가인의 후예들은 이제 에덴이 아니라 그 동쪽에 거주하며 나름 에덴과 같은 멋진 고향을 만들어보려고 몸부림쳤습니다. 그들은 가축 치는 일과 수금이나 퉁소를 잡는 일, 구리와 쇠로 여러 가지 기구를 만드는 일을 했습니다(창 4:16-22). 그들은 나름의 문명을 발전시켰지만 거기에는 하나님의 사랑과 진리가 없었습니다.

여러 가지 첨단 기술을 발달시켰어도 그들에게 화합과 평화는 없고 오히려 더 잔인한 폭력과 두려움, 살인과 억압이 있었을 뿐입니다(창 4:23-24). 동서고금을 막론하고 인간의 문화라는 것은 사물의 본질에 대한 앎과 사랑이 아니라 본향으로 돌아가지 못하는 자들이 겪는 외로움과 소외와 갈망으로 인한 몸부림이라는 측면이 있습니다. 사람은 이런저런 시도를 해도 원래의 에덴동산에 다시 들어갈 수 없고 에덴동산을 만들 수도 없습니다. 단지 에덴의 동쪽에 거할 뿐이고 아무리 좋은 곳에 살아도 소위 "천당 밑의 분당"에 살 뿐입니다. 이것이 바로 인간의 한계이자 슬픔입니다. 이것이 하나님의 진노와 저주 아래서 죄지은 사람들이 겪어야 하는 이생의 모든 비참함이고 죽음 자체입니다.

창세기는 인류 역사 초기의 죄악과 하나님의 다스리심에 대한 기록을 이어갑니다. 하나님은 아담과 하와에게 아벨 대신 셋이라는 아들을 주셨습니다. 셋은 에노스를 낳았고 에노스 때 사람들은 비로소 여호와의 이름을 불렀습니다(창 4:25-26). 하지만 셋 계열도 시간이 지나자 하나님의 사랑과 진리에서 멀어져 가인의 후예들과 다를 바 없는 삶을 살았습니다.

하나님은 결국 사람의 죄악이 세상에 가득함과 그가 마음으로 생각하는 모든 계획이 항상 악할 뿐임을 보시고 땅 위에 사람 지음을 한탄하셨습니다. 그리고 홍수를 통해 노아의 가족 여덟 명을 제외한 모든 사람을 지면에서 쓸어버리셨습니다. 이때 사람을 위하여 만들어진 가축과 기는 것과 공중의 새까지 모두 죽었습니다(창 6:1-7). 홍수 후 방주에서 나온 노아의 가족은 대홍수로 죽어버린 수많은 사체를 보면서 그 마음이 얼마나 무거웠겠습니까? 아마 아담과 하와가 죽은 아벨을 보는 심정과 같았을 것입니다.

그렇다면 노아의 여덟 식구로 이루어진 사회는 어떠했을까요? 노아는 포도주를 마시고 취해 장막에서 벌거벗은 채로 누워 있었습니다. 노아의 둘째 아들 함은 이를 보고 아버지를 업신여겼습니다. 술이 깬 노아는 함의 성향에 대해 진노하며 그의 후예들을 저주했습니다. 그리고 노아의 세 아들을 통해 온 인류가 땅에 퍼져나갔을 때 그들은 바벨탑을 쌓아 흩어짐을 면하려고 했습니다. 아담과 하와가 그랬듯이 자신들이 하나님이 되어 제 소견에 옳은 대로 삶을 꾸리고 하나님의 이름 대신에 자신들의 이름을 내려고 한 것이었습니다. 그들은 진정한 의미에서 서로 하나가 되려고 모인 것이 아니라 인류 역사에 등장한 수많은 국가연합체처럼 사람을 위한, 사람에 의한, 사람의 정부와 기구를 창설하기 위해 힘을 모은 것입니다.

그때 하나님은 언어를 혼잡하게 하여 사람을 온 지면에 흩으셨습니다. 사람의 죄가 극으로 치닫지 않도록 죄의 속도를 늦추신 것입니다. 요사이 세계는 영어나 중국어나 스페인어 등의 주요 언어로 소통의 가능성을 높이고 있습니다. 그러나 이런 소통의 목적은 가인의 후예들이 이루었던 가축과 예술과 산업과 과학을 발전시키기 위함이지, 하나님의 진정한 사랑과 진리를 나누기 위함은 아닌 것으로 보입니다.

하나님은 바벨탑을 쌓는 사람들의 죄악을 보셨지만 노아 홍수 때처럼 쓸어버리지는 않으셨습니다. 그 대신 하나님은 믿음의 조상 아브라함을 택하셨습니다(창 12장). 하나님은 그에게 "내가 너로 큰 민족을 이

Tip I will make you into a great nation and I will bless you; I will make your name great, and you will be a blessing(Gen 12:2).

루고 네게 복을 주어 네 이름을 창대하게 하리니 너는 복이 될지라"(창 12:2)라고 말씀하셨습니다. 하나님은 아브라함에게 "큰 민족을 이루라" 고 말씀하시지 않았습니다. 하나님이 그로 큰 민족을 이루게 하시겠다고 하셨습니다. 아브라함이 자신의 이름을 창대하게 하는 것이 아니라 하나님이 창대하게 하십니다. 아브라함이 스스로 복이 되는 것이 아니라 하나님이 그로 복이 되게 하십니다.

이처럼 하나님은 진노와 저주 아래 있는 인간에게 끊임없이 새로운 기회를 주셨습니다. 형에게 죽은 아벨 대신 셋을 주셨고, 노아 홍수 때는 노아의 식구 여덟 명을 살려두셨으며, 아브라함을 택하시어 믿음으로 하나님의 자녀가 되는 길을 여셨습니다. 그래서 인류는 죄로 인한 비참함과 죽음에도 불구하고 지금까지 살아남을 수 있었습니다.

그렇다면 죽음 이후에는 어떻게 될까요? 성경은 죽음으로 끝이 아니라고 말합니다. 죽음 이후에 영원한 심판이 있고 그에 따른 영원한 지옥의 고통이 기다리고 있습니다. 한 마디로 죄에 빠진 사람은 살아서 모든 비참함을 맛보고 죽어서 영원한 지옥의 고통을 맛보는 것입니다. 사람에게는 빠져나갈 구멍이나 희망이 없습니다. 이것이 아담의 타락이 가져온 비참함의 처절한 모습입니다.

성경으로 읽는 문학

이문열의 『그대 다시는 고향에 가지 못하리』

이문열은 『그대 다시는 고향에 가지 못하리』란 소설에서 고향에 대한 그리움을 차곡차곡 담아냈다. 그는 그 그리움을 다음과 같이 표현했다. "사라져 그리운 것들", "스러져가야 할 것이기에 더 아름다운", "사라진 모든 것의 추억처럼 희미한 빛", "몰락하는 영광이 가지는 비장미", "현란하여 몽롱한 유년과 구름처럼 허망히 흘러가 버린 젊은 날의 꿈속으로 돌아갈 수 없으므로…." 그는 "진정으로 사랑했던 고향에로의 통로는 오직 기억으로만 존재할 뿐, 이 세상의 지도로는 돌아갈 수 없다"라는 문장으로 책을 끝맺는다.

그런데 이문열은 이 소설의 제목과 기본 내용 및 정서를 현대 미국 문단의 5대 작가라 일컫는 토마스 울프(Thomas Wolfe)의 *You can't go home again*이란 소설에서 빌려왔다. 토마스 울프의 작품에서 주인공 죠지는 십여 년 만에 고향을 방문한다. 그런데 고향은 이미 도시화와 산업화로 파괴되었고, 인간성이 상실되어 꿈에 그리던 안식처가 아니었다. 고향은 이미 자기가 몸담은 도시와 다를 바 없이 돈, 권력, 욕망에 찌든 또 하나의 도시에 지나지 않았다. 뿌리 뽑힌 자들의 고독과 방황이 우울하게 그려지는 그 소설에서도 역시 "진정으로 돌아갈 곳은 오직 기억 속에만 존재할 뿐 이 세상 어느 곳에서도 기다리는 것은 없다"며 사람이 진정 돌아갈 곳은 어디냐고 묻는다.

그런데 토마스 울프는 시력을 잃은 비참한 역경을 문학으로 승화한 존 밀턴의 서사시 "실락원"(*Paradise lost*, 1667)에서 소설의 영감을 받았다. "실락원"에서 밀턴은 인간이 사탄에게 유혹당해 저지른 범죄로 인해 에덴동산에서 추방되어 다시는 영원한 고향인 에덴동산에 들어갈 수 없다고 말한다. 밀턴은 유년 시절의 고향에 대한 향수나 과거에 대한 막연한 동경을 넘어서서 인간 실존의 측면에서 고향을 다루며 사람이 왜 고향을 잃어버렸는지, 그리고 그곳에 다시 들어갈 수 있는 방법이 무엇인지를 말한 것이다.

여호와 하나님은 동방의 에덴에 동산을 창설하시고 아담을 거기 두셨다. 하나님은 그 땅에 보기 아름답고 먹기 좋은 나무가 나게 하셨다. 에덴에서 발원한 강은 동산을 적시고 거기서부터 갈라져 네 강의 근원이 되었다. 에덴으로 인하여 동산의 주변과 그 너머도 유지되었다. 하나님은 아담에게 동산을 다스리며 지키게 하셨다. 그리고 인간에게 좋은 환경만 제공하고 끝낸 것이 아니라 그 환경을 다스리고 지키고 누릴 수 있는 능력도 주셨다. 아담은 하나님이 흙으로 지으신 각종 들짐승과 새를 한 번 보고 그 본질과 성격을 파악해 이름을 지어줄 정도였다.

그런데 아담과 하와는 이것에 만족하지 못하고 하나님처럼 될 수 있다는 뱀의 유혹에 넘어가 하나님을 부인하는 죄를 짓고 말았다. 그 순간 그들은 하나님과의 교제가 본질적으로 끊어지는 죽음을 맞았다. 반드시 죽으리라는 말씀이 그대로 실현된 것이다. 그리고 그들은 에덴동산에서 쫓겨났다. 그리고 그룹들과 두루 도는 화염검이 생명나무에 이르는 길을 가로막았다.

에덴동산은 폐쇄되었고 인간은 쫓겨나 방황하고 유리하게 되었다. 잉태하는 고통이 크게 더해졌다. 땅은 가시덤불과 엉겅퀴를 내었기에 사람은 얼굴에 땀을 흘려야 식물을 먹을 수 있었다. 아름답고 먹기 좋은 나무는 이제 존재하지 않고 동산을 적시면서 멀리 흘러갔던 강도 변해버렸다.

에덴동산에서 쫓겨난 인간은 그 후 에덴동산을 만들어보려고 나름대로 여러 가지 시도를 했다. 하지만 에덴동산을 만들어보려는 인간의 노력이 시작되자마자 일어난 일은 살인이었다. 그것도 친형이 아우를 죽인 참사였다. 사람이 하나님에게서 멀어지는 영적 죽음은 이렇게 바로 실제적인 살인으로 이어진다.

아벨을 죽인 가인은 성(도시)을 만들고 자기 고향으로 삼았다. 창세기 4:16-24에는 가인의 후손들에 대한 기록이 남아 있는데 그 후손 중에는 가축을 치는 자의 조상, 수금과 퉁소를 잡는 모든 자의 조상, 구리와 쇠로 여러 가지 기구를 만드는 자가 있었다. 가인의 후손들은 자기 힘으로 안전과 부, 즐거움과 진보를 이루어내려고 노력하는 자들이었다. 그들은 자연스럽게 정치, 경제, 법, 문화, 과학기술을 발달시켜나갔다. 그런데 그러한 노력이 진정 안전을 보장해주고 부족함을 해소해주며 즐거움을 가져다줄까? 인간의 문명은 진정 진보를 이루어가고 있을까? 달에 사람을 보내고 인간의 유전자를 분석하는 시대가 되었지만 우주 어디에도 고향은 없고, 인간 유전자 어디를 건드려도 에덴동산의 아담과 같은 능력은 생기지 않음을 확인할 뿐이다.

21세기에 이르러도 인류의 문제는 여전하다. 아프리카에서는 오늘도 많은 이들이 굶어 죽고 있다. 다국적 기업 간의 경제 전쟁과 국가 간의 전쟁도 줄어들 기미가 보이지 않는다. 의학의 발달로 사람의 수명이 다소 늘어났는지 모르지만 인간다운 수명은 오히려 줄어들었다. 노인의 고독과 소외는 더 심해지고 노인층의 자살률은 높아져만 간다. 정복될 줄 알았던 세균들과 전염병은 여전히 사람을 괴롭히고 있다. 과학은 계속해서 발달하지만 환경 오염은 오히려 심해지고 첨단 무기 체계는 인류의 존속마저 위협하고 있다.

UN과 각종 국가협력체들은 그 한계를 여지없이 드러내며 세계 각지의 분쟁과 갈등에는 손을 놓은 듯하다. 세계보건기구도 질병과의 전쟁에서 승리하지 못해 전투 지역이 점점 넓어질 뿐이다. 우리나라도 2015년에 전염병인 메르스(MERS) 때문에 고통을 당했다. 더 심각한 문제는 사람들이 서로 소통하거나 대화하려고 하지 않는다는 것이다. 스마트폰이 널리 보급되었지만 사람들 간의 소통은 점점 줄어들고 있다.

결과적으로 "발명품이란 대개 우리 주위를 산만하게 하는 예쁘장한 장난감에 지나지 않는다. 목적은 개선하지 않고 방법만 개선하려 들기 때문이다"라는 자연주의자 헨리 데이비드 소로(Henry David Thoreau, 1817-1862)의 지적은 점점 더 많은 지지를 받고 있는 듯하다. 아니, 인간의 노력이 상황을 더 악화시키지 않으면 다행일 것이다. 과연 가인이 성을 만들던 시대보다 지금이 더 평화롭고 행복하고 살기 좋은 시대인가? 대학교 졸업장으로도 부족해 석·박사 학위자가 보편화한 지금, 우리는 과연 인생의 본질에 대해 무엇을 배웠는지 의문이 들 뿐이다. 고려 시대나 조선 시대보다 지금 우리의 가정이 더 화목한지도 의심스럽다. 하나님의 진노와 저주 아래 있는 인류에게 고향은 여전히 저 멀리 있을 뿐이다.

1. 여러분은 무대 체질입니까? 아니면 무대에 서면 긴장을 해서 원래 실력을 발휘하지 못하는 편입니까? 만약에 무대 공포증이 있다면 그 이유는 무엇인가요? 무대 공포증을 극복하는 방법이나 준비한 것을 회중 앞에서 능숙하게 표현하는 요령이 있다면 무엇인지 나누어봅시다

2. 웨스트민스터 소요리문답 제17-19문을 서로 묻고 답해봅시다. 근거 성구도 살펴봅시다.

3. 사람을 죄와 비참의 상태(an estate of sin and misery)로 몰아간 것은 무엇입니까?

4. 죄책과 죄의 부패를 가져오는 것은 무엇입니까? 감옥(prison)을 뜻하는 법정 용어는 1961년에 형무소(刑務所)에서 무엇으로 바뀌었습니까? 그 의미는 무엇입니까?

5. 원죄(original sin)는 죄책(guilt)과 원의(original righteousness)의 상실 외에 또 무엇을 가져옵니까?

6. 여러분은 성선설(性善說)과 성악설(性惡說) 중 무엇을 지지합니까?

7. 여러분은 "별수 없는 인간"이란 표현에 대해 어떻게 생각합니까? 사람의 전속성이 부패하였다는 교리가 어떤 의미인지 나누어봅시다.

8. 노아 시대의 홍수 심판과 바벨탑 사건의 공통점과 차이점은 무엇입니까? 아브라함을 부르신 사건과 연결하여 생각해봅시다.

9. "하나님의 진노와 저주 아래 있는 모든 인류"에게 희망이 없다면 그 이유는 무엇입니까? 문명의 발전 및 그 한계와 연결해 생각해봅시다.

10. 『그대 다시는 고향에 가지 못하리』라는 소설과 관련하여 현대인의 상실감과 소외감의 원인이 무엇인지 생각해봅시다. 우리에게 고향은 어디고, 그 고향에 가는 방법은 무엇입니까?

memo

제11과

죄와 비참함을 해결하는 구속자에 의한 은혜언약

제20문. 하나님은 모든 인류를 죄와 비참함의 상태에서 멸망하도록 내버려두셨습니까?

Did God leave all mankind to perish in the estate of sin and misery?

답. 자신의 순전히 선한 기뻐함으로 모든 영원으로부터 어떤 자들을 영생으로 택하신(엡 1:4) 하나님은 그들을 죄와 비참함의 상태로부터 건져내시고, 그들을 구속자에 의한 구원의 상태로 이끄시기 위하여 은혜언약을 맺으셨습니다(롬 3:20-22; 갈 3:21-22).

God having, out of his mere good pleasure, from all eternity, elected some to everlasting life, did enter into a covenant of grace, to deliver them out of the estate of sin and misery, and to bring them into an estate of salvation by a Redeemer.

근거 성구

곧 창세 전에 그리스도 안에서 우리를
택하사 우리로 사랑 안에서 그 앞에 거
룩하고 흠이 없게 하시려고(엡 1:4).

20그러므로 율법의 행위로 그의 앞에
의롭다 하심을 얻을 육체가 없나니 율
법으로는 죄를 깨달음이니라. 21이제
는 율법 외에 하나님의 한 의가 나타났
으니 율법과 선지자들에게 증거를 받
은 것이라. 22곧 예수 그리스도를 믿음
으로 말미암아 모든 믿는 자에게 미치
는 하나님의 의니 차별이 없느니라(롬
3:20-22).

21그러면 율법이 하나님의 약속들과
반대되는 것이냐? 결코 그럴 수 없느
니라. 만일 능히 살게 하는 율법을 주
셨더라면 의가 반드시 율법으로 말미
암았으리라. 22그러나 성경이 모든 것
을 죄 아래에 가두었으니 이는 예수 그
리스도를 믿음으로 말미암는 약속을
믿는 자들에게 주려 함이라(갈 3:21-
22).

해설

우리를 죄에서 구하시려

소요리문답 제18문과 19문이 각각 죄와 비참이 무엇인지를 구체적으로 다루었다면, 제20문은 하나님이 모든 인류를 그 죄와 비참함에 그대로 내버려두셨는지를 묻습니다. 하나님은 택하신 자들을 구속자에 의한 은혜언약을 통해 그 죄와 비참함에서 건져내십니다.

제17문: 타락(fall)
- ① 제18문: 죄악됨
- ② 제19문: 비참

→ 제20문: 은혜언약을 통한 죄와 비참의 해결
- ① 순전히 선한 기뻐함으로
- ② 영생으로 택하심
- ③ 구속자에 의한 구원을 위해

〈표20〉 은혜언약을 통한 죄와 비참의 해결

이어지는 제21-28문은 예수 그리스도가 하나님이 택하신 자들을 위하여 생명과 구원을 어떻게 준비하셨는지에 대해 다룹니다. 즉 조직신학의 그리스도론에 해당하는 내용을 소개하는 것입니다.

1. 모든 영원으로부터 어떤 자들을 영생으로 택하신 하나님 (God having elected some to everlasting life from all eternity)

Tip elect: 선출하다, 결정하다, 선택하다

앞서 우리는 "작정"을 다룬 제7문에서 사람이나 천사와 같은 이성적인 피조물에 관한 작정이 예정임을 살펴보았습니다. 하나님은 어떤 자들을 영생으로 택하셨습니다. 이때 중요한 점은 이러한 일이 모든 영원으로부터 이루어졌다는 것입니다. "영원으로부터"라는 말은 절대로 먼 과거를 지칭하는 것이 아닙니다. "영원"이 먼 과거의 어느 시점이라면 하나님이 선택하시지 않은 자들의 멸망을 하나님의 책임으로 돌릴 수밖에 없습니다. 또한 어떤 자가 죄를 지으면 하나님이 그렇게 정하셨기 때문이라고 말하게 될 것입니다.

영원은 먼 과거가 아니라 시간을 초월하여 과거와 현재와 미래를 동시에 지배하고 관리하시는 하나님의 시간으로 보아야 합니다. 그래야만 하나님이 죄의 조성자라든지, 하나님이 누군가를 멸망시키려고 작정하셨다든지 하는 오해들을 해결할 수 있습니다. 물론 "영원"은 애초부터 인간의 인식 범위를 넘어가는 개념이기 때문에 그런 질문들이 쉽게 이해되고 해결되는 것은 아닙니다. 단지 우리는 성경이 하나님을 죄의 조성자로 말하는 경우가 없으며 각 사람에게 그 자신의 행위에 대한 책임을 묻고 있다는 사실을 기억해야 합니다.

시간을 초월하여 지배하시는 영원한 하나님은 영원 전에 어떤 자들을 영생으로 택하신 동시에 죄의 조성자가 아니시기에 죄를 범한 사람들에게 책임을 물으실 수 있습니다. 성경은 이에 대하여 상세히 설명하지 않습니다. 성경은 모순되는 것 같은 이런 명제들을 자연스럽게 열거할 뿐입니다. 사람이 하나님의 무한성과 영원성과 불변성을 다 이해하지 못하는 만큼 이 문제 또한 여전히 신비지만, 성도들이 믿음으로 하나님의 무한성과 영원성과 불변성을 이해하고 받아들이듯 이 문제 또한 믿음으로 이해하고 받아들일 수 있습니다.

2. 자신의 순전히 선한 기뻐함으로 (out of his mere good pleasure): 절대예정

Tip mere: 단지 …에 불과한, 단순한, 전적인
pleasure: 기쁨, 즐거움

하나님이 영원 전에 어떤 자들을 영생으로 택하실 때 그 근거는 무엇일까요? 소요리문답 제20문은 하나님이 "자신의 순전히 선한 기뻐함으로" 택하신다고 말합니다. 한마디로 다른 이유가 없다는 것입니다. 오직 하나님이 택하신 자들에 대하여 가지시는 순전히 선한 기뻐함만이 그 근거가 됩니다.

이에 대해 웨스트민스터 신앙고백 제3장은 "순전히 하나님의 자유로운 은혜와 사랑으로 인한"(out of his mere free grace and love) 것이라고 말합니다. 하나님의 자유로운 은혜와 사랑 이외에 아무 이유가 없는 것입니다. 절대로 택함을 받은 자들의 "신앙이나 선행이나 오래 견디

어냄을 미리 보았기 때문이 아닙니다"(without any foresight of faith, or good works, or perseverance). 하나님이 이런 선택을 하시도록 영향을 미칠 원인이나 조건이 사람에게는 전혀 없습니다. 피조물에게 조금이라도 그런 원인이나 조건이 있다면 하나님의 은혜와 사랑이 순전히 자유롭다고 말할 수는 없을 것입니다. "자유롭다"는 의미의 영어 "프리"(free)는 다른 어떤 것의 영향을 전혀 받지 않을 때 사용합니다. 조금이라도 영향을 받으면 그 순간 자유가 제한되므로 "자유롭다"고 할 수 없습니다.

3. 죄와 비참함의 상태에서 건져내시고, 구속자에 의한 구원의 상태로 이끄시기 위하여(to deliver them out of the estate of sin and misery, and to bring them into an estate of salvation)

Tip **deliver**: 배달하다, 인도하다; 해방하다, …을 구출하다(from, out of) **salvation**: 구제, 구출, 보호, 구원

제18문은 죄가 가져온 죄책과 원의의 상실과 전 속성의 부패를 말합니다. 제19문은 비참함이 가져온 하나님과의 교제 상실, 이생에서의 모든 비참함, 죽음 자체, 그리고 영원한 지옥의 고통에 대하여 말합니다. 하나님은 이러한 죄와 비참함의 상태에 있는 사람들을 구원의 상태로 이끌기 원하셨습니다. 죄와 비참함의 상태에 빠진 사람은 자기 자신을 스스로 구원할 능력이 없으므로 하나님의 도움만이 유일한 해결책입니다. 구속자에 의한 구원을 하나님이 준비하고 실행하셔야만 합니다. 하나님은 이를 위해 영원 전에 어떤 자들을 영생으로 택하신 것입니다.

4. 하나님은 은혜언약으로 들어가셨습니다 (God entered into a covenant of grace)

Tip **enter into**: (대화, 전쟁, 일 등을) 시작하다, …에 들어가다, 종사하다, 입학하다, 참가하다

하나님은 영원 전에 택하신 자들을 죄와 비참함의 상태에서 건져내 구원의 상태로 이끌기 위하여 어떤 방법을 택하셨습니까? 그것은 바로

택자들과 맺은 은혜언약입니다. 앞서 행위언약(생명언약)을 다룰 때 살펴보았듯이 언약은 하나님이 자기 스스로 낮추셔서 자녀들의 순종에 대해 축복과 상급을 주겠다고 맹세하시는 것입니다. 피조물은 하나님께 절대적인 빚을 졌고 하나님과 피조물 간의 거리는 너무 멀어서 피조물이 스스로 무엇을 했으니 상을 달라고 요구할 수는 없습니다.

하나님이 아담과 맺은 행위언약의 조건은 완전한 순종이었습니다. 아담은 죄를 짓기 전에는 그렇게 할 능력이 있었습니다. 그런 능력 자체가 하나님이 아담에게 주신 선물이었고 아담이 그 능력을 펼칠 때 영생을 주겠다고 약속하신 것 자체가 하나님의 낮아짐이며 은혜였습니다.

그런데 타락으로 죄와 비참함에 빠진 사람은 전적으로 부패하고 전적으로 무능력합니다. 완전한 순종은커녕 작은 순종조차도 하기가 어렵습니다. 죄를 안 짓는 것이 불가능한 존재가 어떻게 완전한 순종을 하겠습니까? 그래서 하나님은 예수 그리스도를 통해 이러한 죄와 비참함의 문제를 해결하셨습니다. 구속자이신 예수 그리스도는 죄책과 전 속성의 부패로 인한 문제를 해결하기 위하여 사람이 되시어 고난을 받고 십자가에 못 박혀 죽으셨습니다. 그 죽음은 사람들의 죗값과 더러움을 대신 짊어지신 대속의 죽음이었습니다.

하나님이 영원 전에 택하신 자들은 예수님이 죽음으로 획득하신 구원을 믿고 받아들이는 자들입니다. 그런데 죄로 인해 전 속성이 부패하여 지식과 의와 거룩함을 잃어버려 지정의가 모두 오염된 이들이 어떻게 그리스도의 신분과 가치를 알겠습니까? 똥오줌을 가리지 못하는 그들이 어떻게 그리스도의 죽음의 가치를 알겠습니까? 그래서 하나님은 지정의를 잃어버린 사람들이 성령님을 통해 그리스도를 알고 믿게 하셨습니다. 그리스도가 획득한 구원을 성령을 통해 택한 자들에게 적용하신 것입니다. 이렇게 성자 하나님과 성령 하나님을 통하여 구원을 획득하고 적용하시겠다고 택자들과 맺은 언약이 바로 은혜언약입니다.

5. 웨스트민스터 신앙고백의 관련 내용

웨스트민스터 신앙고백 제7장은 1항과 2항에서 언약 일반과 행위언약을 다룬 후 3항에서 은혜언약에 대해 다음과 같이 말합니다.

> 사람이 타락함으로 스스로 그 언약에 의해 생명을 얻을 수 없게 되었는데 주께서는 그 기쁘신 뜻대로 은혜언약이라 칭하는 둘째 언약을 맺으셨다. 여기서 하나님은 죄인들에게 예수 그리스도에 의한 생명과 구원을 값없이 제공하셨고 그들이 구원 얻도록 그를 믿을 것을 그들에게 요구하셨으며 영생으로 정해진 모든 사람에게 성령을 주어 그들로 하여금 믿기를 원할 뿐만 아니라 믿을 수 있게 하기를 약속하셨다.

이 내용을 좀 더 자세하게 살펴보겠습니다.

Tip incapable: …할 힘이 없는, …을 할 수 없는, 무능한, 쓸모없는, 자격 없는

ㄱ. 사람이 타락함으로 스스로 그 언약에 의해 생명을 얻을 수 없게 되었는데(Man, by his fall, having made himself incapable of life by that covenant) 아담의 타락으로 온 인류는 죄와 비참함에 빠졌습니다. 죄책과 전 속성의 부패, 하나님과의 교제 상실, 이생에서의 모든 비참함, 죽음 자체, 그리고 영원한 지옥의 고통이 그들 앞에 놓였습니다. 전적으로 부패하여 전적으로 무능력한 그들은 온전히 순종할 수 없게 되었고 행위언약이 약속하는 생명 또한 얻을 수 없게 되었습니다.

ㄴ. 주께서는 그 기쁘신 뜻대로 은혜언약이라 칭하는 둘째 언약을 맺으셨다(the Lord was pleased to make a second, commonly called the covenant of grace) 하나님은 아무 이유 없이, 자신의 순전히 선한 기뻐함으로(out of his mere good pleasure) 택자들을 구원하려고 은혜언약을 맺으셨습니다. 창조주 하나님은 피조물에게 어떤 이유나 근거도 요구하지 않고 오직 스스로 기뻐하심 가운데 은혜언약을 만드셨습니다. 만약 하나님이 피조물에게 근거를 찾으셨다면 은혜언약이나 인류의 구원은 존재할 수 없었을 것입니다.

ㄷ. 여기서 하나님은 죄인들에게 예수 그리스도에 의한 생명과 구원을 값없이 제공하셨고(wherein he freely offers unto sinners life and salvation by Jesus Christ) 하나님은 전적 부패와 전적 무능력에 빠져 스스로 생명을 얻지 못하는 택자들을 위하여 예수 그리스도의 탄생과 고난과 죽으심과 부활로 생명과 구원을 획득하셨습니다. 그리고 예수님에 의한 생명과 구원을 죄인들에게 아무 값이나 대가 없이(freely) 거저 제공하셨습니다.

ㄹ. 그들이 구원 얻도록 그를 믿을 것을 그들에게 요구하셨고(requiring of them faith in him, that they may be saved) 예수님이 획득하신 생명과 구원을 이제 죄인들은 자기의 것으로 받아들여야 합니다. 그러므로 하나님은 그들에게 예수님을 믿을 것을 요구하셨습니다. 하나님이 죄인들에게 예수님을 믿으라고 하시는 것은 죄인들을 위한 것으로서 죄인들이 예수님에 의한 생명과 구원을 얻기를 바라시기 때문입니다.

ㅁ. 영생으로 정해진 모든 사람에게 성령을 주어 그들로 하여금 믿기를 원할 뿐만 아니라 믿을 수 있게 하기를 약속하셨다(and promising to give unto all those that are ordained unto eternal life his Holy Spirit, to make them willing, and able to believe) 하나님은 죄인들에게 예수님을 믿으라고 요구하셨습니다. 그런데 전적 부패와 무능력에 빠진 그들이 어떻게 예수님의 존재와 사역과 가치를 알고 믿겠습니까? 그래서 하나님은 죄인들에게 예수님을 믿으라고 요구하는 동시에 성령을 통하여 그들로 믿기를 원하고 믿을 수 있게 하겠다고 약속하셨습니다. 하나님은 택하신 자 모두에게 성령을 주십니다. 성령은 죄인들로 하여금 믿고 싶은 마음이 일게 하고, 또 믿을 수 있게 하십니다.

웨스트민스터 신앙고백과 대·소요리문답은 성경의 가르침에 따라 영원의 관점에서 하나님이 죄인들에게 예수님을 믿으라고 요구하시는 것과 이들에게 성령을 주시어 믿게 하는 것을 동시에 말합니다. 이 둘 사이에 모순이 있다고 말하지 않습니다.

심화 연구

구약과 신약의 통일성과 차이점

성경은 크게 구약 39권과 신약 27권으로 나뉘는데 그 기준은 무엇일까요? 구약과 신약은 어떤 면에서 같고 어떤 면에서 다를까요? 이것을 알면 성경 전체를 이해하는 데 큰 도움을 받을 수 있습니다.

우리는 행위언약과 은혜언약을 통해 구약과 신약의 통일성과 차이점을 이해할 수 있습니다. 행위언약은 아담이 죄를 짓기 전에 하나님이 완전한 순종을 조건으로 걸고 아담과 맺으신 언약입니다. 은혜언약은 아담이 죄를 지은 이후에 죄와 비참함의 상태에 빠진 사람 중 택하신 자들과 맺으신 언약입니다. 어떤 사람들은 행위언약을 구약으로, 은혜언약을 신약으로 이해하지만 이는 아주 잘못된 이해입니다.

<table>
<tr><th colspan="2">구 분</th><th>행위언약</th><th>은혜언약</th></tr>
<tr><td colspan="2">같은 점</td><td colspan="2">1) 언약의 성격: 하나님과 피조물 사이의 거리는 너무나 멀어서 피조물이 행한 것에 대하여 축복과 상급을 요구할 수 없다.
2) 언약의 당사자: 하나님 편에서 자발적으로 낮추시어 사람과 언약을 맺으셨다.
3) 언약의 외적 행태: 상급과 약속과 벌
4) 언약의 상급: 영생
5) 언약의 벌: 죽음
6) 언약의 목적: 하나님의 영광</td></tr>
<tr><td rowspan="5">다른 점</td><td>사람의 상태</td><td>아담은 순종할 수도, 안 할 수도 있었다.</td><td>죄와 비참에 빠진 죄인들은 순종할 수 없다.</td></tr>
<tr><td>중보자</td><td>·</td><td>중보자가 반드시 필요</td></tr>
<tr><td>조 건</td><td>완전한 순종</td><td>중보자 그리스도를 믿음</td></tr>
<tr><td>조건을 돕는 약속</td><td>·</td><td>하나님은 성령을 죄인들에게 주시어 그들로 믿고 싶은 마음이 일게 하고, 또 믿을 수 있게 하신다.</td></tr>
<tr><td>계 시</td><td>하나님의 법이 아담의 마음에 기록되었고, 금지된 열매를 먹지 말라고 하나님이 직접 말씀하셨다. 사람들에게 본성으로 일부분이 알려진다.</td><td>사람이 스스로 알 수 없고, 성경에 계시되어 있다. 이 내용이 전도자에 의해 사람들에게 전해지면 믿음을 통해 알게 된다.</td></tr>
</table>

〈표21〉 행위언약과 은혜언약의 비교

〈표21〉에서 알 수 있듯이 은혜언약 자체가 구약과 신약으로 나뉩니다. 그 기준은 메시아가 사람이 되어 오셨는지의 여부입니다. 예수님이 오시지 않은 구약 시대에는 예수님의 실체를 예시(豫示)하는 약속, 예언, 제사, 할례, 유월절 양 등 여러 예표와 규례가 있었습니다. 비록 실체는 오지 않았지만 택자들은 여러 가지 예시를 통해 약속된 메시아를 믿고 구원을 받았습니다. 예수님이 십자가에 아직 돌아가시지 않았지만 약속, 예언, 제사, 할례, 유월절 양 등을 통하여 온전한 사죄와 구원이 임했습니다. 이는 그 당시에도 존재하고 역사하신 성령 하나님의 믿게 하시는 일을 통하여 가능했습니다. 구약 시대는 율법이 예수 그리스도를 예시하는 중심이 되므로 율법 시대라고도 불립니다.

성자 하나님이 사람이 되어 오신 신약 시대에는 실체를 예시하던 약속, 예언, 제사, 할례, 유월절 양, 여러 예표와 규례 등이 대부분 사라졌습니다. 그 대신 딱 두 가지만 남았는데 예수 그리스도가 오셔서 고난을 받고 십자가에 죽으시고 부활하신 것을 알리는 말씀의 선포와 성례입니다. 성례는 예수 그리스도의 피로 깨끗해지는 것을 나타내는 세례와, 떡과 포도주로 예수 그리스도의 살과 피가 뜯기고 흘리는 것을 나타내는 성찬으로 구성됩니다. 비록 규례의 수는 두 가지로 줄었지만 이 두 가지는 이미 이 땅에 오신 실체인 예수님을 나타내므로 더 명확하고 풍성하다고 할 수 있습니다.

또 구약 시대에는 유대인을 통해 하나님의 말씀과 구원이 주어졌지만, 신약 시대에는 모든 민족이 그 대상이 됩니다. 언약의 대상이 확장된 것입니다. 신약 시대는 예수 그리스도가 우리의 구원을 위하여 하신 일이 중심이 되므로 복음 시대라고도 불립니다.

구약과 신약은 언약의 실체이신 그리스도가 오셨는지 안 오셨는지를 기준으로 나뉩니다. 그리스도가 오신 후에도 사라지지 않은 두 가지 규례—말씀 선포와 성례—는 매우 간단하지만 실체이신 예수님의 구원 행적을 잘 드러내므로 더 분명한 성격을 가진다고 할 수 있습니다.

<table>
<tr><th colspan="2">구 분</th><th>구 약</th><th>신 약</th></tr>
<tr><td rowspan="3">같은 점</td><td>실 체</td><td colspan="2">예수 그리스도</td></tr>
<tr><td>한 구원</td><td colspan="2">온전한 사죄와 영원한 구원</td></tr>
<tr><td>한 언약</td><td colspan="2">동일한 은혜언약</td></tr>
<tr><td rowspan="3">다른 점</td><td>규례의 수</td><td>제사, 할례, 유월절 양 등
여러 예표와 규례</td><td>말씀의 선포
성례(세례와 성찬)</td></tr>
<tr><td>규례의 외형</td><td>더 화려하고
외면적 영광이 큼</td><td>더 단순하고
외면적 영광이 적음</td></tr>
<tr><td>대 상</td><td>유대인</td><td>유대인과 헬라인을 포함한 모든 민족</td></tr>
</table>

〈표22〉 구약과 신약의 같은 점과 다른 점

예수 그리스도라는 한 실체 안에서 하나의 은혜언약이 구약과 신약으로 다르게 집행되었습니다. 신약의 복음은 구약의 율법보다 더 충만하고 더 명확하고 더 큰 영적 효과를 모든 민족에게 나타냅니다. 그러므로 실체가 다른 두 개의 은혜언약이 있지 않고 하나의 동일한 은혜언약이 다양한 경륜 아래 있을 뿐입니다.

웨스트민스터 신앙고백 제7장 5, 6항은 "사람과 맺으신 하나님의 언약"에 대해 다룹니다. 웨스트민스터 신앙고백은 다른 어떤 자료들보다도 은혜언약을 중심으로 구약과 신약의 통일성과 차이점을 잘 설명합니다.

웨스트민스터 신앙고백 제7장 "사람과 맺으신 하나님의 언약"

5. 이 언약은 율법 시대와 복음 시대에 서로 다르게 집행되었다. 율법 시대에 이것은 약속, 예언, 제사, 할례, 유월절 양, 또 유대 백성에게 주어진 다른 예표와 규례에 의하여 집행되었다. 이 모든 것은 오실 그리스도를 예시(豫示)한 것으로 그 당시에는 성령의 역사로 말미암아 약속된 메시아 신앙 안에서 선민을 가르치고 양육하기에 충분하고 유효하였다. 이 메시아에 의해 그들은 온전한 사죄와 영원한 구원을 얻었다. 이것을 가리켜 구약이라고 한다.

6. 복음 시대에 있어서 실체(實體)이신 그리스도가 나타나시매 이 언약을 시행하는 규례들은 말씀의 선포와 세례 및 주의 만찬의 성례 집행으로 대치되었다. 그래서 비록 규례의 수가 더 적고, 더 단순하며, 외면적 영광이 더 적게 보여도 이 언약은 유대인과 헬라인을 포함한 모든 민족에게 더 충만하고, 더 명확하고, 더 큰 영적 효과가 있게 나타난다. 이것을 신약이라 부른다. 그러므로 실체가 다른 두 개의 은혜언약이 있는 것이 아니라 단 하나의 동일한 은혜언약이 다양한 경륜 아래 있는 것뿐이다.

5. This covenant was differently administered in the time of the law, and in the time of the gospel: under the law, it was administered by promises, prophecies, sacrifices, circumcision, the paschal lamb, and other types and ordinances delivered to the people of the Jews, all foresignifying Christ to come; which were, for that time, sufficient and efficacious, through the operation of the Spirit, to instruct and build up the elect in faith in the promised Messiah, by whom they had full remission of sins, and eternal salvation; and is called the old testament.

6. Under the gospel, when Christ, the substance, was exhibited, the ordinances in which this covenant is dispensed are the preaching of the Word, and the administration of the sacraments of baptism and the Lord's Supper: which, though fewer in number, and administered with more simplicity, and less outward glory, yet, in them, it is held forth in more fullness, evidence and spiritual efficacy, to all nations, both Jews and Gentiles; and is called the new testament. There are not therefore two covenants of grace, differing in substance, but one and the same, under various dispensations.

생각할 거리

타잔의 실수

내가 어렸을 때 TV에서 방영했던 만화영화 "타잔"은 인기가 무척 많았다. 그 만화에서 타잔은 초식동물을 잡아먹는 사자를 제압하며 약한 동물을 잡아먹으면 가만두지 않겠다고 경고했다. 나는 그런 타잔이 참으로 멋있다고 생각했었다. 그런데 더 커서는 그럼 사자는 무엇을 먹고 살아야 하는지 의문이 생겼다.

육식성 동물인 사자는 고기를 먹어야 한다. 게다가 사자가 사냥에 성공하는 확률은 열 번에 두세 번 정도이며 사냥 때마다 부상의 위험이 따르기도 한다. 그러다 보니 사자는 약하거나 다친 짐승을 노리게 되고 자연스럽게 초식동물의 개체 수를 조절하는 역할을 한다. 물론 포식자가 초식동물을 잡아먹는 장면은 잔인해 보인다. 하지만 단지 사람의 눈에 그렇게 보인다고 하여 쉽게 나쁘다고 판단해서는 안 된다. 육식동물들의 체질과 소화기관이 바뀌기 전에는 그들을 비난할 수 없다.

혹여 타잔의 개입으로 다른 동물을 잡아먹지 못한 포식자들이 모두 굶어 죽었다고 치자. 어떤 일이 벌어지겠는가? 초식동물이 모두 제 명대로 끝까지 살면서 과도하게 번성한 결과, 식물이 사라지고 환경이 망가져 결국에는 초식동물들도 대부분 멸종할 것이다. 타잔의 동정이 큰 재앙을 몰고오는 것이다.

어떤 사람들은 20세기에 소련과 중국, 동유럽 등을 휩쓴 공산주의의 열풍 속에서 차별 없이 더불어 사는 사회가 곧 탄생할 것으로 기대했었다. 하지만 공산주의 국가들이 아무리 인민 교육에 열을 올

Tip 소련: 소비에트 사회주의 공화국 연방(Union of Soviet Socialist Republics: USSR)의 줄임말. 지금의 러시아 및 동유럽, 중앙아시아와 북아시아에 걸친 광대한 영역을 자랑했으나 1992년에 해체되었다.

려도 사람들 마음속에 있는 죄성까지 해결하지는 못했다. 냉혹한 자아비판과 엄청난 사상 학습, 공포 정치로도 능력에 따라 일하고 필요에 따라 소비하는 이상 사회는 실현되지 않았다. 끝없는 인간의 욕망은 공산주의 시스템을 좀먹었고 개인의 이익이 보장되지 않는 사회에서 사람들의 능력은 제대로 발휘될 리 없었다.

사람들이 이 땅에서 해보는 모든 시도에는 한계가 있다. 사람은 아무리 노력해도 가시덤불과 엉겅퀴를 내는 땅 자체를 변화시키지 못하고 전 속성이 부패한 인간의 내면을 변화시키지 못한다. 인간의 시도는 대부분 타잔이 한 것처럼 죄 없는 사자만을 족치는 임기응변일 뿐이다. 완전한 세상은 땅의 가시덤불과 엉겅퀴가 없어져야 하고 얼굴에 땀이 흐르지 않아도 먹을 수 있어야 하며, 아내는 남편에게 원하는 것이 없고 남편은 그런 여자를 다스리지 않고 사랑하는 세상이다.

그런 변화는 하나님이 주인이 되어 다스리시는 하나님 나라에서만 가능하다. 하나님만이 본질을 바꾸시는 분이시기 때문이다. 하나님은 사자가 소처럼 풀을 먹게 하시고 초목이 풍성히 자라게 하신다. 그 결과 이리는 어린 양과 함께 거하고 표범은 어린 염소와 함께 누우며 송아지와 어린 사자는 함께 있어 어린아이가 몰고 다닌다(사 11:5-9). 사자가 소처럼 풀을 먹으니 "소 닭 보듯, 닭 소 보듯 한다"는 속담은 "소가 사자를 보듯, 사자가 소를 보듯 한다"로 바뀐다.

우리는 "하나님 나라를 확장하자", "하나님 나라를 이룩하자"라는 말을 쓰곤 한다. 하지만 하나님 나라는 사람의 힘으로 도달할 수 없는 초월성을 그 특징으로 한다. 따라서 성경은 하나님 나라가 "온다", 또 하나님이 하나님 나라를 "주신다"라고 표현한다. 우리는 성경이 말하는 대로 하나님이 주시는 하나님 나라를 받아 거기에 들어간다. 하나님 나라의 초월성 때문에 하나님 나라는 은혜로만 들어간다는 은혜성의 특징이 생기는 것이다.

하나님 나라를 고대하는 성도는 타잔이 한 것 같은 실수를 범하지 않으며 비관주의에 빠지지도 않는다. 그 대신 미래에 주어질 하나님 나라를 사모하며 이미 주어진 하나님 나라를 믿음으로 누리며 살아간다. 예수님은 우리에게 하나님의 나라와 관련하여 "나라가 임하시오며"라고 기도하라고 이미 가르쳐주셨다. 우리는 사람의 나라가 아니라 오직 하나님 나라만을 사모하고 추구하며 살아야 한다.

1. 자신이나 주변 사람들에게 있는 중독 증상에 대하여 말하여보시오. 중독의 가장 큰 원인이 관계의 단절과 스트레스에 있다는 사실을 염두에 두고 중독에서 벗어나는 방법에 관해 이야기해봅시다.

2. 웨스트민스터 소요리문답 제20문을 서로 묻고 답해봅시다. 근거 성구도 함께 살펴봅시다.

3. 하나님이 어떤 자들을 "영원 전에" 영생으로 택하셨다는 말의 의미는 무엇입니까?

4. 하나님이 어떤 자들을 "자신의 순전한 기뻐함으로" 택하셨다는 것은 어떤 의미입니까?

5. 행위언약과 은혜언약의 같은 점과 다른 점을 정리해봅시다.

6. 구약과 신약의 같은 점과 다른 점을 정리해봅시다.

7. 그리스도가 오신 후 그리스도를 예시한 구약의 여러 규례는 효력을 잃었지만 말씀 선포와 성례의 두 가지 규례는 남았습니다. 구약의 규례와 비교해 매우 간단해 보이는 이 두 가지 규례가 가지는 장점은 무엇입니까?

8. 죄와 비참함에 빠진 죄인들은 어떻게 예수 그리스도를 믿을 수 있습니까? 이것을 위해 하나님이 하신 일은 무엇입니까?

9. "생각할 거리"에서 타잔이 범한 실수는 무엇이었습니까? 또 공산주의 국가들이 실패한 원인은 무엇이었습니까?

10. 우리가 하나님 나라를 간절히 사모하고 추구해야 하는 이유는 무엇입니까?

제4부

그리스도론

제21-28문

제12-1과

두 본성, 한 인격의 구속자

제21문. 하나님이 택하신 자들의 구속자는 누구십니까?

Who is the Redeemer of God's elect?

답. 하나님의 택자들의 유일한 구속자는 주 예수 그리스도이니(딤전 2:5-6), 그는 하나님의 영원한 아들인데 사람이 되셨고(요 1:14; 갈 4:4), 그래서 두 개의 구별된 본성이지만 한 인격으로 하나님과 사람이셨고, 영원히 계속하여 신인(神人)이십니다(롬 9:5; 눅 1:35; 골 2:9; 히 7:24-25).

The only Redeemer of God's elect is the Lord Jesus Christ, who, being the eternal Son of God, became man, and so was, and continues to be, God and man in two distinct natures, and one person, for ever.

---

lord 주인, 지배자, 소유자, 영주, 귀족, (L-) 주, 하나님, 예수 그리스도

continue (쉬지 않고) 계속되다, 계속하다, (특정 직장이나 상태에) 계속 있다

distinct (…과는) 다른, 별개의, 명료한, 뚜렷한

redeemer 다시 사들이는 사람, 저당물을 찾는 사람, 몸값을 주고 빼내는 사람, (R-) 구세주

근거 성구

5하나님은 한 분이시요 또 하나님과 사
람 사이에 중보자도 한 분이시니 곧 사
람이신 그리스도 예수라. 6그가 모든
사람을 위하여 자기를 대속물로 주셨
으니 기약이 이르러 주신 증거니라(딤
전 2:5-6).

말씀이 육신이 되어 우리 가운데 거하시매 우리가 그의 영광을 보니 아버지의 독생자의 영광이요, 은혜와 진리가 충만하더라(요 1:14).

때가 차매 하나님이 그 아들을 보내사 여자에게서 나게 하시고 율법 아래에 나게 하신 것은(갈 4:4).

조상들도 그들의 것이요, 육신으로 하면 그리스도가 그들에게서 나셨으니 그는 만물 위에 계셔서 세세에 찬양을 받으실 하나님이시니라. 아멘(롬 9:5).

천사가 대답하여 이르되 "성령이 네게 임하시고 지극히 높으신 이의 능력이 너를 덮으시리니 이러므로 나실 바 거룩한 이는 하나님의 아들이라 일컬어지리라"(눅 1:35).

그 안에는 신성의 모든 충만이 육체로 거하시고(골 2:9).

24예수는 영원히 계시므로 그 제사장
직분도 갈리지 아니하느니라. 25그러므
로 자기를 힘입어 하나님께 나아가는
자들을 온전히 구원하실 수 있으니 이
는 그가 항상 살아계셔서 그들을 위하
여 간구하심이라(히 7:24-25).

해설

두 본성, 한 인격의 신인(神人)이신 구속자

이 책의 제1부(제1-3문)는 "서론"으로서 인생의 목적과 성경에 대해 다루었습니다. 이어진 제2부(제4-12문)는 "신론"으로서 하나님의 속성, 삼위일체, 작정, 창조, 섭리에 대해 알아보았고, 제3부(제13-20문)에서는 "인간론"에 해당하는 죄와 죄의 결과, 은혜언약에 대해 살펴보았습니다.

이제 제4부(제21-28문)는 "그리스도론"(기독론)에 해당하는 내용을 살펴볼 차례입니다. 여기서는 은혜언약을 성취하시는 그리스도의 두 본성과 한 인격, 선지자·제사장·왕의 삼중직, 낮아짐과 높아짐 등을 주요 내용으로 다룹니다. 각 문항의 주제를 간략하게 정리하면 다음과 같습니다.

- 그리스도론 개요
  - 제21문: 그리스도의 두 본성, 한 인격
  - 제22문: 그리스도의 성육신(성령으로 잉태되어 동정녀 마리아에게서 나심)
  - 제23문: 그리스도의 사역과 상태(선지자와 제사장과 왕의 직분, 낮아짐과 높아짐)

- (직분) 그리스도의 사역 (the work of Christ)
  - 제24문: 선지자 직분(말씀과 영으로 구원에 관한 하나님의 뜻을 나타내심)
  - 제25문: 제사장 직분(자신을 희생물로 드리고 계속하여 간구)
  - 제26문: 왕 직분(우리를 복종케 함, 다스림과 지킴, 원수를 정복하심)

- (신분) 그리스도의 상태 (the states of Christ)
  - 제27문: 낮아짐(낮은 지위로 나심, 인생의 비참함, 십자가의 죽음, 묻히심)
  - 제28문: 높아짐(부활, 승천, 우편에 앉으심, 심판하러 오심)

〈표23〉 제4부 "그리스도론"의 구성

1. 유일한 구속자는 하나님의 영원한 아들(the eternal Son of God)

참새의 새끼는 참새입니다. 사람의 자녀는 사람입니다. 하나님의 아들은 하나님입니다. 예수님이 하나님의 아들이라는 것은 예수님의 신분이 사람이 아닌 하나님이라는 말입니다. 그런데 예수님은 하나님의 "영원한 아들"이십니다.

원래 자식은 부모가 있어야만 존재할 수 있습니다. 자식은 부모보다 나중에 태어납니다. 이런 생물학적 원리를 신론에 대입하면 하나님의 아들인 구속자가 존재하지 않았던 때가 있었다는 논리가 성립합니다. 이렇게 생각한 이단이 바로 아리우스입니다.

하지만 그리스도가 하나님의 아들이라는 말을 시간 속에서 생각하면 안 됩니다. 시간 속에서 하나님이 그리스도를 낳으셨다고 생각하면 예수님은 하나님과 동등하지 않고 열등한 존재가 되어버립니다. 시간을 초월하여, 시간이 만들어지기 전에, 그리스도는 영원히 하나님의 아들이십니다.

앞서 제5-2과에서 삼위일체를 다룰 때 살펴본 것처럼 성경에 나오는 하나님에 관한 구절들은 하나님의 본질에 대한 것, 성부와 성자와 성령의 관계에 관한 것, 하나님과 피조물과의 관계에 관한 것 등으로 구분해서 이해해야 합니다. 구속자가 하나님의 아들이라고 할 때의 "하나님"은 삼위일체 하나님이 아니라 한 위격이신 성부 하나님을 의미합니다. 성부 하나님은 영원히 성자를 낳으시고, 성령은 성부와 성자로부터 영원히 나오십니다. 성부가 성자와 성령의 기원과 근원이 됩니다. 성부는 아무에게서도 기원을 갖지 않으므로 다른 위격을 대표합니다. 그래서 성경이 말하는 하나님은 성부 하나님을 의미할 때가 많습니다.

제21문의 근거 성구 중 하나인 요한복음 1:14은 "아버지의 독생자의 영광"이라고 해서 성부 하나님을 "아버지"라고 표현합니다. 그런데 갈라디아서 4:4은 "하나님이 그 아들을 보내사 여자에게서 나게 하시고"라고 기록합니다. 여기서 "하나님"은 성부 하나님을 의미합니다. 그리고 "그 아들"은 당연히 성자 하나님을 의미합니다. "여자에게서 나게 하시고"라는 표현은 성자 하나님이 마리아에게 태어나 사람이 되신 것에 대해 말합니다.

2. 사람이 되셨고(became man)

사람이 되신 분은 하나님의 영원한 아들입니다. 즉 하나님이 사람이 되셨습니다. 사도신경도 "**그 외아들** 우리 주 예수 그리스도를 믿사오니, **이는 성령으로 잉태하사**"라고 말합니다. 성부 하나님의 유일한 아들이 사람이 되셨습니다.

우리는 하나님이 어떤 분인지를 알면 알수록 하나님의 아들이 사람이 되신 사건의 가치와 의미를 깊이 깨닫게 됩니다. 앞서 살펴본 것처럼 하나님은 무한하고 영원하고 불변하신 분입니다. 그런 분이 시간과 공간의 제약을 받는 유한한 육신을 입고 비바람이 몰아치는 이 땅에 오셨습니다. 이 격차가 얼마나 큰지 생각해보십시오. 얼마나 낮아진 것인지 상상하기 힘들 정도입니다. 우리야 원래부터 사람으로 태어나 성장했으니 사람됨의 의미가 무엇인지 모릅니다. 하지만 예수 그리스도는 하나님으로서 가장 고귀한 상태를 아십니다. 하늘이 땅에서 높은 것보다 더 높으신 분이 하나님이십니다. 그러한 분이 이 땅에서 사람이 되셨습니다. 그 격차에 대해 깊이 묵상한 사도 바울은 다음과 같이 권고합니다.

5너희 안에 이 마음을 품으라. 곧 그리스도 예수의 마음이니 6그는 근본 하
나님의 본체시나 하나님과 동등됨을 취할 것으로 여기지 아니하시고 7오
히려 자기를 비워 종의 형체를 가지사 사람들과 같이 되셨고 8사람의 모양
으로 나타나사 자기를 낮추시고 죽기까지 복종하셨으니 곧 십자가에 죽으
심이라(빌 2:5-8).

바울은 우리에게 그리스도 예수의 마음을 품으라고 말합니다. 예수님은 근본에 있어 하나님의 본체로서 성부 하나님과 동등하십니다. 그런데 자기를 비워 종의 형체를 가지셨습니다. 이것은 동이 서에서 먼 것보다, 하늘이 땅에서 높은 것보다 더 큰 낮아짐입니다. 예수님은 이렇게 낮아져서는 죽기까지 복종하시어 십자가에서 죽으셨습니다.

그런데 예수님은 "누구든지 나를 따라오려거든 자기를 부인하고 자기 십자가를 지고 나를 따를 것이니라"(마 16:24)라고 말씀하십니다. 자기를 부인하고, 자기보다 남을 낫게 여기는 것(빌 2:3)처럼 힘들고 하기 싫은 일이 또 있을까요? 하지만 상대방의 처지와 수준으로 낮아져 그 사람을 품는 것이야말로 참된 그리스도인이 추구해야 할 목표 중 하나입니다.

가인은 자기 제물은 받아들여지지 않고 동생 아벨의 제물만 받아들여지자 그를 시기하여 죽이기까지 했습니다. 사울 왕 역시 사람들이 자신보다 다윗의 전적을 더 높이 평가하자 그를 죽이려 들었습니다. 이처럼 자신은 인정받지 못하는데 나보다 아랫사람이 인정받는 상황을 받아들이기는 매우 힘이 듭니다. 그런데 성경은 우리에게 아예 상대방의 처지로 내려가 그와 하나가 되어 자신에게 주어진 십자가를 질 것을 요청합니다. 이는 하나님이 먼저 본을 보이셨기 때문입니다. 그리스도가 사

람이 되신 사건을 우리와 상관없는 일로 여기면 절대 안 됩니다. 그리스도의 본을 따라 우리도 자기를 부인하고 자기 십자가를 져야 합니다.

Tip 人不知而不慍不亦君子乎(인부지이불온 불역군자호)

공자는 "남이 자기를 알아주지 않더라도 화내지 아니하면 군자라고 할 수 있다"고 말했습니다. 이러한 말을 제대로 실천에 옮길 수 있는 사람은 유교를 신봉하는 자가 아닙니다. 그리스도인이야말로 자기가 인정받지 못해도 분을 품지 않고 오히려 다른 사람을 섬길 수 있습니다.

우리의 본이 되신 예수님은 하나님이신 당신을 알아보지 못하고 "네가 만일 하나님의 아들이어든 자기를 구원하고 십자가에서 내려오라"(마 27:40)라고 외치는 무리를 위해 오히려 용서를 비는 기도를 드리셨습니다. 우리 중 대다수는 이런 경우 십자가에서 잠시 내려와 비난하는 자들을 응징하려고 할 것입니다. 우리 모두 예수님의 본을 따라 자기를 비울 수 있기를 바랍니다. 자신의 존재와 신분을 확인시키려는 마음을 내려놓고 세상의 평가가 아닌 하나님의 뜻을 생각하며 용서와 사랑을 실천하면 좋겠습니다.

3. 두 개의 구별된 본성, 한 인격의 신인(God and man in two distinct natures, and one person): 양성 일인격(兩性 一人格)

유일한 구속자로 사람이 되신 분은 성자 하나님이신 예수 그리스도이십니다. 예수님은 하나님으로서 사람이 되신 것입니다. 그렇다면 하나님의 본성(the nature of God)과 사람의 본성(the nature of man)은 어떻게 나타날까요? 이에 대해 소요리문답 제21문은 예수님이 두 개의 구별된 본성을 갖는 한 인격의 신인(神人)이라고 말합니다.

하나님의 본성은 제4문에서 살펴본 것처럼 "무한하고 영원하고 불변하신 영"이라고 할 수 있습니다. 이에 반해 사람은 시간과 공간을 비롯한 모든 속성에 있어 유한하고 변화하는 존재입니다. 이렇게 큰 차이가 나는 두 본성이 어떻게 한 인격을 이룰 수 있을까요? 이것은 우리가 다 이해할 수 없는 신비입니다.

그런데 사실 우리는 태아의 발생과 성장 과정도 다 이해하지 못합니다. 우리가 임신과 출산을 어렵지 않게 접할 수 있어서 그렇지, 한 생명의 출생은 신비로 가득합니다. 엄마와 태아는 혈액형이 달라도 두 개체의 혈액은 혼합이나 합성이 되지 않기 때문에 위험하지 않습니다. 또 엄마와 태아는 서로 다른 인격체이면서도 태아는 엄마를 통해서만 영양분을 공급받습니다. 엄마와 태아는 하나이면서도 둘이고, 서로 구분되는 경계가 분명히 있으면서도 서로 긴밀하게 교통합니다.

인간 존재 자체도 엄청난 신비입니다. 인간은 유한하지만 지적 능력을 통해 무한한 우주에 대해 생각할 줄 아는 역설적인 존재입니다. 사람의 영혼과 육신은 한 인격 안에 결합되어 있는데 사람들은 대부분 그 과정을 자세히 모르면서도 인격의 통합성을 받아들입니다. 마찬가지로 우리는 예수 그리스도의 두 본성이 한 인격으로 계시는 것도 받아들일 수 있습니다. 그리고 영혼과 육신이 한 인격이 되는 사람에게 있어 결합의 원리는 영혼에 있듯이, 신성과 인성이 한 인격이 되는 그리스도에게 있어 결합의 원리는 신성에 있다는 사실도 이해할 수 있습니다. 성자 하나님이 인성을 취하신 것이지 인간 예수가 신성을 획득하여 하나님이 된 것이 아닙니다. 하나님으로부터 인간으로의 낮아짐이지 그 반대가 아닌 것입니다.

신성과 인성은 변질과 합성과 혼합 없이(without conversion, composition, or confusion) 한 인격으로 결합되어(joined) 있습니다. 신성과 인성은 각각 무한과 유한으로서 너무나 큰 차이가 나기 때문에

Tip **conversion**: 전환, 개조, 전향
composition: 구성, 작곡, 작성
confusion: 혼란, 혼동

한쪽이 다른 쪽으로 변질되거나 합성되거나 혼합될 수 없습니다. 신앙의 선배들은 이런 원리를 "유한은 무한을 받지 못한다"(*finitum non capax infiniti*)라고 표현했습니다. 이 원리가 사람의 내적 인식 능력에 적용되면 "유한은 무한을 인식하지 못한다"(*finitum non possit capere infinitum*)라고 표현됩니다. 유한한 인간은 무한하신 하나님을 인식하지 못하므로 하나님의 계시가 반드시 있어야 하고 그 계시는 사람의 수준에 맞춘 **적응 계시**여야 한다는 뜻입니다. 하나님에 대한 인식과 그리스도론은 이렇게 서로 연결이 됩니다.

4. 신인(神人)이셨고, 영원히 계속하여 신인이십니다 (so was, and continues to be, God and man for ever)

성자 하나님은 2천 년 전에 마리아를 통해 인성을 취하시어 신인(神人)이 되신 이후 단 한 번도 인성을 버리신 적이 없습니다. 예수님은 이 땅에 사시는 동안에도 신인이셨고 부활하는 순간에도 신인이셨으며 승천하실 때에도 신인이셨습니다. 예수님은 이 땅에 머무신 동안만 육체를 가지고 있었던 것이 아니라 부활하실 때에도 육체 부활을 하셨고 승천하실 때에도 육체 승천을 하셨습니다. 한 번 취하신 인성을 버리지 않으신 것입니다.

그리스도가 한 번도 인성을 버린 적이 없다는 것은 그가 인성을 포기하지 않으시며 귀하게 여기신다는 뜻입니다. 또한 그리스도가 취하신 인성은 하나님이 택하신 자들의 인성을 의미하는 것이므로 그가 계속하여 신인으로 있다는 것은 하나님이 절대로 택하신 자들을 버리지 않으신다는 뜻입니다. 그리스도가 취하신 인성은 영원히 신성과 함께 한 인격을 이루는데, 그 인성은 언제까지나 낮은 수준에 있는 것이 아니라 신성에 어울리는 영화로운 인성으로 바뀝니다. 그리고 그리스도의 인성이 영화로워진다는 것은 바로 그 인성이 대표하는 택자들도 영화로워진다는 것을 의미합니다.

택자들의 유일한 구속자이신 그리스도가 영원히 신인으로 계신다는 것은 우리의 미래가 얼마나 영화롭고 안전한가를 말해줍니다. 그리스도가 신인이 되신 그 순간 우리에 대한 영원한 사랑이 확정되었고, 그리스도가 영원히 계속하여 신인으로 계시기에 우리는 영광스러운 영원을 소망할 수 있습니다.

5. 유일한 구속자는 왜 신인이셔야 하는가?

왜 구속자는 하나님으로서 사람이 되셔야 했을까요? 사람이 되지 않고 그냥 신으로서 구원 사역을 해도 되지 않았을까요? 이제부터 구속자가 인성을 취하시어 사람이 되셔야 하는 이유에 대해 알아보겠습니다.

ㄱ. 인성을 취하시어 사람이 되셔야 하는 이유 타락으로 인해 죄와 비참함에 빠져 구원받아야 하는 대상은 "사람"입니다. 그러므로 구속자이신 예수님은 사람이 되시어 사람들이 타락으로 겪는 죄와 비참을 경험하고 사람으로서 죄의 형벌을 감당하실 필요가 있습니다. 사람의 타락으로 인한 형벌과 비참은 사람이 담당해야지 하나님이 담당하시면 안 됩니다.

예수님은 잡히시던 밤에 겟세마네 동산에서 제자들에게 "내 마음이 매우 고민하여 죽게 되었으니"라고 말씀하셨고, 십자가에서 고난을 받고 죽으시기 직전에 "나의 하나님, 나의 하나님, 어찌하여 나를 버리셨나이까?"라고 부르짖으셨습니다. 예수님은 이러한 말할 수 없는 육신과 영혼의 고통을 짊어지셔야 했는데 예수님이 사람이 아니셨다면 이런 고통을 느낄 수 없었을 것입니다.

지금 내 마음이 괴로우니 무슨 말을 하리요. 아버지여, 나를 구원하여 이 때를 면하게 하여주옵소서. 그러나 내가 이를 위하여 이때에 왔나이다(요 12:27).

자녀들은 혈과 육에 속하였으매 그도 또한 같은 모양으로 혈과 육을 함께 지니심은 죽음을 통하여 죽음의 세력을 잡은 자 곧 마귀를 멸하시며(히 2:14).

17그러므로 그가 범사에 형제들과 같이 되심이 마땅하도다. 이는 하나님의
일에 자비하고 신실한 대제사장이 되어 백성의 죄를 속량하려 하심이라.
18그가 시험을 받아 고난을 당하셨은즉 시험 받는 자들을 능히 도우실 수 있
느니라(히 2:17-18).

1대제사장마다 사람 가운데서 택한 자이므로 하나님께 속한 일에 사람을
위하여 예물과 속죄하는 제사를 드리게 하나니 2그가 무식하고 미혹된 자
를 능히 용납할 수 있는 것은 자기도 연약에 휩싸여 있음이라(히 5:1-2).

지금까지는 구속자가 사람이어야 하는 이유에 대해 알아보았습니다. 구속자가 사람이어야만 한다면 그냥 어떤 사람이 그 일을 감당하면 되지 않았을까요? 왜 성자 하나님이 그 구속의 사역을 감당하셔야만 했을까요? 이제부터는 구속자가 왜 신성을 지닌 하나님이셔야 하는지에 대해 알아보겠습니다.

ㄴ. 신성을 지니신 하나님이셔야 하는 이유 **타락으로 인해 사람으로서 감당해야 하는 형벌과 비참함과 연약함의 고통과 짐은 사람이 감당하기에는 너무나 큽니다. 또 죄의 삯은 사망이므로 사람은 누구나 자기 죄를 짊어지고 죽을 수밖에 없습니다. 그러나 구속자는 다른 모든 이의 죄를 감당해야 할 뿐 아니라 그 죽음의 권세를 뚫고 다시 살아나야 합니다. 또 구속자는 살아 있는 동안 모든 하나님의 율법을 지킴으로써 죽음의 권세에 영향받지 않아야 합니다. 이는 사람의 힘으로는 절대 불가능하고 하나님의 능력으로만 가능한 일이므로 구속자는 반드시 하나님이셔야 합니다.**

> 7아무도 자기의 형제를 구원하지 못하며 그를 위한 속전을 하나님께 바치
> 지도 못할 것은 8그들의 생명을 속량하는 값이 너무 엄청나서 영원히 마
> 련하지 못할 것임이니라. 9그가 영원히 살아서 죽음을 보지 않을 것인가?
> 10그러나 그는 지혜 있는 자도 죽고 어리석고 무지한 자도 함께 망하며 그
> 들의 재물은 남에게 남겨두고 떠나는 것을 보게 되리로다(시 49:7-10).

> 예수께서 이르시되 "나는 부활이요 생명이니 나를 믿는 자는 죽어도 살겠고"(요 11:25).

> 성결의 영으로는 죽은 자들 가운데서 부활하사 능력으로 하나님의 아들로 선포되셨으니 곧 우리 주 예수 그리스도시니라(롬 1:4).

> 42죽은 자의 부활도 그와 같으니 썩을 것으로 심고 썩지 아니할 것으로 다
> 시 살아나며 43욕된 것으로 심고 영광스러운 것으로 다시 살아나며 약한

것으로 심고 강한 것으로 다시 살아나며 44육의 몸으로 심고 신령한 몸으
로 다시 살아나나니 육의 몸이 있은즉 또 영의 몸도 있느니라. 45기록된 바
"첫 사람 아담은 생령이 되었다" 함과 같이 마지막 아담은 살려주는 영이
되었나니(고전 15:42-45).

심화 연구

Tip 양성 일인격: two distinct natures, one person.

양성 일인격 교리의 유용성

1. 근본적 변화가 없는 신성

그리스도에게 신성과 인성은 변질과 합성과 혼합 없이 한 인격으로 결합되어 있다는 교리는 예수 그리스도의 사역을 이해하는 데 큰 도움이 됩니다. 성육신은 그리스도의 신성에는 근본적 변화를 일으키지 않았습니다. 예수님이 이 땅에 오셔서 여러 가지 일을 하실 때에 예수님의 신성은 여전히 무한하고 영원한 속성대로 시간과 공간을 초월했습니다. 따라서 예수님은 이 땅에 계실 때 인성으로 하나님께 기도하시고 신성으로 그 기도를 들으셨다고 말할 수도 있습니다. 예수님은 부활 후 승천하시어 하나님 우편에 앉아계실 때도 한정된 장소인 그곳에는 인성으로 계시고 신성으로는 장소를 초월하여 어디에나 계십니다.

그분의 신성은 고난과 죽음과 무지와 연약과 유혹에 연관되지 않습니다. 우리의 구세주는 분명 고난, 죽음, 무지, 연약, 유혹을 경험했지만 그 경험은 신성이 아닌 인성 안에 있습니다. 그러나 예수 그리스도 안에서 신성과 인성은 너무나 밀접하게 결합되어 있으므로 성경은 그 인성이 죽었다고 표현하지 않고 예수 그리스도가 죽었다고 말합니다.

유한은 무한을 받지 못합니다. 신성과 인성의 한 인격이신 그리스도 안에서도 인성은 신성을 받지 못합니다. 그래서 신성과 인성은 변질과 합성과 혼합 없이 한 인격으로 결합되어 있습니다. 그런데 루터파는 인성과 신성이 실제로 이전한다고 봅니다. 이런 교류가 있어야만 한 인격의 단일성이 성립한다고 보는 것입니다. 처음에 루터파는 인성에서 신성으로의 이전도 주장했지만, 신성모독이라는 비판에 직면하자 최근에는 의견을 수정해 신성에서 인성으로의 전달이 가능하다는 주장을 펼치고 있습니다.

루터파가 주장하는 공재설(共在設, consubstantiation)도 신성의 전능, 편재, 전지와 같은 사역적 속성이 인성에 전달된다고 본 결과입니다. 공재설이란 성찬에서 나누는 떡과 포도주에 하나님 우편에 앉아계신 예수 그리스도가 실제로 임한다고 보는 관점입니다. 그들의 관점에 따르면 성찬 시 떡과 포도주 안에, 아래에, 그것들과 함께 육체를 포함하는 그리스도의 전 인격이 신비스럽고 기적적인 방법으로 임재하십니다. 그들은 예수님의 인성이 신성의 전능과 편재와 전지와 같은 속성을 받아 성찬 시 육체도 임할 수 있다고 보는 것입니다.

이에 반해 우리는 예수 그리스도의 육체는 하나님 우편에 계시고 성찬에는 그의 신성만이 임재하신다고 보아야 합니다. 비록 그리스도가 성찬의 떡과 포도주에 육체적·장소적으로 임재하시지는 않지만, 예수 그리스도는 전 인격으로 신자들과 연합하시므로 신자들은 믿음으로 그의 몸과 피, 그리고 그가 주시는 모든 유익에 함께 **참여한다**고 할 수 있습니다.

제12-2과

성령으로 잉태되어 죄 없이 마리아에게 나신 그리스도

제22문. 하나님의 아들이신 그리스도는 어떻게 사람이 되셨습니까?

How did Christ, being the Son of God, become man?

답. 하나님의 아들이신 그리스도는 자기 자신에게 참 몸과(히 2:14, 16; 10:5) 지각 있는 영혼을 취하심으로써(마 26:38), 성령의 능력으로 동정녀 마리아의 태에 임신되심으로써(눅 1:27, 31, 35, 42; 갈 4:4), 그리고 그녀로부터 죄 없이 태어나심으로써 사람이 되셨습니다(히 4:15; 7:26).

Christ, the Son of God, became man, by taking to himself a true body, and a reasonable soul, being conceived by the power of the Holy Ghost, in the womb of the Virgin Mary, and born of her yet without sin.

---

true 실제대로의, 진실한, 원형과 일치하는

reasonable 이치에 맞는, 이성(분별)이 있는

womb 자궁, 사물이 발생하는 곳

virgin 처녀

근거 성구

14자녀들은 혈과 육에 속하였으매 그
도 또한 같은 모양으로 혈과 육을 함께
지니심은 죽음을 통하여 죽음의 세력
을 잡은 자 곧 마귀를 멸하시며…16이
는 확실히 천사들을 붙들어주려 하심
이 아니요 오직 아브라함의 자손을 붙
들어주려 하심이라(히 2:14-16).

그러므로 주께서 세상에 임하실 때에 이르시되 "하나님이 제사와 예물을 원하지 아니하시고 오직 나를 위하여 한 몸을 예비하셨도다"(히 10:5).

이에 말씀하시되 "내 마음이 매우 고민하여 죽게 되었으니 너희는 여기 머물러 나와 함께 깨어 있으라" 하시고(마 26:38).

다윗의 자손 요셉이라 하는 사람과 약혼한 처녀에게 이르니 그 처녀의 이름은 마리아라(눅 1:27).

보라, 네가 잉태하여 아들을 낳으리니 그 이름을 예수라 하라(눅 1:31).

천사가 대답하여 이르되 "성령이 네게 임하시고 지극히 높으신 이의 능력이 너를 덮으시리니 이러므로 나실 바 거룩한 이는 하나님의 아들이라 일컬어지리라"(눅 1:35).

큰 소리로 불러 이르되 "여자 중에 네가 복이 있으며 네 태중의 아이도 복이 있도다"(눅 1:42).

때가 차매 하나님이 그 아들을 보내사 여자에게서 나게 하시고 율법 아래에 나게 하신 것은(갈 4:4).

우리에게 있는 대제사장은 우리의 연약함을 동정하지 못하실 이가 아니요, 모든 일에 우리와 똑같이 시험을 받으신 이로되 죄는 없으시니라(히 4:15).

이러한 대제사장은 우리에게 합당하니 거룩하고 악이 없고 더러움이 없고 죄인에게서 떠나 계시고 하늘보다 높이 되신 이라(히 7:26).

해설

참 영육을 취하고, 성령으로 잉태되고, 죄 없이 나신 그리스도

앞서 우리는 웨스트민스터 소요리문답 제21문을 통해 그리스도가 신성과 인성을 지니신 한 인격의 신인(神人)임을 살펴보았습니다. 제22문을 다루는 이번 과에서는 그리스도가 성령으로 잉태되어 동정녀 마리아에게 나시는 형태로 인성을 취했음을 살펴볼 것입니다. 이어지는 제23문은 그리스도가 낮아짐과 높아짐의 상태(estate)에서 선지자와 제사장과 왕의 직분(office)을 행한다는 사실을 말합니다.

제21문 구속자 예수 그리스도
- ① 하나님의 영원한 아들이심: 하나님이시란 의미
- ② 사람이 되심: 신성으로서 인성을 취하심
- ③ 한 인격, 두 본성(신성+인성): 영원한 신인(神人)

제22문 그리스도의 성육신
- ① 참 몸과 지각 있는 영혼을 취하심으로써
- ② 성령의 능력으로 마리아의 태에 임신되심으로써
- ③ 마리아로부터 죄 없이 태어나심으로써

〈표24〉 제21, 22문 개요

1. 하나님의 아들이신 그리스도는 사람이 되셨습니다 (Christ, the Son of God, became man)

그리스도는 먼저 하나님의 아들이심을 다시금 확인할 필요가 있습니다. 즉 예수님은 하나님의 아들이므로 하나님이시라는 사실이 중요합니다. 성부 하나님과 성자 하나님의 관계는 "아버지와 아들"의 관계입니다. 성부 하나님은 성자 하나님을 시간 속에서가 아니라 시간을 초월하여 "영원히" 낳으셨습니다. "영원히"는 절대로 먼 과거를 말하는 것이 아니라 시간을 초월한다는 의미입니다.

또 우리가 혼동하면 안 되는 점은 하나님의 아들이신 그리스도가 사람이 되셨을 때 하나님의 신분이 사람의 신분으로 바뀐 것이 아니라는 사실입니다. 성자 하나님이 마리아에게 잉태되어 사람이 되셨을 때 신성은 모두 사라지고 인성만 남은 것이 아닙니다. 하나님이신 그리스도는 인성도 취하시어 신인(神人, God and man)이 되셨습니다. 앞서 소요리문답 제21문에서 살펴본 것처럼, 구속자 예수님은 신성과 인성이라는 두 구별되는 본성을 지니신 한 인격이십니다. 많은 사람이 오해하듯이 하나님이 사람으로 바뀌어서 그리스도가 된 것이 아닙니다. 만일 그렇다면—제21문에서 살펴본 것처럼—신성은 사라져버리고 그리스도의 온전한 구원 사역 또한 이루어지지 않습니다.

2. 자기 자신에게 참 몸과 지각 있는 영혼을 취함으로써 (by taking to himself a true body, and a reasonable soul)

ㄱ. 취함으로써(by taking) 여기서 "취함"(taking)이라는 단어는, 그리스도가 사람이 되실 때 신성을 버리고 하나님이란 신분에서 사람으로 바뀐 것이 아니라 신성을 지니신 성자 하나님이 인성을 가지셨다는 사

실을 잘 말해줍니다. 그리스도는 신성의 변화 없이 인성이라는 요소를 취하셨습니다. 신성과 인성은 "변질과 합성과 혼합 없이" 한 인격으로 존재합니다.

Tip without conversion, composition, or confusion

이것은 우리 인간의 지각으로는 온전히 이해할 수 없는 놀라운 신비입니다. 신성과 인성 간에 변질과 합성과 혼합이 없이 완벽하게 하나의 인격이 되었고, 신성의 변화가 없지만 신성은 인성의 연약과 비참에 동참했습니다. 이런 낮아짐이 또 있을까요? 하나님이 사람과 거하며 하나가 되는 일, 그 놀라운 일이 하나님이신 예수 그리스도가 인성을 취하시어 한 인격이 되신 사건에서 참으로 아름답고 신비하고 찬란하게 나타납니다. 우리 신자들은 이런 예수 그리스도의 낮아짐을 배움으로써 자기를 부인하며 자기 십자가를 지고 그리스도를 좇아야 합니다.

ㄴ. 참 몸(a true body) 예수님은 "참 몸"을 취하셨습니다. 사람들은 대개 그리스도가 인성을 실제로 취하셨다는 것을 사실로 받아들입니다. 참된 하나님이 실제로 인성을 취하여 사람이 되셨다고 믿는 것입니다. 그런데 어떤 사람들은 신이 어떻게 저급한 물질이 될 수 있느냐며 의문을 제기합니다. 신과 사람 사이의 큰 격차를 인정하는 태도는 좋지만 자기 생각에 갇힌 채 신이 실제로 육신을 취할 수는 없다고 단정해버리는 것입니다. 이들의 주장은 그리스도가 실제로 몸을 취하신 것이 아니라 몸을 취한 것처럼 보인 것뿐이라는 사상으로 발전했습니다. 이를 "가현설"(假現說)이라고 합니다.

Tip 假: 거짓 가, 現: 나타날 현, 說: 학설 설

가현설을 의미하는 영어 도시티즘(Docetism)은 "보이다, …인 듯하다"라는 의미의 그리스어 "도케오"(δοκέω)에서 유래했습니다. 즉 예수님의 몸이 실제 육신이 아니라 육신처럼 보였을 뿐이라고 주장하는 것

입니다. 사실 가현설의 역사는 오래되었습니다. 2세기 영지주의자들은 물질은 악하며 열등하고 영은 선하며 완전하다고 보는 그리스의 이원론을 틀로 사용해 기독교를 이해하려고 했습니다. 그 결과 그들은 그리스도가 "열등한" 육체를 가졌을 리 없다고 결론을 내리고 그분이 육체로 겪은 수난과 죽음, 부활과 승천까지 부정하기에 이른 것입니다.

영지주의자들처럼 그리스도가 참된 몸(a true body)을 취하셨다는 사실을 부정하는 것은 그리스도의 신성만 지나치게 강조한 결과입니다. 그들이 성경에 분명히 기록된 그리스도의 성육신과 고난, 죽음과 부활 및 승천마저 부인한 이유는 성경을 기준으로 성경에 따라 생각하지 않고 자기 철학에 따라 자신의 소견대로 생각했기 때문입니다. 우리 신자들은 그들의 실수를 반면교사 삼아 성경을 외적 인식 원리로 받아들이고 성경이 무엇을 말하는지 잘 살펴야 합니다.

ㄷ. 지각 있는 영혼(a reasonable soul) 그리스도는 몸만이 아니라 "지각 있는 영혼"도 취하셨습니다. 사람이 영과 육으로 구성된다고 할 때, 인성을 취하신 예수님이 육과 영을 모두 취하시는 것은 당연합니다. 앞서도 살펴보았지만 예수님은 십자가에 달리시기 전날 밤 겟세마네 동산에서 제자들에게 "내 마음이 매우 고민하여 죽게 되었으니 너희는 여기 머물러 나와 함께 깨어 있으라"(마 26:38)라고 말씀하셨습니다. 예수님이 사람의 몸만을 취하셨다면 너무 고민스러워 죽게 되었다는 감정을 느낄 수 있으셨을까요? 예수님이 느끼신 고민과 외로움의 정서는 분명히 지각 있는 영혼을 가진 인성에서만 가능합니다.

3. 성령의 능력으로 동정녀 마리아의 태에 임신되심으로써(being conceived by the power of the Holy Ghost, in the womb of the Virgin Mary)

우리는 소요리문답 제16문을 통해 아담으로부터 내려오는 모든 인류가 아담의 첫 범죄와 함께 죄를 지었다는 사실을 살펴보았습니다. 아빠의 정자와 엄마의 난자가 만나 태어나는 보통의 출생에서는 모든 사람이 아담의 원죄를 이어받을 수밖에 없습니다. 그러므로 그리스도가 사람으로 태어나면서 동시에 아담의 범죄를 이어받지 않으려면 성령으로 잉태되셔야만 합니다. 즉 성령의 능력에 의한 임신은 아빠와 엄마의 죄성을 이어받지 않으면서도 인성을 이어받는 잉태 과정입니다.

성령으로 잉태된 씨는 마리아의 태에서 9개월 반의 시간을 보냈습니다. 그동안 그리스도는 마리아로부터 인성을 취하셨습니다. 그리스도는 인성을 마리아에게서 가져오셨지 절대로 다른 곳에서 가져오시지 않았습니다. 어떤 사람은 마리아의 인성이 저급하고 오염되었기 때문에 그리스도는 하늘로부터 인성을 받으셨다고 주장합니다. 마리아는 하늘로부터 가져온 인성이 통과하는 통로에 지나지 않았다는 것입니다. 하지만 우리는 이런 주장을 받아들일 수 없습니다. 예수님이 하늘로부터 온 인성을 취하셨다면 이 땅 위의 사람들을 공감하거나 그들의 죄를 대신하여 죽으셨다고 할 수 없기 때문입니다.

4. 그녀로부터 죄 없이 태어나심으로써(born of her yet without sin)

엄마가 아이를 잉태했을 때 엄마와 아이는 분명히 서로 다른 인격체로서 분명한 경계를 두고 구분이 됩니다. 엄마와 태아의 혈액형이 서로 달라도 문제가 되지 않는 것은 엄마와 태아가 각자의 경계 안에서 머물면서 변질과 합성과 혼합이 일어나지 않기 때문입니다. 하지만 태아는 온전한 사람이 되는 데 필요한 인성을 엄마로부터 받아들입니다. 태아는 엄마로부터만 인성의 요소와 영양분을 받아들이지만 아빠도 닮습니다. 태아가 아빠의 태에 거하지 않고 엄마의 태에 거하며 엄마로부터만 인성의 요소를 받아들이는데도 아빠를 닮는 것은 그 씨에 아빠의 인격이 담겨 있기 때문입니다.

성령으로 잉태된 그리스도는 마리아의 태에 있지만 서로 다른 인격체로서 분명한 경계를 갖고 구분이 됩니다. 그리스도는 마리아로부터 그의 인성을 받아들이지만 마리아가 갖는 죄성은 마리아의 경계 내에서만 머물고 그리스도에게 전달되지 않습니다. 그래서 그리스도는 죄 없이 마리아로부터 태어나실 수 있습니다. 죄 없이 인성을 취하셨기 때문에 예수 그리스도는 택하신 자들의 죄를 대신 짊어지고 죽으실 수 있습니다. 그리스도가 죄성을 가지고 태어났다면 십자가에서의 죽음은 자신의 죄에 대한 삯일 뿐, 절대로 다른 사람들의 죄를 위한 대속(代贖)의 죽음이 될 수 없습니다.

함께 나누기 두 본성, 한 인격의 구속자
성령으로 잉태되어 죄 없이 마리아에게 나신 그리스도

1. 여러분은 자신이 하는 일에 제동이 걸릴 때 자리를 박차며 화를 냅니까, 아니면 꾹 참습니까? 아니면 끝까지 이유를 대며 자기를 설명합니까, 아니면 자리를 피하고 한동안 잠적해버립니까? 각 성격 유형의 장·단점에 대해 나누어봅시다. 그리고 자신의 부족한 점을 돌아봅시다.

2. 웨스트민스터 소요리문답 제21-22문을 서로 묻고 답해봅시다. 근거 성구도 다시 한번 살펴봅시다.

3. "하나님의 아들은 하나님"이란 말은 무슨 뜻입니까? 하나님의 영원한 아들이신 그리스도가 존재하시지 않던 때가 있었습니까?

4. 빌립보서 2:5-8을 읽고 예수 그리스도의 성육신이 갖는 의미에 대해 나누어봅시다.

5. 예수님의 신성과 인성에 관해 이야기해봅시다. 예수님의 신성과 인성은 어떻게 드러났습니까?

6. "가현설"은 무엇입니까? 가현설의 논지를 설명하고 무엇이 문제인지 이야기해봅시다.

7. 구속자는 왜 신인이셔야 합니까? 구속자가 인성을 취하시어 사람이 되셔야 하는 이유와 신성을 지니신 하나님이셔야 하는 이유에 대하여 이야기해봅시다.

8. 예수님이 "참된 몸"과 "지각 있는 영혼"을 취하셨다는 사실은 우리에게 어떤 위로를 줍니까?

9. 예수님이 동정녀 마리아로부터 죄 없이 태어나셨다는 것을 어떻게 설명할 수 있을까요?

10. 다른 이로써는 구원을 받을 수 없고 오직 예수 그리스도를 통해 구원이 임하는 이유는 무엇일까요? 우리가 믿는 예수님이 어떤 분이신지 기억하며 나누어봅시다.

제13-1과

그리스도의 두 가지 상태와 삼중직

제23문. 그리스도는 우리의 구속자로서 어떤 직분들을 행하십니까?

What offices does Christ execute as our Redeemer?

답. 그리스도는 우리의 구속자로서 낮아짐과 높아짐이라는 두 가지 상태에서 선지자(행 3:21-22; 히 12:25; 고후 13:3), 제사장(히 5:5-7; 7:25), 그리고 왕(시 2:6; 사 9:6-7; 마 21:5; 시 2:8-11)의 직분들을 행하십니다.

Christ, as our Redeemer, executes the offices of a prophet, of a priest, and of a king, both in his estate of humiliation and exaltation.

---

office 사무소, 영업소, 관직, 공직, 직무
prophet 예언자, 선지자
priest 성직자, 목사, 사제, 제사장
humiliation 창피를 주기, 굴욕(감), 겸손, 겸허, 낮아짐(비하, 卑下)
exaltation (명예, 지위 등을) 높이기, 승진, 칭찬, 고양, 높아짐(승귀, 昇貴)

근거 성구

21 하나님이 영원 전부터 거룩한 선지
자들의 입을 통하여 말씀하신 바 만물
을 회복하실 때까지는 하늘이 마땅히
그를 받아두리라. 22 모세가 말하되 "주
하나님이 너희를 위하여 너희 형제 가
운데서 나 같은 선지자 하나를 세울 것
이니 너희가 무엇이든지 그의 모든 말
을 들을 것이라"(행 3:21-22).

너희는 삼가 말씀하신 이를 거역하지 말라. 땅에서 경고하신 이를 거역한 그들이 피하지 못하였거든 하물며 하늘로부터 경고하신 이를 배반하는 우리일까 보냐(히 12:25).

이는 그리스도께서 내 안에서 말씀하시는 증거를 너희가 구함이니 그는 너희에게 대하여 약하지 않고 도리어 너희 안에서 강하시니라(고후 13:3).

5 또한 이와 같이 그리스도께서 대제사
장 되심도 스스로 영광을 취하심이 아
니요, 오직 말씀하신 이가 그에게 이르
시되 "너는 내 아들이니 내가 오늘 너
를 낳았다" 하셨고 6 또한 이와 같이 다
른 데서 말씀하시되 "네가 영원히 멜기
세덱의 반차를 따르는 제사장이라" 하
셨으니 7 그는 육체에 계실 때에 자기를
죽음에서 능히 구원하실 이에게 심한
통곡과 눈물로 간구와 소원을 올렸고
그의 경건하심으로 말미암아 들으심을
얻었느니라(히 5:5-7).

그러므로 자기를 힘입어 하나님께 나아가는 자들을 온전히 구원하실 수 있으니 이는 그가 항상 살아계셔서 그들을 위하여 간구하심이라(히 7:25).

내가 나의 왕을 내 거룩한 산 시온에 세웠다 하시리로다(시 2:6).

6 이는 한 아기가 우리에게 났고 한 아들
을 우리에게 주신 바 되었는데 그의 어
깨에는 정사를 메었고 그의 이름은 기
묘자라, 모사라, 전능하신 하나님이라,
영존하시는 아버지라, 평강의 왕이라
할 것임이라. 7 그 정사와 평강의 더함이
무궁하며 또 다윗의 왕좌와 그의 나라
에 군림하여 그 나라를 굳게 세우고 지
금 이후로 영원히 정의와 공의로 그것
을 보존하실 것이라. 만군의 여호와의
열심이 이를 이루시리라(사 9:6-7).

"시온 딸에게 이르기를 '네 왕이 네게 임하나니 그는 겸손하여 나귀, 곧 멍에 메는 짐승의 새끼를 탔도다' 하라" 하였느니라(마 21:5).

8"내게 구하라. 내가 이방 나라를 네 유
업으로 주리니 네 소유가 땅 끝까지 이
르리로다. 9네가 철장으로 그들을 깨뜨
림이여 질그릇같이 부수리라" 하시도
다. 10그런즉 군왕들아, 너희는 지혜를
얻으며 세상의 재판관들아, 너희는 교
훈을 받을지어다. 11여호와를 경외함
으로 섬기고 떨며 즐거워할지어다(시
2:8-11).

해설

그리스도의 두 가지 상태와 세 가지 직분

소요리문답 제23-26문을 다루는 제13, 14과는 그리스도의 삼중직에 대해 말합니다. 소요리문답 제23문은 그리스도가 삼중직을 행하신다는 것을 밝히고, 제24문은 그리스도가 그 세 가지 직분 중 선지자의 직분을 어떻게 행하시는지를 다룹니다.

제23문
- ① 그리스도의 두 가지 상태(estate): 높아짐과 낮아짐
- ② 그리스도의 세 가지 직분(office): 선지자, 제사장, 왕

〈표25〉 제23문 개요

1. 그리스도(Christ)

사람들은 예수님을 부를 때 "예수 그리스도"(Jesus Chirst)라는 호칭을 자주 사용합니다. 이 호칭의 정확한 의미는 무엇일까요? 보통 영어 성명처럼 앞에 있는 "예수"는 이름이고 뒤에 있는 "그리스도"는 성에 해당할까요? 그렇지 않습니다. 예수가 이름에 해당하는 것은 맞지만, 그리스도는 "직분"에 해당하기 때문입니다. 이는 우리가 "이순신 장군"이라고 호칭할 때 "이순신"이 이름이고 "장군"이 직분에 해당하는 것과 같습니다.

그렇다면 "그리스도"는 구체적으로 어떤 직분을 나타낼까요? 이는 말의 뿌리를 살펴봄으로써 확인할 수 있습니다. 그리스도(Christ)는 그리스어 크리스토스(Χριστός)를 옮긴 단어입니다. 그리고 크리스토스는 히브리어로 쓰인 구약성경의 메시아(מָשִׁיחַ, 마쉬아흐)를 번역한 단어입니다. 결국 메시아와 그리스도는 같은 말로 "기름 부음을 받은 자"(the anointed one)를 의미합니다. 그런데 구약 시대에는 선지자와 제사장, 그리고 왕의 직분에 임명되는 사람이 기름 부음을 받았습니다. 따라서 "예수 그리스도"라는 호칭은 예수님이 선지자와 제사장과 왕의 직분에

> **예수는 그리스도이심에 대한 성구**
>
> 시몬 베드로가 대답하여 이르되 "주는 그리스도시오, 살아계신 하나님의 아들이시니이다"(마 16:16).
>
> 오직 이것을 기록함은 너희로 예수께서 하나님의 아들 그리스도이심을 믿게 하려 함이요, 또 너희로 믿고 그 이름을 힘입어 생명을 얻게 하려 함이니라(요 20:31).
>
> 사울은 힘을 더 얻어 예수를 그리스도라 증언하여 다메섹에 사는 유대인들을 당혹하게 하니라(행 9:22).
>
> 5실라와 디모데가 마게도냐로부터 내려오매 바울이 하나님의 말씀에 붙잡혀 유대인들에게 예수는 그리스도라 밝히 증언하니…28이는 성경으로써 예수는 그리스도라고 증언하여 공중 앞에서 힘있게 유대인의 말을 이김이러라(행 18:5-28).
>
> 거짓말하는 자가 누구냐? 예수께서 그리스도이심을 부인하는 자가 아니냐? 아버지와 아들을 부인하는 그가 적그리스도니(요일 2:22).

임명된 분이시라는 뜻입니다.

신약성경을 보면 예수님이 그리스도이심을 나타내는 구절들이 많습니다. 즉 신약성경은 예수님이 보통의 예언자나 종교 지도자가 아니라 구약성경이 예고한 메시아(그리스도) 직분을 맡으신 분이라고 이야기하는 것입니다.

2. 선지자, 제사장, 그리고 왕의 직분(the offices of a prophet, of a priest, and of a king)

앞서 살펴보았듯이 "그리스도"는 "기름 부음을 받은 자"라는 뜻으로서 구약 시대의 선지자, 제사장, 왕의 직분(office)을 가리키는 말입니다. 예수님은 그리스도로서 선지자와 제사장과 왕, 이렇게 세 직분을 행하십니다. 예수님이 구속자로서(as our Redeemer) 어떤 사역을 하셨는지를 구체적으로 알고자 한다면 선지자와 제사장과 왕의 세 직분으로 하신 사역(work)을 살펴보면 됩니다. 이것을 보통 그리스도의 삼중직(三重職)이라고 부릅니다.

Tip 職: 직분, 직책, 벼슬, 맡을 **직**

3. 낮아짐과 높아짐이라는 두 가지 상태 (both in his estate of humiliation and exaltation)

그리스도가 수행하는 선지자와 제사장과 왕의 직분은 그리스도의 낮아지심(비하, 卑下)과 높아지심(승귀, 昇貴)이라는 두 가지 상태(state)에서 이해해야 합니다. 웨스트민스터 소요리문답 제27문은 그리스도의 낮아지심에 대해, 제28문은 그리스도의 높아지심에 대해 자세히 다룰 것입니다. 여기서 우선 간략하게 말하자면, 그리스도의 낮아지심이란 그리스도가 성육신과 탄생과 고난과 죽음과 장사(葬事)와 얼마 동안 죽

Tip 卑: 낮출, 저속할 **비**
昇: 오를 **승**
貴: 귀할, 높을 **귀**

음의 권세 아래 거하신 것을 말합니다. 그리고 높아지심이란 그리스도의 부활과 승천과 하나님 우편에 앉으심과 육체적 재림을 말합니다.

제13-2과

그리스도의 선지자 직분

제24문. 그리스도는 어떻게 선지자의 직분을 행하십니까?

How does Christ execute the office of a prophet?

답. 그리스도는 자신의 말씀과 영으로 우리의 구원을 위한 하나님의 뜻을 우리에게 나타내심으로 선지자의 직분을 행하십니다(요 1:18; 벧전 1:10-12; 요 15:15; 20:31).

Christ executes the office of a prophet, in revealing to us, by his word and Spirit, the will of God for our salvation.

---

execute 실행하다, 수행하다
reveal (비밀 등을) 드러내다, 알리다, 밝히다
revelation 폭로, 계시, (R-) 요한계시록
will 의지, 소망, 의도, 뜻, (…할) 목적, 유언

근거 성구

10이 구원에 대하여는 너희에게 임할
은혜를 예언하던 선지자들이 연구하고
부지런히 살펴서 11자기 속에 계신 그
리스도의 영이 그 받으실 고난과 후에
받으실 영광을 미리 증언하여 누구를
또는 어떠한 때를 지시하시는지 상고
하니라. 12이 섬긴 바가 자기를 위한 것
이 아니요, 너희를 위한 것임이 계시로
알게 되었으니 이것은 하늘로부터 보
내신 성령을 힘입어 복음을 전하는 자
들로 이제 너희에게 알린 것이요, 천사
들도 살펴보기를 원하는 것이니라(벧
전 1:10-12).

본래 하나님을 본 사람이 없으되 아버지 품속에 있는 독생하신 하나님이 나타내셨느니라(요 1:18).

이제부터는 너희를 종이라 하지 아니하리니 종은 주인이 하는 것을 알지 못함이라. 너희를 친구라 하였노니 내가 내 아버지께 들은 것을 다 너희에게 알게 하였음이라(요 15:15).

오직 이것을 기록함은 너희로 예수께서 하나님의 아들 그리스도이심을 믿게 하려 함이요, 또 너희로 믿고 그 이름을 힘입어 생명을 얻게 하려 함이니라(요 20:31).

해설

그리스도의 선지자 직분

웨스트민스터 소요리문답 제24-26문은 그리스도의 세 가지 직분에 대해 자세히 다룹니다. 그중 제24문을 통해서는 그리스도의 선지자 직분이 무엇인지 알 수 있습니다.

그리스도의 세 가지 직분
- ① 선지자(제24문): 말씀과 영으로 하나님의 뜻을 우리에게 나타내심
- ② 제사장(제25문)
- ③ 왕(제26문)

〈표26〉 그리스도의 세 가지 직분: 선지자

1. 선지자의 직분(the office of a prophet)

선지자(先知者)로 번역된 영어 "프라핏"(prophet)은 "예언자"라고 번역할 수도 있습니다. 이 예언자를 한자로 표현하면 豫言者와 預言者 중 어느 것이 맞을까요? 한자 豫는 "미리 예"로서 일기예보(日氣豫報)와 같은 단어에 쓰입니다. 반면 한자 預는 "미리"라는 의미로 사용되기도 하지만, "맡기다"라는 본래 뜻이 있습니다. 예를 들어 "예금"(預金)은 "맡긴 돈"이라는 의미입니다. 성경의 예언자는 豫言者가 아니라 預言者입니다. 성경의 예언자들은 말씀을 맡아 전한다는 의미의 預言(forthtelling)을 하는 사람들이지, 미래의 있을 일을 豫言(foretelling)하는 사람들이 아니기 때문입니다.

> Tip 豫: 미리, 먼저 예
> 預: 맡길, 미리 예

신약성경에서 선지자에 해당하는 그리스어는 프로페테스(προφήτης)입니다. 여기에 사용된 전치사 프로(προ)는 시간상으로 앞(beforehand)이 아니라, 안에서 밖으로(forth) 향하는 방향성을 나타냅니다. 따라서 프로페테스는 "하나님으로부터 받은 말씀을 밖으로 펼쳐 내는(forthtelling) 사람"을 가리킵니다.

이처럼 선지자(예언자)의 직분은 단순히 미래의 일을 말하는 것이 아니라 하나님이 주시는 말씀을 맡아서 그대로 선포하는 것입니다. 물

론 하나님이 전하라고 주신 말씀 중에는 미래에 관한 내용도 있으므로 預言에는 豫言이 포함되기도 합니다. 하지만 선지자의 직분에서 가장 중요한 핵심은 하나님의 말씀을 맡아 전하는 것입니다. 선지자는 자기 뜻을 전하면 안 됩니다. 하나님이 주시는 말씀만을 백성에게 전해야 합니다. 성경에서 이스라엘이 타락했다는 큰 증거 중 하나는 거짓 선지자들이 나타나 자신의 사사로운 뜻을 하나님의 뜻인 양 전하는 모습이었습니다.

선지자들의 타락을 지적하는 성구들

선지자들은 거짓을 예언하며 제사장들은 자기 권력으로 다스리며 내 백성은 그것을 좋게 여기니 마지막에는 너희가 어찌하려느냐(렘 5:31).

여호와께서 내게 이르시되 "선지자들이 내 이름으로 거짓 예언을 하도다. 나는 그들을 보내지 아니하였고 그들에게 명령하거나 이르지 아니하였거늘, 그들이 거짓 계시와 점술과 헛된 것과 자기 마음의 거짓으로 너희에게 예언하는도다"(렘 14:14).

거짓을 예언하는 선지자들이 언제까지 이 마음을 품겠느냐? 그들은 그 마음의 간교한 것을 예언하느니라(렘 23:26).

2인자야, 너는 이스라엘의 예언하는 선지자들에게 경고하여 예언하되 자기 마음대로 예언하는 자에게 말하기를 "너희는 여호와의 말씀을 들으라. 3주 여호와의 말씀에 본 것이 없이 자기 심령을 따라 예언하는 어리석은 선지자에게 화가 있을진저"(겔 13:2-3).

2. 하나님의 뜻을(the will of God)

그리스도는 선지자로서 자신의 뜻이 아닌 하나님의 뜻을 전하고 행하기 위해 이 땅에 오셨습니다. 예수님은 다음과 같이 말씀하셨습니다.

> 내가 하늘에서 내려온 것은 내 뜻을 행하려 함이 아니요, 나를 보내신 이의 뜻을 행하려 함이니라(요 6:38).

> 스스로 말하는 자는 자기 영광만 구하되 보내신 이의 영광을 구하는 자는 참되니 그 속에 불의가 없느니라(요 7:18).

> 아버지여, 만일 아버지의 뜻이거든 이 잔을 내게서 옮기시옵소서. 그러나 내 원대로 마시옵고 아버지의 원대로 되기를 원하나이다(눅 22:42).

구약의 선지자 직분에 해당하는 신약의 직분은 교회에서 가르치는 일을 맡은 목사라고 할 수 있습니다. 목사 또한 자신의 뜻이 아니라 하나님의 뜻을 설교와 성경 공부 시간에 전해야 합니다. 성도들은 목사의 설교와 가르침을 단순히 개인의 것으로 여기면 안 되고 하나님이 목사를 세우시고 그 목사를 통해 하나님의 뜻을 전하시는 줄 알고 진지하게 받아들여야 합니다. 우리는 구약 시대 타락의 큰 특징이 선지자가 하나님이 말씀하시지 않은 사사로운 뜻을 전한 것이었음을 명심해야 합니다. 또한 예수 그리스도의 선지자 직분을 받아들이고, 예수님이 선지자로서 하나님의 뜻을 전하신 내용이 기록된 성경 말씀을 듣고 공부하는 데 열심을 내야 합니다.

3. 우리의 구원을 위한(for our salvation)

그리스도는 선지자로서 하나님의 무슨 뜻을 전하셨을까요? 바로 우리의 구원을 위한 하나님의 뜻입니다. 신자들이 궁금해하는 하나님의 뜻은 너무나 많습니다. 우리는 지금 당장 우리 앞에 닥친 어려운 일들이나 중요한 결정 사항에 대한 하나님의 뜻을 알고 싶어합니다. 또 국가와 세계와 개인의 중대사에 대한 하나님의 뜻도 알고 싶습니다. 그런데 성경은 이러한 일들에는 큰 관심을 보이지 않고 우리의 구원에 관하여 집중합니다.

예수님은 어떤 사람이 와서 자기 형에게 명하여 유산을 자기와 나누게 해달라고 청하자 "누가 나를 너희의 재판장이나 물건 나누는 자로 세웠느냐? 삼가 모든 탐심을 물리치라. 사람의 생명이 그 소유의 넉넉한 데 있지 아니 하니라"(눅 12:13-15)라고 거절하셨습니다. 보통 사람들은 재산 분쟁에 대한 하나님의 뜻을 궁금해하겠지만 예수님은 탐심을 물리치는 것이 하나님의 뜻이라고 말씀하신 것입니다. 예수님의 말씀처럼 사람의 생명은 소유의 넉넉한 데 있지 않고 탐심으로 대표되는 죄의 문제를 해결하는 데 있습니다. 그리스도는 바로 이 인간의 전 속성의 부패 문제를 해결하기 위해 이 땅에 오셨습니다. 선지자이신 예수님은 그 사실을 사람들에게 알리신 것입니다.

예수님의 말씀과 행하신 일들은 모두 우리의 구원에 집중되어 있습니다. 사실 인간사의 모든 궁금증과 염려는 근본적으로 구원에 연결되어 있습니다. 우리의 구원에 대한 하나님의 뜻을 아는 것이야말로 인생의 제반 문제를 바라보는 올바른 관점과 지혜의 근원이 되기 때문입니다. 우리가 사는 사회는 정치와 경제, 교육과 복지 등의 측면에서 수많은 문제를 가지고 있습니다. 신자는 이러한 문제들을 근본적인 측면에서 바라볼 줄 알아야 합니다. 참된 신자는 현실 문제를 등한시하고 천국만을 바라보는 존재가 아닙니다. 오히려 하나님의 말씀에 따라 현실 문제의 원인을 인식하고 근본적인 해결책을 제시할 줄 아는 존재입니다. 우리는 그리스도가 "우리의 구원을 위한" 선지자라는 인식이 약화되지 않도록 주의해야 합니다. 그렇지 않으면 그리스도를 단지 우리의 근시안적 문제들을 해결해주는 존재로밖에 인식하지 못할 것입니다.

신자는 무엇을 하든, 어떤 상황에 있든 항상 기뻐하고 쉬지 말고 기도하고 범사에 감사해야 합니다. 이것이 그리스도 예수 안에서 우리를 향하신 하나님의 뜻입니다(살전 5:16-18). 그런데 그런 삶을 살려면 구원을 위한 하나님의 뜻을 깊이 이해해야 합니다. 그리스도는 선지자로서 바로 그 뜻을 우리에게 전해주셨습니다.

4. 자신의 말씀과 영으로(by his word and Spirit)

예수 그리스도는 이 땅에 계시는 동안에 말씀으로 하나님의 뜻을 나타내셨습니다. 그 말씀은 마태, 마가, 누가, 요한복음에 기록되어 있습니다. 그렇다면 그의 영으로 나타내셨다는 말은 무슨 뜻일까요? 베드로전서 1:11은 선지자들 속에 계신 그리스도의 영이 미리 증언하였다고 말합니다. 즉 그리스도는 구약 시대에도 그의 영으로 선지자들에게 나타나셨다는 것입니다. 그리스도의 승천 후 오순절에 오신 성령은 신자들에게 내주하시며(고전 3:16), 예수님이 가르치시고 말씀하신 모든 것을 생각나게 하십니다(요 14:26). 성령의 조명과 감화가 없으면 그리스도의 말씀을 제대로 이해할 사람은 아무도 없습니다. 그리스도는 현재도 성령을 통하여 선지자의 직분을 계속하십니다.

그리스도가 말씀으로써 선지자 직분을 행하시는 것은 객관적이고, 외적이고, 직접적이라고 할 수 있습니다. 그리스도가 자신의 영으로써 선지자 직분을 행하시는 것은 주관적이고, 내적이고, 간접적이라고 할 수 있습니다. 여기서 신자들은 어느 한쪽으로 기우는 위험을 피해야 합니다. 그리스도의 말씀이 기록된 성경만을 강조하면 지식주의에 빠져 차가운 논리적 신앙에 갇힐 수 있습니다. 또 성령의 내적 조명과 감화만을 강조하면 신비주의에 빠져 뜨거운 감성적 신앙에 갇힐 수 있습니다. 우리는 이 두 가지 극단을 피하며 그 사이에서 균형과 조화를 이루어야 합니다.

심화 연구

선지자와 제사장과 왕 직분의 의미

1. 구별된 세 가지 직분의 필요성

구약성경에서 선지자와 제사장과 왕의 직분 중 어떤 직분이 먼저 소개될까요? 힌트는 나열된 순서에 있습니다. 바로 선지자 직분입니다. 아담과 노아, 아브라함과 이삭 및 야곱도 하나님의 말씀을 받아 자식들과 후손들에게 전한 선지자들입니다. 하나님은 아브라함의 아내 사라를 범할 뻔한 그랄 왕 아비멜렉에게 나타나시어 말씀하셨습니다.

> 이제 그 사람의 아내를 돌려보내라. 그는 선지자라. 그가 너를 위하여 기도하리니 네가 살려니와 네가 돌려보내지 아니하면 너와 네게 속한 자가 다 반드시 죽을 줄 알지니라(창 20:7).

아브라함은 하나님의 말씀을 듣고 그 가치를 알았기 때문에 자신의 전 생애와 소유를 걸고 하나님이 지시하시는 땅을 향해 떠났습니다. 노아 또한 하나님의 말씀을 듣고 그 말씀을 받아들였기 때문에 오랜 시간을 바쳐 방주를 만들었습니다. 그리고 하나님의 말씀과 자신의 경험을 자식들에게 가르쳐 전했습니다. 모세는 자기 가족과 가문의 범주를 넘어서 이스라엘 백성 전체에게 하나님의 말씀을 전한 선지자였습니다.

하나님의 말씀에 따라 기름 부음을 받고 첫 번째 제사장이 된 사람들은 모세의 형 아론과 아론의 아들들이었습니다. 물론 그 이전에도 노아와 아브라함, 이삭과 야곱 등이 제단을 쌓고 하나님께 제사를 드렸지만 이스라엘 백성을 대표해 하나님께 제사를 드렸다는 측면에서는 아론이 첫 번째 제사장입니다. 세 가지 직분 중 왕의 직분은 가장 늦게 세워졌습니다. 사무엘 때 사울과 다윗이 기름 부음을 받아 왕으로 세워진 것입니다.

선지자, 제사장, 왕의 직분은 하나님의 형상으로 지음을 받은 사람에게 원래부터 주어진 직분입니다. 하나님은 사람을 만드시며 "생육하고 번성하여 땅에 충만하라, 땅을 정복하라, 바다의 물고기와 하늘의 새와 땅에 움직이는 모든 생물을 다스리라"(창 1:28)라고 말씀하시며 왕의 직분을 주셨습니다. 또 하나님은 아담을 만드실 때 그 마음에 하나님의 말씀을 기록하시고 금지된 열매를 먹지 못하게 하셨습니다. 아담은 선지자로서 이 말씀을 하와에게 전하고 에덴동산을 경작하며 지켰습니다. 타락 후 아담의 두 아들 가인과 아벨이 하나님께 제물을 드린 것에서 알 수 있듯이 아담은 하나님께 제사를 드리는 제사장이기도 했습니다.

사람이 지식과 의와 거룩함의 하나님 형상으로 만들어져 지정의를 가졌다는 것은 원래 사람이 선지자와 제사장과 왕이라는 뜻이기도 합니다. 그런데 사람은 죄의 결과로 전 속성이 부패하여 세 가지 직분을 제대로 수행할 수 없게 되었습니다. 이에 그리스도가 삼중직을 수행하시어 사람의 세 가지 직분을 회복하셨습니다. 그리스도는 선지자 직분을 수행하심으로써 사람들에게 말씀하시는 하나님을 대표하시고, 제사장 직분을 수행하심으로써 하나님께 제사 드리며 긍휼을 구하는 인간을 대표하시고, 왕 직분을 수행하심으로써 땅에 충만하여 정복하고 모든 것을 다스리는 사람의 통치권을 회복하십니다. 그래서 그리스도의 삼중직 수행은 우리의 구원을 위한 필수적인 사역입니다. 그리스도의 삼중직을 이해하는 신자는 자신이 서 있는 가정이나 교회나 회사나 동호회 등에서 그리스도의 본을 따라 겸손하게 세 가지 직분을 수행하려고 노력해야 합니다.

세 직분 중 어느 한 직분만을 강조하면 다른 두 직분의 중요성과 역할은 그만큼 감소합니다. 선지자직을 강조하는 교회는 설교와 성경 공부를 중시하고 옳고 그름의 분별이 명확하며 합리성은 넘치지만 사랑과 수용과 긍휼이 상대적으로 줄어들 수 있습니다. 제사장직을 강조하면 은혜와 긍휼은 풍성할 수 있지만 옳고 그름의 분별력이 약해져 값싼 은혜가 선포되고 신비주의로 치우칠 수 있습니다. 왕직을 강조하면 교역자와 직분자의 권위가 견고하게 설 수 있지만 권위주의와 일방통행식 교회 운영의 위험에 빠지기 쉽고, 신자들이 그리스도와 함께 온 세상을 다스리는 천국에만 마음을 빼앗길 수 있습니다.

2. 세 가지 직분이 갖는 실천적 의미

여기서 한 가지 질문을 제기하겠습니다. 왜 세 가지 직분 중 왕의 직분이 가장 늦게 등장했을까요? 이는 인간 사회를 향한 하나님의 세심한 배려를 발견할 수 있는 대목입니다. 왕은 치안과 안보를 통솔하는 막강한 힘을 갖습니다. 하나님의 말씀에 깊이 잠긴 왕은 주어진 권력을 올바로 사용하겠지만, 사울처럼 자신의 사사로운 이익을 위해 권력을 사용하는 사람이 왕이 되면 왕의 권력이 클수록 더 큰 부작용이 발생할 것입니다. 그래서 하나님은 나라의 권력이 왕 한 사람에게 집중되는 것을 원하지 않으셨고 백성들이 선지자와 제사장의 가르침에 따라 하나님의 말씀대로 살기를 바라셨습니다. 중앙 집권 체제보다 각각의 국민이 올바른 삶에 힘쓰는 제도가 훨씬 더 나을 수 있기 때문에 가능한 한

왕정을 허락하지 않으신 것입니다.

그런데 주변국의 막강한 중앙 권력을 부러워한 이스라엘 백성은 하나님께 왕을 세워달라고 끈질기게 요구했습니다. 하나님은 어쩔 수 없이 사울을 왕으로 세우셨는데 사울은 하나님의 뜻에 맞게 권력을 사용하지 않았습니다. 사울은 처음에는 사무엘의 가르침을 따랐지만 점차 강력한 왕권을 차지하면서 사무엘을 무시했고 나중에는 사무엘이 처형당할까 봐 사울을 두려워할 정도였습니다(삼상 16:2). 실제로 사울은 다윗을 도왔다는 이유로 제사장 아히멜렉과 놉에 있는 제사장 85명을 몰살시켰습니다(삼상 22:18).

이후 이스라엘의 역사를 살펴보면 하나님 섬기기를 싫어한 왕들일수록 선지자들이 하나님의 말씀을 전하지 못하게 막았습니다. 원래는 선지자와 제사장과 왕은 높고 낮음의 구별 없이 모두 기름 부음 받은 자들입니다. 하지만 행정력과 경찰력을 장악한 왕이 힘으로 선지자와 제사장을 누르고 군림했던 것입니다.

신약 시대의 교회에서 왕의 직분에 해당하는 것은 교회를 치리하는 역할을 맡은 목사와 장로라고 할 수 있습니다. 목사는 말씀을 전하는 선지자와 다스리는 왕의 직분을 겸하고, 장로는 다스리는 왕의 직분을 행합니다. 목사와 장로가 하나님의 말씀을 두려워하지 않고 자기 소견에 옳은 대로 사사로운 이익을 구하면 그들이 지니는 권력과 권위만큼 교회는 파괴됩니다. 그래서 교회가 목사와 장로를 세울 때는 다른 무엇보다 그가 하나님의 말씀을 얼마나 깊이 알고 하나님을 경외하는지를 엄격한 기준으로 적용해야 합니다. 세상의 학벌이나 재산, 지위를 기준으로 교회의 직분자를 세우면 매우 위험합니다. 겉으로 드러나는 기준에 치중해서 중심을 보지 않고 직분자를 세우면 교회가 하나님의 말씀이 아니라 세상의 가치와 방법에 따라 굴러가기 때문입니다.

목사에게 있는 선지자 직분의 권위는 가르침을 받는 성도들이 말씀의 권위를 인정할 때에만 성립합니다. 선지자나 목사에게는 공권력이나 군사력이나 경제력이 없습니다. 오직 하나님의 말씀밖에 없습니다. 따라서 하나님의 말씀을 즐거워하고 경외하는 성도들만이 참된 목사를 존중할 수 있습니다. 역으로 참된 목사는 그런 성도들과 함께 있을 때만 기쁨으로 말씀을 선포하고 가르칠 수 있습니다. 행정력을 갖는 장로나 성도가 그 힘으로 목사를 압박하기 시작하면 그때부터 그 교회에는 하나님의 말씀이 온전히 설 수 없습니다.

사무엘은 제사장 겸 선지자였습니다. 사무엘은 제사장 엘리를 이어 제사를 드렸고 하나님은 말씀으로 그에게 자기를 나타내셨으며 온 백성은 그를 선지자로 인정했습니다(삼상 3:19-21). 사무엘은 사울이 왕으로 세워지기 전에는 모세, 여호수아, 사사들처럼 왕의 역할도 수행했습니다. 모세는 하나님의 말씀을 받아 가르쳤을 뿐 아니라 백성을 이끌었으며 여러 가지 재판을 맡았고 천부장, 백부장, 오십부장, 십부장을 세워 공동체를 다스렸습니다. 사울 왕 이후에는 세 가지 직분이 더 분명하게 구분되지만 선지자와 제사장과 왕의 직분은 원래는 칼로 긋듯 명확하게 분리되지 않았던 것입니다.

신약 시대의 교회에서도 장로와 집사가 없는 경우에는 형편에 따라 목사가 장로와 집사의 역할까지 모두 맡아야 합니다. 교인 수가 적을 때는 목사보다 성도들의 사정을 세세히 잘 아는 사람도 없습니다. 그런데 성도 수가 어느 선을 넘어가면 목사 한 명이 전체 성도들의 사정을 다 알 수 없고 교회 업무를 혼자 처리할 수도 없습니다. 그래서 장로와 집사 직분이 필요하고 장로와 집사는 목사와 짐을 나누어 교회를 섬겨야 합니다.

"절대권력은 절대 부패한다"는 이야기처럼 어느 한두 직분자에게 교회의 권력이 집중되면 문제가 생기기 쉽습니다. 보통 민주주의 국가들은 권력 집중 문제를 해결하기 위해 삼권분립의 원칙을 따릅니다. 국가 권력을 입법부, 사법부, 행정부로 분산하는 것입니다. 교회는 하나님의 말씀에 근거하여 목사와 장로와 집사의 직분이 더 평등하고 조화롭게 수행되어야 합니다. 목사와 장로와 집사는 결코 수직적인 관계가 아니라 하나님의 말씀에 근거하여 서로를 존중하고 인정하는 가운데 서로가 평등하게 교회를 섬기기 위해 협력하는 관계입니다.

다만 하나님의 말씀을 깊이 연구하여 선포하고 가르치는 목사는 교회를 다스리는 역할까지 맡아야 할 때가 많습니다. 목사는 하나님의 말씀을 깊이 연구하므로 여러 가지 일에 관하여 더 나은 판단을 할 수 있는 경우가 많고, 또 교회의 일에 전업으로 종사하기 때문에 교회의 사정도 누구보다 잘 아는 특징이 있습니다. 그러므로 목사와 장로와 집사는 서로를 존중하며 협력하여 교회를 섬기되, 목사가 갖는 특징을 존중하여 목사의 권위와 권한과 은사가 최대한 발휘되도록 배려해야 할 것입니다.

성경으로 읽는 문학

게오르기우의 『25시』
- 잠수함 속의 토끼(시대를 읽는 정확한 눈)

"잠수함 속의 토끼" 하면 루마니아 출신 작가 게오르기우(C. V. Gheorghiu, 1916-1992)가 떠오른다. 잠수함 속의 토끼는 그가 1949년에 발표한 『25시』란 소설에 등장한다. 『25시』는 루마니아의 평범한 농부인 모리츠의 이야기를 통해 현대의 부조리 및 개인의 절망을 표현한다. 소설 속에서 모리츠는 나치 독일의 영향 아래 있던 루마니아에서 유대인으로 몰려 강제 노동 수용소에 갇힌다. 다른 유대인들과 함께 헝가리로 탈출하지만 거기서는 루마니아인이라는 이유로 고초를 겪다가 독일에 노무자로 팔리게 된다. 독일에서 강제 노역을 하던 모리츠는 골상학적으로 영웅족 게르만인으로 인정되어 나치 친위대에 뽑힌다. 하지만 그는 다시 프랑스 포로를 도와 프랑스로 탈출한다. 그러나 프랑스에서는 독일군이었다는 이유로 포로수용소에 갇힌다. 전쟁이 끝나자 그는 잠시 석방되지만 냉전 체제가 시작되면서 18시간 뒤에 다시 수용소로 보내진다. 모리츠가 동유럽인이었기 때문이다. 그 와중에 극적으로 다시 만난 아내와 아이들을 위해 미군에 자원입대한 모리츠는 소설의 마지막 장면에서 미군의 홍보용 가족사진을 찍으며 억지로 웃는다. 게오르기우는 등장인물인 소설가 드라이안 코르가의 입을 빌려 잠수함 속의 토끼에 관해 이야기한다.

> 잠수함에는 대개 환기해야 할 시간을 알려주는 특별한 기계가 설치돼 있지. 그런데 옛날에는 그런 장비가 없었거든. 그래서 사람

들은 잠수함에다 흰 토끼를 태워가지고 다녔다는 거야. 함 내에 산소가 부족해지면 토끼들이 먼저 죽는대. 그러면 사람들은 자기네들도 앞으로 대여섯 시간밖에 살지 못한다는 걸 알게 되고 함장이 최후의 결단을 내리게 되는 거지. 필사적으로 해면에 떠오르든가 전원이 함께 해저에서 몰살하든가 둘 중 하나를 택한단 말이야.…그런데 얼마 전부터 나는 그 옛날 잠수함을 탔을 때처럼 공기가 희박해져서 숨이 가빠오는 것을 느끼게 됐어.

어떻게 보면 소설가와 시인들은 동시대의 사람들이 보지 못하고 느끼지 못하는 시대의 흐름과 상황을 가장 먼저 파악하는 자들이다. 누구보다 민감하게 깨어 시대의 부패를 아파하며 현실을 고발하고 방향을 제시하는 것이다.

하지만 시대의 아픔에 소설가나 시인보다 더 민감하게 아파한 이들이 있었으니 바로 구약성경의 선지자들이다. 소설가와 시인은 인간적인 관점에서 시대를 읽고 아파하지만 선지자는 신적인 관점에서 시대를 읽고 아파한다. 그들은 하나님의 말씀을 받아 동시대의 사람들에게 선포했다. 소설가와 시인은 각자의 성향과 살아온 경험에 따라 제시하는 방향이 다르지만 선지자들은 하나님의 말씀을 따르기 때문에 모두가 하나의 방향을 제시한다.

노아 때에 온 땅은 하나님 앞에 부패하여 포악함이 땅에 가득했다. 노아가 배를 만드는 긴 시간 동안 얼마나 많은 이들이 노아와 그의 가족을 놀려댔을까? 그런데 노아는 그 모든 어려움을 견디어내며 배를 완성했다. 성격이 무디어 별 신경을 쓰지 않았기 때문이 아니라 시대를 읽는 정확한 눈이 있었기 때문이다. 마치 잠수함 속의 토끼처럼 노아는 그의 시대가 진리는 희박해져 가고 포악함은 점점 가득해진다는 사실을 알아채고 고통스러워했을 것이다. 그는 호흡하는 매 순간 고통을 느꼈기에 배를 완성할 수 있었다.

옛날부터 농사를 짓거나 고기를 잡는 사람들에게 날씨는 매우 중요했다. 예수님 당시에도 사람들은 기상에 관심이 많았지만 그들은 기상을 분변할 줄 알면서도 시대는 분변하지 못했다(눅 12:54-57). 무엇이 옳은지를 스스로 판단하지 못한 것이다. 기상을 읽는 눈은 밝으면서 시대를 읽는 눈은 어둡다면 무슨 소용이 있을까?

우리 시대도 마찬가지다. 이 시대를 살아가면서 잠수함 속의 토끼처럼 숨 가빠하는 사람들은 누구인가? 하나님 백성들도 시대가 주는 향락과 편리함에 젖어들어 고기가 물을 만난 듯 시대를 즐기고 있지는 않은가? 선지자들은 어느 시대, 어느 장소에서든 하나님의 말씀을 전했다. 요나는 니느웨 사람들이 풍요와 편안함에 빠져 있을 때 하나님의 말씀을 가지고 그들의 악독이 하늘에 이르렀다고 외쳤다. 아무 문제 없이 살아가는 사람들에게 회개를 촉구하기란 얼마나 어려운 일인가? 모두가 평안한다, 평안하다 할 때에 선지자는 깨어 그 시대가 평안하지 않다고 외쳐야 한다.

우리 모두가 선지자처럼 되기를 바란다. 이 시대의 "잠수함 속의 토끼"는 오직 참된 그리스도인만이 할 수 있는 역할이 아닐까? 하나님의 말씀을 기준으로 삼는 성도들의 비판만이 시대를 넘어서서 진리를 드러낸다. 소설가나 시인은 인간적인 관점에서 시대를 비판하지만 성도들, 특히 목사는 하나님의 관점에서 시대를 비판한다. 이 책을 읽는 독자들 모두 그 누구보다 먼저 시대의 부패와 잘못된 흐름을 감지하는 깨어 있는 사람들이 되기를 바란다. 세상 사람 모두가 잘못된 길로 가도 우리는 하나님의 위로와 격려에 의지해 꿋꿋하게 진리의 길로 가야 할 것이다.

1. 성경을 읽으면서 재미를 느꼈던 경험이 있다면 나누어봅시다. 성경 읽는 습관이 없다면 왜 그런지에 대해 생각해보고, 어떻게 하면 성경을 가까이할 수 있을지 서로 이야기해봅시다.

2. 소요리문답 제23-24문을 함께 읽고 답해봅시다. 근거 성구도 돌아가면서 읽어봅시다.

3. 그리스도(Christ)에 해당하는 히브리어, 그리스어는 무엇입니까? 구약에서 기름을 부어 임명했던 세 가지 직분은 무엇입니까?

4. 예수님이 그리스도라는 말은 어떤 의미인가요?(요 20:31; 행 9:22; 17:3)

5. 그리스도는 자신의 세 가지 직분을 어떤 상태(state)에서 행하십니까?

6. 預言과 豫言의 의미를 구분해봅시다. 선지자가 해야 할 일은 무엇인가요? 관련 성구(렘 5:31; 14:14; 23:26; 겔 13:2-3)를 통해 살펴봅시다.

7. 선지자와 제사장과 왕의 직분이 구분되어야 하는 필요성은 무엇입니까? 구약 시대에 왜 왕의 직분이 가장 늦게 세워졌을까요?

8. 여러분은 교회에서 어떤 직분을 맡고 있습니까? 공식적 직분이 없다면 비공식적으로 어떤 직분의 역할을 하는 편입니까? 그 역할을 잘 감당하기 위해서 어떤 태도가 필요한지 이야기해보세요.

9. 여러분은 그리스도의 말씀과 영 중 어느 쪽에 치중하는 편입니까? 부족한 부분을 보완하기 위해 어떤 노력을 해야 할까요?

10. 여러분에게는 "잠수함 속의 토끼"와 같은 예민함과 분별력, 표현력이 있습니까? 그리스도인으로서 이 세상에서 살아가는 동안 영적으로 민감하게 깨어 있도록 서로를 격려하면 좋겠습니다.

제14-1과

그리스도의 제사장 직분

제25문. 그리스도는 어떻게 제사장의 직분을 행하십니까?

How does Christ execute the office of a priest?

답. 그리스도는 신적인 공의를 만족시키고(히 9:14, 28), 우리를 하나님과 화해시키시려고(히 2:17) 자신을 희생물로 단번에 드리심으로써, 그리고 우리를 위하여 계속하여 간구하심으로써(히 7:24-25) 제사장의 직분을 행하십니다.

Christ executes the office of a priest, in his once offering up of himself a sacrifice to satisfy divine justice, and reconcile us to God, and in making continual intercession for us.

---

once 한 번, 1회, 한때
offer 제공하다, (기도, 제물 등을) 바치다
sacrifice 제물, 희생
satisfy 만족시키다, 이해시키다
intercession 중재, 중개, 탄원
reconcile 화해시키다, 화목하게 하다, 가라앉히다, 중재하다

근거 성구

하물며 영원하신 성령으로 말미암아 흠 없는 자기를 하나님께 드린 그리스도의 피가 어찌 너희 양심을 죽은 행실에서 깨끗하게 하고 살아계신 하나님을 섬기게 하지 못하겠느냐?(히 9:14)

그러므로 그가 범사에 형제들과 같이 되심이 마땅하도다. 이는 하나님의 일에 자비하고 신실한 대제사장이 되어 백성의 죄를 속량하려 하심이라(히 2:17).

이와 같이 그리스도도 많은 사람의 죄를 담당하시려고 단번에 드리신 바 되셨고 구원에 이르게 하기 위하여 죄와 상관없이 자기를 바라는 자들에게 두 번째 나타나시리라(히 9:28).

24예수는 영원히 계시므로 그 제사장
직분도 갈리지 아니하느니라. 25그러므
로 자기를 힘입어 하나님께 나아가는
자들을 온전히 구원하실 수 있으니 이
는 그가 항상 살아계셔서 그들을 위하
여 간구하심이라(히 7:24-25).

해설

그리스도의 제사장 직분

웨스트민스터 소요리문답 제23문은 그리스도의 삼중직에 대해 소개하고, 제24-26문은 그 세 가지 직분을 하나씩 구체적으로 다룹니다. 제24문은 선지자 직분에 대해 다루었습니다. 이번 과에서는 제사장 직분을 다루는 제25문을 살펴보고 이어지는 제26문에서는 왕의 직분을 다룰 것입니다.

그리스도의 세 가지 직분
- ① 선지자(제24문): 말씀과 영으로 하나님의 뜻을 우리에게 나타내심
- ② 제사장(제25문): 자신을 희생물로 드리고, 계속하여 간구하심으로써
- ③ 왕(제26문)

〈표27〉 그리스도의 세 가지 직분: 제사장

1. 제사장의 직분(the office of a priest)

구약의 선지자는 하나님의 사자(使者)로서 하나님이 주신 말씀을 맡아 백성에게 전달하고 증거하는 역할을 감당했습니다. 반면 구약의 제사장은 사람들을 대표하여 하나님께 사람들의 사정을 아뢰고 간구하는 역할을 했습니다. 다음과 같은 말씀들은 제사장의 직분이 무엇인지 잘 말해줍니다.

> 대제사장마다 사람 가운데서 택한 자이므로 하나님께 속한 일에 사람을 위하여 예물과 속죄하는 제사를 드리게 하나니(히 5:1).

> 그러므로 자기를 힘입어 하나님께 나아가는 자들을 온전히 구원하실 수 있으니 이는 그가 항상 살아계셔서 그들을 위하여 간구하심이라(히 7:25).

제사장은 사람들을 대표하는 자로서 하나님이 특별한 규례를 통해 선택하여 임명하십니다. 제사장의 직무는 주로 하나님께 예물과 속죄하는 제사를 드리는 것입니다. 또한 제사장은 신자들을 위한 중보 기도를 감당합니다. 레위기 9:22은 "아론이 백성을 향하여 손을 들어 축복

함으로 속죄제와 번제와 화목제를 마치고 내려오니라"라고 말씀합니다. 제사장은 백성을 위해 축복하는 일도 맡았던 것입니다.

2. 신적인 공의를 만족시키고(to satisfy divine justice)

구약성경에서 하나님은 모세를 통해 어떻게 제사를 드려야 하는지 알려주셨습니다. 제사에 드려지는 제물은 그 제물을 바치는 사람과 동일시되었습니다. 하나님께 예물을 드리는 자는 번제물의 머리에 안수함으로써 속죄를 드렸습니다(레 1:1-4). 또 대제사장 아론은 이스라엘 전체가 범한 모든 불의와 죄를 살아 있는 염소의 머리에 두고 그 염소를 광야에 놓는 의식을 주관했습니다(레 16장). 하나님은 신적인 공의를 만족시키기 위해 속죄하는 제사를 드리게 하셨던 것입니다. 레위기 17:11을 살펴보겠습니다.

> 육체의 생명은 피에 있음이라. 내가 이 피를 너희에게 주어 제단에 뿌려 너희의 생명을 위하여 속죄하게 하였나니 생명이 피에 있으므로 피가 죄를 속하느니라(레 17:11).

제물의 생명 즉 피를 통해 제물을 바친 자의 죄를 속한다는 구약의 제사는, 예수님이 우리 죄를 대신하여 속죄의 죽음을 맞으심으로써 완성되었습니다. 구약의 제물은 흠 없는 짐승이었고, 베드로전서 1:19이 말하는 "흠 없고 점 없는 어린 양"은 다름 아닌 예수 그리스도를 나타냅니다.

성경은 곳곳에서 그리스도가 우리의 죄를 담당하신다고 말합니다. 구약의 제사장은 단지 백성이 가져오는 짐승을 가지고 제사를 주관했

참고 성구

우리는 다 양 같아서 그릇 행하여 각기 제 길로 갔거늘 여호와께서는 우리 모두의 죄악을 그에게 담당시키셨도다(사 53:6).

이튿날 요한이 예수께서 자기에게 나아오심을 보고 이르되 "보라! 세상 죄를 지고 가는 하나님의 어린 양이로다"(요 1:29).

하나님이 죄를 알지도 못하신 이를 우리를 대신하여 죄로 삼으신 것은 우리로 하여금 그 안에서 하나님의 의가 되게 하려 하심이라(고후 5:21).

그리스도께서 우리를 위하여 저주를 받은 바 되사 율법의 저주에서 우리를 속량하셨으니, 기록된 바 "나무에 달린 자마다 저주 아래에 있는 자라" 하였음이라(갈 3:13).

지만 그리스도는 제사장으로서 제사를 주관할 뿐 아니라 자신을 희생 제물로 드리기까지 하셨습니다. 소요리문답 제18문에서는 죄가 죄책(罪責, the guilt of sin)을 가져온다는 사실을 다루었습니다. 범죄자는 죄가 가져온 죗값(죄책)을 치러야만 자유를 얻습니다. 하나님은 우리가 아담 안에서 지은 죄에 대한 죗값을 물으십니다. 이것이 신적 공의입니다. 그리스도는 제사장으로서 신적 공의를 만족시키기 위해 흠 없고 점 없는 희생물로 자신을 드리셨습니다.

3. 우리를 하나님과 화해시키시려고 (and reconcile us to God)

그리스도는 우리의 죄를 대속(代贖)하심으로써 하나님의 공의를 만족시키셨습니다. 하나님과 우리 사이에 화목이 이루어진 것입니다. 로마서 5:10은 "우리가 원수 되었을 때에 그의 아들의 죽으심으로 말미암아 하나님과 화목하게 되었다"라고 말합니다. 그리스도의 대속의 피로 신적 공의가 만족되었으므로 하나님이 우리를 받아주셨습니다. 물론 먼저 우리와 화목하기를 원하시고 주도적으로 그 일을 하신 분은 하나님이십니다. 그러나 그리스도의 죽음으로 신적 공의가 만족되어 하나님이 우리를 받으셨다는 순서도 중요합니다. 신자들은 그리스도가 하신 일을 깨닫고 자신들이 하나님과 화목하게 되었음에 반응하며 신앙을 고백하게 됩니다.

참고 성구

19곧 하나님께서 그리스도 안에 계시사 세상을 자기와 화목하게 하시며 그들의 죄를 그들에게 돌리지 아니하시고 화목하게 하는 말씀을 우리에게 부탁하셨느니라. 20그러므로 우리가 그리스도를 대신하여 사신이 되어 하나님이 우리를 통하여 너희를 권면하시는 것 같이 그리스도를 대신하여 간청하노니 너희는 하나님과 화목하라(고후 5:19-20).

4. 자신을 희생물로 단번에 드리심으로써 (in his once offering up of himself a sacrifice)

구약의 제사장 직분과 그리스도의 제사장 직분 사이에는 큰 차이가 둘 있습니다. 첫 번째는 그리스도가 인간 제사장과는 다르게 자기 자신을 희생 제물로 바치셨다는 것입니다. 두 번째는 때마다 새로운 제물을 바쳐야 했던 구약의 제사장과는 달리 그리스도는 단 한 번에 자신을 희생 제물로 바쳐 제사를 영원히 완성하셨다는 것입니다. 즉 그리스도는 다시 고난받으실 필요가 없습니다.

> 25대제사장이 해마다 다른 것의 피로써 성소에 들어가는 것 같이 자주 자기를 드리려고 아니하실지니 26그리하면 그가 세상을 창조한 때부터 자주 고난을 받았어야 할 것이로되 이제 자기를 단번에 제물로 드려 죄를 없이 하시려고 세상 끝에 나타나셨느니라(히 9:25-26).

그리스도가 단번에 많은 사람의 죄를 담당하셨으므로 이제 더 이상의 희생 제물과 제사는 필요 없습니다. 그런데 로마 가톨릭은 미사를 드릴 때마다 떡과 포도주를 먹고 마십니다. 그들은 그 떡과 포도주가 예수 그리스도의 실제 몸과 피로 변한다는 화체설(化體說)을 주장하기 때문에 그들은 미사 때마다 그리스도를 죽이고 그 몸과 피를 먹고 마시는 것입니다. 하지만 우리는 성찬식의 떡과 포도주가 그리스도의 찢

Tip 化: 될, 바꿀 **화**
體: 몸, 신체, 물질 **체**

긴 몸과 흘린 피를 상징하기 때문에 믿음으로 먹고 마시는 것이지, 절대로 그리스도의 몸과 피 자체라고 보지 않습니다.

영원하신 그리스도는 자신을 대속의 제물로 하여 영원한 제사를 단번에 드리셨습니다. 완벽한 제사장의 직무를 영원히 행하신 것입니다. 우리는 이 사실을 믿음으로 받아들여 우리의 것으로 누리면 됩니다. 다시 그리스도를 죽이는 일은 어떠한 형태로든 허용하면 안 될 것입니다.

5. 우리를 위하여 계속하여 간구하심으로써 (in making continual intercession for us)

단번에 십자가에 죽으심으로써 대속 사역을 완성하신 그리스도는 지금 무엇을 하실까요? 승천하시어 하나님 우편에서 쉬고 계실까요? 대속 사역을 완성하신 예수님은 현재 우리의 부족함과 죄까지도 안타깝게 여기며 돕고자 하십니다. 영원하신 대제사장은 우리와 똑같이 모든 일에 시험을 받으시어 우리의 연약함을 동정하십니다(히 4:15). 그리고 하나님 앞에서 당신이 행하신 속죄 사역에 근거하여 우리의 죄를 변호하십니다. 그리스도는 하나님 앞에서 우리를 위한 대언자가 되십니다(요 14:16; 요일 2:1). 그리스도의 이러한 중보 사역은 그의 완벽한 희생에 근거하며 대제사장의 사역을 완성하는 것입니다.

구약 시대의 제사에서도 대제사장은 먼저 놋 제단에서 제물을 태웁니다. 그리고 그 번제단에서 취한 불붙은 숯으로 성소 안에 있는 금단의 향을 피웁니다(레 16:12). 놋 제단에서의 희생 제물이 예수 그리스도의 속죄를 상징한다면, 금단에서 피워지는 향은 예수 그리스도의 중보를 상징합니다. 즉 중보는 오직 속죄의 희생에만 근거합니다.

따라서 그리스도의 제사장 사역은 크게 지상과 천상의 두 가지로 나눌 수 있습니다. 전자는 그리스도가 자신을 희생 제물로 바치는 대속 사역이고 후자는 그 대속 사역에 근거한 중보 사역입니다. 구약 시대에 전자는 성전 마당의 놋 제단에서 짐승을 태우는 것으로 표현되었고, 후자는 성소 안에서 금단 위에 드려지는 분향으로 표현되었습니다. 그리스도의 구속 사역의 두 측면인 대속과 중보는 구별되지만 분리되지 않고 하나로 통합됩니다. 보통 신자들은 대속 사역에 대해서는 많이 알고 있지만 중보 사역에 대해서는 잘 인식하지 못합니다. 하지만 우리는 그리스도의 제사장 사역이 중보 사역을 통해 완성됨을 알아야 합니다.

사도 바울은 "누가 정죄하리요? 죽으실 뿐 아니라 다시 살아나신 이는 그리스도 예수시니 그는 하나님 우편에 계신 자요 우리를 위하여 간구하시는 자시니라"(롬 8:34)라고 말합니다. 예수님이 지금 이 순간에도 우리를 위하여 간구하신다는 사실을 명백하게 알려준 것입니다. 우리를 정죄할 자는 아무도 없습니다. 그리스도의 희생과 간구 때문입니다.

> 23제사장 된 그들의 수효가 많은 것은 죽음으로 말미암아 항상 있지 못함
> 이로되 24예수는 영원히 계시므로 그 제사장 직분도 갈리지 아니하느니라.
> 25그러므로 자기를 힘입어 하나님께 나아가는 자들을 온전히 구원하실 수 있
> 으니 이는 그가 항상 살아계셔서 그들을 위하여 간구하심이라(히 7:23-25).

요한계시록 12:10은 하나님 앞에서 우리 형제들을 밤낮 참소하던 자가 쫓겨났다고 말합니다. 사탄은 성부 하나님 앞에서 밤낮없이 신자들을 고소하고, 대언자 그리스도는 그에 맞서 신자들을 변호하십니다. 욥기에서도 하나님이 욥을 칭찬하시자 사탄은 욥을 헐뜯으며 욥이 하

나님을 경외하는 것은 하나님이 그에게 풍성한 소유와 건강을 주셨기 때문이라고 고소합니다. 스가랴 3장에도 사탄이 대제사장 여호수아를 대적하는 장면이 나옵니다. 하나님은 사탄을 책망하시며 여호수아의 더러운 옷을 벗기고 아름다운 옷을 입히겠다고 말씀하십니다. 하나님이 여호수아의 죄악을 제거하셨기 때문입니다.

우리의 죄로 물든 기도는 그리스도의 죽음과 중보 덕에 하나님께 전달됩니다. 우리의 기도는 말로는 하나님의 영광과 일을 위한다고 하지만 실은 얼마나 우리 자신의 영광과 이익을 위한 것인지 모릅니다. 기도의 동기와 목표가 순수하지 못하고 때로는 아예 노골적으로 육신의 정욕과 안목의 정욕과 이생의 자랑이 드러나기도 합니다. 그런데 그리스도는 우리를 위하여 계속하여 간구하심으로써 우리의 삶과 기도의 수준을 높이시며 거룩하게 하십니다. 그리스도로 말미암아 우리는 하나님이 기쁘게 받으실 만한 신령한 제사를 드리는 거룩한 제사장이 됩니다(벧전 2:5).

예수님은 "거룩하신 아버지여, 내게 주신 아버지의 이름으로 그들을 보전하사 우리와 같이 그들도 하나가 되게 하옵소서"(요 17:11)라고 기도하셨습니다. 우리가 멸망하지 않고 하나님과 하나가 되며 보존되기를 간구하신 것입니다. 우리가 하나님 안에 있으려면 우리의 신분과 상태가 얼마나 의롭고 거룩해야 할까요?

예수님은 공생애 중에 제자들에게 가르쳐주신 주기도문에서도 "우리를 시험에 들게 하지 마시옵고 다만 악에서 구하시옵소서"라고 기도하도록 요청하셨습니다. 또한 예수님은 "내가 비옵는 것은 그들을 세상에서 데려가시기를 위함이 아니요, 다만 악에 빠지지 않게 보전하시기를 위함이니이다"(요 17:15)라고 기도하셨습니다. 이러한 예수님의 기도로 우리는 악에 빠지지 않고 악에서 구함을 받습니다. 신자는 죄를 지어도 거기에 완전히 물들지 않고 그 죄를 기뻐하지도 않는 대신 죄를 회개하며 더 나은 자가 되려고 노력합니다.

성육신하신 성자 하나님은 우리를 위하여 영원히 기도하십니다. 영원하고 광대하신 그리스도가 우리를 위하여 죽으셨을 뿐 아니라 앞으로도 영원히 우리를 위하여 중보하실 것입니다. 우리는 별생각 없이 일상을 살아가지만, 사실 우리의 삶과 일상은 그리스도가 하신 일과 중보하심으로 유지됩니다. 우리의 열심과 기도와 실천 이전에 그리스도의 "사랑과 열심", 그리고 우리를 위한 "기도"가 있습니다. 그리스도의 존재와 우리를 향한 사랑과 열심과 기도와 일하심이 없었다면 우리는 존재할 수도 없었을 것입니다. 은혜 위에 은혜일 뿐입니다(요 1:16).

제14-2과
그리스도의 왕 직분

제26문. 그리스도는 어떻게 왕의 직분을 행하십니까?

How does Christ execute the office of a king?

답. 그리스도는 우리를 자신에게 복종하게 하심으로써(행 15:14-16), 우리를 다스리시고(사 33:22) 지키심으로써(사 32:1-2), 그리고 자신과 우리의 모든 원수를 막아 정복하심으로써 왕의 직분을 행하십니다(시 110:1-7; 고전 15:25).

Christ executes the office of a king, in subduing us to himself, in ruling and defending us, and in restraining and conquering all his and our enemies.

---

subdue 정복하다, 압도하다, 제압하다, 복종시키다, 순종하게 하다
defend 지키다, 방어하다
restrain 억누르다, 억제하다, 제지하다
conquer 무력으로 획득하다, 정복하다, (곤란 등을) 극복하다

근거 성구

14 하나님이 처음으로 이방인 중에서
자기 이름을 위할 백성을 취하시려고
그들을 돌보신 것을 시므온이 말하였
으니 15 선지자들의 말씀이 이와 일치
하도다. 기록된 바 16 "이 후에 내가 돌
아와서 다윗의 무너진 장막을 다시 지
으며 또 그 허물어진 것을 다시 지어
일으키리니"(행 15:14-16).

대저 여호와는 우리 재판장이시요 여호와는 우리에게 율법을 세우신 이요 여호와는 우리의 왕이시니 그가 우리를 구원하실 것임이라(사 33:22).

1 보라, 장차 한 왕이 공의로 통치할 것
이요 방백들이 정의로 다스릴 것이며
2 또 그 사람은 광풍을 피하는 곳, 폭우
를 가리는 곳 같을 것이며 마른 땅에
냇물 같을 것이며 곤비한 땅에 큰 바위
그늘 같으리니(사 32:1-2).

1 여호와께서 내 주에게 말씀하시기를
"내가 네 원수들로 네 발판이 되게 하
기까지 너는 내 오른쪽에 앉아 있으라"
하셨도다. 2 여호와께서 시온에서부터
주의 권능의 규를 내보내시리니 주는
원수들 중에서 다스리소서. 3 주의 권능
의 날에 주의 백성이 거룩한 옷을 입고
즐거이 헌신하니 새벽이슬 같은 주의
청년들이 주께 나오는도다. 4 여호와는
맹세하고 변하지 아니하시리라. 이르시
기를 "너는 멜기세덱의 서열을 따라 영
원한 제사장이라" 하셨도다. 5 주의 오
른쪽에 계신 주께서 그의 노하시는 날
에 왕들을 쳐서 깨뜨리실 것이라. 6 뭇
나라를 심판하여 시체로 가득하게 하
시고 여러 나라의 머리를 쳐서 깨뜨리
시며 7 길가의 시냇물을 마시므로 그의
머리를 드시리로다(시 110:1-7).

그가 모든 원수를 그 발아래에 둘 때까지 반드시 왕 노릇 하시리니(고전 15:25).

해설

그리스도의 왕 직분

우리는 그리스도가 행하시는 삼중직에 대해 알아보고 있습니다. 앞서 소요리문답 제24문에서 그리스도의 선지자 직분을, 제25문에서 그리스도의 제사장 직분을 다루었다면, 이번 과에서는 그리스도의 왕적 직분을 다루는 소요리문답 제26문에 대해 살펴볼 것입니다.

그리스도의 세 가지 직분

① 선지자(제24문): 말씀과 영으로 하나님의 뜻을 우리에게 나타내심

② 제사장(제25문): 자신을 희생물로 드리고, 계속하여 간구하심으로써

③ 왕(제26문): 우리를 복종하게 하시고, 다스리시고 지키시고, 모든 원수를 막아 정복하심으로써

〈표28〉 그리스도의 세 가지 직분: 왕

1. 왕의 직분(the office of a king)

"힘이 정의다"라는 말이 있습니다. 결국엔 힘을 가진 자의 뜻이 실현된다는 말입니다. 그리스도가 선지자로서 옳은 말씀을 선포하셔도 그 말씀이 그대로 실현되지 않는다면 아무 의미가 없을 것입니다. 또 그리스도가 제사장으로서 죄인들을 위한 대속의 피를 흘리셨어도 그가 죽음의 권세를 뚫고 살아나지 못하셨다면 그 죽음은 죄인에게 아무런 영향을 끼치지 못했을 것입니다. 그래서 그리스도에게는 이 세상을 보존하고 통치할 수 있는 왕의 권능이 있어야 합니다. 세상 권력은 때때로 불의하게 사람들을 굴복시키지만 그리스도는 올바른 권능으로 자신의 말씀이 이 땅 위에 그대로 실현되게 하십니다.

2. 우리를 자신에게 복종하게 하심으로써(in subduing us to himself)

소를 물가로 끌고 갈 수는 있어도 물을 억지로 먹일 수는 없습니다. 처

음부터 저쪽으로 향하는 사람의 마음을 이쪽으로 돌리는 일은 매우 힘든 일입니다. 성경은 "노하기를 더디하는 자는 용사보다 낫고 자기의 마음을 다스리는 자는 성을 빼앗는 자보다 나으니라"(잠 16:32)라고 말합니다. 신자들은 예전에 "본질상 진노의 자녀"로서 전 속성이 부패하여 육체와 마음의 원하는 대로 살았습니다(엡 2:3). 그 부패한 전 속성을 새롭게 하여 육체와 마음이 원하는 방향이 아니라 하나님이 원하시는 방향대로 생각하고 행동하게 하는 것은 오직 그리스도만이 할 수 있는 일입니다. 그리스도는 자신의 속죄 사역으로 신자들의 죗값과 죄의 오염 문제를 해결하셨기 때문에 성령을 통하여 신자들의 강퍅한 마음을 부드럽게 만드실 수 있습니다. 우리 마음의 방향성은 강력한 고체 연료로 발사되는 로켓보다 더 강력합니다. 사람의 마음을 1밀리미터 움직이는 데 10년이나 20년이 걸릴 수도 있습니다. 그런데 그리스도는 돌 같은 신자들에게 새 영을 주시어 마음을 살처럼 부드럽게 만드셔서 하나님의 율례와 규례를 따르는 하나님의 백성이 되게 하십니다(겔 11:19-20).

하나님은 죄를 지은 하와에게 "너는 남편을 원하고 남편은 너를 다스릴 것이니라"(창 3:16)라고 말씀하셨습니다. 또 하나님은 동생 아벨에 대하여 몹시 분하게 여기며 안색이 변한 가인에게 "죄가 너를 원하나 너는 죄를 다스릴지니라"(창 4:7)라고 말씀하셨습니다. 무언가를 원하는 마음을 다스리는 것은 사람의 의지대로 쉽게 되지 않지만 그리스도는 성령을 통하여 사람의 마음을 다스리십니다.

3. 우리를 다스리시고 지키심으로써(in ruling and defending us)

조직폭력 집단이 조직원에게 주로 요구하는 덕목은 무엇일까요? 그 답은 아이러니하게도 "성실성"이라고 합니다. 이는 곽경택 감독의 영화

"친구"(2001)에서 조폭 역을 맡은 배우 유오성이 친구에게 한 말에서 드러나는데 곰곰이 생각해보면 일리가 있는 말입니다. 조직폭력배가 자기가 맡은 지역을 잘 관리하려면 무엇보다 "성실"해야 합니다. 그들은 조직을 튼튼히 유지하고 성장시키기 위해 조직원들에게 엄한 규율을 요구합니다. 물론 결정적인 문제는 이 규율을 따르면 따를수록 반사회적 인물이 된다는 것입니다.

그러나 그리스도는 하나님 나라 백성인 우리를 하나님의 말씀과 영으로 다스리시어(rule), 우리가 갈수록 하나님을 영화롭게 하는 존재가 되게 하십니다. 하나님은 우리를 단순히 하나님의 휘하에 둔다는 의미로 다스리시는 것이 아니라 자신의 형상으로 만드신 우리를 그 형상에 맞는 격조 있는 삶을 살도록 이끄신다는 의미에서 우리를 다스리십니다. 그리스도는 우리를 하나님의 유일한 규칙(rule)인 성경의 내용대로 사는 성령의 사람으로 만드시는 것입니다.

조직폭력배들은 자기 조직의 번성을 위해 서로를 보호하려고 하지만 더 잔인하고 더 강한 조직에 의해 짓밟힘을 당하기도 합니다. 조직에 오랫동안 몸담은 조직폭력배가 제명대로 살기란 힘든 일입니다. 갑작스러운 사건이나 사고, 부상과 전과로 험난한 삶을 살기 일쑤입니다. 그렇게 떠받들던 조직은 결정적인 순간에는 절대로 조직원을 보호하지 못합니다. 오히려 조직은 조직의 안전과 발전이라는 대의명분으로 조직원에게 희생을 강요해 죽음으로 내몰기도 합니다.

하지만 그리스도는 우리를 완벽하게 지켜주십니다. 졸지도 주무시지도 아니하시며 오른쪽에서 우리의 그늘이 되어주십니다. 낮의 해가 우리를 상하게 하지 못하고 밤의 달이 우리를 해치지 못하게 지켜주십니다. 하나님은 우리를 지켜 모든 환난을 면하게 하시고 우리의 영혼을 지키며 우리의 출입을 지금부터 영원까지 지키시는 분입니다(시 121편). 공의로 통치하시는 그리스도는 광풍을 피할 피난처이며 폭우를 가리는 안식처이고 마른 땅에 냇물과 곤비한 땅에 큰 바위 그늘 같습니다(사 32:2). 그리스도보다 더 큰 이가 없기에 그리스도의 지키심은 완벽하고 영원합니다.

4. 자신과 우리의 모든 원수를 막아 이기심으로써 (in restraining and conquering all his and our enemies)

다윗은 "여호와여, 나의 대적이 어찌 그리 많은지요? 일어나 나를 치는 자가 많으니이다"(시 3:1)라고 한탄했습니다. 어쩌면 여러분 주변에도 여러분을 노리는 행악자들이 있을 것입니다. 그러나 집요하고 강퍅한 그들을 막으시고 정복하시는 이가 바로 그리스도이십니다. 주께서는 우리를 주의 은밀한 곳에 숨기사 사람의 꾀에서 벗어나게 하시고, 장막에 비밀히 감추사 말다툼에서 면하게 하십니다(시 31:20). 악한 꾀를 내는 자들은 오히려 자기 꾀에 빠질 것입니다(시 5:10).

그리스도는 이런 행악자들만이 아니라 소리 없이, 쉼 없이 쳐들어오는 "시간"도 막아주십니다. 아담 안에 있는 모든 사람은 시간을 극복하지 못하고 죽습니다. 하지만 그리스도 안에 있는 사람은 영원으로 초대됩니다. 왜냐하면 그리스도는 원수인 질병과 슬픔, 고난을 발아래에 두실 뿐만 아니라 맨 나중에 멸망 받을 원수인 사망도 정복하셨기 때문입니다. 신자들은 왕이신 그리스도를 통하여 늙음과 질병과 갈등과 싸움이 없는 하나님의 나라에서 왕 노릇을 하며 영원히 살 수 있습니다. 또 지금 여기에서도 모든 것을 영원에 잇대어 이해하며 누구보다 현실을 직시하고 역동성 있게 살아갈 수 있습니다.

심화 연구

그리스도의 삼중직과 신약의 직분

승천하신 그리스도는 우리 각 사람에게 그리스도의 선물의 분량대로 은혜를 주십니다(엡 4:7). 그리스도는 각 사람을 사도와 선지자와 복음 전하는 자와 목사와 교사로 삼으셨습니다. 그리스도가 각 사람에게 이러한 직분을 주시는 이유는 무엇일까요? 사도 바울은 다음과 같이 이야기합니다.

> 11그가 어떤 사람은 사도로, 어떤 사람은 선지자로, 어떤 사람은 복음 전하는 자로, 어떤 사람은 목사와 교사로 삼으셨으니 12이는 성도를 온전하게 하여 봉사의 일을 하게 하며 그리스도의 몸을 세우려 하심이라(엡 4:11-12).

그리스도의 삼중직으로 대표되는 성경의 직분은 신약 시대 교회에서 목사와 장로와 집사로 나타납니다. 따라서 교회의 목사, 장로, 집사는 대접을 받으며 성도 위에 군림하려고 해서는 안 됩니다. 성도들이 직분자들을 위해서 존재하는 것이 아니라 직분자들이 교회를 위해서 존재합니다. 교역자와 직분자는 성도를 온전하게 하기 위해 성실함과 부지런함과 즐거움으로 맡은 직분에 임해야 합니다(롬 12:8).

Tip 恒: 항상 항
存: 있을 존
職: 직분 직

목사와 장로와 집사의 직분을 항존직(恒存職)이라고 합니다. 교회가 있는 곳에는 목사와 장로와 집사라는 직분이 항상 있어야 하기 때문입니다. 이 말은 "한 번 해병은 영원한 해병"이라는 말처럼, 한 번 목사나 장로나 집사가 된 사람은 죽을 때까지 목사와 장로와 집사라는 뜻이

아닙니다. 오히려 교회가 존재하는 한 이 직분들도 항상 존재한다는 의미입니다. 따라서 행여라도 하나님과 사람 앞에 큰 죄를 지어서 직분을 행하는 것이 오히려 하나님의 영광에 누가 되는 직분자는 즉시 사임하는 것이 옳습니다. 또 다른 부르심을 따라 교회의 직분을 행할 수 없을 때도 그 직분을 내려놓아야 합니다. 개인사로 바쁜 일이 있는 사람도 그 일을 해결한 후에 다시 직분을 받아 성실하게 열심히 섬기는 것이 좋습니다. 직분을 섬기기에 능력이나 인격이 부족하다고 판단되는 사람 역시 직분에서 사임하는 것이 좋습니다.

우리나라는 사람을 부를 때 이름 대신에 직분을 부르는 문화를 가지고 있습니다. 그러다 보니 어떤 사람을 부르기 위해서 없는 직분까지 만들어 부르기도 합니다. 많은 사람이 모인 곳에서 “김 사장님!”이라고 부르면 여러 사람이 자기를 부르는 줄 알고 고개를 돌립니다. 교회에도 이러한 영향이 파고들어 성도 대부분이 장로나 집사, 권사나 교사라고 불립니다. 하지만 장로교 헌법은 장로를 성도 20명당 한 명으로, 서리 집사를 5명당 한 명으로 규정합니다. 이 기준에 비추어 보면 얼마나 많은 교회가 직분자를 과다 배출하고 있는지 알 수 있습니다. 앞으로 교회나 교단 차원에서 이런 문제를 해결하기 위해 노력해야 할 것입니다. 다시 한번 말하지만, 교회의 직분자는 교인들을 섬기기 위해 존재하기 때문에 그 일을 감당할 수 있는 여건이 허락되고 은사가 있는 분이 직분자로 섬겨야 합니다. 교인들의 공명심을 채워주기 위해서 직분이 남발돼서는 안 될 것입니다.

1. 여러분의 가정은 행복한 편입니까? 자기 가정의 장단점은 무엇인지 말해보십시오. 또 자신이 가정의 행복을 위해 바뀌어야 할 점이 있다면 무엇인지 나누어보십시오.

2. 소요리문답 제25, 26문을 서로 묻고 답해봅시다. 관련 성경 구절도 함께 살펴봅시다.

3. 레위기 1:1-4에서 이스라엘 자손은 회막 문에서 짐승을 잡기 전에 왜 안수를 합니까? 레위기 16장에서 아론은 염소를 광야로 보내기 전에 무엇을 해야 합니까? 구약의 흠 없는 짐승은 무엇을 상징합니까?

4. 구약의 제사장 직분과 그리스도의 제사장 직분 사이에 있는 두 가지 큰 차이점은 무엇인가요?(히 9:25-28) 로마 가톨릭의 화체설은 자신을 단번에 희생물로 드린 그리스도의 죽음을 어떻게 손상시킵니까?

5. 승천하신 그리스도는 우리를 위해 어떤 사역을 하십니까? 그 사역은 그리스도의 어떤 사역에 근거를 두고 있습니까?

6. 그리스도께 왕의 권능이 없다면 그리스도의 선지자와 제사장 직분은 어떻게 됩니까?

7. 여러분은 자신의 마음을 다스리고 지배할 수 있습니까? 관련 성구(창 3:16; 4:7; 잠 16:32; 겔 11:19-20)를 통해 나누어봅시다.

8. 시편 121편을 함께 묵상하며 그리스도가 우리를 다스리시고 지키신다는 사실을 마음에 새기는 시간을 가집시다. 시편 121편을 암송하면 더욱 좋습니다.

9. 로마서 5:10과 고린도후서 5:19-20을 묵상하며 그리스도의 화목하게 하시는 사역을 통해 우리가 누리는 은혜에 대해 묵상하는 시간을 가집시다. 각자 묵상한 내용을 서로 나누기 바랍니다.

10. 그리스도가 신약의 교회에 목사, 장로, 집사 직분을 주신 이유는 무엇입니까? 에베소서 4:11-14을 통해 나누어봅시다.

제15-1과
그리스도의 낮아지심

제27문. 그리스도의 낮아지심은 무엇입니까?

Wherein did Christ's humiliation consist?

답. 그리스도의 낮아지심은 그분의 태어나심과 그것도 낮은 여건으로 태어나신 것과(눅 2:7), 율법 아래 사신 것과(갈 4:4), 이생의 여러 비참과(사 53:2-3; 히 12:2-3) 하나님의 진노와(마 27:46; 눅 22:44) 십자가의 저주된 죽음을 겪으신 것과(빌 2:8), 묻히신 것과(고전 15:3-4) 얼마 동안 죽음의 권세 아래 거하신 것입니다(행 2:24-27, 31).

Christ's humiliation consisted in his being born, and that in a low condition, made under the law, undergoing the miseries of this life, the wrath of God, and the cursed death of the cross; in being buried, and continuing under the power of death for a time.

---

undergo 경험하다, 겪다, 당하다, 견디다, 참다 **bury** 파묻다, 매장하다

근거 성구

첫아들을 낳아 강보로 싸서 구유에 뉘었으니 이는 여관에 있을 곳이 없음이러라(눅 2:7).

때가 차매 하나님이 그 아들을 보내사 여자에게서 나게 하시고 율법 아래에 나게 하신 것은(갈 4:4).

2 믿음의 주요 또 온전하게 하시는 이인
예수를 바라보자. 그는 그 앞에 있는 기
쁨을 위하여 십자가를 참으사 부끄러
움을 개의치 아니하시더니 하나님 보
좌 우편에 앉으셨느니라. 3 너희가 피곤
하여 낙심하지 않기 위하여 죄인들이
이같이 자기에게 거역한 일을 참으신
이를 생각하라(히 12:2-3).

예수께서 힘쓰고 애써 더욱 간절히 기도하시니 땀이 땅에 떨어지는 핏방울 같이 되더라(눅 22:44).

제구시쯤에 예수께서 크게 소리 질러 이르시되 "엘리 엘리 라마 사박다니" 하시니 이는 곧 나의 하나님, 나의 하나님, 어찌하여 나를 버리셨나이까 하는 뜻이라(마 27:46).

사람의 모양으로 나타나사 자기를 낮추시고 죽기까지 복종하셨으니 곧 십자가에 죽으심이라(빌 2:8).

내가 받은 것을 먼저 너희에게 전하였노니 이는 성경대로 그리스도께서 우리 죄를 위하여 죽으시고 장사 지낸 바 되셨다가 성경대로 사흘 만에 다시 살아나사(고전 15:3-4).

24 하나님께서 그를 사망의 고통에서
풀어 살리셨으니 이는 그가 사망에 매
여 있을 수 없었음이라. 25 다윗이 그를
가리켜 이르되 "내가 항상 내 앞에 계
신 주를 뵈었음이여 나로 요동하지 않
게 하기 위하여 그가 내 우편에 계시
도다. 26 그러므로 내 마음이 기뻐하였
고 내 혀도 즐거워하였으며 육체도 희
망에 거하리니 27 이는 내 영혼을 음부
에 버리지 아니하시며 주의 거룩한 자
로 썩음을 당하지 않게 하실 것임이로
다."…31 미리 본 고로 그리스도의 부활
을 말하되 "그가 음부에 버림이 되지
않고 그의 육신이 썩음을 당하지 아니
하시리라" 하더니(행 2:24-31).

해설

그리스도의 낮아지심

앞서 우리는 웨스트민스터 소요리문답 제24-26문을 통해 그리스도의 삼중직, 즉 선지자와 제사장과 왕의 직분(office)에 대해 살펴보았습니다. 이어지는 소요리문답 제27-28문은 그리스도의 낮아지심과 높아지심이라는 상태(estate)에 대해 다룹니다.

그리스도의 상태

① 낮아지심(제27문): 낮은 여건으로 태어나심. 율법 아래 사신 것. 비참과 하나님의 진노와 십자가 죽으심을 겪으신 것. 묻히신 것. 죽음의 권세 아래 거하신 것.

② 높아지심(제28문)

〈표29〉 그리스도의 상태: 낮아지심

1. 그리스도의 낮아지심과 높아지심의 상태 (the estate of humiliation and exaltation)

소요리문답 제21문에 의하면 그리스도는 하나님의 영원한 아들로서 사람이 되셨고 영원히 계속하여 신인(神人, God and man)이십니다. 그렇다면 그리스도가 신인으로서 하신 일은 무엇입니까? 이 질문은 그리스도가 어떠한 삶을 사셨는가 하는 질문과 같습니다. 우리는 이에 대한 답을 사도신경에서 발견할 수 있습니다.

사도신경에서 우리가 믿는다고 고백하는 "그 외아들"(His only Son)

은 "전능하사 천지를 만드신 하나님 아버지"의 외아들입니다. 이 말은 하나님 아버지의 아들이신 예수 그리스도 또한 하나님이신데 그렇게 성부 하나님이 낳으신 아들은 유일(only)하다는 의미입니다. "그 외아들" 예수님이 하신 일은 다음과 같습니다.

① 이는 성령으로 잉태하사, 동정녀 마리아에게 나시고, 본디오 빌라도에게 고난을 받으사, 십자가에 못 박혀 죽으시고, 장사한 지 사흘 만에

② 죽은 자 가운데서 다시 살아나시며, 하늘에 오르사, 전능하신 하나님 우편에 앉아 계시다가, 저리로서 산 자와 죽은 자를 심판하러 오시리라.

여기서 ①은 그리스도의 낮아지신 상태를 말하고, ②는 그리스도의 높아지신 상태를 말합니다. 그런데 그리스도는 영원히 신인이시고 우리와 하나로 연합하셨으므로 그리스도의 인성이 겪으신 일은 바로 우리가 겪은 일이 됩니다. 따라서 그리스도가 낮아지신 상태(estate)인 성육신, 고난, 죽음, 장사, 죽음의 권세에 거하심은 바로 우리가 겪어야 하는 비참함을 말하는 것이고, 높아지신 상태인 부활, 승천, 하나님 우편에 앉으심과 재림은 앞으로 우리가 경험하게 될 영화로운 상태를 말합니다. 그리스도의 낮아지심으로 우리의 비참함이 해결되고 그리스도의 높아지심으로 우리의 영화로운 삶이 보장됩니다.

2. 그분의 태어나심과 그것도 낮은 여건으로 태어나신 것 (his being born, and that in a low condition)

무한하고 영원하고 불변하신 성자 하나님이 공간과 시간의 유한한 곳으로 들어오셔서 유한한 인성을 취하셨다는 것 자체가 큰 낮아짐입니다. 그리스도가 취하신 인성은 성령으로 잉태되어 일반 사람들과는 달리 죄책과 죄의 오염에서 자유로웠지만, 여전히 육신이 갖는 연약함, 고난, 죽음 등의 영향 아래 있었습니다. 빌립보서는 이것을 두고 예수님이 근본 하나님의 본체시나 자기를 비어 종의 형체를 가지셨다고 말합니다(빌 2:6-7). 우리는 그리스도의 가난해지심으로 부요하게 되었습니다(고후 8:9). 그리스도는 우리와 같은 인성을 취하셨기에 우리의 모든 약함과 악함을 동정하십니다.

부요한 사람은 가난한 사람들의 처지와 상황을 잘 이해하지 못합니다. 그런데 그리스도는 이 땅에 사람으로 나실 때 부요한 여건이 아니라 강보에 싸여 구유에 누어야 할 정도로 가난하고 어려운 여건 속에서 나셨습니다. 이는 그 당시 일반인보다 못한 여건이었습니다. 그렇기에 그리스도가 이해하지 못하실 사람이 없는 것입니다.

3. 율법 아래 사신 것(made under the law)

자녀와 학생에게 규율을 주어 지키게 하는 부모님이나 선생님이 오히려 그 규율을 지켜야 한다면 얼마나 갑갑하겠습니까? 그리스도는 모든 것을 만든 분으로서 모든 존재 법칙과 방식을 세워주신 분입니다. 그리스도는 원래 율법 아래 매이는 위치가 아니라 율법을 사람들에게 주는 위치에 계십니다. 그런데 율법의 주인이 율법을 지키는 사람이 되셨습니다. 그러니 얼마나 낮아지신 것인지 모릅니다.

아담은 에덴동산에서 자신의 마음에 새겨진 하나님의 법을 지켜야 했습니다. 이스라엘 백성은 모세로 대표되는 예언자들을 통하여 하나님이 주신 말씀을 지켜야 했습니다. 하지만 그들은 하나님의 말씀을 제대로 지키지 못했고 그리스도는 아담과 그의 후손이 지키지 못한 율법 아래 태어나 율법을 모두 지키는 삶을 사셔야 했습니다.

많은 그리스도인이 그리스도가 죽으실 때 행하신 대속의 사역에 대해서는 잘 알지만 살아계실 때 율법을 지키신 것에 대해서는 잘 모르는 편입니다. 그리스도는 대속의 죽음으로써 사람들의 죄책을 해결하셨습니다. 그러나 살아서는 모든 율법을 지키는 삶으로써 사람들에게 하나님의 양자가 되는 권리를 선사하셨습니다. 사도 바울은 "하나님이 그 아들을 보내사 여자에게서 나게 하시고 율법 아래에 나게 하신 것은 율법 아래에 있는 자들을 속량하시고 우리로 아들의 명분을 얻게 하려 하심이라"(갈 4:4-5)라고 말합니다. 그리스도가 자기를 낮추어 율법 아래에 나셨기 때문에 우리는 하나님의 양자가 되는 복을 누립니다.

4. 이생의 여러 비참을 겪으신 것(undergoing the miseries of this life)

아담과 하와는 범죄로 인해 저주 아래 놓이게 되었고 인류의 삶은 비참의 상태에 놓이게 되었습니다. 그리스도는 아담과 하와의 죄로 인한 고난을 몸소 다 겪으셨습니다. 그리스도의 전 생애는 실로 고난의 생애였습니다. 천지를 만들고 주관하시는 영원하고 광대하신 하나님이 유한한 피조물이 되어 명령을 지키는 종의 삶을 산다는 자체가 고난이었습니다. 나아가 아담과 하와 및 그 후손이 겪어야 하는 죄의 결과를 겪으셔야 하는 것 또한 고난이었습니다.

그리스도는 사람이 되시어 저주를 받은 이 땅 위에서 사셨습니다.

그는 이 땅에서 사시는 동안 사람들이 서로 지배하고 주장하며 배신하는 것과 무슨 일을 하든지 가시덤불과 엉겅퀴가 나오는 것을 경험하셨습니다. 예수님의 열두 제자 중 한 명은 엉겅퀴 같은 배신자 가룟 유다였습니다. 사람들은 그리스도를 받아들이지 않았을 뿐 아니라 증오와 희롱과 핍박과 배신으로 그분을 대했습니다. 또 그리스도는 인간으로서 100퍼센트 소화와 연소가 되지 않는 육체를 입으셨으므로 일을 많이 한 후에는 피곤을 느껴 휴식을 취하셔야 했습니다.

일반인이야 이런 일들을 당해도 어색함이 없을 것입니다. 하지만 근본 하나님의 본체이신 그리스도에게는 인간의 삶 자체가 고난이었습니다. 가장 거룩하신 그분이 죄로 가득 찬 사람들을 수용하고 이해하며 가르쳐야 하는 고난을 감당하셨습니다. 그분의 고난에 대하여 이사야는 다음과 같이 기록했습니다.

> 3그는 멸시를 받아 사람들에게 버림받았으며 간고를 많이 겪었으며 질고를 아는 자라. 마치 사람들이 그에게서 얼굴을 가리는 것 같이 멸시를 당하였고 우리도 그를 귀히 여기지 아니하였도다. 4그는 실로 우리의 질고를 지고 우리의 슬픔을 당하였거늘 우리는 생각하기를 '그는 징벌을 받아 하나님께 맞으며 고난을 당한다' 하였노라(사 53:3-4).

5. 하나님의 진노를 겪으신 것(undergoing the wrath of God)

그리스도가 받으신 고난은 십자가의 죽음이 가까울수록 더 커졌습니다. 특히 그리스도가 겟세마네 동산과 골고다 언덕에서 겪은 고뇌는 사람들에게 드리운 하나님의 모든 진노를 대신 받아 겪는 처절한 고난이었습니다. 예수님은 고민 중에 제자들에게 함께 기도해달라고 요청하셨고(마 26:38), 하나님께 십자가의 고난을 피할 길을 구하기도 하셨습니다(마 26:39). 예수님이 감당하신 십자가의 고난은 피할 수만 있다면 피하고 싶은 하나님의 진노였습니다. 그래서 예수님이 간절히 기도하실 때 땀이 땅에 떨어지는 핏방울같이 될 정도였습니다(눅 22:44). 예수님은 하나님의 진노를 감당하며 영혼으로 고난을 겪으시는 동시에 채찍에 맞아 살이 찢기고 피가 흐르는 육체의 고난도 심하게 겪으셨습니다.

6. 십자가의 저주된 죽음을 겪으신 것 (undergoing the cursed death of the cross)

그리스도는 죽으시되 자연사나 사고사나 병사가 아니라 로마 제국의 법정에서 사형 선고를 받아 십자가형을 당하셨습니다. 십자가형은 죄수가 빨리 죽지 않고 오랫동안 너무 큰 고통을 당하기 때문에 로마 시민권자에게는 금지된 형벌이었습니다. 아무런 죄도 없으신 그리스도는 흉악범이나 노예들에게만 허용되던 그 끔찍한 형벌을 당하셨던 것입니다.

사실 그리스도는 처음에 로마 총독 빌라도로부터 혐의가 없다는 판결을 받았습니다. 하지만 유대인들의 강압 때문에 최종 판결은 십자가형으로 바뀌었습니다. 그는 무죄지만 사람들의 죄를 대신 짊어지고 죽으셔야 했음이 로마 법정에서도 드러났습니다. 예수님은 십자가에 달리셔서 "나의 하나님, 나의 하나님, 어찌하여 나를 버리셨나이까?"(마 27:46)라고 크게 소리 지르셨습니다. 사람들의 죄로 인한 하나님의 진노를 짊어지고 죽는 것은 그리스도의 영육이 하나님으로부터 분리되는, 감당하기 힘든 너무 큰 고난이었던 것입니다.

예수님은 진작부터 제자들에게 자기가 예루살렘에 올라가 장로들과 대제사장들과 서기관들에게 많은 고난을 받고 죽임을 당할 것이라고 가르치셨습니다(마 16:21). 예수님의 삶은 하루하루 죽음에 가까워지는 삶이었습니다. 예수님은 당신이 어떤 죽음을 맞이할지 알면서도 당신에게 맡겨진 사람들을 끝까지 사랑하셨습니다. 그리스도가 몸소 겪으신 이 죽음 때문에 이제 우리의 죽음은 절대로 하나님으로부터의 분리가 아닙니다. 예수님이 우리 대신에 죽음의 분리를 경험하셨기 때문에 우리의 영혼은 즉시 영광 속으로 들어가고 육신은 무덤에서 쉽니다. 이는 제6부에서 자세히 다룰 것입니다.

7. 묻히신 것(being buried)

우리나라 사람들은 명절이 되면 조상이 묻힌 묘지를 찾아가 제사를 지내곤 합니다. 묘지는 사람이 죽어 매장되었음을 확실하게 보여줍니다. 육신은 장사(葬事)된 곳에서 썩습니다. 십자가에서 죽으신 그리스도는 하나님이 아담에게 말씀하신 대로 흙으로 돌아가는 과정을 따라 무덤에 장사되었습니다. 물론 그리스도의 육신은 무덤에서 썩지 않았고 흙으로 돌아가지도 않았지만 그리스도가 분명하게 죽으셨고 죽음이 지속되고 있었다는 사실이 무덤에 장사된 것으로 표현되었습니다. 죽으실 수 없는 영원불멸의 하나님이 인성을 취하시어 신인의 인격으로서 죽음을 맛보고 한동안 무덤에 매장된 상태를 겪으신 것입니다. 신자들은 그리스도의 장사되심 때문에 무덤에 영원히 묻히거나 썩지 않고 다시 살아나게 됩니다.

8. 얼마 동안 죽음의 권세 아래 거하신 것 (continuing under the power of death for a time)

Tip apostle: (A-) 사도, (정책·사상 등의) 주창자

사도신경(The Apostles' Creed)은 사도들이 직접 만들지는 않았지만 후

세 사람들이 사도들의 가르침을 요약한 것입니다. 지금과 같은 형태로 정리된 것은 기원후 8세기로서 그 이전에는 몇 가지 유형이 더 있었습니다. 우리나라에서는 그리스도가 "지옥에 내려가시고"(He descended into hell)라는 구절을 뺀 사도신경을 사용합니다만, 서구에서는 "장사되어 지옥에 내려가시고 사흘 만에 죽은 자 가운데서 다시 살아나시며"라고 고백합니다.

그렇다면 그리스도가 지옥에 내려가셨다는 것은 무슨 뜻일까요? 그것은 얼마 동안 죽음의 권세 아래에 계시며 지옥과 같은 고통을 맛보았다는 것입니다. 죽음뿐만이 아니라 그 죽음의 상태에 계속 있는 것도 하나님으로부터 영육이 분리되는 지옥과 같은 고통입니다.

그리스도가 신자들을 대신하여 얼마 동안 죽음의 권세 아래 계셨기 때문에 신자들은 죽어도 죽음의 권세 아래에 거하지 않습니다. 신자들의 영혼은 죽은 후 고통을 당하지 않습니다. 그 대신 소요리문답 제37문이 말하는 것처럼 즉시 영광 속으로 들어가고 육신은 무덤에서 쉬며 부활을 기다립니다. 따라서 성숙한 신자는 죽음을 두려워해서는 안 됩니다. 불신자들은 "개똥밭에 굴러도 이승이 좋다"라고 말하지만 신자는 이 세상에 얽매일 이유가 없습니다. 신자들의 참된 성숙 여부는 죽음을 얼마나 기꺼이 받아들이느냐와 연관이 있습니다. 성숙한 신자들은 그리스도의 죽음과 장사, 죽음의 권세 아래 거하심이 신자의 생명과 부활, 영생의 근거임을 깨달아 죽음을 기꺼이 받아들여야 합니다. 신자에게 죽음은 결코 단절이 아니라 하나님의 낙원으로 가는 통과의례일 뿐입니다. 참된 신자일수록 죽음을 자연스럽게 받아들이며 영원으로 가는 길로 여겨야 할 것입니다.

제15-2과

그리스도의 높아지심

제28문. 그리스도의 높아지심은 무엇입니까?

Wherein consists Christ's exaltation?

답. 그리스도의 높아지심은 사흘 만에 죽은 자들 가운데서 다시 살아나시고(고전 15:4), 하늘로 올라가시고(막 16:19), 하나님 아버지의 우편에 앉으시고(엡 1:20), 그리고 마지막 날에 세상을 심판하러 오시는 것입니다(행 1:11; 17:31).

Christ's exaltation consists in his rising again from the dead on the third day, in ascending up into heaven, in sitting at the right hand of God the Father, and in coming to judge the world at the last day.

---

rise (해, 달이) 솟아오르다, 일어나다, (그리스도, 죽은 사람이) 부활하다
ascend 오르다, 올라가다
judge 재판하다, 판단하다

근거 성구

장사 지낸 바 되셨다가 성경대로 사흘 만에 다시 살아나사(고전 15:4).

주 예수께서 말씀을 마치신 후에 하늘로 올려지사 하나님 우편에 앉으시니라(막 16:19).

그의 능력이 그리스도 안에서 역사하사 죽은 자들 가운데서 다시 살리시고 하늘에서 자기의 오른편에 앉히사(엡 1:20).

이르되 "갈릴리 사람들아. 어찌하여 서서 하늘을 쳐다보느냐? 너희 가운데서 하늘로 올려지신 이 예수는 하늘로 가심을 본 그대로 오시리라" 하였느니라(행 1:11).

"이는 정하신 사람으로 하여금 천하를 공의로 심판할 날을 작정하시고 이에 그를 죽은 자 가운데서 다시 살리신 것으로 모든 사람에게 믿을 만한 증거를 주셨음이니라" 하니라(행 17:31).

해설

그리스도의 높아지심

웨스트민스터 소요리문답 제24-26문이 그리스도의 직분(office)에 대해 말한다면, 제27-28문은 그리스도의 상태(estate)에 대해 말합니다. 제27문에서 그리스도의 낮아지심에 대해서 살펴보았고 이번 과에서는 높아지심의 상태에 대해 살펴볼 것입니다.

그리스도의 상태	① 낮아지심(제27문): 낮은 여건으로 태어나심. 율법 아래 사신 것. 비참과 하나님의 진노와 십자가 죽음을 겪으신 것. 묻히신 것. 죽음의 권세 아래 거하신 것
	② 높아지심(제28문): 사흘 후 부활. 승천. 하나님 우편에 앉으심. 심판하러 다시 오심

〈표30〉 그리스도의 상태: 높아지심

1. 사흘 만에 죽은 자들 가운데서 다시 살아나시고 (his rising again from the dead on the third day)

Tip 절세가인(絶世佳人): 세상에 견줄 만한 사람이 없을 정도로 뛰어나게 아름다운 여인

Tip 홍반성 루푸스 (systemic lupus erythematosus): 면역계의 이상으로 온몸에 염증이 생기는 만성 자가면역질환

천하의 영웅호걸(英雄豪傑)이나 절세가인(絶世佳人)도 넘지 못하는 선이 있습니다. 바로 늙음과 병듦과 죽음이라는 선입니다. 팔십 평생이 긴 것처럼 느껴져도 어느 순간 늙고 병들어 죽을 수밖에 없는 것이 사람입니다. 부활이 없다면 본질적으로 사람의 삶이 짐승의 삶보다 더 나은 점이 없습니다(전 3:19). 부활이 있어도 다시 병들어서 죽을 상태로 부활한다면 의미 없기는 마찬가지입니다.

여러 언론 매체를 통해 "행복 전도사"라고 알려진 고(故) 최윤희 씨는 홍반성 루푸스라는 병에 걸려 극심한 통증과 씨름하다가 2010년 가을에 남편과 함께 자살하고 말았습니다. 통증도 심각했지만 행복하고 즐거운 모습을 사람들에게 보여주어야 하는 사회적 명성이 고통스러운 투병생활에 대한 심적 부담을 증폭시켰던 것입니다. 그녀의 자살예방 강의를 들었던 많은 사람이 그녀의 자살 소식을 듣고 정말로 행복이 가능한지를 의심하며 패닉 상태에 빠지기도 했습니다.

아프고 늙은 몸으로 가난과 멸시의 상태에서 죽지 못해 사는 삶은

결코 행복도 축복도 아닙니다. 그럼 병들어 고통 속에서 죽음을 맞이하고 소멸할 수밖에 없는 것이 인간의 운명일까요? 아닙니다. 죽음 너머 존재하는 부활의 소망에 관해 이야기하는 성경은, 고린도전서 15장을 통해 부활에 대해 다음과 같은 중요한 사실을 알려줍니다.

① 뿌린 씨가 죽으면 살아나듯 육신도 죽은 후 부활이 있다(고전 15:35-36).
② 씨를 뿌리면 장래에 형체가 주어지듯 육신에도 장래에 영화로운 형체가 주어진다(고전 15:37-41).
③ 썩을 것으로 심고 썩지 아니할 것으로 다시 살아난다(고전 15:42).
④ 욕된 것으로 심고 영광스러운 것으로 다시 살아난다(고전 15:43).
⑤ 약한 것으로 심고 강한 것으로 다시 살아난다(고전 15:43).
⑥ 육의 몸으로 심고 신령한 몸으로 다시 살아난다(고전 15:44).
⑦ 하늘에 속한 이의 형상을 입는다(고전 15:50).

신자들이 취하게 될 부활의 몸은 우리에게 큰 소망이 됩니다. 부활의 몸은 썩지 않고 영광스러우며 강하고 신령한 몸입니다. 가장 아름답고 가장 건강하고 가장 강한 상태로 썩지 않는 영원한 삶을 누리는 것이 부활의 축복입니다. 부활의 몸은 신령한 몸으로서 성령에 가장 합당하게 어울리는 몸이며 이는 하늘에 속한 이의 형상을 따른 것입니다.

기독교의 현실성은 바로 여기서 나옵니다. 늙음과 병듦과 죽음과 갈등의 문제를 해결하지 않고 그냥 행복과 기쁨이 있다고 말하면 잠시 사람들의 눈을 가릴 수는 있습니다. 하지만 문제는 곧 드러나기 마련입니다. 행복 전도사, 행복 디자이너라는 호칭이 따르던 사람도 실제적인 통증의 문제를 해결하지 못하면 행복을 유지하지 못하고 스스로 생을 마감하는 처지에 이릅니다. 이 땅에서의 짧은 생애에 누리는 행복만 강조하는 논리와 주장은 너무 허무합니다. 늙음과 병듦과 죽음을 해결하지 못하는 종교는 의미가 없습니다. 바울은 부활이 없다면 전도나 믿음이 헛것이고, 신자들의 바람이 다만 이 세상의 삶뿐이라면 모든 사람 가운데 신자들이 더욱 불쌍한 자라고 말합니다(고전 15:14-19).

이 모든 한계가 그리스도의 부활로 극복됩니다. 그리스도가 죽음의 권세를 이기시고 부활하심으로써 **죽음이 죽어버렸습니다**. 그리스도는 십자가의 죽음과 부활로 맨 나중에 멸망 받을 원수인 죽음을 죽여버리셨습니다. 모든 것에 늘 영향을 미치는 죽음이 그리스도의 죽음과 부활로 파괴되었습니다. 그리스도와 연합된 우리도 그리스도의 부활에 의지하여 부활할 것입니다. 그리스도의 높아지심은 그와 연합된 우리의 높아짐이 됩니다. 그리스도의 몸은 부활 후에 크게 변화하여 사람들이 쉽게 알아보지 못하였고, 갑작스럽게 다른 장소에 출현하실 수도 있었습니다. 영광스러운 그 몸의 변화처럼 그리스도와 연합된 우리도 부활 때에 변화할 것입니다.

부활은 삼위의 사역

앞서 우리는 소요리문답 제6문을 다루면서 외부를 향한 삼위일체 하나님의 사역은 분리되지 않음을 살펴보았다. 그렇다면 예수님의 부활에서는 각 위격이 어떻게 사역하셨을까?

예수님은 자신의 목숨을 버리는 것은 다시 얻기 위함이라고 말씀하셨다. 예수님은 스스로 목숨을 버리셨지, 예수님의 목숨을 빼앗을 수 있는 자는 아무도 없었다. 예수님에게는 버릴 권세도 있고 다시 얻을 권세도 있다(요 10:17-18). 예수님은 "나는 부활이요 생명이니 나를 믿는 자는 죽어도 살겠고"(요 11:25)라고 말씀하셨다.

성부 하나님이 부활에 참여하신 것은 다음 성구들을 통해 알 수 있다.

하나님께서 그를 사망의 고통에서 풀어 살리셨으니 이는 그가 사망에 매여 있을 수 없었음이라(행 2:24).

이 예수를 하나님이 살리신지라. 우리가 다 이 일에 증인이로다(행 2:32).

하나님이 주를 다시 살리셨고 또한 그의 권능으로 우리를 다시 살리시리라(고전 6:14).

오직 예수 그리스도와 그를 죽은 자 가운데서 살리신 하나님 아버지로 말미암아 사도 된 바울은(갈 1:1).

그의 능력이 그리스도 안에서 역사하사 죽은 자들 가운데서 다시 살리시고 하늘에서 자기의 오른편에 앉히사(엡 1:20).

부활과 관련한 성령 하나님의 사역은 로마서 8:11을 통해 알 수 있다.

죽은 자 가운데서 살리신 이의 영이 너희 안에 거하시면 그리스도 예수를 죽은 자 가운데서 살리신 이가 너희 안에 거하시는 그의 영으로 말미암아 너희 죽을 몸도 살리시리라(롬 8:11).

이런 말씀들은 우리에게 각 위격이 부활과 관련해 구체적으로 어떻게 사역하셨는지 알려준다. 하지만 삼위일체 하나님의 밖을 향한 사역에서 다른 위격들이 언급되지 않더라도 그 위격들이 배제되는 것은 아니다. 한 본질이신 삼위 하나님은 모든 일을 같이하시기 때문이다. 부활에서도 세 위격은 함께 사역하셨다.

2. 하늘로 올라가시고(ascending up into heaven)

그리스도는 부활 후 하늘로 올라가셨습니다. 부활로 영화롭게 변하신 그리스도의 몸은 승천(昇天)을 통하여 더 높은 영광의 몸으로 변하셨습니다. 부활에서 시작된 그리스도의 인성의 변화가 승천을 통하여 완성되었습니다. 천국은 죄의 저주가 없는 공간입니다. 천국에는 가시덤불과 엉겅퀴가 없고 먹을 것을 얻기 위에 얼굴에 땀을 흘릴 필요도 없으며 사람이 흙으로 돌아가지도 않습니다. 남편과 아내가 서로를 지배하고 소유하려는 갈등 따위도 생기지 않습니다. 그리스도의 몸은 이런 천국의 영광에 적합하게 바뀐 것입니다.

예수님은 아버지 집에 거할 곳이 많다고 말씀하시며, 우리를 위하여 거처를 예비하신 후 다시 오셔서 우리를 영접하여 자신이 있는 곳에 우리도 함께 있게 하겠다고 약속하셨습니다(요 14:2-3). 그리스도는 사망과 애통과 눈물과 아픈 것이 다시 있지 아니한 곳으로 우리를 초대하기 위하여 먼저 하늘로 올라가셨습니다. 그리스도와 연합한 우리도 때가 되면 부활하여 그리스도가 계신 그 하늘로 올라갈 것입니다.

3. 하나님 아버지의 우편에 앉으시고 (sitting at the right hand of God the Father)

승천하신 그리스도는 하나님 아버지의 우편에 앉아만(sitting) 계실까요? 스데반 집사는 순교하기 직전에 예수님이 하나님 우편에 **서신**(standing) 것을 보았다고 말했습니다(행 7:56). 또 로마서 8:34과 베드로전서 3:22은 그리스도가 하나님 우편에 **계신다**(being)고 말하고, 요한계시록 2:1은 그리스도가 일곱 금 촛대 사이를 **거니신다**(walking)고 말합니다. 그리스도는 하나님 우편에 앉아 아무 일도 하지 않으면서 푹 쉬시는 것이 아닙니다. 소요리문답 제23문이 말하는 것처럼 그리스도는 높아지심의 상태에서 선지자와 제사장과 왕의 직분을 행하십니다.

승천하신 예수님은 선지자로서 성령을 통하여 제자들에게 하신 모든 말씀을 생각나게 하시고 사도들에게 성경을 기록하게 하셨습니다(요 14:26). 지금도 예수님은 말씀을 맡은 목사들에게 성령을 통해 설교의 영감을 주시고 각 신자의 마음을 조명하십니다. 승천하신 예수님은 여전히 제사장으로서 자신의 속죄 사역에 근거해 중보 사역을 하십니다. 우리의 죄를 변호하시고 부족한 신자들의 기도와 섬김이 하나님께 받아들여지도록 간구하십니다. 또한 여전히 예수님은 왕으로서 지상의 교회를 직분자들을 통하여 통치하고 보호하십니다(엡 4:10-11). 모든 원수를 발아래에 둘 때까지 왕 노릇 하십니다(고전 15:25).

이렇게 그리스도가 천상에서 왕 노릇 하시는 것을 신인동형론적(神人同形論的)으로 표현한 것이 하나님 우편에 앉으심이지, 문자 그대로 그리스도가 하나님 우편에 자리를 잡고 앉아계신다는 뜻이 아닙니다. 중보자 그리스도가 하나님으로부터 교회와 우주에 대한 통치권을 받으시어 그에 합당한 영광이 주어졌음이 하나님 우편에 앉으심으로 표현이 되었습니다. 세베대의 아들 야고보와 요한은 예수님께 "주의 영광 중에서 우리를 하나는 주의 우편에, 하나는 좌편에 앉게 하여주옵소서"(막 10:37)라고 요청했습니다. 여기서도 마찬가지로 좌우에 앉는 것은 명예와 영광의 통치에 참여하는 것을 나타낼 뿐입니다. 조선 시대의 좌의정(左議政)과 우의정(右議政)도 왕을 도와 통치하는 높은 벼슬이었지만 문자 그대로 왕의 좌우편에 늘 있는 것은 아니었습니다.

4. 마지막 날에 세상을 심판하러 오시는 것 (coming to judge the world at the last day)

승천하시어 하나님 우편에 앉으신 그리스도는 계속해서 하늘에 머물러계시는 것이 아닙니다. 그리스도는 장차 이 세상을 심판하러 오실 것입니다. 사람들의 손에 심판을 당하여 고난을 받고 십자가에 못 박혀 죽으신 그리스도는 이제 심판주로서 그들을 심판하시러 이 땅에 다시 오실 것입니다. 악인은 영벌(永罰)의 무서운 심판에 떨어지고 하나님의 백성은 영생의 축복으로 이어지는 심판이 주어져 구원이 완성됩니다. 그리스도가 낮아지심과 높아지심의 두 상태를 거치며 획득한 모든 것들이 이제 하나님의 자녀에게 주어집니다. 새 하늘과 새 땅에서

참고 성구

아버지께서 아무도 심판하지 아니하시고 심판을 다 아들에게 맡기셨으니(요 5:22).

또 인자됨으로 말미암아 심판하는 권한을 주셨느니라(요 5:27).

우리에게 명하사 백성에게 전도하되 하나님이 살아 있는 자와 죽은 자의 재판장으로 정하신 자가 곧 이 사람인 것을 증언하게 하셨고(행 10:42).

"이는 정하신 사람으로 하여금 천하를 공의로 심판할 날을 작정하시고 이에 그를 죽은 자 가운데서 다시 살리신 것으로 모든 사람에게 믿을 만한 증거를 주셨음이니라" 하니라(행 17:31).

그들도 온전한 선지자와 제사장과 왕의 직분을 온전히 구현하는 자들이 됩니다. 아담에게 주셨던 "생육하고 번성하여 땅에 충만하라, 땅을 정복하라,…모든 생물을 다스리라"(창 1:28)라는 말씀이, 완성된 구원을 받은 하나님의 자녀들에 의해 새 하늘과 새 땅에서 이루어집니다. 자녀들을 향하신 아버지 하나님의 뜻이 그리스도 예수 안에서 온전히 이루어지는 것입니다.

1. 여러분의 취미와 특기, 관심사는 무엇입니까? 그 것이 여러분의 삶에 미치는 긍정적 영향과 부정적 영향에 대하여 나누어봅시다.

2. 소요리문답 제27-28문을 서로 묻고 답해봅시다. 관련 성경 구절도 함께 살펴봅시다.

3. "나는 그의 유일하신 아들, 우리 주 예수 그리스도를 믿습니다. 그는 성령으로 잉태되어 동정녀 마리아에게서 나시고, 본디오 빌라도에게 고난을 받아 십자가에 못 박혀 죽으시고, 장사된 지 사흘 만에 죽은 자 가운데서 다시 살아나셨으며, 하늘에 오르시어 전능하신 아버지 하나님 우편에 앉아계시다가, 거기로부터 살아 있는 자와 죽은 자를 심판하러 오십니다"라는 사도신경의 내용을 그리스도의 낮아지심과 높아지심을 기준으로 구분해보시오.

4. 그리스도가 사람으로 태어나신 것과 율법 아래 사신 것이 왜 낮아짐입니까? 이것이 우리에게 어떤 유익을 줍니까?

5. 그리스도가 이생의 여러 비참과 하나님의 진노와 십자가의 저주의 죽음을 겪으신 것이 우리에게 어떤 유익을 줍니까?

6. 그리스도가 땅에 묻히시고 얼마 동안 죽음의 권세 아래 거하신 것이 우리에게 주는 유익은 무엇입니까?

7. 그리스도의 부활이 없다면 우리에게 어떤 일이 발생합니까?

8. 여러분의 육체가 가장 건강하고 아름다우며 멋있었던 때는 언제입니까? 부활체는 이때보다 더 멋있을 것이라고 확신합니까? 고린도전서 15:35-49을 다시 한번 읽으며 부활체가 어떤 것인지에 대해 서로 이야기해봅시다.

9. 그리스도가 하늘에 올라가시는 것과 마지막 날에 세상을 심판하러 오시는 것이 우리에게 어떤 유익이 됩니까?

10. 승천하신 그리스도가 하나님 우편에 앉으셨다는 것은 어떤 의미입니까? 그리스도는 하나님 우편에 앉으셔서 어떤 일들을 하십니까?

memo

제5부

구원론

성령론

제29-36문

제16-1과

그리스도의 구속에 참여하는 방법

제29문. 우리는 그리스도가 사신 구속에 어떻게 참여자가 됩니까?

How are we made partakers of the redemption purchased by Christ?

답. 우리는 그리스도가 사신 구속에 그의 성령이(딛 3:5-6) 우리에게 효력 있게 적용하심으로써 참여자가 됩니다(요 1:11-12).

We are made partakers of the redemption purchased by Christ, by the effectual application of it to us by his Holy Spirit.

---

partake 참가(가담)하다, 나누어 갖다
partaker 함께하는 사람, 참가자, 관계자
purchase 사다, 구매하다, (승리, 자유 등) 쟁취하다
effectual 효과적인, (목적에) 알맞은, 적절한, 법적으로 유효한
application 적용, 이용, 응용

근거 성구

11자기 땅에 오매 자기 백성이 영접하
지 아니하였으나 12영접하는 자 곧 그
이름을 믿는 자들에게는 하나님의 자녀
가 되는 권세를 주셨으니(요 1:11-12).

5우리를 구원하시되 우리가 행한 바 의
로운 행위로 말미암지 아니하고 오직
그의 긍휼하심을 따라 중생의 씻음과
성령의 새롭게 하심으로 하셨나니 6우
리 구주 예수 그리스도로 말미암아 우
리에게 그 성령을 풍성히 부어주사(딛
3:5-6).

해설

그리스도의 구속을 효력 있게 적용하시는 성령

소요리문답 제29-36문을 살펴보는 제5부는 조직신학의 "구원론(성령론)"에 해당하는 내용을 다룹니다. 본격적으로 구원론을 살펴보기에 앞서 지금까지 다룬 내용을 정리하면 다음과 같습니다.

- 제1부 "**서론**"(제1-3문): 인생의 목적과 성경에 대하여 다룸
- 제2부 "**신론**"(제4-12문): 하나님의 속성, 삼위일체, 작정, 창조, 섭리에 대하여 다룸
- 제3부 "**인간론**"(제13-20문): 사람의 죄와 죄의 결과와 은혜언약을 다룸
- 제4부 "**기독론**"(제21-28문): 그리스도의 두 본성과 한 인격, 삼중직, 낮아지심과 높아지심을 다룸

이제부터 제5부 "구원론(성령론)"에서는 앞선 내용들을 바탕으로 그리스도가 획득한 구원을 성령이 효력 있게 적용하시는 것에 대해서 살펴볼 것입니다. 제5부에 해당하는 소요리문답 제29-36문의 주요 내용을 미리 살펴보면 다음과 같습니다.

- 제29문: 그리스도의 구속을 효력 있게 적용하시는 성령
- 제30문: 그리스도의 구속을 믿음에 의하여 그리스도와 연합시켜 적용하시는 성령
- 제31문: 효과적 부르심(죄와 비참을 납득시키고 마음을 밝혀 그리스도를 받도록 설득시키는 것)
- 제32문: 효과적 부르심에 동반되는 칭의, 양자됨, 성화 및 여러 가지 유익
- 제33문: 칭의(우리에게 전가되고 믿음으로 받아들인 그리스도의 의)
- 제34문: 양자(하나님의 아들들의 모든 특권에 대한 권리를 갖는 것)
- 제35문: 성화(전 인격에 걸쳐 새롭게 되어 점차로 죄에 대해 죽고 의에 대해 사는 것)
- 제36문: 칭의와 양자됨과 성화에 따르는 확신, 화평, 기쁨, 은혜의 증가 그리고 견인

이처럼 제5부 "구원론(성령론)"에서 다루는 내용은 우리의 신앙생활과 밀접한 연관이 있습니다. 제5부의 내용을 잘 파악하고 내면화시키면 우리의 신앙이 더욱 견고해지는 데 큰 유익을 얻을 수 있을 것입니다.

우리 주변에는 예수님을 믿으라고 권해도 오히려 기독교 신앙을 비웃고 멸시하는 이들이 많습니다. 진돗개에게 텔레비전을 보라고 손으로 가리키면 텔레비전이 아닌 손을 쳐다보듯이 불신자들도 예수님을 믿으라고 가리키면 예수님을 쳐다보지 않고 이상한 주장과 논리를 폅니다. 우리는 앞서 제4부 "기독론"에서 우리를 위하여 구원을 획득하신 예수님에 대해 살펴보았습니다. 성자 하나님이 인성을 취하시어 사람이 되시고 낮아지심과 높아지심이라는 상태에서 선지자와 제사장과 왕의 직분을 수행하시어 우리의 구원을 객관적으로 획득하셨습니다. 하지만 그리스도가 그처럼 많은 일을 하셨어도 사람들이 그 가치를 모르고 믿기를 거부하면 아무 소용이 없습니다. 그래서 그리스도가 객관적으로 획득하신 구원을 주관적으로 우리에게 적용하시는 일이 꼭 필요합니다. 바로 이 일을 성령 하나님이 하십니다.

성부 하나님이 우리의 구원을 작정하시어 세상과 사람을 창조하시고 섭리하신다면, 성자 하나님은 사람이 되시어 고난을 받고 십자가에 못 박혀 죽으심으로써 우리의 구원을 객관적으로 획득하셨고, 성령 하나님은 그리스도가 획득하신 구원을 우리에게 효력 있게 주관적으로 적용하시는 일을 하십니다. 물론 성부의 작정과 창조와 섭리에 성자와 성령이 참여하시듯, 다른 두 위격의 사역에도 삼위 하나님이 함께 참여하십니다. 그렇지만 우리는 각 위격에게 고유하게 돌려지는 일이 있다는 사실을 앞에서 살펴보았습니다.

"구원론"은 성령이 그리스도가 획득하신 구원을 우리에게 적용하시는 것을 다룹니다. 구원론은 그리스도가 단번의 죽음으로 이루신 대속의 사역에 근거합니다. 그리고 구원론은 성령 하나님이 주도하시므로

"성령론"이라고도 부릅니다. 따라서 구원론은 구원을 받는 사람의 관점에서 다루는 것이 아니라, 그리스도의 구원을 사람에게 적용하시는 하나님의 관점에서 다룹니다. 즉 어떤 사람이 복음을 듣고 그리스도를 믿겠다고 했을 때, 그렇게 결정한 사람의 판단과 이해와 의지를 다루기에 앞서 그 사람으로 그런 결정을 하도록 은혜를 베푸신 성령 하나님을 먼저 생각하는 것입니다. 그래서 구원론은 효과적 부르심, 칭의, 양자됨, 성화, 믿음, 그리고 회개 등을 모두 성령님이 베푸시는 은혜의 사역으로 표현합니다. 이 점을 이해하면 이후의 내용을 종합적으로 이해하는 데 큰 어려움이 없을 것입니다.

이 책의 제6부 "종말론"은 같은 맥락에서 그리스도가 획득한 구원이 신자의 죽음과 부활에 어떤 유익을 미치는지를 다룹니다. 신자의 죽음과 부활은 그리스도가 낮아지심과 높아지심의 상태에서 행하신 사역과 밀접한 관계가 있습니다. 그리스도의 낮아지심과 높아지심은 그리스도와 연합한 신자의 낮아짐과 높아짐이 되기 때문에, 신자는 그리스도의 죽음과 부활을 통해 일반인과 다른 죽음과 부활을 맞이합니다. 신자는 이미 죽고 이미 부활한 셈입니다. 그러니 신자에게 죽음은 공포와 불안과 고통이 아니라 희망과 평안과 기쁨이 될 수 있습니다. 신자의 죽음과 부활은 인본적으로 살펴볼 것이 아니라 신본적으로 삼위 하나님의 사역을 통한 관점에서 살펴보아야 합니다.

2. 중요한 세 개의 "바이"(by)

Tip by: …옆에, …에(게), …가 한(수동형 문장에서 행위자·창작자·유발자 등을 나타냄), …로(방법·수단을 나타냄)

소요리문답 제29문에는 총 3개의 "by"가 나옵니다. 첫째는 "그리스도가 사신 구속"(the redemption purchased **by** Christ)에 등장합니다. 이는 구속이 사람의 힘으로 쟁취하는 것이 아니라 그리스도에 의해 획득되는 것임을 나타냅니다. 앞서 우리는 "기독론"에서 그리스도가 자신을 희생물로 지불하고 우리를 위한 구원의 길을 여셨다는 사실을 살펴보았습니다. 구속의 객관적인 획득은 사람이 아니라 그리스도에 의해 이루어집니다.

둘째는 "성령이 우리에게 효력 있게 적용하심"(the effectual application of it to us **by** his Holy Spirit)에 대한 것입니다. 그리스도가 사신 구속은 우리의 힘으로 우리 스스로 우리 것으로 만드는 것이 아니라 그리스도의 영에 의해서 우리의 것이 됩니다. 성령 하나님이 우리에게 적용하시므로 결코 실패나 실수가 없습니다. 그래서 "효력 있게"(effectual)라는 단어가 사용되고 있습니다. 사람이 그리스도가 구입하신 구속을 자신에게 스스로 적용할 수 있을까요? 이것은 불가능합니다. 사람의 인지력과 판단력, 선함과 의지가 얼마나 미약한데 제힘으로 그리스도가 이루신 구속의 가치를 알고 선택하며 또 끝까지 유지하겠습니까?

이처럼 제29문은 먼저 2개의 "by"를 통하여 구원의 획득과 적용이 모두 사람에 의한 것이 아니라 하나님에 의한 것임을 보여줍니다. 행위언약에 실패하여 전적으로 부패하고 무능해진 인간은 절대로 제힘으로 구속을 획득하여 자신의 것으로 만들 수 없습니다. 하나님은 죄책과 전 속성의 부패에 빠진 사람들을 긍휼히 여기시어 은혜언약이라는 형태로 사람들을 구원하고자 하셨습니다. 그래서 그리스도가 사람이 되어 고난을 받고 십자가에 못 박혀 죽으셨고, 성령 하나님이 그들로 그리스도를 믿기 원할 뿐 아니라 믿을 수 있게 하셨습니다. 사람의 구속에 성부와 성자와 성령이 모두 참여하시어 흔들리지 않는 구원을 사람에게 선물로 주신 것입니다.

셋째 "by"는 "적용하심으로써 참여자가 됩니다"(We are made partakers of the redemption **by** the effectual application)에 등장합니다. 그리스도가 사신 구속을 우리의 것으로 만드는 일은 성령이 주도하시고 우리는 참여자로 **만들어집니다**(We **are made** partakers of the redemption). 수동태를 사용한 영어 표현은 우리가 구원론을 인본적이 아니라 신본적으로 생각해야 함을 보여줍니다. 그리스도에 의한 구원의 성취를 인본적으로 생각할 신자는 별로 없습니다. 하지만 구원의 적용에 대해서는 사람의 역할을 강조하며 인본적으로 생각하는 사람들이 있습니다. 이는 잘못된 접근입니다. 구원의 적용은 사람이 참여하는 형태로 나타나기는 하지만 절대로 사람의 일이 아니라 전적인 성령의 사역입니다.

심화 연구

구원의 순서(the order of salvation)와 황금사슬(golden chain)

임산부가 태아를 10개월 동안 품는 것은 대단히 힘든 일입니다. 하지만 출산 후 육아는 손이 더 많이 가는 일이어서 "배 속에 있을 때가 편하다"라는 말이 있을 정도입니다. 우리나라에서 아이 하나를 성인으로 키우려면 1억 원이 넘게 든다는 이야기도 있었습니다. 경제적 비용 부담이 다가 아닙니다. 부모는 많은 시간을 자녀와 같이 보내며 정서적 교감을 키워가야 합니다. 아이의 소질을 발견하여 다듬어주고 배워두면 인생을 사는 데 도움이 될 것들을 가르치는 동시에, 자녀가 배움의 가치를 모르고 엇나가려 할 때는 설득과 협박과 회유 등 다양한 방법을 구사해야 합니다.

하나님이 당신의 자녀에게 갖고 계시는 사랑은 이보다 훨씬 더합니다. 하나님은 육신의 부모보다 자녀의 필요가 무엇인지 더 잘 아십니다. 하나님은 그리스도가 획득하신 구원을 우리에게 주실 때 우리보고 갖든지 말든지 알아서 하라고 하지 않으십니다. 오히려 어떻게든 그 구원을 우리에게 주고자 하십니다. 하나님은 이 일을 성령 하나님을 통하여 이루시는데 성령은 그 구원을 "부르심", "양자됨", "믿음", "칭의", "성화", "견인" 등의 종합 선물 세트로 우리에게 주십니다. 부르심이나 믿음만 주신 후 나머지는 우리보고 알아서 하라고 하시는 것이 아닙니다.

우리는 앞서 "절대예정과 조건예정"을 다룬 제7문의 "심화 연구"에서 하나님이 구원받을 자들을 택하실 때 그들을 영광에 이르게 하는 모든 수단도 정하신다는 사실을 살펴보았습니다. 하나님은 아담 안에서의 타락과 그리스도에 의한 구속과 성령에 의한 적용(부르심, 양자됨, 믿음, 칭의, 성화, 견인 등)을 모두 영원한 작정 속에서 구원의 수단으로 미리 정하셨습니다. 하나님이 이런 것들을 정하지 않고 성도들에게 알아서 영원한 영광에 이르라고 하셨다면, 이는 도달할 수 없는 목표를 세워놓고 그 목표를 이루는 자에게만 상을 주겠다고 하는 것과 다를 바 없을 것입니다.

예수님이 객관적으로 획득하신 구원과 성령님이 주관적으로 적용하시는 구원이, 성도들이 영원한 영광에 이르는 수단으로 미리 준비되었기 때문에 성도들의 구원은 흔들리지 않습니다. 성도들이 구원을 획득하여 자신에게 적용하는 것이 아니라 하나님이 획득하시고 또 적용하십니다. 하나님이 성도들을 오직 순전히 자유로운 은혜와 사랑으로 택하시어 영원한 영광에 이르도록 하시는 것처럼, 오직 하나님의 순전히 자유로운 은혜와 사랑으로 성도들이 그 영원한 영광에 이르는 수단들도 미리 정하셨습니다.

비록 예수님을 믿는다고 고백하고 죄에 대하여 회개하며 점점 더 거룩한 자로 자라가는 것은 우리지만, 실은 이 모든 것들이 하나님의 순전히 자유로운 은혜와 사랑으로 말미암습니다. 하나님이 부르심, 믿음, 회개, 칭의, 양자됨, 성화, 견인 등에 성도들을 참여시켜주심으로써 일견 성도들이 이 일들을 하는 것처럼 보이지만 그 기원은 전적으로 하나님께 있는 것입니다.

이것들은 하나님이 우리에게 주기 위해 미리 정하신 것으로서 모두 하나로 묶여 있는 일종의 사슬(chain)과 같습니다. 윌리엄 퍼킨스(William Perkins, 1558-1602)는 이것을 "황금사슬"(golden chain)이라고 불렀습니다. 하나님이 우리의 구원 획득과 적용을 위해 부르심, 중생, 회개, 양자됨, 칭의, 믿음, 성화, 영화, 견인 등을 황금사슬과 같이 귀하고 견고한 사슬로 하나가 되게 묶어주셨다는 것입니다.

자전거 체인(chain)을 이루는 각 부분은 촘촘히 하나로 연결되어 있어서 페달을 밟는 발의 힘이 그 체인을 통해 바퀴에 그대로 전달됩니다. 성부, 성자, 성령 하나님이 우리의 구원을 위해 하신 일은 간단한 일이 아니며 자전거 체인보다 훨씬 더 복잡하고 신비합니다. 그 구원은 한 번에 순간적으로 펼쳐지지 않고 어떤 과정과 순서를 따르는데, 황금사슬로 연결되어 있는 것과 같아서 우리에게 반드시 실패 없이 주어집니다.

Tip 序: 차례 서
程: 길, 단위 정

이 황금사슬을 "구원의 서정(序程)"(The order of salvation)이라고도 합니다. 이 용어를 사용할 때는 주의할 점이 있습니다. "서정"의 의미를 자칫 오해하면 부르심, 중생, 회개, 양자됨, 믿음, 칭의, 성화, 영화, 견인 등에 엄밀한 순서가 있다라고만 생각하게 되기 때문입니다. 그렇지 않습니다. 구원의 서정은 성령이 구원을 단일한 과정으로 적용하시되 그 과정에 다양한 활동들이 있음을 말해줍니다. 이 과정은 하나의 사슬로 연결되어 있기 때문에 반드시 신자에게 모두 주어집니다. 자전거 체인의 고리들을 보면 이것 없이 저것이 없고 저것 없이 이것이 없는데, 그처럼 구원의 서정도 모두 하나로 연결되어 있습니다.

그런데 구원의 서정의 각 요소는 논리적인 순서로 연결되어 있습니다. 구원의 서정이 "부르심"과 "중생"으로 시작하는 이유는 부르심과 중생의 단계에서는 사람이 행하는 일은 전혀 없고 성령의 일하심만 나타나기 때문입니다. 회개와 믿음 등으로 갈수록 사람의 참여도가 높아지는 것으로 이해해도 됩니다. 물론 이때에도 사람의 행함은 전적으로 성령의 일하심에 의한 결과라는 사실이 강조되어야 합니다.

구원의 서정을 온전히 이해할 때 비로소 하나님이 아브라함과 이삭과 야곱을 택하신 이유가 그들의 믿음이 아니라 그들을 자녀 삼으시겠다는 하나님의 뜻과 사랑과 의지 때문이라는 사실을 깨닫게 됩니다. 구원의 서정에 대한 이해가 깊지 못하면 우리는 성경에서 하나님이 하신 일을 사람이 하는 일로 해석하면서 성경을 위인전기나 자기계발서로 읽게 됩니다. 성경을 읽으면서 진리 대신에 정직과 인내와 성실과 같은 인간적 교훈에 집중하게 되는 것입니다.

성경에 나오는 아브라함, 이삭, 야곱, 요셉, 모세, 다윗과 이스라엘 민족의 역사를 생각해보십시오. 하나님은 이들의 범죄와 탈선에 대해서까지도 오래 참으시며 끝내는 이들에게 구원을 허락하지 않으셨습니까? 구약성경이나 신약성경은 모두 예수님이 획득하신 구원과 성령님이 적용하신 구원에 대한 기록이지, 절대로 사람들의 정직, 용기, 인내, 화합에 관한 기록이 아닙니다. 성부, 성자, 성령 하나님이 이러한 구원의 사역을 사랑으로 하지 않으셨다면 인간들은 노아 홍수 때처럼 심판받거나 소돔과 고모라 사람들처럼 멸망했을 것입니다. 하나님은 성경에 등장하는 당신의 모든 백성들에게, 즉 아브라함, 이삭, 야곱, 요셉, 예언자들, 의로운 왕들, 열두 제자를 포함한 신자 모두에게 부르심, 중생, 회개, 양자됨, 칭의, 믿음, 성화, 영화, 견인을 하나의 사슬로 묶어서 주셨습니다. 따라서 그들의 생애는 하나님이 구원을 주시는 과정을 입체적이고 종합적으로 보여줍니다. 우리는 이를 통해 알파요 오메가이신 하나님이 우리의 구원의 시작과 마침이 되시어 우리에게 완벽한 구원을 주신다는 사실을 알 수 있습니다.

생각할 거리

성령의 은사와 신사도 운동

요사이 "성령론"이라고 하면 성령에 의한 구속의 적용보다는 방언이나 예언을 하고 병을 고치거나 귀신을 내쫓는 것과 같은 은사와 연결하는 경향이 있는 듯하다. 이런 일들도 분명 성령이 하시는 일들에 속한다. 하지만 은사적 관점을 중심으로 성령의 존재와 사역을 이해하면 성부와 성자와 동등한 본질을 가지신 성령의 인격성이 잘 드러나지 않아 성령님을 어떤 기운이나 능력으로 생각하기 쉽다.

우리는 먼저 성령님이 성부와 성자와 똑같이 작정과 창조와 섭리에 참여하시고 우리의 구원을 위해 영원부터 영원까지 중요한 사역을 하고 계시다는 사실을 기억해야 한다. 그런 후에 성령 하나님이 신자 각 개인을 격려하고 교회를 온전히 세우기 위하여 신자들에게 은사를 주신다는 사실에 주목해야 한다. 교인들의 은사는 여러 가지나 성령은 같다. 각 사람에게 성령을 나타내심은 교회를 유익하게 하려 하심이지(고전 12:4-7), 절대로 그 사람을 나타내기 위함이 아니다. 성도들은 그리스도의 몸된 지체로서 은사와 직분을 받았고(고전 12:27-28), 한 몸으로서 서로 돌보라는 명령을 받았다(고전 12:25). 이를 위해 믿음, 병 고침, 능력 행함, 예언, 영들 분별, 방언, 방언 통역 등의 은사가 주어졌고 사도, 선지자, 교사, 목사, 장로, 집사 등의 직분자가 세워졌다.

성령이 주시는 여러 은사의 존재와 능력을 무시해서도 안 되지만, 여기에 너무 집중한 나머지 신비주의적·개인주의적·성장주의적 신앙에 빠지는 것은 더더욱 문제다. 예언이나 병 고침의 은사를 받으면 하나님의 뜻에 따른 조언을 해줄 수 있고 병들어 힘들어하는 사람을 고쳐줄 수 있으니 얼마나 좋은가? 그런데 이런 은사를 가진 사람들은 타인에게 주목받고 영광을 누리기 쉽다. 그래서 많은 이들이 은연중 이런 화려한 은사를 발휘하여 자기 존재감을 높이고 싶은 시험에 들게 된다. 그러다 보면 하나님이 허락하신 것도 아닌데 스스로 은사라고 생각해 함부로 예언하고, 병원 치료를 경시하고, 성경 말씀보다 방언을 내세우고, 평범한 이야기를 방언 통역으로 포장하고, 과대망상증에 빠지는 등 수많은 문제가 생겨난다.

질병이나 사업 실패, 가족 간의 불화 등은 분명히 큰 어려움이다. 그런데 신자들은 이런 어려움을 겪으며 사람과 인생에 대한 이해가 깊어지고 하나님을 더욱 깊이 신뢰하게 되기도 한다. 그래서 당면한 문제를 단번에 해결하는 것보다 시간을 두고 점차 해결해가는 것이 필요할 때도 있다. 하나님은 사랑하는 자녀를 징계하신다. 하나님은 우리의 유익을 위해 그의 거룩하심에 참여하게 하시려고 곤란한 상황을 허락하기도 하신다(히 12:10). 신자들은 병이나 노쇠함을 통해 오히려 부활을 소망하게 된다. 성령의 능력으로 당면한 문제를 단번에 해결하는 것만이 능사가 아니다. 문제를 해결하며 하나님을 더 깊이 알아가는 것이 중요하다.

요즘 어떤 목사나 장로, 권사 등의 직분자 중 자신이 이 시대의 사도라고 주장하는 사람들이 있다. 그들은 자신이 초대교회의 사도들처럼 이적을 일으킨다고 선전한다. 소위 "신사도(新使徒) 운동"으로 분류되는 이런 사람들은 자신들이 사도의 직분을 이어받았다고 주장한다. 그들은 상식적인 판단이나 일반적인 신앙으로 해결할 수 있는 문제도 사도적 권위를 내세워 해결하려 한다. 그들은 몇 가지 신비체험을 앞세워 자신을 우월한 영적 위치에 올려놓기 때문에 그들을 중심으로 독특한 영역과 모임이 형성되기도 한다. 심지어 그들은 자신들의 능력을 다른 사람들에게 이전시키는 소위 "임파테이션"(impartation)을 시행하는데, 이는 무협지에나 나올 법한 비상식적인 행태가 아닐 수 없다.

신사도 운동에 빠진 사람은 하나님이 삶의 방법으로 허락하신 일상성과 경험의 가치를 무시하고 일반은총을 경시한다. 그래서 그들은 결혼과 취직은 물론이고 이사와 이름 짓는 일 등까지도 직통 계시로 해결하려고 한다. 일반인들도 쉽게 판단할 수 있는 것을 기도나 직통 계시, 이적으로 해결하려다 낭패를 보는 경우도 많아 "신앙 중독" 혹은 "신앙 과잉"으로 평가받기도 한다.

신사도 운동을 하는 이들의 신비주의와 비합리성 때문에 얼마나 많은 성도가 물질과 건강과 관계의 피해를 보는지 모른다. 인생의 중요한 일을 신비주의 방법으로 해결하려다 서너 번이라도 실패하면 인생을 정상적으로 되돌리기란 매우 힘든 일이다. 신비주의는 진정한 하나님의 신비인 일상의 귀중함을 무참하게 깨뜨리는 "살상무기"임을 명심해야 한다.

그런데 이는 모두 성령의 존재와 사역에 대해 올바로 이해하지 못한 데서 나온 결과다. 우리는 성령의 은사에 집중하기 전에 먼저 삼위일체의 한 위격으로서의 성령에 대해 알아야 하고, 성령이 성부와 성자와 더불어 사람들의 구원을 위하여 일하시는 내용에 대해 알아야 하며, 성령이 구약과 신약에서 어떻게 다르게 일하시는지에 대해서도 구분할 줄 알아야 한다.

제16-2과
믿음으로 연합시키시어 적용하시는 성령

제30문. 성령은 그리스도가 사신 구속을 우리에게 어떻게 적용하십니까?

How does the Spirit apply to us the redemption purchased by Christ?

답. 성령은 그리스도가 사신 구속을 우리 안에 믿음을 일으키심으로써(요 6:37, 39; 엡 1:13-14; 엡 2:8), 그리고 이것에 의하여 우리를 효과적으로 부르실 때 우리를 그리스도와 연합시키심으로써 우리에게 적용하십니다(고전 1:9; 엡 3:17).

The Spirit applies to us the redemption purchased by Christ, by working faith in us, and thereby uniting us to Christ in our effectual calling.

---

thereby 그렇게 함으로써, 그것 때문에
unite …를 하나로 하다, 결합하다
calling 부르기, 신의 부르심, 소명(召命), 소집

근거 성구

37아버지께서 내게 주시는 자는 다 내
게로 올 것이요, 내게 오는 자는 내가
결코 내쫓지 아니하리라. 38내가 하늘
에서 내려온 것은 내 뜻을 행하려 함이
아니요, 나를 보내신 이의 뜻을 행하려
함이니라. 39나를 보내신 이의 뜻은 내
게 주신 자 중에 내가 하나도 잃어버리
지 아니하고 마지막 날에 다시 살리는
이것이니라(요 6:37-39).

13그 안에서 너희도 진리의 말씀 곧 너
희의 구원의 복음을 듣고 그 안에서 또
한 믿어 약속의 성령으로 인치심을 받
았으니 14이는 우리 기업의 보증이 되사
그 얻으신 것을 속량하시고 그의 영광을
찬송하게 하려 하심이라(엡 1:13-14).

너희는 그 은혜에 의하여 믿음으로 말미암아 구원을 받았으니 이것은 너희에게서 난 것이 아니요 하나님의 선물이라(엡 2:8).

너희를 불러 그의 아들 예수 그리스도 우리 주와 더불어 교제하게 하시는 하나님은 미쁘시도다(고전 1:9).

믿음으로 말미암아 그리스도께서 너희 마음에 계시게 하시옵고 너희가 사랑 가운데서 뿌리가 박히고 터가 굳어져서(엡 3:17).

해설

믿음을 통하여 그리스도와 연합시키심으로써 그리스도의 구속을 적용하시는 성령

웨스트민스터 소요리문답 제29문에서는 그리스도의 구속을 성령이 우리에게 "효력 있게" 적용하신다는 사실을 살펴보았습니다. 이번 과에서는 제30문을 통해 성령이 그리스도의 구속을, 믿음에 의하여 효과적으로 부르실 때 그리스도와 연합시켜 적용하심을 살펴볼 것입니다. 그리고 이어지는 제31문은 "효과적 부르심"에 대해 이야기합니다.

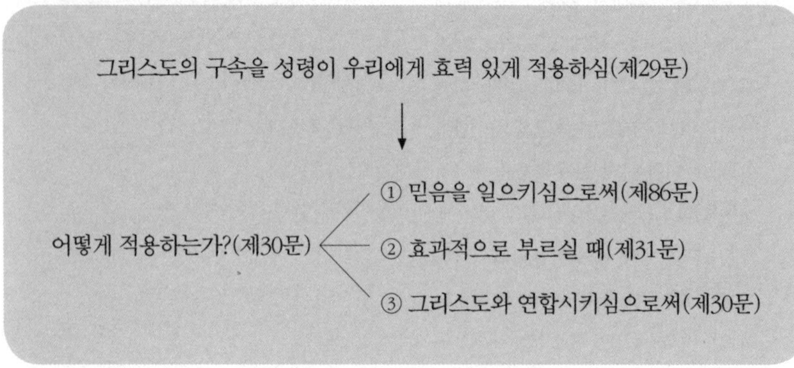

〈표31〉 제29문과 제30문의 관계

1. 우리 안에 믿음을 일으키심으로써(by working faith in us)

성령이 우리 안에 믿음을 일으키신다는 것은 무슨 뜻일까요? 우리는 교회에서 "믿음"에 대해 귀가 닳도록 들었습니다. 다음과 같은 말씀은 신앙생활에서 믿음이 얼마나 중요한지 알려줍니다.

> 8너희는 그 은혜에 의하여 믿음으로 말미암아 구원을 받았으니 이것은 너
> 희에게서 난 것이 아니요 하나님의 선물이라. 9행위에서 난 것이 아니니
> 이는 누구든지 자랑하지 못하게 함이라(For it is by grace you have been saved, through faith—and this not from yourselves, it is the gift of God—not by works, so that no one can boast)(엡 2:8-9, NIV).

소요리문답 제3문을 다룬 이 책의 제3과 "성경의 주된 내용"에서도 믿음은 그리스도인이 되기 전에는 인식하지 못하던 것을 인식하게 해

주는 내적 인식 원리임을 살펴보았습니다. 이번 과에서는 이 "믿음"에 대해 조금 더 자세하게 살펴보겠습니다.

문제를 하나 내보겠습니다. 앞의 에베소서 2:8-9은 성도의 구원이 은혜와 믿음 중 무엇으로 인한 것이라고 말합니까? 이 질문에 많은 분이 "믿음"이라고 대답할 것입니다. 하지만 이는 정확한 답변이 아닙니다. 엄밀하게 따진다면 "하나님은 은혜로 구원을 주시는데, 믿음을 통하여 주신다"가 정답입니다. 이 사실은 영어 성경에서 분명하게 드러납니다. 구원은 은혜에 의한 것(by grace)이지, 행위에 의한 것이 아닙니다(not by works). 그런데 이 구원은 믿음을 통해서(through faith) 주어집니다. 다음과 같은 예문이 이 논의를 이해하는 데 도움이 될 수 있습니다.

The answer is given by my teacher through this email.

"정답은 이 이메일을 통해 선생님에 의해 주어졌다"라고 직역할 수 있는 이 문장에서, 접속사 "바이"(by)는 직접적인 행위자를, "쓰루"(through)는 수단이나 도구를 나타냅니다. 선생님이 정답을 알려주셨습니다. 그런데 다른 방법을 사용하지 않고 이메일을 보내셨습니다. 다른 친구들이 "어떻게 정답을 알게 되었니?"라고 질문하면 "선생님이 알려주셨어"라고 대답할 수도 있고 "이 이메일을 통해 알게 되었어"라고 대답할 수도 있습니다. 누가 그랬냐는 행위자의 관점에서는 선생님이 정확한 답이고, 무엇으로 그랬냐는 도구의 관점에서는 이메일이 정확한 답입니다.

마찬가지로 에베소서 2:8-9에서도 "구원은 은혜로 받느냐, 아니면 행위로 받느냐?"라는 관점에서는 "은혜"가 답입니다. 하지만 구원이 우리에게 "믿음으로 주어지느냐, 아니면 경험과 이성으로 주어지느냐?"라는 도구의 관점에서는 "믿음"이 답입니다.

우리가 앞서 제2, 3과에서 살펴본 것처럼 사람의 눈으로 보거나 귀로 들을 수 없으며, 사람의 지혜로 깨닫거나 마음으로 생각할 수도 없는(고전 2:9) 구원을 우리가 받아들일 수 있는 것은 "믿음"이라는 내적 인식 원리 때문입니다. 믿음이 없다면 우리는 그리스도가 획득하신 구원의 가치와 정체를 전혀 인식하지 못합니다. 진돗개가 텔레비전을 보라고 손으로 가리키면 손을 쳐다보는 것에서 알 수 있듯이 현실 너머의 무엇을 인식한다는 것은 신비이고 초월이며 이적입니다. 특히 사람은 눈에 보이지 않는 하나님과 그 구원 사역을 이성과 감성과 경험으로는 결코 인식할 수는 없습니다. 그래서 하나님은 사람들에게 내적 인식 도구인 믿음을 주셔서 그리스도가 획득하신 구원의 가치와 정체를 인식하고 받아들이게 하십니다. 이렇게 귀한 내적 인식 수단인 믿음을 일으키는 분이 바로 성령 하나님이십니다.

참고 자료

한편 소요리문답 제86문은 하나님의 율법을 다 지킬 수 없는 사람에게 믿음이 필요하다는 문맥에서 믿음을 다룬다. "예수 그리스도에 대한 믿음은 구원하는 은혜로, 이것에 의해서 우리는 구원을 위해서 오직 그만을 받아들이고 의지합니다"(Faith in Jesus Christ is a saving grace, whereby we receive and rest upon him alone for salvation, as he is offered to us in the gospel).

2. 이것에 의하여 우리를 그리스도와 연합시키심으로써(thereby uniting us to Christ)

성도 안에 믿음이 일어나면 그는 이제 예전에 인식하지 못했던 예수 그리스도를 구세주로 인식하게 됩니다. 2천 년 전에 십자가에 못 박히신 예수님이, 하나님으로서 사람이 되시어 우리의 죄를 대신 짊어지고 죽으셨다는 사실이 온 마음으로 받아들여지는 것입니다. 그래서 소요리문답 제29-36문은 "구원론"의 관점에서 믿음을 다룹니다.

믿음은 그리스도를 받아들이고 의지하는 것입니다. 즉 우리는 믿음을 통하여 그리스도를 받아들이고 의지하여 그리스도와 연합합니다. 그런데 이에 대해 소요리문답 제30문은 성령이 믿음을 통하여 우리를 그리스도와 연합시키신다고 표현합니다. 성령을 주어로 하여 성령이 믿음을 일으키시고 그리스도와 연합시키신다고 표현해 성령께 믿음과 연합의 기원을 돌리는 것입니다. 이처럼 그리스도가 획득하신 구원을 우리에게 적용하시는 분이 바로 성령이시라는 면에서도 구원론은 성

연합

웨스트민스터 소요리문답은 여기서 언급된 연합(union)에 대해서는 따로 다루지 않는다. 대신 웨스트민스터 대요리문답 제66문은 연합을 이렇게 정의한다. "택자들이 그리스도와 갖는 연합은 하나님의 은혜의 사역으로(엡 1:22; 2:6-8), 이것에 의하여 그들은 그들의 머리와 남편이신 그리스도와 영적으로 신비하게, 그러나 실제적으로 분리되지 않게 결합됩니다(요 10:28; 고전 6:17; 엡 5:23, 30). 이것은 그들의 효과적 부르심 때 이루어집니다"(고전 1:9; 벧전 5:10)(The union which the elect have with Christ is the work of God's grace, whereby they are spiritually and mystically, yet really and inseparably, joined to Christ as their head and husband; which is done in their effectual calling).

택자들이 그리스도께 연합된다는 것은 육체적 개념이 아니라 영적 개념이다. 이 영적 연합은 매우 신비한 연합으로 육체적·가시적 연합보다 더 강하고 질기다. 육체적·물리적 연합이 아니라고 해서 추상적이거나 관념적인 것은 아니다. 이는 태양과 달과 지구의 관계를 생각해보아도 알 수 있다. 달은 지구 주변을 돌고 지구는 태양 주변을 돈다. 달과 지구와 태양은 눈에 보이는 물질이 아니라 중력에 의하여 결합되었지만 그 결합은 어떠한 결합보다도 강하다. 그 누가 달과 지구를 떨어뜨려 놓거나 지구를 공전 궤도에서 벗어나게 하겠는가?

부모와 자녀의 관계, 연애하는 남녀의 관계도 마찬가지다. 유치원과 초등학교에 간 자녀들은 학교가 끝나자마자 부모가 있는 집으로 달려오고, 로미오와 줄리엣처럼 목숨을 걸고 서로를 그리워하는 연인들이 존재한다. 이렇듯 결합에는 물리적 결합만 있는 것이 아니다. 중력이나 사랑, 정(情)에 의한 결합도 있고 그보다 훨씬 강한 영적 결합도 있다.

령론이 됩니다.

우리는 여기서 웨스트민스터 소요리문답이 얼마나 일관되게 구원론을 인간의 관점이 아닌 하나님의 관점에서 살피고 있는지 알 수 있습니다. 소요리문답의 관점에 따르면, 믿지 않던 사람이 어느 날 교회에 다니겠다며 자신의 발로 교회에 나오고 그리스도를 믿겠다고 입으로 시인하더라도 그 사람의 인식과 표현과 행동은 이미 성령 하나님의 사역 결과입니다. 우리가 소요리문답을 통해 사람들 가운데서 근본 원인으로 일하시는 하나님을 볼 수 있게 된다면, 사건의 현상에 현혹되지 않고 본질을 붙잡을 수 있을 것입니다.

심화 연구

성령의 일반은총:
일반은총의 무시에서 오는 신앙 중독과 해로운 신앙

보통의 경우 신자들은 사회생활을 하면서 불신자들과 많은 시간을 보내며 여러 가지 경험을 나누게 됩니다. 교회에서는 일반적으로 신자들을 의인으로, 불신자들을 악인으로 분류하기에 불신자들을 대할 때 무조건 긴장하는 사람도 있지만 막상 만나보면 불신자가 신자들보다 더 나은 경우가 있습니다. 업무 수행 능력이 신자들보다 뛰어난 경우는 다반사이고 풍부한 상식으로 합리적 판단을 내리는 사람도 적지 않습니다. 어떤 사람은 도덕 수준이나 희생 정신 같은 인격적 측면에서도 신자들보다 뛰어난 경우도 있습니다.

정말 불신자들은 모두 악인이고 신자들은 모두 의인인지 의아하기까지 합니다. 그렇다면 불신자들과 신자들의 공통점과 차이점은 무엇일까요? 이 문제에 접근할 때 성령이 신자만이 아니라 불신자에게도 행하시는 사역을 이해하면 큰 도움이 됩니다.

땅이 혼돈하고 공허하며 흑암이 깊음 위에 있을 때 하나님의 영은 수면 위에 운행하시어 세상에 질서를 부여하셨습니다(창 1:2). 여호와 하나님이 땅의 흙으로 사람을 지으시고 생기를 그 코에 불어넣으시니 사람이 생령이 되었습니다(창 2:7). 성령은 생명을 부여하고 유지, 발전시키십니다(욥 33:4; 시 104:29-30). 성령은 사람에게 비범한 능력도 주십니다. 구약 이스라엘의 사사들에게 여호와의 영이 임하자 그들은 비범한 능력을 발휘했습니다(삿 3:10; 6:34; 11:29 등). 성막과 제사에 관한 물품을 만들 때 여호와의 영이 임한 사람들은 예술적 능력과 영감을 부여받기도 했습니다.

> 하나님의 영을 그에게 충만하게 하여 지혜와 총명과 지식과 여러 가지 재주로 정교한 일을 연구하여 금과 은과 놋으로 만들게 하며 보석을 깎아 물리며 여러 가지 기술로 나무를 새겨 만들게 하리라(출 31:3).

그런데 성령은 이런 생명과 역동성, 비범한 능력과 예술적 감흥을 신자에게만 한정하지 않고 불신자에게도 주십니다. 성령이 주시는 일반은총(common grace)으로 인하여 일반인도 죄에 대한 경각심을 갖고 도덕과 윤리의 필요성을 깨달으며, 보통의 선과 의를 행하고 부여받은 재능을 계발해나갑니다. 특별은총을 받은 사람의 마음은 그 본질이 변화되어 예수 그리스도를 주로 받아들이게 됩니다. 하지만 일반은총은 마음의 본질적 변화 없이 도덕적 감동에 머뭅니다. 불신자들은 그 감동

Tip 특별은총은 신자들에게만 주어지고, 일반은총은 모든 사람에게 주어진다.

에 의지해 죄를 억제하고 선을 행하는 것입니다.

> 참고 성구
>
> 14율법 없는 이방인이 본성으로 율법의 일을 행할 때에는 이 사람은 율법이 없어도 자기가 자기에게 율법이 되나니 15이런 이들은 그 양심이 증거가 되어 그 생각들이 서로 혹은 고발하며 혹은 변명하여 그 마음에 새긴 율법의 행위를 나타내느니라 (롬 2:14-15).

벌코프는 일반은총이 주어지는 4가지의 주요한 수단들에 대해 이렇게 말합니다. 첫째는 하나님이 일반인에게도 주시는 **일반계시**입니다. 하나님의 일반계시가 주어지지 않았다면 일반인에게 양심은 존재하지 않습니다. 두 번째는 인간의 방탕함을 억제하고 선한 질서를 유지하는 역할을 하는 **정부**입니다. 세 번째는 사람들에게 민감하게 영향을 주는 **여론**입니다. 네 번째는 개인의 짧은 생애 동안에 주어지는 **하나님의 징벌과 보상**입니다.

벌코프는 이러한 4가지 일반은총의 5가지 효과에 대해서 다음과 같이 말합니다.

① 형 집행의 유예: 하나님의 심판을 늦춥니다. 하나님은 선악을 알게 하는 나무의 열매를 따 먹은 자들을 바로 죽이지 않으셨습니다. 또 노아 홍수 때에는 세상에 죄악이 가득해도 모든 생명을 싹쓸이하지는 않으셨습니다.

② 죄의 억제: 죄악이 극을 향해 달리지 않고 억제되게 합니다.

③ 진리, 도덕, 종교의 보존: 사람들은 일반은총에 의하여 흐릿한 인식으로나마 진리와 도덕과 종교의 가치를 알고 추구하게 됩니다.

④ 외면적 선과 시민적 의의 수행: 본질적 마음의 변화에서 오는 종교적 의는 아니지만, 외면적으로 선하게 보이는 시민적 의가 확립됩니다.

⑤ 자연적 축복: 하나님은 해와 비를 악인과 선인에게 모두 허락하십니다. 이스마엘이나 애굽의 친위대장 보디발도 하나님의 축복을 받을 수 있었습니다.

하나님의 택함을 받은 신자라고 하더라도 일반은총을 무시하고 특별은총만 추구해서는 안 됩니다. 얼마나 많은 불신자가 성실하게 자신의 능력을 발휘함으로써 사회의 유지와 발전에 이바지하는지 모릅니다. 물론 그들의 성실함과 노력에는 자신을 높이려는 악한 동기가 있어 절대적으로 선하다고 할 수는 없지만, 그들에게 선한 측면이 있다는 사실을 무시해서는 안 됩니다. 자동차나 집을 수리할 때 업자가 불신자라도 기술이 좋고 양심적이라면 기꺼운 마음으로 맡겨야 합니다. 그리고 음악이나 미술, 공부나 운동의 완성도는 신앙이 아니라 감각과 노력의 다소(多少)에 달려 있다는 사실도 인정하고 받아들여야 합니다.

신자가 일반은총을 무시하고 특별은총만 추구하면 상식과 도덕과 균형감을 잃어버립니다. 모든 일을 과도하게 특별은총의 관점에서 바라보면 상식 수준에서 판단할 일도 신앙의 힘으로(?) 엉뚱하게 판단하는 실수를 범합니다. 이렇게 잘못된 신앙에 중독되어 모든 것을 이분법으로 해석하는 신자는 일반인보다 못한 판단과 결정을 내리게 됩니다. 그런 잘못된 신앙은 유익하지 않고 해롭습니다. 이 사실을 기억하고 일반은총과 특별은총의 영역을 잘 구분해야 합니다. 일반은총의 영역에 속한 것을 과도하게 특별은총의 관점으로 바라보다가 옳고 그름을 혼동해서는 안 됩니다. 오히려 특별은총을 받은 자일수록 일반은총을 적절하고 다양하게 누릴 줄 알아야 합니다.

제16-3과

효과적 부르심

제31문. 효과적 부르심은 무엇입니까?

What is effectual calling?

답. 효과적 부르심은 하나님의 영의 사역으로써(살후 2:13-14; 딤후 1:9), 이것에 의하여 그는 우리에게 우리의 죄와 비참을 납득시키고(행 2:37), 우리의 마음을 밝혀 그리스도를 알게 하시며(행 26:18), 우리의 의지를 새롭게 하시면서(겔 36:26-27), 복음에서 우리에게 거저 제공된 예수 그리스도를 받아들이도록 우리를 설득하시어 받아들이게 하십니다(요 6:44-45; 빌 2:13).

Effectual calling is the work of God's Spirit, whereby convincing us of our sin and misery, enlightening our minds in the knowledge of Christ, and renewing our wills, he does persuade and enable us to embrace Jesus Christ, freely offered to us in the gospel.

근거 성구

13주께서 사랑하시는 형제들아, 우리가
항상 너희에 관하여 마땅히 하나님께 감
사할 것은 하나님이 처음부터 너희를 택
하사 성령의 거룩하게 하심과 진리를 믿
음으로 구원을 받게 하심이니 14이를 위
하여 우리의 복음으로 너희를 부르사 우
리 주 예수 그리스도의 영광을 얻게 하
려 하심이니라(살후 2:13-14).

하나님이 우리를 구원하사 거룩하신 소명으로 부르심은 우리의 행위대로 하심이 아니요, 오직 자기의 뜻과 영원 전부터 그리스도 예수 안에서 우리에게 주신 은혜대로 하심이라(딤후 1:9).

그들이 이 말을 듣고 마음에 찔려 베드로와 다른 사도들에게 물어 이르되 "형제들아, 우리가 어찌할꼬?" 하거늘(행 2:37).

"그 눈을 뜨게 하여 어둠에서 빛으로, 사탄의 권세에서 하나님께로 돌아오게 하고 죄 사함과 나를 믿어 거룩하게 된 무리 가운데서 기업을 얻게 하리라" 하더이다(행 26:18).

26또 새 영을 너희 속에 두고 새 마음을
너희에게 주되 너희 육신에서 굳은 마음
을 제거하고 부드러운 마음을 줄 것이며
27또 내 영을 너희 속에 두어 너희로 내
율례를 행하게 하리니 너희가 내 규례를
지켜 행할지라(겔 36:26-27).

44나를 보내신 아버지께서 이끌지 아니
하시면 아무도 내게 올 수 없으니 오는
그를 내가 마지막 날에 다시 살리리라.
45선지자의 글에 "그들이 다 하나님의
가르치심을 받으리라" 기록되었은즉 아
버지께 듣고 배운 사람마다 내게로 오
느니라(요 6:44-45).

너희 안에서 행하시는 이는 하나님이시니 자기의 기쁘신 뜻을 위하여 너희에게 소원을 두고 행하게 하시나니(빌 2:13).

해설

효과적 부르심은 하나님의 영의 사역

우리는 앞서 소요리문답 제30문을 통해 성령이 믿음에 의하여 우리를 효과적으로 부르실 때 그리스도와 연합시키심으로써 그리스도의 구속을 우리에게 적용하신다는 사실을 살펴보았습니다. 이번 과에서는 소요리문답 제31문을 통해 "효과적 부르심"이 무엇인지 살펴보고, 다음 과에서는 효과적 부르심에 따르는 칭의와 양자됨과 성화에 대해 알아볼 것입니다.

효과적 부르심 (하나님의 영의 사역)
- ① **중생**
  - 죄와 비참함을 납득시킴 …… 정서의 변화
  - 마음을 밝혀 그리스도를 알게 하심 …… 지식의 변화
  - 의지를 새롭게 하심 …… 의지의 변화
- ② **효과적인 부르심**: 예수 그리스도를 받아들이도록 우리를 설득하시어 받아들이게 하심

〈표32〉 효과적 부르심

1. 효과적 부르심과 외적 부르심

"효과적 부르심"(effectual calling)은 내적(內的) 부르심(internal calling)이라고도 불립니다. "효과적 부르심"은 사람들을 구원으로 초청하시는 하나님의 부르심이 효력이 있어 반드시 응답이 있음을 강조하는 개념입

니다. 그렇다면 효력이 없는 부르심도 있을까요? 있습니다. 외적(外的) 부르심(external calling)이 그렇습니다. 쉽게 말해 신자들이 불신자를 대상으로 하는 복음 전도가 바로 외적 부르심에 해당합니다. 어떤 이는 복음 전도에 반응하지만 상당수는 거부합니다. 이러한 초청은 항상 효력이 있는 것이 아닙니다.

그래서 예수님도 제자들에게 온 천하에 다니며 만민에게 복음을 전파하라고 명하시면서 믿고 세례를 받는 사람은 구원을 얻고 믿지 않는 사람은 정죄를 받을 것이라고 말씀하셨습니다(막 16:15-16). 마태복음 22장과 누가복음 14장에 나오는 잔치의 비유를 살펴보면 초청을 받은 사람 중에 실제로 잔치 자리에 나온 사람은 많지 않았습니다. 청함을 받은 자는 많되 택함을 입은 자는 적습니다(마 22:14). 또 바울과 바나바는 처음에 유대인들에게 복음을 전했지만 그들이 거부하자 이방인에게 복음을 전하기 시작했습니다(행 13:46).

이처럼 불특정 다수를 대상으로 하는 초청이 외적 부르심에 해당하고, 택함을 받은 자에게 임하는 부르심이 효과적 부르심에 해당합니다. 성령은 외적 부르심을 통하여 택한 자들의 내면에서 역사하여 부르심에 응답하게 하십니다. 택한 자를 향한 성령의 부르심은 그 누구도 거부할 수 없습니다. 이 성령의 부르심은 효과적이어서 반드시 효력이 있습니다.

2. 하나님의 영의 사역(the work of God's Spirit)

외적 부르심은 구원의 복음을 듣는 모든 이들에게 주어지는 하나님의 일반은총이라고 할 수 있습니다. 하나님은 외적 부르심을 통하여 죄의 악함과 그로 인한 파멸을 알려주시고 하나님의 선하심과 구원 역사를 제시하며 회개하기를 권하십니다. 외적 부르심에는 하나님의 오래 참으심과 긍휼하심이 풍성하게 나타납니다. 하지만 앞서 본 것처럼 외적 부르심에 옳게 반응하는 자도 있고 전혀 반응하지 않거나 거부 반응을 보이는 자도 있습니다.

그렇다면 어떤 자들이 외적 부르심에 옳게 반응하여 믿음에 이를까요? 바로 하나님의 영의 사역에 영향을 받은 자들입니다. 소요리문답 제31문이 말하는 것처럼 우리는 효과적 부르심에 의하여 죄와 비참을 납득하고 마음이 밝아져 그리스도를 알며 의지가 새롭게 되고 설득되어 그리스도를 받아들입니다. 이 일이 어찌 사람의 힘으로 가능하겠습니까? 이미 몇 번 강조한 것처럼 구원론은 성령 하나님이 하시는 사역으로서 사람의 관점이 아니라 하나님의 관점에서 이해해야 합니다.

3. 중생과 효과적 부르심의 구분

요사이 조직신학에서는 중생(重生, regeneration)과 효과적 부르심을 구분하지만 소요리문답이 작성된 17세기에는 대부분 효과적 부르심이 중생을 포함하는 것으로 이해했습니다. 그래서 웨스트민스터 신앙고백이나 대·소요리문답은 효과적 부르심에 중생을 포함하여 다룹니다.

소요리문답 제31문에서 "우리의 죄와 비참을 납득시키고, 우리의 마음을 밝혀 그리스도를 알게 하시며, 우리의 의지를 새롭게 하시면서"(convincing us of our sin and misery, enlightening our minds in the knowledge of Christ, and renewing our wills)라는 부분이 바로 중생의 개념을 포함합니다. 이는 중생으로 인한 정서, 지식, 의지의 변화에 대하여 말합니다. 성령의 사역에 의해 중생한 사람은 지배적 성향이 바뀌면서 타락으로 인한 죄와 비참에 대하여 정서적으로 납득하게 되고 지

Tip **convince**: …을 납득시키다(of…)
enlighten: 이해시키다, 깨우치다, 가르치다, …을 비추다
renew: 재개하다, …을 다시 만들다, (마음 등을) 일신하다

식적으로 그리스도를 알게 되며 의지가 새롭게 됩니다. 이 변화는 본인도 모르는 가운데 발생합니다.

중생으로 인한 정서(감정)의 변화를 보여주는 성구

1하나님이여 사슴이 시냇물을 찾기에 갈급함 같이 내
영혼이 주를 찾기에 갈급하니이다. 2내 영혼이 하나님
곧 살아계시는 하나님을 갈망하나니 내가 어느 때에
나아가서 하나님의 얼굴을 뵈올까(시 42:1-2).

애통하는 자는 복이 있나니 그들이 위로를 받을 것임이요(마 5:4).

예수를 너희가 보지 못하였으나 사랑하는도다. 이제도 보지 못하나 믿고 말할 수 없는 영광스러운 즐거움으로 기뻐하니(벧전 1:8).

중생으로 인한 지식의 변화를 보여주는 성구

14육에 속한 사람은 하나님의 성령의 일들을 받지 아
니하나니 이는 그것들이 그에게는 어리석게 보임이
요, 또 그는 그것들을 알 수도 없나니 그러한 일은 영
적으로 분별되기 때문이라. 15신령한 자는 모든 것을
판단하나 자기는 아무에게도 판단을 받지 아니하느니
라(고전 2:14-15).

어두운 데에 빛이 비치라 말씀하셨던 그 하나님께서 예수 그리스도의 얼굴에 있는 하나님의 영광을 아는 빛을 우리 마음에 비추셨느니라(고후 4:6).

새 사람을 입었으니 이는 자기를 창조하신 이의 형상을 따라 지식에까지 새롭게 하심을 입은 자니라(골 3:10).

중생으로 인한 의지의 변화를 보여주는 성구

주의 권능의 날에 주의 백성이 거룩한 옷을 입고 즐거이 헌신하니 새벽이슬 같은 주의 청년들이 주께 나오는도다(시 110:3).

주께서 너희 마음을 인도하여 하나님의 사랑과 그리스도의 인내에 들어가게 하시기를 원하노라(살후 3:5).

모든 선한 일에 너희를 온전하게 하사 자기 뜻을 행하게 하시고 그 앞에 즐거운 것을 예수 그리스도로 말미암아 우리 가운데서 이루시기를 원하노라. 영광이 그에게 세세무궁토록 있을지어다. 아멘(히 13:21).

그렇다면 중생과 효과적 부르심은 어떤 차이가 있을까요? 먼저 중생(重生)에서 한자 重(중)은 원래 "무겁다"는 뜻이지만 여기서는 "거듭", "다시"라는 뜻으로 쓰였습니다. 즉 중생은 "거듭 태어나다", "다시 태어나다"라는 의미입니다.

Tip 重이 "거듭", "다시"라는 뜻으로 쓰인 경우: 중복(重複), 중임(重任)

불신자가 신자로 거듭나려면 불신자의 의지나 인식과 상관없이 새로운 생명이 성령에 의해서 심겨야 하고 그 생명에 의해 사람의 성향이 거룩하게 만들어져야 합니다. 이런 일은 사람이 의식하지 못하는 가운데 발생하는데 이것이 바로 중생입니다. 중생한 사람의 지배적 성향이 바뀌면 외부에서도 그 변화가 감지됩니다. 효과적 부르심은 내적인 변화보다는 새로운 생명이 새로운 성향으로 표현되는 외부적 변화에 초점을 맞추어 중생을 이해하는 개념입니다.

외적 부르심을 통해 복음을 들은 사람 중에 택함을 받은 자들은 성령에 의하여 새로운 생명이 그들이 의식하지 못하는 가운데 심깁니다(중생). 하나님이 빛이 있으라고 말씀하시면 그대로 빛이 생겨납니다. 하나님의 말씀은 무에서 유를 창조하는 "창조적 말씀"입니다. 성령은 외적 부르심 때 선포된 말씀을 창조적 말씀으로 사용하시어 새로운 생명을 생성하시고 택함 받은 자의 지배적 성향을 그에 맞게 지성과 정서와 의지의 모든 측면에서 근본적으로 거룩하게 변화시키십니다. 택함 받은 자는 그렇게 변화된 성향을 스스로 의식할 뿐 아니라 말과 행동, 삶을 통해 밖으로 표현하게 됩니다(효과적 부르심).

Tip 외적 부르심—택자의 중생—효과적 부르심(내적 부르심)

예수님은 니고데모에게 중생의 필요성에 대해 말씀하셨습니다. "바람이 임의로 불매 네가 그 소리는 들어도 어디서 와서 어디로 가는지 알지 못하나니 성령으로 난 사람도 다 그러하니라"(요 3:8)라는 말씀처럼 중생의 효과적 원인은 성령이시지, 인간의 의지가 아닙니다. 니고데모는 사람이 모태에 어떻게 다시 들어가느냐고 물었지만 예수님은 성령으로 나야 한다고 가르쳐주셨습니다. 성령이 사람의 심령에 직접 역사하시어 본질적 변화를 일으켜 거듭나게 하십니다.

Tip 에베소서 2:1-5도 중생에 대한 중요한 말씀이다.

성령이 중생의 효과적 원인임을 보여주는 성구

19내가 그들에게 한 마음을 주고 그 속에 새 영을 주며 그 몸에서 돌 같은 마음을 제거하고 살처럼 부드러운 마음을 주어 20내 율례를 따르며 내 규례를 지켜 행하게 하리니 그들은 내 백성이 되고 나는 그들의 하나님이 되리라(겔 11:19-20).

15모세에게 이르시되 "내가 긍휼히 여길 자를 긍휼히 여기고 불쌍히 여길 자를 불쌍히 여기리라" 하셨으니 16그런즉 원하는 자로 말미암음도 아니요, 달음박질하는 자로 말미암음도 아니요, 오직 긍휼히 여기시는 하나님으로 말미암음이니라(롬 9:15-16).

이는 혈통으로나 육정으로나 사람의 뜻으로 나지 아니하고 오직 하나님께로부터 난 자들이니라(요 1:13).

두아디라 시에 있는 자색 옷감 장사로서 하나님을 섬기는 루디아라 하는 한 여자가 말을 듣고 있을 때 주께서 그 마음을 열어 바울의 말을 따르게 하신지라(행 16:14).

너희 안에서 행하시는 이는 하나님이시니 자기의 기쁘신 뜻을 위하여 너희에게 소원을 두고 행하게 하시나니(빌 2:13).

4. 복음에서 우리에게 거저 제공된 예수 그리스도를 받아들이도록 우리를 설득하시어 받아들이게 하십니다(He does persuade and enable us to embrace Jesus Christ, freely offered to us in the gospel)

중생을 통해 창조적 말씀으로 새 생명이 생성되고 택자의 지배적 성향이 바뀌면 그 바뀐 성향이 의식적으로 외부로 표현됩니다. 그런데 성령은 창조적 말씀의 방식으로 택자의 성향을 갑자기 바꾸시는 것이 아니라 이미 바뀐 지정의(知情意)에 호소하는 도덕적 설득의 방식을 통해 바꾸십니다. 그래서 거듭난 택자는 복음의 말씀이 주어지면 성령에 의하여 설득되어 예수 그리스도를 받아들입니다. 소요리문답 제31문

Tip **persuade**: 설득하다, 설득하여 …하게 하다, 납득시키다, 확신시키다
embrace: 껴안다, 포옹하다, 기꺼이 받아들이다

에서 하나님의 영은 "복음에서 우리에게 거저 제공된 예수 그리스도를 받아들이도록 우리를 설득하시어 받아들이게 하십니다"라는 부분은 효과적 부르심에 대해 구체적으로 묘사해줍니다.

택자들의 지정의는 이미 외적 부르심이 있을 때 성령에 의한 중생을 통하여 본인들도 모르는 사이에 거룩한 성향으로 변합니다. 그래서 구원의 복음이 마음으로 받아들여지고 설득이 됩니다. 그들은 자기 자신도 놀랄 정도로 또렷한 의식 가운데 복음을 받아들여 예수님을 믿고 교회에도 나가겠다고 스스로 결정합니다. 이 부분에서 어떤 사람들은 자신의 믿음이 자기 결정의 결과라고 오해합니다. 하지만 실제로는 성령이 먼저 그들에게 역사하셨습니다. 성령은 그들이 의식하지도 못하는 사이에 외적 부르심과 중생을 통하여 효과적 부르심의 사역을 수행하셨습니다.

그런데 외적 부르심과 중생과 효과적 부르심의 순서는 모든 신자에게 적용되는 시간적 순서가 아니라 논리적 순서입니다. 저는 중학생 때까지 신앙생활을 하다가 고등학생 무렵부터 신앙을 떠나 10년 정도를 보냈습니다. 그 10년 동안 모든 사람이 결국은 죽고 만다는 사실 때문에 극심한 허무감에 사로잡혔었습니다. 창세기 1-3장의 내용이 신화처럼 여겨졌을 뿐 아니라 그리스도의 대속적 죽음도 전혀 받아들여지지 않았습니다. 그렇게 10년을 고생한 후, 1989년 늦은 가을에 어떤 분으로부터 복음을 듣고 기독교 서적을 읽으며 마음이 달라졌습니다. 교회에 가고 싶을 뿐 아니라 예배를 드리면 마음이 편했고 성경의 내용이 사실로 믿어졌습니다. "나는 그리스도인이다"라는 생각도 들었습니다. 예수 그리스도의 존재와 사역에 대해서도 점차 개념이 분명해지며 예수님이 나를 위해 십자가에 돌아가신 것을 확실하게 믿는다고 고백하게 되었습니다.

이처럼 성인이 되어 예수님을 믿는 경우에는 외적 부르심과 중생과 효과적 부르심이 동시에 발생하기도 합니다. 그런데 유아들의 경우에는 복음을 외적으로 듣지 않아도 이미 새 생명(중생)이 마음속에 심겨 있기도 합니다. 유아 세례를 받은 모태 신앙인의 경우에는 외적 부르심을 받기 전에 중생한 사람이 많습니다. 우리집 아이들은 모두 모태 신앙을 가지고 있습니다. 아직은 그들에게 폭발적이고 뜨거운 신앙의 모습이 없지만 가까이서 지켜보는 부모의 눈에는 그들이 중생한 자들이라는 증거가 보입니다. 모태 신앙인들에게 효과적 부르심에 따른 양상이 잘 드러나지 않는다고 하여 중생하지 못했다고 함부로 단정하면 안 됩니다.

앞서 살펴보았듯이 구원의 서정은 논리적 순서이지 절대로 시간적 순서가 아닙니다. 성령은 분명히 그리스도가 획득하신 구원을 단일한 과정으로 적용하시지만 그 과정은 서로 구분되는 다양한 활동으로 이루어집니다. 구원의 서정이 다양한 활동으로 이루어진다는 말은 신자의 구원이 단번에 이루어지지 않는다는 의미입니다. 제 경우에도 외적 부르심과 중생과 효과적 부르심이 동시에 발생했지만 여전히 성화와 견인의 과정을 밟으며 영화를 바라보고 있습니다. 신자의 수가 많은 만큼 구원이 이루어지는 과정도 다양합니다. 우리는 구원의 적용 과정에서 다양한 활동들이 존재함을 인정해야 합니다. 그래야만 다른 신자들의 다양한 신앙 모습을 넉넉하게 이해해줄 수 있고 그들이 더 좋은 모습으로 성장하도록 도움을 줄 수 있을 것입니다.

성경으로 읽는 문학

김춘수의 "꽃"

내가 그의 이름을 불러 주기 전에는
그는 다만
하나의 몸짓에 지나지 않았다.

내가 그의 이름을 불러 주었을 때
그는 나에게로 와서
꽃이 되었다.

내가 그의 이름을 불러 준 것처럼
나의 이 빛깔과 향기에 알맞는
누가 나의 이름을 불러다오.
그에게로 가서 나도
그의 꽃이 되고 싶다.

우리들은 모두
무엇이 되고 싶다.
너는 나에게 나는 너에게
잊혀지지 않는 하나의 눈짓이 되고 싶다.

"꽃"은 김춘수의 초기 작품이다. 이 시가 쉽게 읽히는 이유는 첫째, 전하고자 하는 내용이 비교적 명확하고, 둘째, 자아와 주변 세계를 그대로 인정하며 시를 통해 대화하고자 했고, 셋째, 삶에 대한 치열한 탐구가 묻어나기 때문이다. 이 시에서 하나의 몸짓에 지나지 않을 것에 이름을 불러줌으로써 꽃이란 의미를 부여한 그는, 자기의 실재에 맞는 이름을 얻기 원했다. 그는 진정한 의미가 되고 싶었고 타자(他者)와 올바른 관계를 맺고 싶었다. 그런데 그렇게 되지 못한 아쉬움이 그의 다른 초기 시 "부재"에 진하게 배어 있다.

어쩌다 바람이라도 와 흔들면
울타리는
슬픈 소리로 울었다.

맨드라미, 나팔꽃, 복숭아 같은 것
철마다 피곤
소리없이 져 버렸다.

차운 한겨울에도
외롭게 햇살은
靑石 섬돌 위에서
낮잠을 졸다 갔다.

할 일 없이 세월은 흘러만 가고
꿈결같이 사람들은
살다 죽었다.

사람이란 본디 무의미한 것을 견딜 수 없다. 끊임없이 의미를 찾아 여러 가지 시도를 하는 것이 사람 아닌가? 자아와 주변 세계에서 본인의 의사와 상관도 없이 무의미를 느껴버린 사람에게 천형으로 내려진 것은 "유의미의 탐구"라는 과제일 것이다. 아래는 유의미 탐구에 나선 김춘수의 시다.

> ㅜ ㅉ ㅣ ㅅ ㅏ ㄹ ㄲ ㅗ 바보야
> ㅣ ㅂ ㅏ ㅂ ㅗ ㅑ.
> 역사가 ㅕ ㄱ ㅅ ㅏ ㄱ ㅏ 하면서
> ㅣ ㅂ ㅏ ㅂ ㅗ ㅑ.

이는 1991년에 집대성된 연작시 "처용단장"의 제3부 39편의 일부다. 의미를 찾아 나선 그에게 다가선 것은 아이러니하게도 "무의미"였다. 인생의 의미에 대한 탐구와 여러 시도의 편력은 그를 단지 고독한 "허무"의 세계로 인도했을 뿐이다. 허무의 세계에서 언어는 해체되고 의미는 단순한 소리로 분해된다. 이성적이고 의식적인 언술의 세계가 아니라 비이성적이고 무의식적인 언술의 세계가 열려버렸다. 1922년생인 그가 1952년에 "꽃"이란 시를 발표하고 의미를 찾아 나선 30여 년 여정이 이렇게 귀결된 것이다. 그는 "의미에서 무의미까지"란 시론에서 자신의 힘든 여정을 다음과 같이 표현했다.

> 나는 어느새 허무를 앓고 있는 내 자신을 보게 되었다. 나는 이 허무로부터 고개를 돌릴 수가 없었다. 이 허무의 빛깔을 나는 어떻게든 똑똑히 보아야 한다. 보고 그것을 말할 수 있어야 한다. 의미라고 하는 안경을 끼고는 그것이 보이지가 않았다. 나는 말

을 부수고 의미의 분말을 어디론가 날려버려야 했다.

삼라만상 모든 것들을 확인할 수도, 신뢰할 수도, 기대할 수도 없어 자기 세계 속으로 침잠해 들어간 김춘수! 실재를 놓쳐 감각을 잃어버리고, 그래서 불가지론에 빠지고 끝내는 허무를 안고 뒹굴 수밖에 없다는 것을 깨달은 슬픈 詩人. 그의 다음 길은 무엇이었을까?

이런 존재론적 차원에서의 허무 의식은 당연히 역사적·시대적 차원의 허무 의식을 내포한다. 그는 "1960년대 후반에서 1991년까지의 나의 시작(詩作) 주변"이란 시론에서 "1960년대 후반부터 현실무감증 현상이 노출되고 역사에 대한 회의가 생기면서 이기적인, 도피적인, 또는 방관자적인, 무관심주의적인 상태로 나는 현저히 기울어져 갔다"라고 밝혔다.

그런데 의미를 찾아 나선 김춘수가 택한 방법은 무엇이었을까? 김춘수는 매우 영민한 사람이었다. 그의 3형제는 당시에 모두 경기중학교에 입학해 수재 집안이라고 신문에 실릴 정도였다. 많은 수재가 그러하듯 그는 "합리적인 이성"을 의미 탐구의 방법으로 택했다. 삼라만상의 존재에 대한 의미를 찾아 삼라만상 모두를, 아니 언어와 관념까지도 이성으로 낱낱이 분석하고 분해했다. 그리고 그렇게 탐구한 결과 그가 거둔 노획물은 "무의미"였다! 이성에 갇힌 자의 의미 탐구 여정은 반드시 무의미로 귀결될 수밖에 없다.

죄와 비참함과 무의미에 갇혀 사는 우리를 의미와 기쁨과 감사로 부르시는 분은 오직 하나님 한 분이시다. 우리 각자를 가장 잘 아시고 우리의 빛깔과 향기에 맞는 우리의 이름을 부르시어 진정한 꽃이 되게 하시는 분은 바로 하나님이시다. 하나님은 죄를 지은 아담을 부르셨다. 하나님은 90세가 되도록 자녀가 없었던 아브라함을 부르셨다. 하나님은 패역한 이스라엘을 불러 돌 같은 마음을 제거하고 살처럼 부드러운 마음을 주겠다고 약속하셨다.

하나님이 우리의 이름을 불러주실 때! 바로 그때만이 허무가 사라진다. 전도서가 말하는 "헛되고 헛되며 헛되고 헛되니 모든 것이 헛되도다"라는 근본적 무의미는 오직 성령이 각 사람의 마음을 움직이실 때만 극복할 수 있다. 시인 김춘수처럼 스스로 의미를 찾으려고 모든 것을 분석하고 분해할 것이 아니라 오직 성령으로 거듭나야 한다. 사람은 제힘으로는 절대로 무의미에서 벗어날 수 없고 제 빛깔과 향기가 무엇인지도 알수 없기 때문이다. 성령의 부르심이 답이다. 우리는 성령의 부르심에 민감하게 깨어 반응해야 한다.

4내 말과 내 전도함이 설득력 있는 지혜의 말로 하지 아니하고
다만 성령의 나타나심과 능력으로 하여 5너희 믿음이 사람의 지
혜에 있지 아니하고 다만 하나님의 능력에 있게 하려 하였노라
(고전 2:4-5)

1. 어떤 분야에 대해 3년간 열심히 공부하거나 실력을 쌓으면 거의 전공에 가까운 실력과 안목을 갖게 된다고 합니다. 나에게 3년의 시간이 주어진다면 어떤 분야에 도전하고 싶은지 나누어봅시다.

2. 소요리문답 제29-31문을 서로 묻고 답해봅시다. 관련 성구도 함께 살펴봅시다.

3. 소요리문답 제29문에서 사용된 3개의 "by"(의하여)는 각각 어떤 말 앞에 있습니까?

4. 부모는 자녀가 태어나면 필요한 모든 것을 한꺼번에 줍니까, 아니면 필요한 모든 것을 주되 자녀의 성장 시기에 맞춰 줍니까? 이 질문을 염두에 두고 구원의 순서(the order of salvation)와 황금사슬(golden chain)이 무엇을 의미하는지 나누어봅시다.

5. 잘못된 성령론에 빠져 낭패를 당한 사례, 일반은총을 무시하는 신앙 중독에 걸린 사례를 알고 있다면 나누어봅시다.

6. 에베소서 2:8-9은 우리의 구원이 은혜와 믿음 중 무엇으로 인한 것이라고 말합니까?

7. 우리를 그리스도와 연합시키시는 이는 누구이며, 무엇으로 연합시키십니까? 대요리문답 제66문을 다시 한번 읽고 그리스도와의 연합이 무엇인지 이야기해봅시다.

8. 예수님이 말씀하신 "잔치 비유"(마 22:1-14; 눅 14:15-24)를 살펴보며 외적 부르심과 내적 부르심(효과적 부르심)이 무엇인지 나누어봅시다.

9. 중생과 효과적 부르심을 구분해봅시다. 중생의 효과적 원인은 누구입니까? 중생을 통해 변화되는 것은 무엇입니까?

10. "꽃"을 쓴 시인 김춘수는 결국 의미를 찾는 데 실패한 것으로 보입니다. 당신은 이 세상의 의미, 존재의 의미, 삶의 의미를 찾았습니까?

memo

제17-1과
효과적 부르심에 따르는 칭의와 양자됨과 성화

제32문. 효과적으로 부르심을 받은 자들은 금생에서 어떤 유익들에 참여합니까?

What benefits do they that are effectually called partake of in this life?

답. 효과적으로 부르심을 받은 자들은 칭의(롬 8:30), 양자됨(엡 1:5), 성화 그리고 금생에서 이것들에 동반되거나 이것들로부터 나오는 여러 유익에 참여합니다(고전 1:26, 30).

They that are effectually called do in this life partake of justification, adoption, and sanctification, and the several benefits which, in this life, do either accompany or flow from them.

---

benefit 혜택, 이득, 유리, 이익
partake 참가(가담)하다, 나누어 갖다
accompany 동행(수행)하다, …을 수반하다, 과 동시에 일어나다, 반주하다
flow 흐르다, 통하다, …에서 생기다(from)

근거 성구

또 미리 정하신 그들을 또한 부르시고 부르신 그들을 또한 의롭다 하시고 의롭다 하신 그들을 또한 영화롭게 하셨느니라(롬 8:30).

그 기쁘신 뜻대로 우리를 예정하사 예수 그리스도로 말미암아 자기의 아들들이 되게 하셨으니(엡 1:5).

형제들아, 너희를 부르심을 보라. 육체를 따라 지혜로운 자가 많지 아니하며 능한 자가 많지 아니하며 문벌 좋은 자가 많지 아니하도다(고전 1:26).

너희는 하나님으로부터 나서 그리스도 예수 안에 있고 예수는 하나님으로부터 나와서 우리에게 지혜와 의로움과 거룩함과 구원함이 되셨으니(고전 1:30).

해설

효과적 부르심에 따르는 여러 유익들

우리는 앞서 소요리문답 제31문을 통해 "효과적 부르심"이 무엇인지 살펴보았습니다. 이어지는 소요리문답 제32문은 효과적 부르심에 따르는 유익이 무엇인지 소개합니다. 그 유익이란 칭의, 양자됨, 성화와 거기에 따라는 여러 가지 유익인데, 이후에는 그 각각의 유익에 대해 자세히 살펴볼 것입니다.

효과적 부르심에 따르는 유익(제32문)
(하나님의 자유로운 은혜의 행위)

① 칭의(제33문)
② 양자됨(제34문)
③ 성화(제35문)
④ 동반되는 유익들(제36문)

〈표33〉 효과적 부르심에 따르는 유익

소요리문답 제29-31문은 그리스도가 획득하신 구원을 우리에게 적용하시되, 한 번에 완성하는 것이 아니라 여러 활동으로 이루어진 단일한 과정을 통해 완성하시는 성령에 관해 이야기합니다. 그 구원의 과정은 논리적 순서를 따라 외적 부르심, 중생, 효과적(내적) 부르심으로 시작됩니다.

그렇다면 효과적 부르심 다음에는 성령의 어떤 활동들이 이루어짐으로써 그리스도가 획득한 구원이 우리에게 적용될까요? 이에 대하여 소요리문답 제32문은 칭의와 양자됨과 성화, 그리고 이것들로부터 나오는 여러 유익이 있음을 알려줍니다. 제32문이 소개하는 칭의, 양자됨, 성화와 여러 유익은 그리스도의 구원을 우리에게 적용하시는 단일한 과정에 속한 성령의 활동들입니다. 즉 우리가 의롭다고 여겨지고, 양자가 되고, 성화되는 모든 일은 모두 성령이 주도적으로 하시는 일입니다. 사람이 스스로 의로움을 쟁취하고 양자권을 획득하며 성화의 과정을 밟는 것이 아니라, 성령이 주도하시는 가운데 우리 사람들도 이 일에 참여하게 하십니다.

아울러 외적 부르심, 중생, 효과적(내적) 부르심에 참여한 이들은 반드시 칭의와 양자됨과 성화에도 참여한다는 사실을 알아야 합니다. 구원의 서정(황금사슬)이란 관점에서 제32문이 다루어지고 있음을 아는 것이 매우 중요합니다. 그래서 제32문은 효과적으로 부르심을 받은 이들이 금생에 어떤 유익들에 참여하느냐고 묻는 것입니다.

로마서 8:30은 "또 미리 정하신 그들을 또한 부르시고 부르신 그들을 또한 의롭다 하시고 의롭다 하신 그들을 또한 영화롭게 하셨느니라"라고 말합니다. 하나님은 미리 정하신 그들을 때가 되면 다양한 방법으로 부르십니다. 어떤 이는 사랑하는 이의 죽음을 계기로, 어떤 이는 사업이나 진학의 실패를 계기로, 어떤 이는 건강을 상실하고 마음이 낮아짐을 통해 하나님의 부르심에 응답합니다. 각 사람의 사정과 마음을 가장 깊이 아시는 하나님은 다양한 상황과 방법으로 미리 정하신 그들을 부르시는 것입니다.

택자를 부르신 후에도 하나님의 손길은 멈추지 않습니다. 부르심을 받은 후에는 알아서 의로운 행동을 하라고 내버려두시는 것이 아닙니다. 하나님은 예수 그리스도가 그 생애와 죽음을 통하여 획득하신 의를 부름 받은 자들의 것으로 여겨주십니다. 영화도 마찬가지입니다. 택함 받은 자들의 신분을 죄인에서 의인으로 바꾸신 하나님은, 그들을 영화롭게 하시는 일까지 책임지십니다. 미리 정하심, 부르심, 칭의, 영화 중 어느 하나라도 빠지면 그 구원은 완벽한 구원이 아닙니다. 하나님은 그들에게 완벽한 구원을 주시기까지 친히 일하십니다. 하나님은 구원을 완전한 종합 선물 세트로 그들에게 주십니다.

제17-2과
칭의

제33문. 칭의란 무엇입니까?

What is justification?

답. 칭의란 하나님의 자유로운 은혜의 행위로, 하나님은 칭의에서 우리의 모든 죄를 용서하시고(롬 3:24-25; 4:6-8), 하나님의 시각에서 우리를 의롭다고 받아들이시는데(고후 5:19, 21), 오직 우리에게 전가(轉嫁)되고(롬 5:17-19) 오직 믿음으로 받아들여진(갈 2:16; 빌 3:9) 그리스도의 의 때문에 그렇게 하십니다.

Justification is an act of God's free grace, wherein He pardons all our sins, and accepts us as righteous in His sight, only for the righteousness of Christ imputed to us, and received by faith alone.

근거 성구

24그리스도 예수 안에 있는 속량으로 말
미암아 하나님의 은혜로 값없이 의롭다
하심을 얻은 자 되었느니라. 25이 예수를
하나님이 그의 피로써 믿음으로 말미암
는 화목제물로 세우셨으니 이는 하나님
께서 길이 참으시는 중에 전에 지은 죄를
간과하심으로 자기의 의로우심을 나타내
려 하심이니(롬 3:24-25).

6일한 것이 없이 하나님께 의로 여기심
을 받는 사람의 복에 대하여 다윗이 말한
바 7"불법이 사함을 받고 죄가 가리어짐을
받는 사람들은 복이 있고 8주께서 그 죄
를 인정하지 아니하실 사람은 복이 있도
다" 함과 같으니라(롬 4:6-8).

19곧 하나님께서 그리스도 안에 계시사
세상을 자기와 화목하게 하시며 그들의
죄를 그들에게 돌리지 아니하시고 화목
하게 하는 말씀을 우리에게 부탁하셨느
니라.… 21하나님이 죄를 알지도 못하신
이를 우리를 대신하여 죄로 삼으신 것은
우리로 하여금 그 안에서 하나님의 의가
되게 하려 하심이라(고후 5:19-21).

17한 사람의 범죄로 말미암아 사망이 그
한 사람을 통하여 왕 노릇 하였은즉 더욱
은혜와 의의 선물을 넘치게 받는 자들은
한 분 예수 그리스도를 통하여 생명 안에
서 왕 노릇 하리로다. 18그런즉 한 범죄로
많은 사람이 정죄에 이른 것 같이 한 의
로운 행위로 말미암아 많은 사람이 의롭
다 하심을 받아 생명에 이르렀느니라. 19
한 사람이 순종하지 아니함으로 많은 사
람이 죄인 된 것 같이 한 사람이 순종하
심으로 많은 사람이 의인이 되리라(롬
5:17-19).

사람이 의롭게 되는 것은 율법의 행위로 말미암음이 아니요 오직 예수 그리스도를 믿음으로 말미암는 줄 알므로 우리도 그리스도 예수를 믿나니 이는 우리가 율법의 행위로써가 아니고 그리스도를 믿음으로써 의롭다 함을 얻으려 함이라. 율법의 행위로써는 의롭다 함을 얻을 육체가 없느니라(갈 2:16).

그 안에서 발견되려 함이니 내가 가진 의는 율법에서 난 것이 아니요 오직 그리스도를 믿음으로 말미암은 것이니 곧 믿음으로 하나님께로부터 난 의라(빌 3:9).

해설

칭의란 무엇인가?

앞서 소요리문답 제32문에서 다루었듯이 효과적 부르심에 따르는 유익에는 칭의와 양자됨과 성화 등이 있습니다. 이번 과에서는 그중 "칭의"에 대하여 자세히 살펴보겠습니다.

칭의 (하나님의 자유로운 은혜의 행위)
- ① 정의
  - 우리의 모든 죄를 용서하시는 것
  - 하나님의 시각에서 우리를 의롭다고 받아들이시는 것
- ② 근거: 오직 우리에게 전가(轉嫁)된 그리스도의 의
- ③ 수단: 오직 믿음으로 받아들여짐

〈표34〉 칭의

1. 칭의란 하나님의 자유로운 은혜의 행위(an act of God's free grace)

종교개혁가 루터는 칭의가 "교회가 서고 넘어짐을 결정하는 중요한 교리"라고 강조했습니다. 그가 로마 가톨릭에 대항하여 종교개혁을 일으켰을 때 사제들과 교회 당국의 부패도 큰 문제였지만 교리의 부패는 더 큰 문제였습니다. 당시 로마 가톨릭은 하나님의 자유로운 은혜로 사람이 의로워지는 것이 아니라 사람의 노력이나 성찬으로 의로워진다고 보았습니다. 루터는 이 잘못된 칭의 교리를 바로 세우면 교회가 올바로 서고, 칭의 교리가 무너지면 교회도 무너진다고 여긴 것입니다.

우리는 먼저 칭의가 하나님의 자유로운 은혜의 사역임을 알아야 합니다. 구원론을 이루는 다른 항목들처럼 칭의도 사람이 아니라 하나님이 하시는 일입니다. 여기서 "자유롭다"(free)는 표현은 하나님이 마음 가는 대로 어떤 사람은 의롭다 하고 어떤 사람은 의롭지 않게 한다는 뜻이 아니라, 하나님이 누구를 의롭다고 하실 때 그 사람의 믿음이나 선행 등의 어떤 조건을 보지 않고 오직 은혜로 하신다는 뜻입니다. 하나님은 어떤 것에 영향을 받거나 어떤 조건을 보지 않으시고 오직 일차 원인이 되시어 "자유롭게" 당신의 순수한 은혜로 택한 자들을 의롭다고 하십니다.

2. 오직 그리스도의 의 때문에(only for the righteousness of Christ)

칭의란 하나님이 우리의 모든 죄를 용서하시고, 하나님의 시각에서 우리를 의롭다고 받아들이시는 것입니다. 그런데 하나님은 무엇에 근거하여 이렇게 하실까요? 소요리문답 제33문은 하나님이 오직 우리에게 전가(轉嫁)된 그리스도의 의 때문에 칭의의 은혜를 베푸신다는 사실을 알려줍니다. 그래서 칭의를 이해하는 핵심은 "전가된 그리스도의 의"가 무엇을 뜻하는지 아는 데 있습니다.

Tip 轉: 구를, 선회할, 옮길, 바꿀 전
嫁: 시집갈, 떠넘길, 갈 가

그리스도의 의가 전가됨으로써 이루어지는 칭의에는 소극적 요소와 적극적 요소가 있습니다. 그리스도는 우리의 죄를 대신하여 죗값을 지불하고 죽으셨습니다. 우리는 그의 죽으심을 통해 모든 죄를 용서받음으로써 의롭다 여기심을 받는데 이것이 바로 칭의의 소극적 요소입니다. 이는 단지 죄가 없다는 최소한의 의미에서 칭의를 이해하는 것입니다. 하지만 하나님은 우리를 단지 죄가 없는 의인으로 보시는 것만이 아니라 그리스도가 모든 율법을 지키시고 죽기까지 순종하신 삶을 통해 이루신 의를 우리의 것으로 여겨주십니다. 이것이 바로 칭의의 적극적 요소입니다. 우리는 단지 죄가 없다는 의미에서가 아니라 그리스도의 삶을 따르는 하나님의 자녀로 받아들여졌다는 의미에서 의롭다 함을 얻습니다.

웨스트민스터 신앙고백 제11장과 대요리문답은 칭의를 다루면서 그리스도의 순종과 죽음(his obedience and death) 혹은 그의 순종과 만족(his obedience and satisfaction)이라는 표현으로 칭의의 두 가지 요소를 나타냅니다. 여기서 순종은 적극적 요소에, 죽음과 만족은 소극적 요소에 해당합니다. 이 두 가지 요소에 대해 좀 더 자세히 알아보겠습니다.

Tip pardon: 용서하다, (죄, 사람을) 사면하다

ㄱ. 칭의의 소극적 요소(the negative element): 우리의 모든 죄를 용서하시고(He pardons all our sins) 먼저 칭의의 소극적 요소에 대해 살펴보겠습니다. 그리스도는 십자가에 못 박혀 죽으실 때 택하신 자들의 과거와 현재와 미래의 모든 죄에 대한 죗값을 지불하셨습니다. 이것은 아무리 강조해도 지나치지 않습니다. 하나님은 우리의 죄를 용서하실 때 우리의 선행이나 노력을 보지 않으십니다. 로마 가톨릭은 중생한 자의 선행을 강조하며 사람 편에서 무언가를 해서 죄 용서가 이루어지는 것처럼 말합니다. 하지만 하나님 앞에서 우리의 죄는 전적으로 그리스도의 죽으심 때문에 용서됩니다. 성경은 곳곳에서 이 사실을 증언합니다.

Tip 은혜로 인한 죄 용서를 말하는 성구: 시 32:1; 사 43:25; 렘 31:34; 롬 3:24-25; 4:6-8; 5:17-19 등

그리스도의 대속으로 인한 칭의를 이해할 때 "법정적(forensic) 의"라는 개념이 큰 도움이 됩니다. 한때 전국을 떠들썩하게 했던 탈옥수 신창원은 시민의 제보로 잡혀 감옥에 다시 갇혔을 때 오히려 마음 편히 잠을 잘 잤다고 합니다. 법정에서 선고받은 형량을 채우지 않고 도

망을 다니다 보니 사람들이 자기를 조금만 자세히 쳐다보아도 불안했던 것입니다. 그가 사람들 앞에 떳떳하게 다니기 위해서는 형기를 모두 마치고 사회에 나오는 수밖에 없습니다. 그가 죗값을 모두 치른다면 최소한 법적으로 문제 삼을 사람은 없을 것입니다.

그리스도는 십자가에 죽으심으로 우리의 모든 죗값을 지불하셨습니다. 그래서 우리는 법적으로 깨끗합니다. 흉악한 죄수일지라도 죗값을 모두 치르면 법적으로 깨끗하듯이, 본질상 진노의 자녀였던 우리는 이제 그리스도의 대속에 힘입어 법적으로 깨끗해졌습니다. 그리스도의 죽음은 바로 이런 법정적 의를 이루어주는데 이는 최소한의 의를 말하는 칭의의 소극적 요소에 해당합니다.

ㄴ. 칭의의 적극적 요소(the positive element): 하나님의 시각에서 우리를 의롭다고 받아들이시고(He accepts us as righteous in His sight) 이번에는 칭의의 적극적 요소에 대해 살펴보겠습니다. 많은 성도가 칭의의 소극적 요소는 잘 아는 반면 적극적 요소에 대해서는 깊이 생각하지 않습니다. 칭의를 죄 용서 정도로만 이해하는 것입니다. 모든 죗값의 지불인 그리스도의 죽음은 우리를 법적으로 의롭게 해줍니다. 그런데 성경이 말하는 칭의는 그 이상의 의미도 있습니다. 하나님은 우리를 보실 때 죗값을 모두 치른 전과자가 아니라 사랑하는 자녀로 보시기 때문입니다.

> **Tip** **sight**: 일견, 보기, 시력, 시각, 견지, 견해
> **accept**: 받다, 수락하다, …을 진실(타당, 적절)하다고 보다, 입학시키다

아담은 하나님이 마음에 새기신 법과 직접 주신 말씀을 지키지 않아 사망의 죄책과 비참함이라는 타락의 결과를 초래했습니다. 아담의 불순종으로 말미암은 죄책은 그리스도의 십자가 죽음으로 해결되었습니다. 하지만 아담이 지키지 않은 하나님의 말씀은 그대로 남습니다.

누군가 이 말씀에 온전히 순종하여 하나님의 마음을 시원케 해야 하지 않을까요? 바로 이 사명을 그리스도가 살아계신 동안 모든 율법을 지킴으로써 완수하셨습니다.

예수님의 사역이 단순히 고난받고 십자가에 죽으신 것뿐이라면, 구원은 단지 죄를 짓기 전의 아담의 상태로 돌아가는 것에 지나지 않을 것입니다. 하지만 예수님은 모든 율법을 능동적으로 지키며 하나님의 뜻대로 사셨습니다. 그런 삶을 사신 예수님이 이루신 구원은 죄를 짓기 전 아담의 상태를 회복하는 것에 그치지 않고, 아담이 적극적으로 하나님의 말씀을 다 지켜 영화롭게 되는 상태에 이르는 것까지 포함합니다.

앞서 소요리문답 제25문에서 그리스도의 제사장 직분을 다룰 때 살펴보았듯이 그리스도는 대제사장 여호수아를 대적하는 사탄에 맞서 중보하는 분이십니다. 스가랴 3:4에서 하나님은 여호수아의 더러운 옷을 벗게 하실 뿐 아니라(소극적 요소), 아름다운 옷을 입히겠다고 말씀하십니다(적극적 요소). 칭의는 죄의 용서에 그치지 않고 그 이상의 선물이 주어지는 적극적 요소를 포함하는데, 스가랴 3장에서는 "아름다운 옷"으로 표현된 것입니다. 성경의 다른 부분에서는 또 다른 표현을 찾아볼 수 있습니다.

> 사탄의 권세에서 하나님께로 돌아오게 하고 죄 사함과 나를 믿어 거룩하게 된 무리 가운데서 기업을 얻게 하리라(행 26:18).

> 때가 차매 하나님이 그 아들을 보내사 여자에게서 나게 하시고 율법 아래에 나게 하신 것은 율법 아래에 있는 자들을 속량하시고 우리로 아들의 명분을 얻게 하려 하심이라(갈 4:4-5).

여기서 "아름다운 옷"과 "기업"은 구체적으로 "아들의 명분"과 연결됩니다. 즉 그리스도가 살아계시는 동안 적극적으로 모든 율법을 지키심으로써 죄 용서 이상의 선물을 주셨는데, 그 선물이란 아름다운 옷을 입히시는 것, 기업을 주시는 것, 양자로 삼으시는 것입니다. 그래서 우리는 다음 과에서 "양자됨"에 대해 살펴볼 것입니다.

일반인의 눈에 훌륭해 보이는 예술 작품도 전문적인 비평가가 보면 부족한 점이 드러납니다. 예술은 물론이고 정치나 과학 등의 분야에서도 전문가일수록 아쉬운 점을 잘 찾아냅니다. 검사들은 깨끗해 보이는 이들의 범죄 사실을 얼마나 잘 찾아내는지 모릅니다. 하물며 하나님이 사람을 보실 때는 얼마나 많은 문제와 아쉬운 점, 죄가 드러나겠습니까? 하늘이라도 하나님이 보시기에는 깨끗하지 않습니다(욥 15:15). 그런 하나님이 우리를 의롭다고 평가하시려면 우리가 얼마나 깨끗해야 하겠습니까?

참고 성구

14사람이 어찌 깨끗하겠느냐? 여인에게서 난 자가 어찌 의롭겠느냐? 15하나님은 거룩한 자들을 믿지 아니하시나니 하늘이라도 그가 보시기에 부정하거든 16하물며 악을 저지르기를 물 마심 같이 하는 가증하고 부패한 사람을 용납하시겠느냐?(욥 15:14-16)

털어서 먼지 안 나는 사람이 없습니다. 아무리 훌륭한 사람도 그 인격과 삶을 세세히 들추어내면 문제가 드러나기 마련입니다. 하물며 하나님 앞에서 의롭다 함을 받을 사람이 그 누구겠습니까? 사람들이 거룩하다고 인정하는 자들도 단지 사람들 앞에서만 거룩한 것이지 하나님 앞에서는 전혀 거룩하지 않습니다. 오직 그리스도가 생애와 죽음으로 획득하신 의가 우리의 것으로 여겨질 때 우리는 하나님 앞에서 의로울 수 있습니다. 우리는 하나님이 요구하시는 의로움의 기준이 얼마나 높은가를 명심하고 우리의 선행이나 열심을 내세우려는 교만함을 꺾어야 합니다.

칭의	① **소극적 요소:** 우리의 모든 죄를 용서하심
	② **적극적 요소:** 하나님의 시각에서 우리를 의롭다고 받아들이심

〈표35〉 칭의의 두 가지 측면

3. 우리에게 전가되고(imputed to us)

하나님은 그리스도가 생애와 죽음으로 획득하신 의를 "전가"라는 방법으로 우리에게 주십니다. 하나님은 그리스도의 의를 우리에게로 돌려 우리의 의라고 여겨주십니다. 그리스도와 우리가 하나로 연합되어 있기 때문에 그리스도의 의가 바로 우리의 의가 되는 것입니다.

로마 가톨릭은 이러한 칭의론을 법정적 허구라고 비난합니다. 실제로 개인에게서 의로움이 발생해야지 그리스도의 의를 사람들의 의라고 주장하는 법정적 의는 허구라는 것입니다. 그러면서 그들은 그리스도의 은혜가 우리에게 실제로 주입(注入, infused)된다고 주장합니다. 그들의 주장에 따르면, 어떤 사람에게 주입된 은혜는 자동차의 시동기(starter)처럼 그 사람의 의에 시동을 걸어 의로운 행위를 하게 함으로써 실제로 더 많은 의를 이룹니다. 그 사람은 주입된 은혜와 협력하여 더 많은 공로를 쌓게 되고 의로운 행위가 축적됨으로써 점점 더 의롭게 된다는 것입니다.

Tip **infuse**: (어떤 특성을) 불어넣다, 스미다

로마 가톨릭에는 칭의 대신 성의(成義, making righteousness)가 있다고 평가할 수 있습니다. 개신교는 칭의의 즉각성을 강조하지만 로마 가톨릭은 칭의의 점진성을 강조하면서 칭의와 성화를 엄격하게 구별

하지 않습니다. 그리고 그들의 칭의론은 특별히 성찬론과 깊게 연관되어 있습니다. 성찬을 성의의 은혜가 계속 주입되는 수단으로 이해하기 때문입니다.

4. 오직 믿음으로 받아들여진(received by faith alone)

그리스도의 의를 오직 믿음으로 받아들인다는 것은 무슨 의미일까요? 이는 칭의론의 이해에서 매우 중요한 문제입니다. 많은 그리스도인이 우리는 선행으로 의롭게 될 수 없고 오직 믿음으로 의롭게 된다는 명제에 갇혀 "우리가 믿기 때문에 그리스도의 의를 받는다"라고 오해합니다. 믿음을 관념화하는 잘못을 범하면서 선행과 분리해서 이해하는 것입니다.

하지만 "행동은 사고의 귀결점"이라는 표현이 있을 정도로 무엇을 생각하고 믿는 것은 그 이후의 행동까지도 결정하는 대단한 "행위"입니다. 결국 선행은 행위이고 믿음은 행위가 아니라고 보는 관점에 문제가 있다는 이야기입니다. 우리는 선행뿐 아니라 보통 말하는 믿음이 모두 실제적인 행위에 속한다는 사실을 기억해야 합니다.

성경적 구원론에 따르면 그리스도가 획득하신 구원을 적용하는 것은 성령 하나님이시지 사람이 아닙니다. 칭의를 다루는 소요리문답 제33문도 이를 "하나님의 자유로운 은혜의 사역"라는 구절로 표현합니다. 또 "전가되고"(imputed)와 "받아들여진"(received)이란 수동태를 사용해 칭의가 성령에 의한 사역임을 드러냅니다. 우리는 일차 원인자로서 믿음을 가지고 그리스도의 의를 주도적으로 받아들이는 것이 아니라 이차 원인자로서 받아들일 뿐입니다.

Tip **impute**: …을 (…에) 돌리다, 전가하다(to…)
receive: 받다, (의견 등을) 받아들이다, …을 수용하다

앞서 살펴보았듯이 무엇을 믿는 것은 그것에 대한 인식이 있어야

가능합니다. 그런 인식 능력 자체가 하나님께로부터 온 것이고 믿음 또한 우리가 스스로 획득한 것이 아니라 하나님이 은혜로 주신 것입니다. 구원의 서정에서 살펴본 것처럼 하나님은 우리에게 구원을 주실 때 그 구원이 확실히 우리의 것이 되도록 종합 선물 세트로 주십니다. 한두 개만 주거나 조금씩 맛만 보여주고 나머지는 우리 보고 알아서 하라고 하시지 않습니다. 인간이 알아서 획득하는 구원은 불확실하고 별수 없는 인간의 능력에 의하여 결정되는 "흔들리는 구원"입니다. 하지만 하나님이 주시는 구원의 선물은 단일한 과정이며 그 종합 선물 세트에는 외적 부르심, 중생, 효과적 부르심, 칭의, 양자됨, 성화 등 성령의 여러 활동이 포함됩니다. 그리스도는 십자가에 못 박혀 죽기 전에 "다 이루었다"라고 말씀하셨는데, 거기에는 죽음으로 획득한 그리스도의 의를 우리에게 성령을 통하여 실패 없이 적용하시는 것까지 포함됩니다.

우리도 누군가를 사랑할 때 찔끔찔끔 사랑하는 것이 아니라 모든 것을 아낌없이 주려는 자세가 있어야 합니다. 그렇게 종합 선물 세트로 주는 사랑이야말로 성경이 말하는 참된 사랑입니다.

> 4사랑은 오래 참고 사랑은 온유하며 시기하지 아니하며 사랑은 자랑하지
> 아니하며 교만하지 아니하며 5무례히 행하지 아니하며 자기의 유익을 구
> 하지 아니하며 성내지 아니하며 악한 것을 생각하지 아니하며 6불의를 기
> 뻐하지 아니하며 진리와 함께 기뻐하고 7모든 것을 참으며 모든 것을 믿으
> 며 모든 것을 바라며 모든 것을 견디느니라(고전 13:4-7).

우리가 그리스도의 의를 받는 데 있어 믿음이 조건이 되어서는 안 됩니다. 그러면 그 순간에 믿음은 믿는 "행위"가 되어버립니다. 믿음은

그리스도가 성령을 통하여 그리스도의 의를 주시는 수단이고 도구입니다. 하나님은 믿음을 도구로 해서 그리스도의 의를 우리에게 흔들리지 않게 주십니다. 하나님은 그리스도의 생애와 죽음을 통하여 그리스도의 의를 준비하실 때 그 의를 우리에게 전달하시는 "믿음"이라는 도구까지도 준비하신 것입니다.

ㄱ. 은혜언약을 통해 이해하는 "믿음"의 도구적(instrumental) 성격 앞서 소요리문답 제20문을 다루며 살펴보았던 웨스트민스터 신앙고백 제7장 3항은 은혜언약에 대해 다음처럼 말합니다.

> 사람이 타락함으로 스스로 그 언약에 의해 생명을 얻을 수가 없게 되었는데 주께서는 그 기쁘신 뜻대로 은혜언약이라 칭하는 둘째 언약을 맺으셨다. 여기서 하나님은 죄인들에게 예수 그리스도에 의한 생명과 구원을 값없이 제공하셨고 그들이 구원 얻도록 그를 믿을 것을 그들에게 **요구하셨으며**, 영생으로 정해진 모든 사람에게 성령을 주어 그들로 하여금 믿기를 원할 뿐만 아니라 믿을 수 있게 하기를 **약속하셨다**.[1)]

은혜언약에서 하나님은 죄인들에게 예수님을 믿을 것을 요구하셨습니다(requiring). 그런데 전적 부패와 무능력에 빠진 그들이 예수님

---

1) Man, by his fall, having made himself incapable of life by that covenant, the Lord was pleased to make a second, commonly called the covenant of grace; wherein he freely offers unto sinners life and salvation by Jesus Christ; **requiring** of them faith in him, that they may be saved, and **promising** to give unto all those that are ordained unto eternal life his Holy Spirit, to make them willing, and able to believe.

의 존재와 사역과 가치를 알지 못하기 때문에 성령을 그들에게 주시어 그들로 믿기를 원하게 하고 또 믿을 수 있게 하겠다고 약속하셨습니다(promising). 하나님은 단순히 믿으라고 요구만 하지 않고 택하신 자들에게 성령을 주시어 믿고 싶은 마음이 생기고 또 믿을 수 있게 하신 것입니다. 요구와 약속이 동시에 이루어졌습니다. 이는 성령에 의하여 작동되는 믿음이 은혜언약의 복을 전달하는 도구가 된다는 사실을 잘 보여줍니다.

ㄴ. 이신칭의(以信稱義, justification by faith) "오직 믿음으로 받아들여지는 그리스도의 의"를 한자로 표현하면 이신칭의(以信稱義) 혹은 이신득의(以信得義)입니다. 말뜻 자체만 보면 이신칭의는 "믿음으로써 의롭다 함을 받는다", 이신득의는 "믿음으로써 그리스도의 의를 얻는다"라는 의미입니다. 여기서 말하는 믿음은 절대로 원인이나 조건이 아니고 하나님이 그리스도의 의를 적용하시는 도구입니다. "믿기 때문에" 의로워지는 것이 아니라 "믿음을 통하여" 의로워지는 것입니다. 믿음이란 단어를 어떻게 이해하느냐에 따라 이신칭의의 의미도 조금씩 바뀝니다. 이신칭의의 주체는 사람이 아니라 하나님입니다. 이것은 구원론의 다른 항목들에도 그대로 적용됩니다. 구원론을 구성하는 칭의, 양자됨, 성화 등은 사람의 행위가 아니라 하나님의 자유로운 은혜의 사역임을 다시 한번 명심할 필요가 있을 것입니다.

Tip 以: ~써, ~로 이
稱: 일컬을, 부를 칭
得: 얻을 득

심화 연구

4원인설로 이해하는 믿음의 도구성

아리스토텔레스는 사물이 형성되는 데 네 가지 원인이 있다고 주장했습니다. 이를 4원인설(四原因說)이라고 합니다. 여기서 "원인"은 그리스어로 "아이티아"(αἰτία)입니다. 키케로는 "아이티아"를 라틴어 카우사(*causa*)로 번역했고, 이것은 "원인"을 의미하는 영어 "코우즈"(cause)의 어원이 되었습니다.

Tip **키케로(Marcus Tullius Cicero, 기원전 106-43)**: 고대 로마의 유명한 정치가. 웅변과 수사학 철학으로도 명성이 높았다.

그런데 아리스토텔레스는 이 "아이티아"를 일종의 법정 용어로서 "공격하는 방식"이란 의미로 사용했습니다. 즉 그의 4원인설은 자연이 어떻게 형성되는지에 관한 4가지 탐구(공격) 방식이라고 볼 수 있습니다. 이 4원인설을 틀로 사용해 사물이나 현상을 바라보면 그것들에 다면적으로 접근하는 데 도움을 받을 수 있습니다.[2)]

Tip **아리스토텔레스(Aristotle, 기원전 384-322)**: 고대 그리스의 유명한 철학자로서 플라톤의 제자이며 알렉산드로스 대왕의 스승이었다.

① 그것은 무엇이 만들어냈는가?: 동력인(動力因, the efficient cause) 혹은 작용인

② 그것은 무엇으로 되어 있는가?: 질료인(質料因, the material cause)

③ 그것은 무엇인가?: 형상인(形相因, the formal cause)

④ 그것은 무엇에 유용한가?: 목적인(目的因, the final cause)

Tip **efficient**: 능률적인, 유능한, 효율적인
material: (형용사) 물질적인, 중요한, (명사) 재료, 소재
formal: 형식적인, 공식적인, 정중한
final: (형용사) 마지막의, 최종적인, 결정적인 (명사) 결승전

루터가 종교개혁을 일으켰다면 종교개혁을 완성한 사람은 칼뱅이

2) 스털링 P. 램프레히트, 김형석 역, 『서양철학사』(서울: 을유문화사, 1992), 106-107.

라고 할 수 있습니다. 칼뱅의 탁월한 저서 『기독교강요』(*The Institutes of Christian Religion*) 제3권 14장 17절 "행위는 결코 거룩의 원인이 될 수 없다"에 다음과 같은 내용이 있습니다.

> 철학자들은 사물이 형성되는 데 네 가지 원인이 있다고 한다. 그러나 이 원인들을 살펴보면 우리의 구원을 실현하기 위해서 행위는 어떤 원인도 되지 않는다는 것을 알 수 있다. 성경은 도처에서, 우리가 영생을 얻는 동력인(動力因, the efficient cause)은 하늘 아버지의 자비와 거저 주시는 사랑이라고 선언한다. 물론 질료인(質料因, the material cause)은 그리스도시다. 그는 순종으로 우리를 위해서 의를 얻으셨다. 형상인(形相因, the formal cause) 혹은 도구인(道具因, instrumental cause)은 믿음이 아니고 무엇인가? 요한은 이 세 가지 원인을 한 문장에 포함시킨다. "하나님이 세상을 이처럼 사랑하사 독생자를 주셨으니 이는 그를 믿는 자마다 멸망하지 않고 영생을 얻게 하려 하심이라"(요 3:16). 목적인(目的因, the final cause)에 관해서는, 사도는 하나님의 공의를 나타내며 하나님의 인애를 찬양하는 것이라고 증거하고 같은 곳에서 다른 세 가지도 명백하게 말한다.

칼뱅이 4원인설로 구원을 설명한 내용을 정리하면 다음과 같습니다.

① 동력인: 하늘 아버지의 자비와 거저 주시는 사랑
② 질료인: 그리스도(순종으로 우리를 위해서 죽으신 분)
③ 형상인 혹은 도구인: 믿음
④ 목적인: 하나님의 공의를 나타내며 하나님의 인애를 찬양하는 것

하늘 아버지의 자비와 거저 주시는 사랑이 원인이 된 우리의 구원은 그리스도의 죽음으로 이루어졌습니다. 우리는 이 구원을 성령이 주시는 믿음이란 도구를 통해서 받습니다. 이 구원을 우리에게 주시는 최종 목적은 하나님의 공의를 나타내고 하나님의 인애를 찬양함에 있습니다. 이렇게 다양한 측면에서 우리의 구원을 살펴볼수록 우리의 구원은 전적으로 하나님께 있음을 알게 됩니다. 시작과 완성과 적용과 목적이 모두 하나님께 있습니다. 우리의 구원을 이루는 모든 부분이 우리 밖에 있으므로 우리는 더더욱 자신의 행위를 믿거나 자랑해서는 안 되고, 하나님이 얼마나 무한하고 영원하고 불변하신가를 알아 온전한 경배와 찬양을 올려드려야 합니다.

성경으로 읽는 문학

윤동주의 "서시"序詩

- 하늘과 바람과 별과 시

죽는 날까지 하늘을 우러러
한 점 부끄럼이 없기를,
잎새에 이는 바람에도
나는 괴로워했다.
별을 노래하는 마음으로
모든 죽어가는 것을 사랑해야지
그리고 나한테 주어진 길을
걸어가야겠다.

오늘밤에도 별이 바람에 스치운다.

이 시를 읽은 느낌을 묻는다면 어떻게 대답할 것인가? 윤동주의 시에 대한 평론을 살펴보면 "도덕적 견실과 결백함에의 지향", "자기 응시", 그리고 "죄책감" 등의 단어들이 자주 눈에 띈다. 어떤 사람은 잎새에 이는 아주 미세한 바람에도 괴로워하는 시인의 민감성을 단순한 시적 표현으로 치부해버리기도 한다. 과연 시인의 민감성은 거친 현실 속에서는 아무런 소용이 없는 감상적 사치일까? MIT 공대의 로렌츠(Edward Lorenz) 교수가 1960년대에 행한 모의 기상 실험에 대해 들어보면 생각이 바뀔 것이다.

기상학자 로렌츠는 고성능 컴퓨터를 이용해 온도, 기압, 풍향을 변수로 한 기상 실험을 하고 있었다. 그러던 어느 날 어떤 기상 모델을 재현하기 위해 데이터를 입력하면서 소수점 여섯 자리까지 있는 데이터를 세 자리까지만 입력했다. 미세한 값의 차이는 결과에 별다른 영향을 끼치지 않으리라 예상했기 때문이었다. 그러나 출력된 결과물은 이전 것과는 너무나도 판이했다. 1만분의 1의 차이가 맑은 날씨를 비 오는 날씨로 바꿔버린 것이다!

로렌츠는 이 경험을 바탕으로 카오스 이론의 기초가 되는 논문을 쓸 수 있었다. 그는 자신의 이론을 쉽게 설명하기 위해 "브라질에서 펄럭인 나비의 날갯짓이 텍사스에 토네이도를 일으킬 수 있을까?"라는 질문을 제기했는데, 이 말에서 "나비효과"(butterfly effect)라는 개념이 만들어졌다. 나비효과는 아주 미세한 변화나 차이가 사실은 매우 중요한 변화와 차이를 일으킬 수 있다는 사실을 알게 해준다.

마찬가지로 윤동주 시인이 잎새에 이는 바람에도 괴로워한 것은 결코 시적 표현만은 아니다. 어린아이의 마음에 스친 아주 작은 상처가 먼 훗날 강한 분노로 자라나 폭력과 살인으로 이어질 수도 있다. 그래서 예수님은 사람의 목숨을 빼앗는 것만이 살인이 아니라 형제에게 노하고, 미련한 놈이라고 하는 것도 똑같이 심판을 받는다고 말씀하셨다(마 5:21-22). 간음에 대해서도 음욕을 품고 여자를 보는 자마다 마음에 이미 간음하였다고 말씀하셨다(마 5:28).

경제적으로 풍족하고 기술적으로 앞선 사회에 사는 우리는 더 쉽게 마음에 품은 감정을 행동으로 옮길 수 있다. 인터넷을 이용해 언제든 도박 사이트나 음란 사이트에 접속할 수 있고 사제 폭탄을 만들어 테러를 일으킬 수도 있다. 돈을 받고 다른 사람을 해코지하는 사람을 찾기도 어렵지 않을 것이다. 국가 차원의 전쟁은 더 비인간적이고 무자비하다. 이라크나 아프가니스탄 침공에 참전한 미군들은 마치 컴퓨터 게임을 하듯이 모니터를 통해 사람을 찾아 죽였다.

첨단 사회는 인간의 생각이 더 쉽게 행동으로 구현되는 사회다. 그래서 사회가 첨단으로 갈수록 도덕과 윤리가 더욱 중요해진다. 사악한 자들이 첨단 과학을 점유하면 그들의 사악한 생각이 행동화되어 여러 사람이 큰 피해를 본다. 하나님이 사람에게 표범 같은 빠르기와 곰 같은 힘, 전갈 같은 독침을 주지 않으신 것도 마찬가지 이유에서다. 도덕성을 상실한 사람에게 특별한 능력은 축복이 아니라 저주이기 때문이다.

인간의 죄가 나비효과와 같은 연쇄 작용을 일으킬 수 있다는 사실을 이해하면 하나님이 당신의 백성들에게 왜 그렇게 철저한 거룩과 순종을 요구하시는지에 대해서도 이해하게 된다. 산상수훈을 통해 예수님이 요청하신 도덕적 견실과 결백함은 마음마저 통제해야 하는 수준이다. 하나님은 잎새에 이는 바람에도 민감한 의를 요구하셨고 모든 율법을 항상 지킬 것을 원하셨다(갈 3:10).

그런데 하나님이 원하시는 의의 수준에 이를 수 있는 사람이 과연 있을까? 사람은 상대적으로 더 도덕적인 사람이 될 수는 있지만 절대적으로 도덕적인 사람이 될 수는 없다. 잎새에 이는 바람에 괴로워하면서 살면 금세 괴로움에 지쳐버릴 것이다. 사람은 모두 어쩔 수 없는 죄인이기 때문이다.

어떻게 하면 그 상태에서 탈출할 수 있을까? 이는 사람의 힘으로 되지 않는다. 사람의 힘으로 모든 율법을 항상 지키는 일은 불가능하다. 유일한 탈출구는 바로 하나님이시다. 우리 스스로 의로워질 수 없음을 알고 하나님께 나아가야 한다. 우리는 죄의 문제를 직시하고 사람이 되어 사람의 죗값을 대신 지불하신 성자 하나님을 믿어야 한다. 시인이 아무리 잎새에 이는 바람에 괴로워해도 그 믿음이 없다면 참된 의에 이르는 길을 찾지 못한다.

날이 갈수록 결벽증이나 각종 공포증 때문에 고생하는 사람들이 많아지고 있다. 세균이 무서워 한 시가 멀다 하고 손을 박박 닦는 사람도 있다. 음식도 아무것이나 먹지 못하고 사람이 많은 곳에는 얼씬도 하지 않는다. 청결과 순수는 추구하고자 하면 끝이 없다. 손을 자주 씻으면 더 자주 씻고 싶다. 적당한 선에 머물러야지 선을 넘어가면 일상적 삶이 불가능해지기도 한다.

죄와 의로움의 문제도 마찬가지다. 우리는 너무 의로워지려고 노력해서는 안(?) 된다. 사람의 힘을 과대평가하지 말라는 이야기다. 잎새에 이는 바람에도 괴로워하면서 언제 어디서 바람이 불어오는지 두 눈을 부릅뜨고 응시할 필요가 없다. 이 땅에 발을 딛고 서 있는 동안 잎새에는 늘 바람이 불고 우리의 몸과 음식물은 쉽게 오염되기 마련이다. 모든 신경증적인 몸짓은 그만두고 이제 손을 내밀어 하나님이 내미시는 손을 잡아야 한다. 그리스도가 어쩔 수 없는 죄인을 위하여 죗값을 지불하셨다는 사실을 믿어야 한다. 그리스도는 우리의 과거와 현재와 미래의 죄를 모두 짊어지고 죽으셨다. 잎새에 이는 바람과 같은 그 미세한 죄까지도 빼놓지 않고 감당하신 것이다.

우리에게 정녕 필요한 것은 모든 바람을 잠잠하게 하실 수 있는 하나님에 대한 믿음이다. 우리를 완벽하게 의롭게 만드시려고 사람이 되어 죽으신 그리스도의 희생에 대한 신뢰가 필요하다. 사람은 별수 없다. 아무리 폼을 잡고 거룩한 척해도 별수 없다. 사람은 하나님의 품 안에서만 날개를 접고 쉬면서 모든 예민함과 결벽증을 극복할 수 있다.

그래도 우리는 여전히 윤동주의 서시를 사랑할 수밖에 없다. 다만 이제는 그리스도의 의를 전가받은 자들로서 의로움을 향한 민감함을 긍정한다는 의미에서 서시를 사랑한다. 이제 잎새에 이는 바람에도 괴로워하는 민감함으로 의로움을 향해 나아가야 한다. 이 민감함은 처음과 달리 성장을 맛보며 더 성숙하기 위한 민감함이다. 성령 하나님으로 인하여 실패가 없이 승리가 보장되는 민감함의 세계로 들어오라. 우리 함께 별을 노래하는 마음으로 모든 죽어가는 것을 사랑하자. 오늘밤에도 별이 바람에 스치운다.

1. 자신이 부지런한 편인지 평가해보세요. 게으름 때문에 중요한 일을 하지 못한 쓰라린 경험이 있다면 이야기해보고 이제부터 부지런하게 살려면 무엇을 극복해야 하는지, 부지런하게 살면서 힘쓰고 싶은 일이 있다면 무엇인지 나누어보세요.

2. 소요리문답 제32-33문을 서로 묻고 답해봅시다. 관련 성구도 다시 한번 살펴봅시다.

3. 로마서 8:30을 읽으십시오. 하나님이 구원을 적용하시는 순서가 어떻게 소개되어 있습니까?

4. 구원의 서정이란 관점에서 효과적 부르심을 받은 이들은 금생에서 어떤 유익들에 참여합니까?

5. 칭의의 소극적 요소(the negative element)와 적극적 요소(the positive element)를 구분해서 설명해보십시오.

6. 그리스도의 의의 전가가 무엇인지 주입과 비교하여 설명해보십시오.

7. 그리스도의 의를 오직 믿음으로 받아들인다는 것은 무슨 뜻입니까? 이때 믿음이 칭의의 조건이 됩니까?

8. 아리스토텔레스의 4원인설(四原因說)을 틀로 하여 하나님의 구원을 설명해보십시오.

9. 윤동주의 "서시"를 함께 읽어봅시다. 우리가 민감해야 할 것은 무엇이고 민감하지 말아야 할 것은 무엇인가요?

10. 삼위일체 하나님을 염두에 두고 하나님 앞에서 내가 의인인지 아닌지 묵상하는 시간을 가진 후 각자의 고백을 나누기 바랍니다.

memo

제18-1과
양자됨

제34문. 양자(養子)됨이란 무엇입니까?

What is adoption?

답. 양자됨이란 하나님의 자유로운 은혜의 행위로(요일 3:1), 이것에 의하여 우리는 하나님의 아들들의 숫자로 받아들여지고, 하나님의 아들들의 모든 특권에 대한 권리를 갖습니다(요 1:12; 롬 8:17).

Adoption is an act of God's free grace, whereby we are received into the number, and have a right to all the privileges of the sons of God.

---

adoption 채용, 채택, 입양.
privilege 특권, 특전, 기본적 권리.

근거 성구

보라, 아버지께서 어떠한 사랑을 우리에게 베푸사 하나님의 자녀라 일컬음을 받게 하셨는가? 우리가 그러하도다. 그러므로 세상이 우리를 알지 못함은 그를 알지 못함이라(요일 3:1).

영접하는 자 곧 그 이름을 믿는 자들에게는 하나님의 자녀가 되는 권세를 주셨으니(요 1:12).

자녀이면 또한 상속자 곧 하나님의 상속자요 그리스도와 함께한 상속자니 우리가 그와 함께 영광을 받기 위하여 고난도 함께 받아야 할 것이니라(롬 8:17).

해설

신분의 변화에 따른 환경의 변화인 양자됨

우리는 효과적 부르심에 따르는 칭의와 양자됨, 성화를 포함하는 여러 가지 유익들에 대해 살펴보고 있습니다. 앞서 소요리문답 제33문에서 칭의를 다루었다면 이번 과에서는 제34문을 통해 양자됨(adoption)에 대해 살펴볼 것입니다.

양자됨
(하나님의 자유로운 은혜의 행위)
- ① 하나님의 아들들의 숫자로 받아들여짐
- ② 하나님의 아들들의 모든 특권에 대한 권리를 가짐

〈표36〉 양자됨

1. 양자란 하나님의 자유로운 은혜의 행위(an act of God's free grace)

"구원론"에 해당하는 웨스트민스터 소요리문답 제29-36문에서 하나님이 구원을 적용하신다는 표현이 직접 나오지 않는 문항은 제32, 36문뿐입니다. 하지만 이 두 개의 질문도 구체적으로 어떤 유익을 얻는지 묻기 때문에 언급이 안 될 뿐, 전체적으로는 성령 하나님이 구원을 적용하신다는 기본 전제를 가지고 있습니다. 우리는 이를 통해서도 구원론은 철저히 신본적으로 생각해야지 인본적으로 생각하면 안 된다는 사실을 다시 한번 확인하게 됩니다.

2. 칭의와 양자됨의 구분, 그리고 중생과 성화와의 차이점

칭의는 죄인의 내면에 일어나는 변화가 아니라 신분의 변화입니다. 칭의는 죄인을 의인이라고 하는 것인데, 그 근거는 죄인이 가진 의가 아니라 그리스도의 의입니다. 앞서도 언급했지만 로마 가톨릭은 죄인이 실제로 의로운 상태로 변해야지 어떻게 변하지 않았는데 의인으로 보느냐며 개신교의 칭의론이 법정적 허구라고 비판합니다. 그런데 그들은 칭의에 대한 잘못된 이해로 무언가 사람 편에서 선행을 해야 한다고 여겨 율법주의와 성례주의, 수도원적 금욕주의와 헌신주의에 빠지곤 합니다.

칭의가 죄인에서 의인으로의 신분의 변화라면 양자됨은 그 신분의 변화로 인한 환경의 변화를 설명해줍니다. 자녀로 신분이 변화했기 때문에 그에 따른 환경의 변화가 발생하기 마련입니다. 죄수와 자유인의 차이는 매우 큽니다. 죄수는 죄수 명부에 등재되고 감옥에 갇혀 생활하면서 행동의 제약을 받습니다. 자유인은 사상과 양심의 자유, 표현과 언론의 자유, 집회와 결사의 자유, 종교의 자유를 누리며 마음껏 생활할 수 있습니다.

칭의는 더러운 걸레들이 쌓여 있는 곳에서 걸레 일부를 따로 구별하여 한 곳에 모아 깨끗한 수건이라고 하는 것과 같습니다. 하나님은 더러운 걸레 무더기로부터 구별한 걸레들을, 이제는 깨끗한 수건의 신분이므로 그에 걸맞게 대우하십니다. 깨끗한 수건이라고 쓰인 상자에 담아 깨끗한 곳을 닦는 용도로 사용하는 것입니다.

그렇다면 중생과 성화로 인한 변화와 양자됨으로 인한 변화에는 어떤 관계가 있을까요? 소요리문답 제31문에서 중생은 사람의 의지나 인식과 상관없이 새로운 생명이 되는 원리가 성령에 의해서 사람에게 심김으로써 사람의 지배적 성향이 거룩하게 만들어지는 것이라고 했습니다. 한편 성화는 신자가 하나님의 형상에 따라 전 인격에 걸쳐 새롭게 되는 것입니다. 중생과 성화로 인한 내면의 변화는 하나님의 자녀에게만 주어지는 성령의 사역입니다. 즉 양자됨으로 인한 환경의 변화는 신분의 변화에서 오는 것이고, 중생과 성화로 인한 내면의 변화는 하나님의 자녀이기에 오는 변화라고 할 수 있습니다. 이는 모두 하나님의 자녀에게 일어나는 변화를 다룬다는 점에서 공통점이 있습니다. 하지만 양자됨은 법적 신분의 변화와 관계되고 중생과 성화는 상태의 변화와 관계가 있습니다.

Tip 성화는 소요리문답 제35문의 주제다.

중생과 성화로 인한 도덕적 자녀가 되는 것과 양자됨으로 인한 법적 자녀가 되는 것은 완전히 구분되지는 않지만 분명히 구분됩니다. 이 차이를 구분하면 하나님의 구원 사역을 더욱 풍성하게 이해할 수 있으므로 조금 까다로워도 자세히 살펴보겠습니다. 예를 들겠습니다. 어떤 부부가 한 아이를 입양했습니다. 아이는 법적으로 그 부부의 자녀가 되었습니다. 하지만 그 아이가 곧바로 그 부부의 자녀답게 행동하는 것은 아닙니다. 어떤 부부가 아이를 입양하여 자기들 집에 들여 자녀로서의 모든 권리를 주는 것이 양자됨에 해당한다면, 그 아이의 내면에 발생하는 도덕적 변화는 중생과 성화에 해당합니다. 다음과 같은 성경 구절들은 이 차이에 대한 이해를 돕습니다.

> 12영접하는 자 곧 그 이름을 믿는 자들에게는 하나님의 자녀가 되는 권세
> 를 주셨으니 13이는 혈통으로나 육정으로나 사람의 뜻으로 나지 아니하고
> 오직 하나님께로부터 난 자들이니라(요 1:12-13).

이 말씀에서 하나님의 자녀가 되는 법적 권세에 대해 언급하는 12절은 양자됨을 이야기하고, 13절은 하나님이 그들을 나게 하셨다는 사실을 강조하면서 중생을 이야기합니다.

> 15너희는 다시 무서워하는 종의 영을 받지 아니하고 양자의 영을 받았으
> 므로 우리가 아빠 아버지라고 부르짖느니라. 16성령이 친히 우리의 영과
> 더불어 우리가 하나님의 자녀인 것을 증언하시나니(롬 8:15-16).

이 말씀에서 "양자(son)의 영"을 언급하는 15절은 양자됨에 대해 이야기하고, 자녀(child)에 대해 언급하는 16절은 중생에 대해 이야기합니다.

3. 하나님의 아들들의 숫자에 받아들여지고, 하나님의 아들들의 모든 특권에 대한 권리를 갖습니다(we are received into the number, and have a right to all the privileges of the sons of God)

2011년쯤에 유행했던 개그 프로그램 "애정남"(애매한 것들을 정해주는 남

자)을 기억하십니까? 그 프로그램에서 애정남으로 활약했던 개그맨 최효종은 누구를 절친(절친한 친구)으로 봐야 하는지 명확하게 정해주었습니다. "친구가 집에 놀러 와 냉장고 문을 열고 맛있는 것이 있을 때 '이거 먹어도 돼?'라고 물으면 그냥 친구이고, 묻지 않고 먹으면 절친"이라는 것입니다. 재밌으면서도 핵심을 짚은 설명이었습니다. 아이들도 마찬가지입니다. 교회에서 주일날 예배 후 점심을 먹을 때 무릎에 거침없이 다가와 앉으면 우리 아이입니다. 우리 아이들은 다섯 명 모두 제 무릎에 거침없이 앉곤 했습니다. 다른 성도님 댁의 아이들은 친근하기는 하지만 감히 제 무릎에 앉지는 않았습니다.

저는 다섯 자녀가 태어날 때마다 30일 이내에 출생신고를 했습니다. 먼저 이름을 짓고 주민센터에 가서 출생증명서와 출생신고서를 제출하면 가족관계등록부에 새로운 식구가 등재되었습니다. 우리 부부는 아이가 태어날 때마다 주민등록등본을 떼어서 태어난 자녀의 이름을 확인하며 기뻐했습니다. 현재 우리 가족의 가족관계등록부에는 다섯 명의 자녀가 등록되었고, 저는 이들에게 부모의 역할을 다하려고 노력하고 있습니다.

저는 자녀들이 어려서부터 운동과 악기와 영어를 익히도록 힘써왔습니다. 또 예민한 사춘기를 무난하게 지나갈 수 있도록 대화에 힘쓰며 올바른 가치관과 정서를 갖게 하려고 신경을 쓰고 있습니다. 학업도 성실하게 수행하기를 바라며 시험에서 백 점을 맞으면 천 원, 중고생에겐 이삼천 원씩 줍니다. 때로 자녀들이 잘못된 행동을 하면 그 행동이 왜 잘못인지 분별할 수 있게 설명해주고, 혹 그 잘못이 반복되면 훈계하거나 매를 들어야 할 때도 있습니다.

젊은 부부가 갓난아이를 입양한다고 칩시다. 그 입양의 주도권은 입양하는 부부가 쥐고 있지, 입양을 당하는 아이에게 있지 않습니다. 신자와 하나님의 관계도 마찬가지입니다. 하나님의 은혜로 하나님의 자녀가 된 신자들은 하나님의 아들들의 숫자에 받아들여지고 어린 양의 생명책에 기록됩니다(빌 4:3; 계 3:5; 13:8; 17:8). 법적으로 하나님의 완전한 자녀가 됩니다.

육신의 부모도 자녀가 생기면 그 자녀에 대한 양육과 상속의 책임을 지려고 하는데, 하나님은 얼마나 더하시겠습니까? 하나님의 자녀로 입양된 우리는 하나님의 아들들이 누리는 모든 특권에 대한 권리를 갖습니다. 그리스도와 함께 상속자가 됩니다. 상속자는 그와 함께 영광을 받기 위하여 고난도 함께 받습니다. 또 하나님은 우리를 아들과 같이 대우하시므로 징계도 마다치 않으십니다. 징계가 없다면 우리는 사생자이고 친아들이 아닙니다(히 12:7-8).

하나님의 아들들이 누리는 특권에는 부모와 자녀 간의 정서적 유대도 포함됩니다. 하나님은 우리를 정서 면에서도 친자녀로 대해주시기 때문에 우리는 하나님 품에 안겨 아빠 아버지라고 부를 수 있습니다.

> 너희가 아들이므로 하나님이 그 아들의 영을 우리 마음 가운데 보내사 아빠 아버지라 부르게 하셨느니라(갈 4:6).

성령이 우리 마음에 계셔서 우리의 정서까지 어루만지심으로 우리가 거룩하신 하나님을 아빠 아버지라고 부를 수 있는 것입니다.

성경으로 읽는 문학

노천명의 "사슴"

모가지가 길어서 슬픈 짐승이여
언제나 점잖은 편 말이 없구나.
관(冠)이 향기로운 너는
무척 높은 족속이었나 보다.

물 속의 제 그림자를 들여다 보고
잃었던 전설을 생각해 내고는
어찌할 수 없는 향수(鄕愁)에
슬픈 모가지를 하고 먼데 산을 바라본다.

C. S. 루이스(C. S. Lewis, 1898-1963)는 시골 길을 걷다가 언덕을 보고 있노라면 그 언덕 너머에 대한 막연한 그리움으로 가슴이 저며오고, 길가의 스러져가는 옛집에서도 슬픔을 느끼곤 했다. 어린 왕자를 쓴 생텍쥐페리는 어른들이 언덕 너머에 대한 그리움이나 스러져가는 옛집에 대한 슬픔이란 말을 전혀 이해하지 못한다고 한탄했다. 노천명의 "사슴"을 읽은 느낌은 어떤가? 그리움, 슬픔, 공허, 고독, 향수의 자취를 느낄 수 있을 것이다.

시인 노천명은 C. S. 루이스와 같이 언덕 너머에 대한 그리움을 느끼고 스러져가는 옛집을 보면 슬픔을 느끼는 이다. 그렇기에 사슴을 보고 그 긴 모가지에서 슬픔을 찾아낸다. 그는 사슴을 보면서 자신을 보고 사람을 본다. 사슴보다 훨씬 향기로운 가치와 깊이를 지닌 사람에게서 슬픔을 본다. 시인인 그는 일반인보다 더 섬세한 감각과 분별력으로 자기 내면을 들여다볼수록 사슴의 향기로운 관보다 더 향기롭고 꽃보다 더 아름다운 그 무엇을 발견하며 몸서리쳤을 것이다. 그녀가 할 수 있는 것이라고는 슬픈 몸짓으로 먼 산을 바라보는 것뿐이다. 영원과 진리에 대한 본능적인 갈구와 추구는 어찌할 수 없는 향수가 되어버림과 동시에, 인식되되 얻어지지 않기에 더욱 슬픈 나르시시즘(narcissism)이 되어 그녀를 괴롭힌다.

사람이 예술과 문학에 심취하는 것은 채워지지 않는 갈증과 향수가 있기 때문이다. 영원과 진리에 도달하려는 욕구, 도달되지 않는 좌절감, 그리고 영원과 진리에 대한 일단의 해석이 예술과 문학을 통해 표현된다. 예술과 문학은 화려하고 감동적이고 애달프고 자극적이다. 사람은 여기서 한동안 헤어나올 수 없다. 예술과 문화가 셋 계열이 아니라 가인 계열에서 발전되었다는 것은 진리를 떠난 인간의 상실감과 불안, 퇴폐성을 엿보게 하는 대목으로서 그것들이 얼마나 인간의 본성에 충실한가를 알게 한다.

그렇다면 하나님을 알면 어떻게 허무와 슬픔과 그리움이 극복될까? 성경의 시인들은 왜 노천명의 "사슴"과는 너무나도 다른 정서를 표출할까? 여러 답이 있겠지만 "사슴"이란 시에 맞추어 답을 하면, 우리에게는 "잃었던 전설"이 아니라 "되찾은 전설"이 있기 때문이다. 우리가 하나님의 자녀로서 현재 "무척 높은 족속"임을 깨닫기 때문이다.

9그러나 너희는 택하신 족속이요 왕 같은 제사장들이요 거룩한 나라요 그의 소유가 된 백성이니 이는 너희를 어두운 데서 불러내어 그의 기이한 빛에 들어가게 하신 이의 아름다운 덕을 선포하게

하려 하심이라. 10너희가 전에는 백성이 아니더니 이제는 하나님
의 백성이요, 전에는 긍휼을 얻지 못하였더니 이제는 긍휼을 얻
은 자니라(벧전 2:9-10).

가인이 동생 아벨을 죽인 살인 사건이 극명하게 말해주듯 에덴동산에서 쫓겨난 이후 인간의 삶은 부조리로 가득하다. 고향에서 쫓겨난 상실감과 채워지지 않는 허전함을 어떻게 달랠 수 있을까? 예술과 문화를 발달시키며 불안을 달래보고 나름대로 에덴동산을 만들려고 시도해보지만, 그 결과는 바벨탑 사건처럼 모두 실패로 돌아간다.

하지만 하나님은 그렇게 유랑하며 어두운 곳을 전전하던 사람들을 부르시어 자녀로 삼아주셨다. 하나님의 자녀된 우리는 얼마나 높은 족속인가? "높은 족속"은 높아지려는 인간의 노력이 아니라 사랑으로 택하시는 하나님으로 말미암는다.

우리는 그의 놀라운 빛에 들어간다. 어두운 데 있던 우리를 하나님이 그의 기이한 빛으로 불러주셨다. 그러니 어찌할 수 없는 향수에 슬픈 몸짓으로 먼 허공을 쳐다볼 이유가 어디 있을까? 그런 슬픈 몸짓은 이제 존재하지 않는다. 대신 우리를 부르신 하나님을 향한 찬양이 있을 뿐이다. 그분이 하신 일이 무엇인가를 널리 드러낼 뿐이다. 그러므로 시편의 시들은 인간의 온갖 감상이 아니라 하나님을 향한 간절함과 간구, 찬양과 감사를 쏟아낸다. 우리의 내면에서 솟아나는 감정들은 하나님을 향할 때 신적인 것이 된다. 이 신적 감정을 맛본 자들은 사람들이 추구해온 예술과 문학의 값싼 감상에 전적으로 기댈 수 없다.

하나님이 우리를 택하여 불러주실 때 현실과 이상의 괴리로 인한 허무와 그리움과 슬픔은 없어져 버린다. 그 대신 진리로 인한 정

제된 감정과 정서들이 더욱더 곱게 형성되어간다. 슬픈 몸짓을 하며 먼 허공을 쳐다보는 일이 평안의 몸짓으로 하나님을 찬양하는 일로 바뀐다. 지독한 허무가 안정된 평안으로 바뀐다. 노천명 시인처럼 섬세하고 예리하고 올곧은 삶을 동경하는 이일수록 더욱 하나님을 알아야만 그 지친 날개를 쉴 수 있다.

오늘도 물속의 자기 그림자를 들여다보는가? 자기 그림자를 들여다보면 볼수록 더욱 아름답고 향기로워 보이는 모습을 발견할 것이다. 그리고는 어찌할 수 없는 향수에 젖어 먼 산을 쳐다보게 될 것이다. 그러나 이제 그만 그 시선을 거두어야 한다. 눈을 들어 하나님을 바라봐야 한다. 사람은 자기 자신을 높은 족속으로 만들 수 없다. 하나님만이 우리에게 향기로운 관을 씌워 치장하시며 자녀 삼아주신다. 물속의 제 그림자에서 자기를 볼 것이 아니라 하나님을 보아야 한다. 우리를 하나님의 형상으로 만드시고, 잃었던 하나님의 형상을 회복시켜주신 그 하나님을 바라보아야 한다. 사람은 회복된 하나님의 형상을 보고 얻을 때만 참된 향수와 그리움을 간직하고 쉴 수 있다.

제18-2과

성화

제35문. 성화란 무엇입니까?

What is sanctification?

답. 성화란 하나님의 자유로운 은혜의 사역으로(살후 2:13), 이것에 의하여 우리는 하나님의 형상을 따라 전 인격에 걸쳐 새롭게 되고(엡 4:23-24), 죄에 있어서는 점점 더 죽게 되고, 그리고 의에 있어서는 점점 더 살게 됩니다(롬 6:4, 6; 8:1).

Sanctification is the work of God's free grace, whereby we are renewed in the whole man after the image of God, and are enabled more and more to die unto sin, and live unto righteousness.

---

sanctification 신성화, 청정화(淸淨化), 성화(聖化)
more and more 더욱더, 점점 더, 더욱 많은

근거 성구

주께서 사랑하시는 형제들아, 우리가 항상 너희에 관하여 마땅히 하나님께 감사할 것은 하나님이 처음부터 너희를 택하사 성령의 거룩하게 하심과 진리를 믿음으로 구원을 받게 하심이니(살후 2:13).

23 오직 너희의 심령이 새롭게 되어 24
하나님을 따라 의와 진리의 거룩함으
로 지으심을 받은 새 사람을 입으라(엡
4:23-24).

4 그러므로 우리가 그의 죽으심과 합하
여 세례를 받음으로 그와 함께 장사되
었나니 이는 아버지의 영광으로 말미
암아 그리스도를 죽은 자 가운데서 살
리심과 같이 우리로 또한 새 생명 가운
데서 행하게 하려 함이라. 5 만일 우리
가 그의 죽으심과 같은 모양으로 연합
한 자가 되었으면 또한 그의 부활과 같
은 모양으로 연합한 자도 되리라. 6 우
리가 알거니와 우리의 옛사람이 예수
와 함께 십자가에 못 박힌 것은 죄의
몸이 죽어 다시는 우리가 죄에게 종노
릇하지 아니하려 함이니(롬 6:4-6).

그러므로 이제 그리스도 예수 안에 있는 자에게는 결코 정죄함이 없나니(롬 8:1).

Tip 킹 제임스 역본 성경에서 로마서 8:1은 다음처럼 밑줄 친 부분이 첨가되어 있다: There is therefore now no condemnation to them which are in Christ Jesus, who walk not after the flesh, but after the Spirit.

해설

내면의 변화로서의 성화

이번 과에서는 효과적 부르심에 따르는 여러 가지 유익 중 "성화"(聖化)에 대해 살펴볼 것입니다. 성화에 대한 주요 내용을 표로 정리하면 다음과 같습니다.

성화
(하나님의 자유로운 은혜의 사역)
- ① 하나님의 형상을 따라 전 인격에 걸쳐 새롭게 됨
- ② 죄에 있어서는 점점 더 죽게 되고 의에 있어서는 점점 더 살게 됨

〈표37〉 성화

1. 하나님의 자유로운 은혜의 사역(the work of God's free grace)

성화는 하나님의 자녀가 된 자가 잃어버렸던 하나님의 형상을 회복하며 지정의를 포함한 전 인격에 걸쳐 새롭게 변하는 과정입니다. 거짓말을 하던 자가 정직하게 변하고 분노를 억제하지 못하던 자가 온유한 성품으로 변해갑니다. 그럼 신자가 거짓말을 하지 않고 화를 참기 때문에 성화의 주체가 신자 자신일까요? 그렇지 않습니다. 성경이 말하는 성화는 일반적으로 말하는 도덕 수준의 개선이 아니라 영적 변화이기 때문입니다. 이 본질적 변화는 사람의 힘으로 가능한 것이 아닙니다. 하나님이 자유로운 은혜를 베푸시며 성화의 사역을 이루지 않으신다면 진정한 인격의 변화와 성장은 불가능합니다. 다음의 참고 성구는 성화도 다른 유익들처럼 하나님의 자유로운 은혜의 사역임을 분명히 보여줍니다.

참고 성구

내가 그리스도와 함께 십자가에 못 박혔나니 그런즉 이제는 내가 사는 것이 아니요 오직 내 안에 그리스도께서 사시는 것이라. 이제 내가 육체 가운데 사는 것은 나를 사랑하사 나를 위하여 자기 자신을 버리신 하나님의 아들을 믿는 믿음 안에서 사는 것이라(갈 2:20).

오직 성령의 열매는 사랑과 희락과 화평과 오래 참음과 자비와 양선과 충성과(갈 5:22).

그의 영광의 풍성함을 따라 그의 성령으로 말미암아 너희 속 사람을 능력으로 강건하게 하시오며(엡 3:16).

그의 영광의 힘을 따라 모든 능력으로 능하게 하시며 기쁨으로 모든 견딤과 오래 참음에 이르게 하시고(골 1:11).

평강의 하나님이 친히 너희를 온전히 거룩하게 하시고 또 너희의 온 영과 혼과 몸이 우리 주 예수 그리스도께서 강림하실 때에 흠 없게 보전되기를 원하노라(살전 5:23).

20…평강의 하나님이 21모든 선한 일에 너희를 온전하게 하사 자기 뜻을 행하게 하시고 그 앞에 즐거운 것을 예수 그리스도로 말미암아 우리 가운데서 이루시기를 원하노라…(히 13:20-21).

그런데 하나님은 성화의 사역에 신자를 참여시키십니다. 물론 신자가 성화에 참여한다고 하여 그가 성화를 주도하는 것은 아닙니다. 다만 하나님은 신자가 단순한 로봇이 아니고 지정의를 지닌 인격체이므로 그의 인격을 존중하고 사용하시어 성화에 참여하게 하십니다. 신자는 주체적으로 성화에 참여하면서 더욱 성숙해지며 성장해갑니다. 이는 성화가 칭의와 다른 점입니다. 칭의는 죄인의 외부인 하나님의 법정에서 벌어지는 사건이기에 사람의 참여가 배제되지만, 성화는 죄인의 내면에서 발생하는 일이므로 당연히 사람의 참여가 요청됩니다.

사람의 독립성과 하나님의 주권이 동시에 유지되는 것은 참으로 신비스럽습니다. 하나님은 신자의 독립성을 인정하시면서, 동시에 자유로운 은혜의 사역으로 성화를 이루시고야 맙니다. 성경에 기록된, 악한 행동을 하지 말라는 경고와 선한 삶을 살라는 명령은 하나님이 신자를 독립적인 주체로 인정하신다는 증거입니다.

참고 성구

너희가 나를 택한 것이 아니요 내가 너희를 택하여 세웠나니 이는 너희로 가서 열매를 맺게 하고 또 너희 열매가 항상 있게 하여 내 이름으로 아버지께 무엇을 구하든지 다 받게 하려 함이라(요 15:16).

1그러므로 형제들아 내가 하나님의 모든 자비하심으
로 너희를 권하노니 너희 몸을 하나님이 기뻐하시는
거룩한 산 제물로 드리라. 이는 너희가 드릴 영적 예
배니라. 2너희는 이 세대를 본받지 말고 오직 마음을
새롭게 함으로 변화를 받아 하나님의 선하시고 기뻐
하시고 온전하신 뜻이 무엇인지 분별하도록 하라(롬
12:1-2).

아무에게도 악을 악으로 갚지 말고 모든 사람 앞에서 선한 일을 도모하라(롬 12:17).

16내가 이르노니 너희는 성령을 따라 행하라. 그리하
면 육체의 욕심을 이루지 아니하리라. 17육체의 소욕
은 성령을 거스르고 성령은 육체를 거스르나니 이 둘
이 서로 대적함으로 너희가 원하는 것을 하지 못하게
하려 함이니라. 18너희가 만일 성령의 인도하시는 바
가 되면 율법 아래에 있지 아니하리라. 19육체의 일은
분명하니 곧 음행과 더러운 것과 호색과 20우상 숭배
와 주술과 원수 맺는 것과 분쟁과 시기와 분냄과 당
짓는 것과 분열함과 이단과 21투기와 술 취함과 방탕
함과 또 그와 같은 것들이라. 전에 너희에게 경계한
것 같이 경계하노니 이런 일을 하는 자들은 하나님의
나라를 유업으로 받지 못할 것이요, 22오직 성령의 열
매는 사랑과 희락과 화평과 오래 참음과 자비와 양선
과 충성과 23온유와 절제니 이같은 것을 금지할 법이
없느니라(갈 5:16-23).

자기의 육체를 위하여 심는 자는 육체로부터 썩어질 것을 거두고 성령을 위하여 심는 자는 성령으로부터 영생을 거두리라(갈 6:8).

2. 성화의 필요성

많은 사람이 병원에 가기를 꺼리지만 병원 중에서도 활력이 넘치고 감동적인 사건이 발생하는 곳이 있습니다. 바로 산부인과입니다. 새로운 생명을 손꼽아 기다리던 부모와 친지들에게 신생아의 출생은 얼마나 큰 감동인지 모릅니다. 그간 세상에 존재하지 않던 한 생명이 갑자기 출현하는 사건은 생각할수록 큰 신비입니다. 저는 셋째, 넷째, 다섯째

아이를 가족분만실에서 맞으며 탯줄을 가위로 잘라주기도 했습니다. 아이가 한 명씩 태어날 때마다 매번 밀려오는 감동에 가슴이 뭉클했고, 어떻게 무에서 유가 나오는지 하나님의 능력과 은혜에 감탄하며 찬양을 올려드리곤 했습니다.

그런데 아이의 출산이 끝이 아닙니다. 본격적인 양육은 그때부터 시작입니다. 보통 산모들은 산부인과에서 하루 이틀을 지낸 뒤, 산후조리원이나 친정에서 몸조리하며 아이를 돌봅니다. 아이를 돌보는 일은 고난의 행군이라고 해도 과언이 아닙니다. 평소 아이를 좋아해 기쁨으로 맞이한 엄마들도 조금씩 지쳐가기 시작합니다. 시골에서 할머니들에게 밭일과 아이를 보는 일 중에 선택하라면 밭일을 선택한다는 말도 있습니다. 그만큼 아이를 챙기며 기르는 일은 쉽지 않습니다. 다른 사람들은 보통 깨끗이 씻기고 말끔히 차려 입힌 아이의 모습을 보기 때문에 아이가 예쁘기만 하지만, 그 뒤에는 부모의 살을 깎는 노고가 있음을 알아주어야 합니다.

그래도 갓난아이를 돌보기는 수월할 수 있습니다. 체력과 열심만 있다면 어느 정도 감당이 되기 때문입니다. 아이들이 자라며 학교에 들어가고 친구를 사귀며 사춘기를 겪고 실력을 쌓으며 진로를 탐색해가는 일은 부모의 선한 의도와 관심과 열심만으로 잘 되리라 보장할 수 없습니다. 자녀를 키우는 일은 그렇게 만만한 일이 아닙니다. 아이들의 나이가 많아질수록 부모가 감당하기 힘든 일이 발생하기도 합니다.

어떤 부모들은 자녀가 계속해서 어린 상태로 있으면 좋겠다고 말하기도 합니다. 어린 자녀는 그 자체만으로도 귀엽고 사랑스럽기 때문입니다. 주변에서도 예쁘다고 칭찬하면서 껴안아주기 바쁩니다. 그러나 아이가 초등학생, 중학생이 되면 그에 맞는 행동과 말, 마음 씀씀이가 따라야 인정과 사랑을 받을 수 있습니다. 우리 집 아이들은 아빠가 과자를 사 들고 집에 들어가면 문 앞에서 통통 뛰며 좋아했었습니다. 단돈 삼사천 원으로 그런 기쁨을 맛볼 수 있는 일은 별로 없습니다. 그런데 통통 뛰는 나이는 네다섯 살 때까지입니다. 초등학교만 들어가도 뛰면서 좋아하지는 않습니다. 고등학생이 돼서도 부모가 사오는 과자에 통통 뛴다면 오히려 더 문제가 아닐까요? 고등학생은 고등학생다운 기호를 가지고 있어야 하고, 통통 뛰는 것과는 다르게 기쁨을 표현할 수 있어야 합니다.

신자의 삶도 마찬가지로 성장이 있어야 합니다. 그리스도의 대속의 피로 구원받은 신자는 하나님의 형상을 따라 전 인격에 걸쳐 새롭게 변화되어가야 합니다. 어떤 사람이 예수님을 처음 알게 될 때의 기쁨은, 본인은 물론 지켜보는 사람에게까지 감동을 줍니다. 극심한 허무감 속에 살면서 그렇게 강팍하던 이가 예수님을 만나 교회에 다니는 모습은 신기하기만 합니다. 하지만 시간이 흘러도 처음 믿은 그 상태와 수준에 그대로 머물면 안 됩니다. 성장해야 합니다. 인생의 복잡한 여러 사건 속에서 선악을 분별하는 수준까지 높아져야 합니다(히 5:14).

3. 하나님의 형상을 따라 전 인격에 걸쳐 새롭게 되고(We are renewed in the whole man after the image of God)

앞서 우리는 소요리문답 제10문을 통해 하나님이 사람을 하나님의 형상으로 지으셨는데 하나님의 형상은 지정의(知情意)라고도 할 수 있는 지식과 의와 거룩임을 살펴보았습니다. 기독교 신자가 된다는 것은 잃어버린 하나님의 형상을 회복하는 것입니다. 그리스도인이 되면 당연히 참된 지식과 의와 거룩이 무엇인지 알게 되고 이것을 갖추기 위해 노력하게 됩니다. 그러면 신자의 삶에 변화가 일어나 다른 사람이 옆에서 보기에도 보통 사람과 다르다는 느낌을 받습니다.

성화의 목표는 무엇일까요? 신자의 성화는 절대로 외적인 재산의 증가나 신분의 상승, 만사형통의 수단이 아닙니다. 성화의 목표는 내적인 인격의 변화, 지정의의 변화에 있습니다. 신자는 이러한 변화를 위해 노력해야 하고 이것이 인생의 가장 중요한 목표 중 하나여야 합니다. 교회에서 직분자를 뽑을 때도 재산, 외모, 신분과 같은 외적 조건들이 기준이 되어서는 안 되고 성화가 기준이 되어야 합니다.

앞서 "효과적 부르심"(제31문)을 살펴볼 때, 중생은 사람의 의지나 인식과 상관없이 새로운 생명이 성령에 의해서 심겨 사람의 지배적 성향이 거룩하게 만들어지는 것이라고 했습니다. 또 성경 구절들을 통해 지배적 성향의 거룩함은 지식과 정서와 의지의 변화로 나타난다는 사실을 살펴보았습니다. 성화 역시 중생 시 심긴 생명이, 싹이 나고 자라 잎과 꽃과 열매를 내는 것이므로 지정의의 전 인격에 걸친 변화로 나타납니다.

참고 성구

그러므로 너희는 죄가 너희 죽을 몸을 지배하지 못하게 하여 몸의 사욕에 순종하지 말고(롬 6:12).

평강의 하나님이 친히 너희를 온전히 거룩하게 하시고 또 너희의 온 영과 혼과 몸이 우리 주 예수 그리스도께서 강림하실 때에 흠 없게 보전되기를 원하노라(살전 5:23).

값으로 산 것이 되었으니 그런즉 너희 몸으로 하나님께 영광을 돌리라(고전 6:20).

그런즉 누구든지 그리스도 안에 있으면 새로운 피조물이라. 이전 것은 지나갔으니 보라, 새것이 되었도다(고후 5:17).

앞의 "참고 성구"에서 "몸"은 영혼이 거하는 기관을 뜻합니다. 물론 지정의가 변하면 이로 인한 좋은 습관과 밝은 정서가 체화되기 때문에 물리적인 몸에도 건강한 변화가 따릅니다. 하지만 성경이 말하는 몸은 물리적인 몸과 인격까지 포괄하는 통전적 개념입니다.

4. 죄에 대해서는 점점 더 죽게 되고, 의에 있어서는 점점 더 살게 됩니다 (We are enabled more and more to die unto sin, and live unto righteousness)

소극적 의미의 성화는 죄에 대해서 점점 더 죽는 것이고, 적극적 의미의 성화는 의에 있어서 점점 더 사는 것입니다. 우리의 옛사람이 예수와 함께 십자가에 못 박힘으로써 죄의 몸은 죽었습니다. 그래서 우리는 이제 죄에게 종노릇하지 않아도 됩니다(롬 6:6). 그리스도 예수의 사람들은 육체와 함께 그 정욕과 탐심을 십자가에 못 박았습니다(갈 5:24).

죄에 대해서 점점 더 죽으면 자연히 의에 있어서는 점점 더 살게 됩니다. 이 일은 동시에 이루어집니다. 죄에 대해 완전히 죽은 다음에야 의에 있어서 사는 일이 발생한다면 우리가 살아가는 동안 적극적 의미의 성화는 나타날 수 없을 것입니다. 이 땅에 사는 사람이 죄에 대해서 완전히 죽는 일은 불가능하기 때문입니다. 이는 집이나 교회의 실내를 환기할 때와 비슷합니다. 더러운 공기가 외부로 빠져나가면 그만큼 깨끗한 공기가 내부로 들어오듯이, 사람의 죄가 죽는 만큼 의가 그 자리를 차지합니다. 다음 성구들은 죄에 대해 죽는 것과 의에 있어서 사는 것이 동시에 발생한다는 사실을 잘 보여줍니다.

참고 성구

4그러므로 우리가 그의 죽으심과 합하여 세례를 받음으로 그와 함께 장사되었나니 이는 아버지의 영광으로 말미암아 그리스도를 죽은 자 가운데서 살리심과 같이 우리로 또한 새 생명 가운데서 행하게 하려 함이라. 5만일 우리가 그의 죽으심과 같은 모양으로 연합한 자가 되었으면 또한 그의 부활과 같은 모양으로 연합한 자도 되리라(롬 6:4-5).

이와 같이 너희도 너희 자신을 죄에 대하여는 죽은 자요 그리스도 예수 안에서 하나님께 대하여는 살아 있는 자로 여길지어다(롬 6:11).

내가 율법으로 말미암아 율법에 대하여 죽었나니 이는 하나님에 대하여 살려 함이라(갈 2:19).

너희가 세례로 그리스도와 함께 장사되고 또 죽은 자들 가운데서 그를 일으키신 하나님의 역사를 믿음으로 말미암아 그 안에서 함께 일으키심을 받았느니라(골 2:12).

그러므로 너희가 그리스도와 함께 다시 살리심을 받았으면 위의 것을 찾으라. 거기는 그리스도께서 하나님 우편에 앉아 계시느니라. 위의 것을 생각하고 땅의 것을 생각하지 말라(골 3:1-2).

5. 칭의와 성화의 차이점

우리가 소요리문답 제18문에서 살펴본 것처럼 죄는 죄책(the guilt of the sin)과 전 속성의 부패(the corruption of whole nature)를 가져옵니다. 반대로 죄책을 제거하는 것은 칭의이고, 전 속성의 부패를 제거하는 것은 성화라고 할 수 있습니다.

죄
- ① 죄책(the guilt of the sin) ↔ 칭의(적극적 요소와 소극적 요소)
- ② 전 속성의 부패(the corruption of whole nature) ↔ 성화

〈표38〉 죄의 제거

죄책의 제거는 하나님의 법정에서 단번에 이루어지는 신분의 변화를 가져옵니다. 그리고 부패의 제거는 우리 삶에서 평생에 걸쳐 점진적으로 이루어지는 내면의 변화를 가져옵니다. 칭의는 죄인의 외부에서 일어나므로 내적인 변화가 없지만, 성화는 죄인의 내부에서 일어나므로 지정의 전체에 걸쳐 내적인 변화가 일어납니다. 칭의는 단번에 완성되고, 성화는 지속적 과정으로 죽을 때까지 완성되지 않습니다.

구 분	칭의(justification)	성화(sanctification)
전가와 주입	그리스도의 의를 전가 (imputation)	그의 영이 은혜를 주입 (infusion)
죄	죄책(guilt)의 제거, 죄의 용서	부패(corruption)의 제거, 죄의 억제
어디에서	죄인의 밖, 하나님의 법정에서	죄인의 내면에서
변 화	신분의 변화	내면의 변화
기 간	단번에	평생에 걸쳐서
완성도	완전하게 됨, 더 이상 정죄가 없음	평생 미완성, 완성을 향해 자라감
공평도	모든 사람에게 공평하게	사람에 따라 다르게
사람의 참여	전혀 참여하지 않음	참여함

〈표39〉 칭의와 성화

웨스트민스터 대요리문답 제77문	
칭의와 성화는 어떤 면에서 다릅니까?	Wherein do justification and sanctification differ?
성화는 칭의와 불가분의 관계가 있지만(고전 1:30; 6:11), 몇 가지 차이가 있습니다. 칭의는 하나님이 그리스도의 의를 전가하시는 것이고(롬 4:6, 8), 성화는 그의 영이 은혜를 불어넣어 그 은혜를 행사할 수 있도록 하시는 것입니다(겔 36:27). 전자는 죄가 용서되고(롬 3:24, 25), 후자는 죄가 억제됩니다(롬 6:6, 14). 전자는 공평하게 모든 신자들이 하나님의 진노를 벗어나게 하고 이생에서 완전하게 하여 그들이 다시 정죄에 빠지지 않습니다(롬 8:33-34). 후자는 모든 사람에게 공평하지 않고(히 5:12-14, 요일 2:12-14), 또 이생에서 결코 완전하지 않으며(요일 1:8, 10), 다만 완성을 향해 자라갑니다(고후 7:1; 빌 3:12-14).	Although sanctification be inseparably joined with justification, yet they differ, in that God in justification imputes the righteousness of Christ; in sanctification his Spirit infuses grace, and enables to the exercise thereof; in the former, sin is pardoned; in the other, it is subdued: the one does equally free all believers from the revenging wrath of God, and that perfectly in this life, that they never fall into condemnation; the other is neither equal in all, nor in this life perfect in any, but growing up to perfection.

6. 완전 성화의 불가능성

앞서 살펴보았듯이 신자가 아무리 성화를 위해 노력해도 이 땅에서 완전한 성화를 이룰 수는 없습니다. 신자가 구원받을 때 신자의 죄책은 완전히 제거되지만 전 속성의 부패까지 완전히 제거된 것은 아니기 때문입니다. 이 땅에서의 완전 성화가 가능하다고 주장하는 이들은 죄에 대한 엄격한 기준을 적용하지 않습니다. 하지만 성경은 사람을 실제로 죽인 살인자만이 아니라 형제에게 노하고 형제를 미련한 놈이라고 하는 자도 심판을 받는다고 말합니다. 간음에 대해서도 음욕을 품고 여자를 보는 자마다 마음에 이미 간음한 것이라고 말합니다. 성경의 이러한 엄격한 기준을 적용한다면 우리 중 마음과 입으로 죄를 짓지 않는 사람이 누가 있겠습니까?

성경은 "누구든지 율법 책에 기록된 대로 모든 일을 항상 행하지 아니하는 자는 저주 아래에 있는 자"(갈 3:10)라고 말합니다. 우리 중 그 누가 모든 율법을 항상 지킬 수 있겠습니까? 컨디션이 좋을 때는 율법을 모두 지킬 수 있을지도 모르지만 어느 순간 우리는 마음과 말과 행동으로 죄를 짓게 되어 있습니다. 사람은 모두 "별수 없는 존재"이기 때문입니다. 만일 우리가 죄가 없다고 말하면 스스로 속이고 진리가 우리 속에 있지 아니하는 것입니다(요일 1:8).

이스라엘의 왕 중에서 하나님 앞에 정직히 행한 왕이라는 평가를 받은 다윗도 우리아의 아내 밧세바를 범하고 이것을 숨기려고 우리아를 죽였습니다. 그는 가정 파괴와 살인 교사라는 강력 범죄를 저질렀습니다. 아브라함도 목숨을 부지하려고 두 번이나 자기 아내를 누이라고 속여 말했습니다. 그런데도 성경은 신앙의 선조들을 미화하지 않고 그들의 약함과 악함을 그대로 기술합니다. 성경은 사람의 별수 없음을 정직하게 보여주면서 그리스도의 구원 획득과 성령의 적용이 필요함을 알려주는 것입니다.

우리는 이 땅에서 완전 성화가 불가능하다는 사실을 반드시 기억해야 합니다. 그래야 자신의 약함과 악함을 인정하고 죄와 싸우되 결벽증이나 강박증에 빠지지 않을 수 있습니다. 하나님이 우리에게 원하시는 거룩함은 두려움과 자기 집착에 의한 거룩함이 아니라 사랑으로 추동되는 거룩함입니다. 자기의 불완전한 현실을 수용할 줄 아는 사람만이 타인의 약함과 악함도 수용할 수 있습니다. 완전 성화를 믿는 이들은 자신과 타인에 대해 엄격하게 굴면서 숨 쉴 여지를 내주지 않습니다. 깐깐한 검사보다 더 엄격하게 사람들의 부족함을 들춰내면서 생명력을 앗아갑니다. 하나님은 아브라함과 다윗의 약함을 정죄하시기만 한 것이 아니라 오히려 그들이 별수 없음을 깨닫고 하나님께 더욱 매달리게 하셨습니다. 우리도 죄를 지을 때마다 깊이 회개하는 동시에 더욱 그리스도께 매달려야 합니다.

참고 성구

범죄하지 아니하는 사람이 없사오니 그들이 주께 범죄함으로 주께서 그들에게 진노하사 그들을 적국에게 넘기시매 적국이 그들을 사로잡아 원근을 막론하고 적국의 땅으로 끌어간 후에(왕상 8:46).

"내가 내 마음을 정하게 하였다, 내 죄를 깨끗하게 하였다" 할 자가 누구냐(잠 20:9).

선을 행하고 전혀 죄를 범하지 아니하는 의인은 세상에 없기 때문이로다(전 7:20).

무릇 우리는 다 부정한 자 같아서 우리의 의는 다 더러운 옷 같으며 우리는 다 잎사귀 같이 시들므로 우리의 죄악이 바람 같이 우리를 몰아가나이다(사 64:6).

10 기록된 바 의인은 없나니 하나도 없으며 11 깨닫는
자도 없고 하나님을 찾는 자도 없고 12 다 치우쳐 함께
무익하게 되고 선을 행하는 자는 없나니 하나도 없도다(롬 3:10-12).

내 속 곧 내 육신에 선한 것이 거하지 아니하는 줄을 아노니 원함은 내게 있으나 선을 행하는 것은 없노라(롬 7:18) .

11 게바가 안디옥에 이르렀을 때에 책망받을 일이 있
기로 내가 그를 대면하여 책망하였노라. 12 야고보에
게서 온 어떤 이들이 이르기 전에 게바가 이방인과 함께 먹다가 그들이 오매 그가 할례자들을 두려워하여 떠나 물러가매(갈 2:11-12).

웨스트민스터 대요리문답 제78문

신자들에게 성화의 불완전함은 왜 발생합니까?

신자들에게 있어 성화의 불완전함은 그들의 모든 부분에 남아 있는 죄의 잔재와 영을 거스르는 끊임없는 육의 정욕으로 인해 발생합니다. 이것들에 의해 그들은 유혹에 자주 넘어지고, 많은 죄에 빠지고(막 14:66-72; 롬 7:18, 23; 갈 2:11, 12), 모든 영적 섬김에 있어 방해를 받고(히 12:1), 그들의 최선의 일일지라도 하나님 보시기에 불완전하고 더럽습니다(출 28:38; 사 64:6).

Whence arises the imperfection of sanctification in believers?

The imperfection of sanctification in believers arises from the remnants of sin abiding in every part of them, and the perpetual lustings of the flesh against the spirit; whereby they are often foiled with temptations, and fall into many sins, are hindered in all their spiritual services, and their best works are imperfect and defiled in the sight of God.

생각할 거리

고수 高手

나는 고수다! 나는 동호인 탁구에서 고수로 통한다. 이렇게 자신만만하게 말할 수 있는 근거가 있다. 동호인 탁구는 "몇 부"인지로 실력을 가늠하는데 나는 1부에 속하기 때문이다. 교회나 직장에서 탁구 좀 한다는 사람은 대개 7부 정도에 속하고, 1부에 속한 사람은 7부에 속한 사람에게 7점을 주고 시작해도 11점 내기 게임에서 대부분 이길 수 있다.

7부 정도의 실력을 갖춘 사람이 6부로 올라가려면 전문적으로 레슨을 받으며 1년 정도 열심히 훈련해야 한다. 그것도 운동신경이 받쳐주는 경우에 그렇다. 개인차가 크기는 하지만 대개 6부에서 5부로 가는데 또 1년이 걸리고, 5부에서 4부로 갈 때는 1년이 넘게 걸린다. 2.5그램 짜리 가벼운 공을 라켓으로 주고받는 탁구는 미세한 손놀림과 타이밍의 차이로 섬세한 변화를 줄 수 있는 운동이고 위로 갈수록 한 단계 올라서기가 더 힘들기 때문이다. 그래서 사람들은 대개 4부 전후에 머문다. 5부에서 더 올라가지 못하는 사람들도 부지기수고 감각이 없는 분들은 어떻게 해도 5부나 6부에 머물기 쉽다.

탁구 2부는 아무나 도달하지 못한다. 집념과 체력, 시간과 돈은 물론 운동신경이 있어야 한다. 레슨을 받지 않고 자습과 눈썰미만으로 2부에 올라서는 경우는 거의 없다. 코치에게 전문 레슨을 받으면서 꾸준히 연습하고 다양한 유형의 고수들과 시합도 많이 해봐야 한다. 탁구 2부가 되었다면 성실함과 승부 욕구, 체력과 운동에 대한 감각이 있다는 소리다. 또 퇴근 후에는 모든 대인관계를 철폐하고 탁구장으로 직행했다는 의미이기도 하다. 그가 결혼한 사람이라면 그러한 배우자를 용납하는 너그러운 아내나 남편이 있거나, 가정생활에 지장을 초래한 경우다.

탁구 실력은 다음과 같이 당구 실력에 비교되기도 한다.

- 탁구 6부 = 당구 150(사람들에게 큰 피해를 주지 않으며 게임을 할 수 있는 수준)
- 탁구 5부 = 당구 200(나름 친다고 자신하기 쉬운 수준)
- 탁구 4부 = 당구 300(레슨 없이 자습으로 이를 수 있는 최고 수준)
- 탁구 3부 = 당구 400(비로소 탁구와 당구가 무엇인지 말할 수 있는 수준)

- 탁구 2부 = 당구 500-1000(자신의 한계를 알고 오히려 겸손해지는 수준)
- 탁구 1부 = 당구 1,000 이상(탁구와 당구를 통해 인생을 관찰해가는 수준)

또 탁구 동호인의 태도는 부수에 따라 다음과 같이 나뉜다.

- 5부: 사람들에게 가르쳐주고 싶어 안달이 나 사람들을 찾아다니며 가르쳐주는데 대부분 틀리게 가르친다.
- 4부: 어느 수준에 이르렀다고 과신하여 상수의 위세를 부리며 주변 사람들까지 들을 수 있도록 과장된 소리와 몸짓으로 가르친다. 역시 적지 않게 틀리게 가르친다.
- 3부: 탁구의 깊이를 알면서 비로소 자신이 아는 것이 다가 아니라는 것을 알지만, 자주 절제하지 못하고 물어보지 않은 것까지 황홀경에 빠져 가르친다.
- 2부: 자신이 아는 것이 틀릴 수 있다는 것을 알기 때문에 물어보는 것만 가르친다.
- 1부: 먹을 것을 사주거나 돈을 줘야 가르쳐준다.

나의 신학교 시절을 되돌아보면 신학과 신앙의 수준이 기껏해야 6부나 5부 수준에 해당했을 것 같다. 그 시절보다 더 자신 있게 신학과 목회에 대해 말하고 다닌 적이 없었고, 심지어 사람들을 찾아다니며 확신을 가지고 상세하게 가르쳤으나 대개 틀리게 가르쳤다. 공부를 계속하며 조직신학으로 박사학위를 받고 신학교에서 가르치며 목회를 하는 동안 할 말은 점점 줄어들었다. 이제는 신학적 글을 쓰려면 몇 번을 주저하고 친한 교수에게 감수를 받은 후에야 공개한다. 설교를 할 때도 성도 중에 인생의 고수들이 얼마나 많은지, 과연 내가 설교할 자격이 있는지 생각하면서 겸손해지곤 한다. 시간이 흐를수록 성경과 삶이 지니는 넓이와 깊이 앞에서 작아지는 나의 모습을 보게 되는 것이다.

탁구는 중독성이 강하다. 나는 주변에서 탁구에 빠져 생업과 공부를 등한시하는 이들도 봤고, 집안 살림을 소홀히 해 남편과 아이들에게 원성을 사는 주부들, 혹은 직업을 아예 탁구와 관련된 업종으로 바꾸는 이들도 봤다. 탁구보다 더 재미있는 것이 인생에 있느냐는 말도 들어봤다.

하지만 탁구보다 더 중독성이 강하고 훨씬 넓고 깊으며 현실과 미래를 잘 설명해주는 것이 바로 하나님 말씀이고 교리 공부다. 그런데 하나님 말씀과 교리 공부가 지니는 깊이와 넓이의 압력에 치여 감동을 주체하지 못하고 5부나 4부의 모습을 보이는 이들도 많다. 지난날의 나의 모습이 바로 그랬다. 그래도 젊은이가 그러면 아직 젊기 때문이려니 하지만, 신앙과 목회 경력이 쌓여 나이가 들어서도 그런 모습이면 참 안타깝다.

대부분 탁구 하수들은 내가 경기하는 모습을 보면 감탄하기 바쁘다. 어떤 이는 존경을 표하기까지 한다. 탁구장이 아닌 직장이나 교회에서만 탁구를 쳐온 사람들은 나와 시합을 해보고 그 결과를 잘 받아들이지 못한다. 무려 7점을 공짜로 얻고 시작해도 실력 발휘 한 번 하지 못하고 무참하게 지기 때문이다. 그들은 탁구에 이런 세계가 있다는 걸 처음 경험해보았다는 듯한 표정을 짓는다. 그런데 나 같은 1부 동호인도 선수 경력이 있는 사람과 시합을 하면 제대로 할 수 있는 것이 별로 없다. 선수 출신들은 동호인의 박자와 길을 모두

훤히 알고 있어 제대로 스윙할 기회도 주지 않는다. 동호인은 3점을 미리 얻고 시작해도 필패할 수밖에 없다. 나에게 감탄과 존경을 보이던 이들도 그런 경기를 지켜본 이후에는 실력이 다 어디 갔느냐고 의아해한다.

이쯤에서 생각해보자. 진정한 고수는 누구일까? 자기의 정확한 실력을 아는 자가 고수가 아닐까? 무림에 얼마나 많은 고수가 있는지를 아는 자, 자신이 틀릴 수도 있다는 사실을 알고서 한 번 더 살피는 자, 얼마나 높은 경지가 있는지를 알고 꾸준히 노력하는 자가 고수이고 경기에 졌을 때 깨끗이 승복하고 겸손하게 노력하는 자가 고수다. 성화의 길은 깊고 멀지만 탁구보다 더 중독성과 아름다움이 가득한 기쁨과 감사의 길이다!

함께 나누기 양자됨 / 성화

1. 여러분의 건강 상태는 어떻습니까? 몸의 건강과 영적 상태가 어떤 관련이 있는지 생각해보고 그리스도인으로서 하나님이 주신 몸을 잘 관리하기 위해 어떤 노력을 해야 하는지 나누어봅시다.

2. 소요리문답 제34-35문을 서로 묻고 답해봅시다. 관련 성구도 함께 살펴봅시다.

3. 칭의와 양자됨을 구분해보십시오. 중생과 성화로 인한 변화, 양자됨으로 인한 변화는 어떤 관계가 있습니까?

4. 노천명의 "사슴"을 읽어봅시다. 시인이 느꼈던 슬픔과 향수에 관해 이야기해봅시다. 우리 안에 있는 갈증, 향수, 그리움은 나 자신에게 집중한다고 해서 해결되지 않습니다. 이에 대해 성경은 어떻게 말하나요?

5. 칭의와 성화의 차이점이 무엇인지 나누어봅시다.

6. 성화의 필요성에 대하여 나누어봅시다. 한국 교회는 그간 칭의와 성화 중 어디에 강조점이 있었습니까? 그로 인한 폐해는 무엇입니까?

7. 여러분은 전 인격에 걸쳐 새롭게 되고 있습니까? 어떤 점에서 죄에 있어서는 점점 더 죽고, 의에 있어서는 점점 더 삽니까? 어떤 면에서 인격의 부족함이 있습니까?

8. 여러분은 완전히 성화되었습니까? 주변에 완전히 성화된 분을 보았습니까? 왜 이 땅에서는 완전 성화가 불가능합니까?

9. 진정한 고수는 누구입니까? 신앙의 고수가 되기 위해서 자신이 노력해야 할 부분은 어떤 것인지 나누어봅시다.

memo

제19과

칭의, 양자됨 그리고 성화에 동반되는 유익들

제36문. 금생에서 칭의, 양자됨 그리고 성화에 동반되거나 흘러나오는 여러 유익은 무엇입니까?

What are the benefits which in this life do accompany or flow from justification, adoption, and sanctification?

답. 금생에서 칭의, 양자됨 그리고 성화에 동반되거나 흘러나오는 여러 유익은 하나님 사랑의 확신, 양심의 화평(롬 5:1-2, 5), 성령 안에서의 기쁨(롬 14:17), 은혜의 증가(잠 4:18), 그리고 거기에 끝까지 견디는 것입니다(요일 5:13; 벧전 1:5).

The benefits which in this life do accompany or flow from justification, adoption, and sanctification, are, assurance of God's love, peace of conscience, joy in the Holy Ghost, increase of grace, and perseverance therein to the end.

근거 성구

1그러므로 우리가 믿음으로 의롭다 하
심을 받았으니 우리 주 예수 그리스도
로 말미암아 하나님과 화평을 누리자.
2또한 그로 말미암아 우리가 믿음으로
서 있는 이 은혜에 들어감을 얻었으며
하나님의 영광을 바라고 즐거워하느니
라. 3다만 이뿐 아니라 우리가 환난 중
에도 즐거워하나니 이는 환난은 인내
를, 4인내는 연단을, 연단은 소망을 이
루는 줄 앎이로다. 5소망이 우리를 부
끄럽게 하지 아니함은 우리에게 주신
성령으로 말미암아 하나님의 사랑이
우리 마음에 부은 바 됨이니(롬 5:1-5).

하나님의 나라는 먹는 것과 마시는 것이 아니요, 오직 성령 안에 있는 의와 평강과 희락이라(롬 14:17).

의인의 길은 돋는 햇살 같아서 크게 빛나 한낮의 광명에 이르거니와(잠 4:18).

내가 하나님의 아들의 이름을 믿는 너희에게 이것을 쓰는 것은 너희로 하여금 너희에게 영생이 있음을 알게 하려 함이라(요일 5:13).

너희는 말세에 나타내기로 예비하신 구원을 얻기 위하여 믿음으로 말미암아 하나님의 능력으로 보호하심을 받았느니라(벧전 1:5).

해설

하나님 사랑의 확신, 양심의 화평, 성령 안에서의 기쁨, 은혜의 증가, 그리고 거기에 끝까지 견디는 것

앞서 우리는 소요리문답 제33, 34, 35문에서 효과적 부르심에 따르는 유익인 칭의, 양자됨, 성화를 각각 각각 살펴보았습니다. 이번 과에서는 소요리문답 제36문을 통해 칭의, 양자됨, 성화에 동반되는 유익인 하나님 사랑의 확신, 양심의 화평, 성령 안에서의 기쁨, 은혜의 증가, 그리고 거기에 끝까지 견디는 것(견인)에 대해 살펴보겠습니다.

칭의(33문) + 양자됨(34문) + 성화(35문)

↓

사랑의 확신 | 양심의 화평 | 성령 안에서의 기쁨 | 은혜의 증가 | 견인

〈표40〉 효과적 부르심에 따르는 유익들

좀 더 넓은 범위에서 살펴보면 소요리문답 제29-36문은 신자가 살아 있는 동안에(금생에) 그리스도가 획득한 구원으로부터 받는 유익들을 다룹니다. 그리고 이어지는 제37, 38문은 신자가 죽을 때와 부활 때에 받는 유익들을 다룹니다. 이를 구분하면 제29-36문은 "구원론"에 해당하고 제37-38문은 "종말론"에 해당합니다.

그리스도가 획득한 구원

- 금생에 받는 유익: 제29-36문(구원론)
- 죽음과 부활 때에 받는 유익: 제37-38문(종말론)

〈표41〉 그리스도가 획득한 구원

성령은 우리에게 구원의 종합 선물 세트를 주십니다. 그 선물 세트에는 지금까지 살펴본 외적 부르심, 중생, 내적 부르심, 칭의, 양자됨, 성화만이 아니라 하나님 사랑의 확신, 양심의 화평, 성령 안에서의 기쁨, 은혜의 증가, 그리고 거기서 끝까지 견디는 것이 포함됩니다. 성령은 이 모든 것들도 주권적으로 우리를 사용하시어 우리에게 적용하십

니다. 이는 사람의 힘으로 획득할 수 있는 것이 전혀 아닙니다. 오직 성령의 적용으로 얻을 수 있을 뿐입니다.

1. 하나님 사랑의 확신, 양심의 화평, 성령 안에서의 기쁨, 은혜의 증가 (assurance of God's love, peace of conscience, joy in the Holy Ghost, increase of grace)

Tip assurance: 단언, 확언, 보증, 장담, 확실성, 확신
conscience: 양심, 선악의 판단력, 도덕심, 자제심, 분별

어려서부터 부모가 자신에게 쏟아부은 사랑을 아는 자녀는 부모의 사랑을 확신합니다. 부모는 자녀에게 모든 것을 주려고 합니다. 진자리 마른자리 갈아 뉘이고 먹이고 입히며 안아주고 업어주며 보호하고 가르칩니다. 대부분 자녀는 이렇게 저렇게 사랑을 쏟아붓는 부모를 경험하며 자신에 대한 사랑을 확신합니다. 거기에다 애정이 담긴 사랑의 표현과 표정까지 더해지니 그 확신은 더욱 강해집니다. 사랑을 많이 받은 자녀는 정서가 안정되고 마음에 기쁨이 있으며 내면의 화평을 주변 사람들에게 전합니다.

우리에 대한 하나님의 사랑도 막연한 추측이나 차가운 명제로만 존재하는 것이 아닙니다. 하나님은 우리를 사랑한다고 말씀하시고 이것을 사역으로 보여주시며 양자의 영을 통해 확실히 증거해주십니다(롬 8:15-16). 하나님은 우리를 너무나 사랑하시어 독생자를 주기까지 하셨습니다. 요한일서 4장은 하나님의 사랑이 독생자를 세상에 보내심으로써 우리에게 나타났고, 우리가 하나님을 사랑함은 하나님이 먼저 우리를 사랑하셨기 때문이라고 말합니다(요일 4:9, 19).

부모는 자녀가 잘되기를 바라기 때문에 벌을 주기도 합니다. 철이 들지 않은 자녀는 그럴 때 부모가 자기를 사랑하지 않는다고 여기지만 나중에 철이 들면 그런 부모를 이해하게 됩니다. 신자도 하나님의 참된

사랑을 깨닫고 확신을 하기까지는 어느 정도 시간이 걸립니다. 어떤 때는 하나님의 섭리가 자신이 원하는 방향과 다르다는 사실에 실망하기도 하지만, 삶이 깊어지고 신앙이 성숙해지면 비로소 하나님의 사랑이 어떠한 것인지를 깨달아 확신이 강해집니다.

다윗은 "내가 놀라서 말하기를 '주의 목전에서 끊어졌다' 하였사오나 내가 주께 부르짖을 때에 주께서 나의 간구하는 소리를 들으셨나이다"(시 31:22)라고 노래했습니다. 살다 보면 나의 잘못으로 하나님의 눈밖에 나는 것은 아닌지 염려스러울 때가 있습니다. 예수님을 세 번 부인한 베드로도 하나님으로부터 멀리 떨어진 것 같은 심정으로 통곡하지 않았을까요? 이처럼 우리의 확신은 흔들릴 때가 있지만 하나님의 사랑은 절대 사라지지 않습니다. 여러 가지 일로 사랑의 확신이 약해지고 잠시 중단될지라도 우리는 놀라지 말고 더욱 말씀을 통해 하나님의 뜻을 구하며, 기도를 통해 하나님께 나아가야 합니다. 그럴 때 성령의 작용으로 확신은 소생되고 강해집니다.

하나님의 사랑을 확신하는 자는 자연스럽게 그 마음에 화평이 깃들고 성령 안에서 기쁨을 누리며 하나님으로부터 받는 은혜가 계속 증가하는 것을 경험합니다. 성령의 열매는 사랑과 희락(기쁨)과 화평입니다. 성령은 신자들에게 사랑에 대한 확신과 마음의 화평과 기쁨을 주시지 않을 수 없습니다. 성화의 과정을 밟는다는 것은 사랑과 희락과 화평의 열매가 있다는 것입니다. 그리스도는 막힌 담을 허물고 둘이었던 것을 하나 되게 하는 분이십니다(엡 2:14). 믿음으로 의롭다 하심을 받은 자는 그리스도로 말미암아 하나님과 화평을 누립니다(롬 5:1).

예수님은 제자들에게 예수님의 기쁨을 충만하게 하기를 원하셨습니다(요 15:11; 17:13). 그 결과 제자들은 전도하며 박해를 받아도 기쁨과 성령이 충만했고(행 13:52), 함께 모여 기쁨과 순전한 마음으로 음식을 먹었습니다(행 2:46). 사랑과 화평과 기쁨은 분리되지 않고 구별될 뿐입니다. 진정한 사랑은 동시에 화평이 되고 기쁨이 됩니다. 이것들을 체험하고 누리는 자는 하나님의 은혜가 자기에게 계속하여 부어지고 있음을 잘 압니다.

2. 거기에 끝까지 견디는 것(perseverance therein to the end): 견인

성도의 견인(堅忍)은 성도가 완전히 타락하지 않고 구원의 과정을 끝까지 견디어낸다는 의미입니다. 그런데 이 성도의 견인은 구원론을 이루는 다른 항목들처럼 성령이 성도로 하여금 끝까지 견디게 하는 것입니다. 믿음이 약한 신자는 자신이 언제 몽매함과 강퍅함에 빠져 그리스도를 거부하고 자극적인 욕망을 따라 살지 모른다는 불안감에 빠지곤 합니다. 그러나 견인 교리는 그러한 일이 절대로 발생하지 않음을 말해주면서 우리 마음에 안도감과 평안함을 선사합니다.

Tip **perseverance**: 인내(력), 끈기, 불굴(不屈), 견인불발(의 노력), 견인(堅忍)
therein: 그 안에, 그 점에(서)

그런데 우리 주변에는 신앙생활을 그 누구보다 열심히 하다가 신앙을 저버리고 오히려 그리스도의 원수로 행하는 자들이 있습니다. 성경에도 그런 예가 있습니다.

> 어떤 이들은 이 양심을 버렸고 그 믿음에 관하여는 파선하였느니라. 그 가운데 후메내오와 알렉산더가 있으니(딤전 1:19-20).

> 데마는 이 세상을 사랑하여 나를 버리고 데살로니가로 갔고(딤후 4:10).

> 그러나 백성 가운데 또한 거짓 선지자들이 일어났었나니 이와 같이 너희

중에도 거짓 선생들이 있으리라(벧후 2:1).

이런 예들을 보면 견인 교리가 틀린 것이 아닌가 하는 의문이 생길 수 있습니다. 하지만 이들은 애초에 참된 중생에 의한 신앙생활을 했다고 볼 수 없는 자들입니다. 마태복음 13장에 기록된 씨 뿌리는 비유를 생각해봅시다. 돌밭에 뿌려진 씨는 흙이 깊지 아니하므로 곧 싹이 나나 해가 돋은 후에는 뿌리가 없으므로 말라버립니다. 말씀을 듣고 즉시 기쁨으로 반응하나 진짜 뿌리가 없는 자들은 환난이나 박해가 일어나면 견디지 못하고 넘어집니다.

이런 일시적 믿음을 가진 자는 자신이 참된 믿음을 가지고 있다고 착각합니다. 하지만 중생의 결과가 아닌 인간적 차원의 종교적 확신은 뿌리가 없어서 환난이나 박해를 이겨낼 수 없습니다. 그러므로 실제로 배도자들이 존재한다고 해서 견인 교리가 부정되는 것은 아니며, 다만 일시적 현상으로서의 믿음이 존재한다는 사실을 말해줄 뿐입니다. 즉 배교하는 이들은 본래부터 교회에 속하지 않았다는 것입니다.

그들이 우리에게서 나갔으나 우리에게 속하지 아니하였나니 만일 우리에게 속하였더라면 우리와 함께 거하였으려니와 그들이 나간 것은 다 우리에게 속하지 아니함을 나타내려 함이니라(요일 2:19).

그래도 남는 의문이 있습니다. 앞서 살펴본 것처럼 성경은 성화에 힘쓰라고 가르치는 동시에 배교에 대한 경고도 하기 때문입니다. 견인이 흔들림 없이 확실하다면 이러한 권면과 경고는 불필요하지 않을까요? 하지만 이러한 권면과 경고는 중생한 신자들의 배교를 전제하는 것은 아닙니다. 단지 성령이 아닌 사람의 능력에 의지한 구원 추구는 실패한다는 것을 보여주며 신자들에게 더욱 자신을 살피고 배교에 이르지 않도록 은혜의 수단들을 열심히 사용해야 함을 말하는 것입니다.

바울이 이탈리아로 가는 배에서 풍랑을 만났던 사건을 떠올려봅시다. 풍랑이 심해 배가 침몰할 위기에 처했습니다. 그렇게 며칠을 풍랑과 사투하던 그때, 바울은 소망을 잃은 사람들을 안심시키며 다음과 같이 말했습니다.

> 21…여러분이여, 내 말을 듣고 그레데에서 떠나지 아니하여 이 타격과 손
> 상을 면하였더라면 좋을 뻔하였느니라. 22내가 너희를 권하노니 이제는 안
> 심하라. 너희 중 아무도 생명에는 아무런 손상이 없겠고 오직 배뿐이리라.
> 23내가 속한 바 곧 내가 섬기는 하나님의 사자가 어제 밤에 내 곁에 서서
> 말하되 24"바울아, 두려워하지 말라. 네가 가이사 앞에 서야 하겠고 또 하
> 나님께서 너와 함께 항해하는 자를 다 네게 주셨다" 하였으니 25그러므로
> 여러분이여, 안심하라. 나는 내게 말씀하신 그대로 되리라고 하나님을 믿
> 노라. 26그런즉 우리가 반드시 한 섬에 걸리리라…(행 27:21-26).

바울은 이처럼 자신과 배에 탄 사람들이 모두 구원을 받을 것이라고 확신하고 있었습니다. 그런데 그는 거룻배를 내려놓고 도망가려는 사공들을 막지 못하면 구원을 얻지 못할 것이라고 경고했습니다(행 27:31). 여기서 바울의 경고는 승객들의 구원이 취소될 수 있다는 의미였을까요? 그렇지 않습니다. 단지 확실한 구원을 얻기 위해 올바른 수단을 취하라는 권면이었습니다. 이와 마찬가지로 성경에 등장하는 배교에 대한 권면과 경고는 절대로 성도의 견인을 부정하는 것이 아닙

니다.

구원론을 전체적으로 신자의 선택과 결정과 의지와 노력의 관점에서 이해하면 견인 교리를 받아들이기 힘듭니다. 반대로 구원이 하나님의 일이라는 관점을 유지하면 견인 교리를 받아들이기 쉽습니다. 우리의 구원은 우리의 선택에 있지 않고 하나님의 선택에 달려 있습니다. 영원하고 불변하신 하나님의 선택에 실패가 있을까요? 구원의 영광으로 선택을 받은 자에게는 실패 없이 구원이 주어집니다. 하나님의 실패 없는 선택은 견인 교리의 확실한 근거입니다.

앞서 제6-1과에서 "하나님의 영원한 작정"을 다룰 때 살펴보았던 웨스트민스터 신앙고백 제3장 6항은 택하심을 입은 자들이 "때가 되어 역사하시는 그리스도의 영에 의해 그리스도를 믿도록 효과적으로 부름을 받고, 그의 권능에 의해 믿음을 통해 구원에 이르도록 의롭다 칭함을 얻고 양자됨을 얻고 성화되고 보호를 받는다"라고 말합니다. 여기서 "보호를 받는다"라는 내용이 성도의 견인에 해당합니다. 웨스트민스터 신앙고백 제3장 6항이 말하는 것처럼 성도의 견인은 칭의나 양자됨, 성화와 마찬가지로 그리스도의 영에 의해 주어지는 선물입니다.

택함을 받은 자들은 그들이 의식하지 못하는 가운데 성령에 의하여 새로운 생명을 받아 중생합니다. 성령이 심으신 생명은 반드시 싹을 틔우고 꽃을 피워 결국엔 열매를 맺습니다. 성령 또한 영원하고 무한하며 전능하신 하나님이십니다. 성령은 쉬지 않고 일하십니다. 하나님이 심으신 생명의 원리는 실패하지 않고 신자 안에서 지속적으로 영향력을 발휘합니다.

칭의는 무엇입니까? 하나님이 그리스도의 의를 우리의 의로 여기시어 우리에게 죗값을 묻지 않으시는 것입니다. 칭의에 근거를 둔 성화는 우리의 인생 내내 이루어집니다. 내면의 변화가 거룩함으로 성장해 갑니다. 성령이 이끄시는 성도의 견인을 부인하는 사람은 칭의와 성화를 오해하는 사람입니다. 그리스도의 의로는 불충분하고 사람의 노력과 선행과 의지가 필요하다고 주장하는 사람입니다. 소요리문답 제36문은 칭의와 양자됨과 성화에 "동반되거나 흘러나오는"(accompany or flow from) 여러 유익이 무엇이냐고 묻습니다. 즉 칭의와 양자됨과 성화에는 동반되거나 흘러나오는 유익들이 반드시 있는데 견인이 여기에 속한다는 것입니다.

이렇게 구원론을 이루는 요소들은 서로 연결되어 있습니다. "구원의 서정"과 "황금사슬"의 개념이 말해주는 것처럼 하나님은 그리스도가 획득하신 구원을 주실 때 일부를 주시고 나머지는 우리의 노력과 의지로 쟁취하라고 하지 않으시고 종합 선물 세트로 모두 주십니다. 칭의 없이 성화가 없고 성화 없이 칭의가 없습니다. 견인 또한 중생과 효과적 부르심과 칭의 없이는 존재하지 않습니다. 반대로 견인이 없는 중생과 효과적 부르심과 칭의는 온전하지 않습니다.

참고 성구

하늘의 하나님 여호와께서 나를 내 아버지의 집과 내 고향 땅에서 떠나게 하시고 내게 말씀하시며 내게 맹세하여 이르시기를 "이 땅을 네 씨에게 주리라" 하셨으니 그가 그 사자를 너보다 앞서 보내실지라. 네가 거기서 내 아들을 위하여 아내를 택할지니라(창 24:7).

요셉이 그의 형제들에게 이르되 "나는 죽을 것이나 하나님이 당신들을 돌보시고 당신들을 이 땅에서 인도하여 내사 아브라함과 이삭과 야곱에게 맹세하신 땅에 이르게 하시리라" 하고(창 50:24).

"'남은 자는 예루살렘에서부터 나올 것이요 피하는 자는 시온 산에서부터 나오리니 여호와의 열심이 이 일을 이루리라' 하셨나이다" 하니라(왕하 19:31).

그 정사와 평강의 더함이 무궁하며 또 다윗의 왕좌와 그의 나라에 군림하여 그 나라를 굳게 세우고 지금 이후로 영원히 정의와 공의로 그것을 보존하실 것이라.

만군의 여호와의 열심이 이를 이루시리라(사 9:7)

그러므로 주 여호와께서 이같이 말씀하셨느니라. "내가 이제 내 거룩한 이름을 위하여 열심을 내어 야곱의 사로잡힌 자를 돌아오게 하며 이스라엘 온 족속에게 사랑을 베풀지라"(겔 39:25).

38내가 확신하노니 사망이나 생명이나 천사들이나 권
세자들이나 현재 일이나 장래 일이나 능력이나 39높
음이나 깊음이나 다른 어떤 피조물이라도 우리를 우
리 주 그리스도 예수 안에 있는 하나님의 사랑에서 끊
을 수 없으리라(롬 8:38-39).

23평강의 하나님이 친히 너희를 온전히 거룩하게 하
시고 또 너희의 온 영과 혼과 몸이 우리 주 예수 그리
스도께서 강림하실 때에 흠 없게 보전되기를 원하노
라. 24너희를 부르시는 이는 미쁘시니 그가 또한 이루
시리라(살전 5:23-24).

함께 나누기

1. 하나님이 여러분에게 주신 은사는 무엇입니까? 서로의 은사와 소질이 무엇인지 말해주는 시간을 가집시다. 그리고 그 은사를 계발하고 발휘하기 위해서 어떤 노력을 기울여야 하는지 나누어봅시다.

2. 소요리문답 제36문을 서로 묻고 답해봅시다. 근거 성구도 함께 살펴봅시다.

3. 칭의, 양자됨 그리고 성화에 동반되거나 흘러나오는 여러 유익은 구원의 서정과 어떤 관계가 있나요? 성령이 그리스도의 구원을 종합 선물 세트처럼 주신다는 관점에서 이야기해봅시다.

4. 자녀를 향한 부모의 사랑을 떠올려봅시다. 신자들은 하늘에 계신 아버지의 사랑을 어떻게 확신할 수 있습니까?

5. 부모의 충분한 사랑을 받은 아이들이 그러하듯, 하나님의 사랑을 확신하는 신자들이 보이는 특징은 무엇입니까?

6. 후메내오와 알렉산더(딤전 1:19-20), 데마(딤후 4:10), 거짓 선지자들(벧후 2:1)은 견인의 교리가 틀렸음을 나타냅니까?

7. 씨 뿌리는 비유(마 13:18-23)에서 돌밭에 뿌려진 씨는 어떤 믿음을 의미합니까? 일시적 믿음에는 어떤 현상들이 나타납니까? 요한일서 2:19을 참고하여 이야기해봅시다.

8. 하나님이 배 안에 있는 자들을 모두 살려주시겠다고 말씀하셨지만, 바울은 사공들이 배 안에 있어야만 무사할 것이라고 경고했습니다(행 27:21-32). 이 사건을 기억하면서 견인의 교리와 배교에 대한 경고가 어떤 관계인지 설명해봅시다.

9. 여호와의 열심과 맹세를 보여주는 성구들(창 24:7; 50:24; 왕하 19:31; 사 9:7; 겔 39:25; 롬 8:38-39; 살전 5:23-24)을 함께 묵상하고 우리를 향하신 하나님의 사랑이 어떠한지 나누어봅시다.

memo

제6부

종말론

제37-38문

제20-1과
신자들의 죽음

제37문. 신자들은 죽음에서 그리스도로부터 어떤 유익들을 받습니까?

What benefits do believers receive from Christ at death?

답. 신자들의 영혼은 그들의 죽음에서 완전히 거룩하게 되어(히 12:23), 즉시 영광 속으로 들어갑니다(눅 23:43; 고후 5:1, 6, 8; 빌 1:23). 그리고 그들의 육신은 여전히 그리스도와 연합하여(살전 4:14) 부활 때까지(욥 19:26-27) 그들의 무덤에서 쉽니다(사 57:2).

The souls of believers are at their death made perfect in holiness, and do immediately pass into glory; and their bodies, being still united to Christ, do rest in their graves till the resurrection.

---

immediately 곧, 즉시, 당장에, 직접적으로 **grave** 무덤, 묘
rest 쉬다, 눕다, 자다 **resurrection** 부활, 부흥, 회복

근거 성구

하늘에 기록된 장자들의 모임과 교회와 만민의 심판자이신 하나님과 및 온전하게 된 의인의 영들과(히 12:23).

만일 땅에 있는 우리의 장막 집이 무너지면 하나님께서 지으신 집 곧 손으로 지은 것이 아니요 하늘에 있는 영원한 집이 우리에게 있는 줄 아느니라(고후 5:1).

그러므로 우리가 항상 담대하여 몸으로 있을 때에는 주와 따로 있는 줄을 아노니(고후 5:6).

우리가 담대하여 원하는 바는 차라리 몸을 떠나 주와 함께 있는 그것이라(고후 5:8).

예수께서 이르시되 "내가 진실로 네게 이르노니 오늘 네가 나와 함께 낙원에 있으리라" 하시니라(눅 23:43).

내가 그 둘 사이에 끼였으니 차라리 세상을 떠나서 그리스도와 함께 있는 것이 훨씬 더 좋은 일이라. 그렇게 하고 싶으나(빌 1:23).

우리가 예수께서 죽으셨다가 다시 살아나심을 믿을진대 이와 같이 예수 안에서 자는 자들도 하나님이 그와 함께 데리고 오시리라(살전 4:14).

26내 가죽이 벗김을 당한 뒤에도 내가
육체 밖에서 하나님을 보리라. 27내가
그를 보리니 내 눈으로 그를 보기를 낯선 사람처럼 하지 않을 것이라. 내 마음이 초조하구나(욥 19:26-27).

그들은 평안에 들어갔나니 바른길로 가는 자들은 그들의 침상에서 편히 쉬리라(사 57:2).

해설

신자들이 죽음에서 그리스도로부터 받는 유익들

소요리문답 제29-36문은 신자가 그리스도가 획득한 구원으로부터 살아 있는 동안에(금생에) 받는 유익들을 다루었습니다.

그리스도가 획득한 구원
- 금생에 받는 유익: 제29-36문(구원론)
- 죽음과 부활 때에 받는 유익: 제37-38문(종말론)

〈표42〉 그리스도가 획득한 구원

반면 소요리문답 제37, 38문은 신자가 죽을 때와 부활 때에 받는 유익들을 다룹니다. 제29-36문이 "구원론"에 해당한다면 제37-38문은 "종말론"에 해당합니다. 신자가 죽을 때 영혼은 영광 속으로, 육신은 부활 때까지 무덤에서 쉼으로 구원의 유익을 누립니다.

신자들의 죽음
- ① 영혼: 완전히 거룩하게 됨 - 즉시 영광 속으로 들어감
- ② 육신: 여전히 그리스도와 연합됨 - 부활까지 무덤에서 쉼

〈표43〉 신자들의 죽음

사람들이 인생에서 궁극적으로 해결해야 할 과제가 있습니다. 바로 **죽음**입니다. 아무리 화려하게 인생을 산 사람도 어김없이 찾아오는 늙

음과 병듦과 죽음을 피할 수는 없습니다. 죽음 앞에서는 지혜자나 우매자나 차이가 없고(전 2:16), 심지어 사람과 짐승도 차이가 없습니다(전 3:19). 소요리문답은 이 죽음의 해법을 그리스도에게서 찾습니다. 앞의 "구원론"에서 그리스도가 획득한 구원을 성령이 **살아 있는 신자들에게** 어떻게 적용하시는지를 다루었다면, 이번 "종말론"에서는 그리스도가 획득한 구원이 **죽음과 부활을 맞이하는 신자들에게** 어떤 유익을 주는지를 다룹니다.

조직신학에서 종말론과 다른 여러 분야는 밀접한 관계가 있습니다. "신론"이 다루는 하나님의 작정은 사람의 죽음과 부활에 대한 하나님의 뜻을 포함한 개념입니다. 사람의 구원에 관한 작정은 죽음과 부활이란 궁극적 문제를 빼놓고는 논할 수 없기에 신론과 종말론은 밀접하게 연관됩니다. 또 죽음과 부활을 다루는 종말론은 "인간론"의 해결이기도 합니다. 인간 타락의 결과가 바로 죄와 죄로 말미암은 죽음이기 때문입니다. "기독론"은 그리스도가 우리의 **죽음과 부활을 위하여** 낮아지심과 높아지심의 신분에서 어떻게 선지자와 제사장과 왕의 삼중직을 완전하게 행하셨는지를 다룹니다. "구원론"은 성령이 그렇게 획득된 구원을 우리에게 어떻게 적용하시는지 다루면서 마지막 영화의 단계가 사람의 죽음과 부활에 연관되어 있음을 알려줍니다. 즉 구원론은 신자의 최종적인 성화의 과정으로서 죽음과 부활을 다룹니다. 이처럼 조직신학의 다른 분야들은 종말론과 밀접한 관계가 있고 다른 분야들은 종말론에서 해답을 찾습니다.

그렇다면 종말론은 어떻게 구분이 될까요? 종말론은 크게 "개인적 종말론"과 "일반적(우주적) 종말론"으로 나뉩니다. 모든 사람은 죽습니다. 이 죽음의 문제를 다루는 것이 개인적 종말론입니다. 그리고 이 세상의 종말에 대해 다루는 것이 일반적 종말론입니다. 전자는 육체의 죽음, 영혼의 불멸, 중간상태에 대해 다루고(제37문), 후자는 그리스도의 재림, 천년왕국, 죽은 자의 부활, 최후 심판, 최후의 상태 등에 대해 다룹니다(제38문).

1. 완전히 거룩하게 되어 즉시 영광 속으로 들어가는 영혼(the souls of believers being made perfect in holiness, and immediately passing into glory): 영혼의 불멸성(the immortality of the soul)

몸과 영혼이 분리되면 육체는 죽음을 맞이합니다. 분리된 인간의 영혼은 어떻게 될까요? 예수님은 예수님과 함께 십자가에 못 박혀 죽은 사람에게 "내가 진실로 네게 이르노니 오늘 네가 나와 함께 낙원에 있으리라"(눅 23:43)라고 말씀하셨습니다. 또 예수님은 제자들에게 "몸은 죽여도 영혼은 능히 죽이지 못하는 자들을 두려워하지 말고 오직 몸과 영혼을 능히 지옥에 멸하실 수 있는 이를 두려워하라"(마 10:28)라고 말씀함으로써 몸은 죽어도 영혼은 죽지 않는다는 사실을 알려주셨습니다. 옆의 "참고 성구"는 악인의 영혼도 멸절되지 않음을 말해줍니다.

그런데 영혼의 불멸이 무조건 좋기만 할까요? 영혼이 어떤 상태에 있게 되는지에 따라 영혼의 불멸은 복이 될 수도 있고 죽음보다 못한 벌이 될 수도 있습니다. 영혼의 불멸이 복이 되려면 소외와 갈등과

참고 성구

내가 너희에게 이르노니 심판 날에 두로와 시돈이 너희보다 견디기 쉬우리라(마 11:22).

심판 때에 니느웨 사람들이 일어나 이 세대 사람을 정죄하리니 이는 그들이 요나의 전도를 듣고 회개하였음이거니와 요나보다 더 큰 이가 여기 있으며(마 12:41).

이는 우리가 다 반드시 그리스도의 심판대 앞에 나타나게 되어 각각 선악간에 그 몸으로 행한 것을 따라 받으려 함이라(고후 5:10).

지루함이 없어야 하고 기쁨과 교제와 배려가 넘쳐야 합니다.

예수님은 말씀을 통해 최후 심판의 결과가 두 가지로 나뉜다는 사실을 여러 번 알려주셨습니다. 예수님은 가라지 비유를 설명하며 다음과 같이 말씀하셨습니다.

> 41인자가 그 천사들을 보내리니 그들이 그 나라에서 모든 넘어지게 하는
> 것과 또 불법을 행하는 자들을 거두어내어 42풀무 불에 던져넣으리니 거
> 기서 울며 이를 갈게 되리라. 43그때에 의인들은 자기 아버지 나라에서 해
> 와 같이 빛나리라. 귀 있는 자는 들으라(마 13:41-43).

풀무 불에 던져져 울며 이를 갈게 되는 존재는 얼마나 비참하며, 아버지 나라에서 해와 같이 빛나는 존재는 얼마나 거룩합니까? 또 예수님은 재림 때에 있을 심판에 대해 다음과 같이 말씀하셨습니다.

> 31인자가 자기 영광으로 모든 천사와 함께 올 때에 자기 영광의 보좌에 앉
> 으리니 32모든 민족을 그 앞에 모으고 각각 구분하기를 목자가 양과 염소
> 를 구분하는 것 같이 하여 33양은 그 오른편에 염소는 왼편에 두리라. 34
> 그때에 임금이 그 오른편에 있는 자들에게 이르시되 "내 아버지께 복 받
> 을 자들이여 나아와 창세로부터 너희를 위하여 예비된 나라를 상속받으
> 라."…41또 왼편에 있는 자들에게 이르시되 "저주를 받은 자들아, 나를 떠나
> 마귀와 그 사자들을 위하여 예비된 영원한 불에 들어가라"(마 25:31-41).

"복 받을 자들"을 위해 예수님이 창세로부터 예비하신 나라는 얼마나 영광스럽겠습니까? 그래서 바울은 이 땅에서 사는 것보다 죽기를

사모하기도 했습니다(빌 1:23). 그는 신자의 죽음이 절대로 고통과 단절이 아닌, 영화와 축복된 교제임을 알았던 것입니다. 바울은 다음과 같이 말합니다.

> 20그러나 우리의 시민권은 하늘에 있는지라. 거기로부터 구원하는 자 곧
> 주 예수 그리스도를 기다리노니 21그는 만물을 자기에게 복종하게 하실 수 있는 자의 역사로 우리의 낮은 몸을 자기 영광의 몸의 형체와 같이 변하게 하시리라(빌 3:20-21).

사망은 맨 나중에 멸망 받을 원수입니다(고전 15:26). 그리스도는 죽으실 때 영과 육이 분리되고 하나님으로부터도 분리되는 고통을 겪으셨습니다. 또 한동안 죽음의 권세에 거하는 지옥과 같은 고통을 맛보셨습니다. 신자들은 예수님과 연합하여 그 죽음의 고통을 맛본 셈이 되기 때문에 죽음의 권세가 쏘는 고통에서 자유롭습니다. 바울은 이렇게 말합니다.

> 55사망아, 너의 승리가 어디 있느냐? 사망아, 네가 쏘는 것이 어디 있느냐?
> 56사망이 쏘는 것은 죄요, 죄의 권능은 율법이라. 57우리 주 예수 그리스
> 도로 말미암아 우리에게 승리를 주시는 하나님께 감사하노니 58그러므로
> 내 사랑하는 형제들아, 견실하며 흔들리지 말고 항상 주의 일에 더욱 힘쓰는 자들이 되라. 이는 너희 수고가 주 안에서 헛되지 않은 줄 앎이라(고전 15:55-58).

사망은 신자를 근본적으로 공격할 수 없고 이길 수도 없습니다. 신

자의 영혼은 가장 높은 하늘로 영접되어 빛과 영광 속에서 하나님의 낯을 뵈오며 자기 육신의 온전한 구속을 기다립니다. 우리는 이 믿음을 가지고 승리를 주시는 하나님께 감사하는 자들이 되어야 합니다.

신자의 진짜 신앙은 죽는 순간에 나타납니다. 죽음을 두려워하지 않고 죽음을 수용하느냐의 여부가 신앙의 성숙 정도를 보여줍니다. 기꺼이 이 세상을 떠나 저 세상에서 그리스도와 함께 있으려는 마음은 매우 중요합니다. 우리는 그리스도가 낮아지심과 높아지심의 상태에서 삼중직의 직분을 수행하심으로써 죽음이 아무것도 아니게 되었다는 사실을 담대히 믿으며 이 땅에 사는 동안 견실하게 주의 일에 더욱 힘쓰는 자들이 되어야 합니다. 죽음을 가까이해서는 안 될 남의 일로만 여길 것이 아니라 우리가 기꺼이 맞이해야 할 삶의 한 부분으로 보아야 할 것입니다.

2. 그들의 육신은 여전히 그리스도와 연합하여 부활 때까지 그들의 무덤에서 쉽니다(Their bodies, being still united to Christ, do rest in their graves till the resurrection)

가까운 사람의 죽음을 경험해보셨습니까? 손아랫사람이 갑자기 세상을 떠난 경우는 없었습니까? 어제까지만 해도 같이 밥을 먹고 수다를 떨던 사람이 갑작스러운 사고로 죽었을 때 어떤 생각이 들었습니까? 전과 다르게 이제는 아무 동작도 하지 못하는 싸늘한 시신을 보며 인생의 덧없음을 느끼지는 않았나요? 도대체 죽음과 생명은 무엇일까요?

우리는 "누가 죽었다", "누가 태어났다"라는 말을 쉽게 하지만, 실제로 죽음과 생명이 무엇인지 잘 알지 못합니다. 갑자기 죽은 사람을 앞에 두고 그 사람이 웃고 떠드는 모습을 보고 싶을 때 그런 생각은 더욱 분명해집니다. 살아 있을 때는 모든 활동이 너무 쉬워 보이지만 죽은 후에는 그 어떤 노력과 애씀도 소용이 없습니다. 눈동자 하나를 움직이는 것이 신비이고 이적이 아닐 수 없습니다. 도대체 생명이 무엇이기에 죽은 자는 다시 호흡할 수 없고 심장도 뛰지 않으며 웃거나 말할 수 없는 것입니까? 우리는 죽음과 생명을 신체 활동과 다른 사람들과의 관계를 기준으로 이해할 뿐입니다. 산 자는 활발하게 움직이며 여러 사람과 관계를 이루지만 죽은 이는 그렇지 않습니다.

창세기 2:7은 하나님이 땅의 흙으로 사람을 지으시고 생기를 그 코에 불어넣으시니 사람이 생령이 되었다고 말합니다. 야고보서 2:26은 영혼 없는 몸이 죽은 것이라고 말합니다. 예수님은 십자가에서 다 이루었다는 말씀 후에 머리를 숙이셨고 그때 영혼이 떠나가셨습니다(요 19:30). 돌에 맞아 죽어가는 스데반은 "주 예수여, 내 영혼을 받으시옵소서"라고 부르짖었습니다(행 7:59). 이런 말씀들을 통해 우리는 죽음이 몸과 영혼의 분리임을 알 수 있습니다. 영혼이 몸을 떠나는 순간 몸은 흙으로 지은 물리적인 구성물에 지나지 않습니다.

Tip 스데반: 초대교회의 일곱 집사 중 한 명으로서 예루살렘 성전과 율법을 완성하신 그리스도를 증거하다가 투석형을 당한 기독교 역사상 최초의 순교자다.

사람은 늙고 병들수록 "뒷방 늙은이"가 되어가면서 활동도 줄고 만나는 사람도 줄어드는 가운데 죽음을 맞이합니다. 사랑하는 사람들과 점점 멀어지기란 참으로 안타까운 일입니다. 그래서 늙고 병드는 것은 대부분 참으로 슬프고 비참합니다.

그런데 우리 인생에 이러한 늙음과 병듦과 죽음이 없다면 겸손할 사람이 있을까요? 스스로 절제하며 진지하게 진리를 찾고 진정한 경건을 추구할 자가 있을까요? 사람의 악함은 그나마 늙음과 병듦과 죽음을 통해 억제되고 차단됩니다. 젊을 때 사악했던 자가 계속 더 악랄해지지 않고 육신의 힘이 빠지며 순해지는 이유도 늙음과 병듦과 죽음이 그의 사악함을 가로막기 때문입니다. 신자들도 죽음을 마주하며 하나님을 더욱 의지하게 되고 영적인 진보를 이룹니다. 이것이 그리스도가 죽으시고 부활하셨음에도 여전히 이 세상에 죽음이 허락된 이유입니다.

늙고 낡고 지친 육신은 죽음 후 무덤에서 휴식을 취합니다. 어떤 면에서 보면 죽음은 육신으로 인한 고통과 지침으로부터의 해방입니다. 그런데 죽음을 맞이한 신자의 육신은 여전히 그리스도와 연합되어 있습니다. 그리스도는 한 번 연합한 신자의 육신을 버리지 않으십니다. 그리스도 안에서 신자의 육신은 잠을 자는 것이지 완전히 죽거나 완전히 없어지는 것이 아닙니다. 그리스도는 육신으로 부활하셨고 승천하셨으며 하나님 우편에 앉으셨고 다시 심판하러 오실 것입니다. 신자의 육신은 비록 죽었어도 여전히 그리스도와 연합하여 그리스도처럼 부활할 것을 기다리고 있습니다(살전 4:14). 우리는 그리스도와 연합하였기 때문에 죽음의 권능을 깨뜨리고 부활할 수 있습니다.

그래서 바울은 죽음을 사모했습니다. 차라리 세상을 떠나서 그리스도와 함께 있는 것을 훨씬 더 좋게 여겼습니다. 죽음은 이 땅의 비참함과 허무함으로부터 신자를 구제하여 영광의 그리스도와 더 깊은 교통을 나누게 합니다. 늙음과 병듦으로 지친 육신을 벗어던진 신자의 영혼은 낙원에서 그리스도와 영광의 황홀한 교제를 나누게 됩니다.

이것을 봐도 신자는 죽음을 두려워할 필요가 없습니다. 죽음은 존재의 소멸이나 끝이 아니라 예전과 다른 형태로 존재하는 것입니다. 그런데 그 형태는 이 땅에서의 삶의 형태보다 훨씬 더 좋습니다. 죽음을 맞이한 육신은 여전히 그리스도와 연합하여 무덤에서 휴식을 취합니다. 죽음을 통과하며 완전히 거룩하게 된 신자의 영혼은 영광의 낙원으로 들어가 그리스도와 달콤한 교제를 나눕니다. 그래서 신자들에게 "개똥밭에 굴러도 이승이 좋다"라는 속담은 전혀 통하지 않습니다. 신자에게 그 속담은 "개똥밭에 굴러도 저승이 좋다"—물론 저승에는 개똥밭이 없지만—로 바뀌어야 할 것입니다.

참고로 말한다면, 죽음을 맞이한 악한 자의 영혼은 지옥에 던져져 고통과 흑암 중에 머뭅니다. 악한 자의 육신도 부활 때까지 무덤에 있는데 신자들처럼 쉼을 누리는 것이 아니라 지옥과 같은 무덤에 보관되는 것이라고 말할 수 있습니다.

제20-2과

신자들의 부활

제38문. 신자들은 부활에서 그리스도로부터 어떤 유익들을 받습니까?

What benefits do believers receive from Christ at the resurrection?

답. 부활 때에 신자들은 영광 속에서 살림을 받아(고전 15:43) 심판의 날에 공개적으로 인정되고 죄가 없다고 선언되고(마 10:32; 25:23), 그리고 완전히 복을 받아 하나님을 충만하게 영원히 즐거워합니다(고전 13:12; 살전 4:17-18; 요일 3:2).

At the resurrection, believers being raised up in glory, shall be openly acknowledged and acquitted in the day of judgement, and made perfectly blessed in the full enjoying of God to all eternity.

---

raise …을 올리다, 소생시키다, 재배하다, 사육하다
acknowledge 인정하다, 동의하다, 감사를 표하다
acquit 무죄를 선고하다
judgement 판단, 판정, 판결
blessed 신성한, 정결해진, 축복받은

근거 성구

욕된 것으로 심고 영광스러운 것으로 다시 살아나며 약한 것으로 심고 강한 것으로 다시 살아나며(고전 15:43).

누구든지 사람 앞에서 나를 시인하면 나도 하늘에 계신 내 아버지 앞에서 그를 시인할 것이요(마 10:32).

그 주인이 이르되 "잘하였도다. 착하고 충성된 종아. 네가 적은 일에 충성하였으매 내가 많은 것을 네게 맡기리니 네 주인의 즐거움에 참여할지어다" 하고(마 25:23).

우리가 지금은 거울로 보는 것 같이 희미하나 그때에는 얼굴과 얼굴을 대하여 볼 것이요, 지금은 내가 부분적으로 아나 그때에는 주께서 나를 아신 것 같이 내가 온전히 알리라(고전 13:12).

17그 후에 우리 살아남은 자들도 그들
과 함께 구름 속으로 끌어올려 공중에
서 주를 영접하게 하시리니 그리하여
우리가 항상 주와 함께 있으리라. 18그
러므로 이러한 말로 서로 위로하라(살
전 4:17-18).

사랑하는 자들아 우리가 지금은 하나님의 자녀라. 장래에 어떻게 될지는 아직 나타나지 아니하였으나 그가 나타나시면 우리가 그와 같을 줄을 아는 것은 그의 참모습 그대로 볼 것이기 때문이니(요일 3:2).

해설

신자들이 부활에서 그리스도로부터 받는 유익들

"종말론"에 해당하는 소요리문답 제37-38문은 신자가 죽을 때와 부활 때에 받는 유익들을 다룹니다. 이 중 제38문은 신자들이 부활에서 그리스도로부터 받는 유익에 대해 논합니다. 그 주요 내용을 표로 정리하면 다음과 같습니다.

부활 — ① 영광 속에서 살림을 받음
부활 — ② 심판에 날에 공개적으로 인정되고 무죄로 선언됨
부활 — ③ 완전히 복을 받아 하나님을 충만하게 영원히 즐거워함

〈표44〉 부활

1. 영광 속에서 살림을 받아(being raised up in glory)

앞서 우리는 소요리문답 제37문을 통해 신자들이 죽을 때 영혼은 완전히 거룩하게 되어 즉시 영광 속으로 들어가고, 육신은 여전히 그리스도와 연합하여 부활(復活) 때까지 그들의 무덤에서 쉰다는 사실을 살펴보았습니다. 그런데 죽음은 영과 육의 분리입니다. 영혼만 영광 속에 있는 것으로는 온전한 생명의 형태와 누림이라고 할 수 없습니다. 결국에는 육신도 영광 속으로 들어가야 하는데, 이것이 바로 부활을 통해 이루어집니다. 이 부활은 신자들과 연합한 그리스도가 이미 죽음의 권세를 이기시고 부활하셨기 때문에 가능합니다.

Tip 復: 회복할, 되풀이할 부
活: 태어날, 살릴, 살 활

부활한 신자는 어떤 모습일까요? 요즘에는 많은 사람이 젊음을 숭상하며 젊었을 때의 모습으로 영원히 살고 싶어하는 것 같습니다. 여러분의 전성기는 언제였습니까? 여러분은 부활할 때 10대와 20대, 3-40대의 모습 중 어떤 모습으로 부활하면 좋겠습니까? 성형 수술을 한 사람은 수술 전과 후 중 어느 모습으로 부활하게 될까요? 무조건 자신이 원하는 모습으로 부활하면 가장 좋을까요? 사실 우리는 부활 이후의 몸에 대해 정확히 알 수 없습니다. 단지 앞의 소요리문답 제28문을 통해 그리스도의 높아지심을 다룰 때 살펴보았던 것처럼 부활체가 썩지

아니하고, 영광스럽고, 강하고, 신령하고, 하늘에 속한 형상이리라는 사실만 알 뿐입니다. 부활한 우리의 모습은 우리가 생각하는 그 이상의 형상일 것입니다.

팔이 없는 선천적 장애인도 꿈을 꾸면 팔이 있는 신체의 감각을 가지고서 꿈을 꾼다고 합니다. 온전한 신체에 대한 본능적 감각이 있는 것입니다. 온전한 신체에 대한 열망을 품은 선천적 장애인들의 아픔과 아쉬움을 비장애인들이 어찌 다 알 수 있을까요. 그런데 장애인들의 마음속에 겹겹이 쌓인 아픔에 대한 온전한 치유와 보상이 있습니다. 바로 부활입니다. 장애인들의 몸이 본능적으로 기억하는 온전한 몸의 존재와 기능은 부활을 통해 찬란하게 피어납니다.

아담이 범죄한 결과 땅이 가시덤불과 엉겅퀴를 낸다는 저주가 임했습니다. 그런데 이는 단순히 땅에만 국한되는 저주가 아니었습니다. 하늘과 땅과 그 안의 만유가 이 저주의 영향 아래에 있습니다. 그래서 사람들의 몸에도 가시덤불과 엉겅퀴가 있습니다. 장애인이 겪는 어려움은 말할 필요도 없고 겉보기에 건강한 사람들일지라도 몸의 한두 군데는 약한 구석이 있습니다. 흠이 없는 몸이 없는 것입니다. 이 모든 것이 부활을 통해 극복됩니다.

이런 측면을 생각해보아도 우리는 죽음을 너무 심하게 꺼려서는 안 될 것입니다. 어떻게 보면 사람을 가장 사람답게 하는 것이 죽음과 부활입니다. 썩어 없어져야 할 우리의 부패를 없애는 것이 죽음이고, 썩지 아니할 것으로 다시 살게 하는 것이 부활입니다. 죽음은 부활을 위한 과정에 지나지 않습니다. 우리는 살아 있는 동안 부활의 소망 안에서 두려움 없이 하나님 말씀에 순종하며 하나님이 맡기신 일에 최선을 다하다가 의연히 죽음을 맞이해야 할 것입니다.

2. 심판의 날에 공개적으로 인정되고 죄가 없다고 선언되고(shall be openly acknowledged and acquitted in the day of judgement)

신자들의 부활과 마지막 심판은 예수 그리스도의 재림으로 시작됩니다. 우리가 사도신경을 통해 그리스도가 "전능하신 아버지 하나님 우편에 앉아계시다가, 거기로부터 살아 있는 자와 죽은 자를 심판하러 오십니다"라고 고백하는 것처럼, 그리스도는 심판을 위해 다시 오실 것입니다. 예수님은 그 심판의 날이 이르기 전에 이방인들이 부르심을 받고 큰 배교와 환난이 있을 것이며 거짓 그리스도와 거짓 선지자들이 출현해 표적과 기사를 보이며 미혹할 것이라고 경고하셨습니다. 주님이 오시는 날, 이 땅은 마지막을 맞고 새로운 세상이 열릴 것입니다. 세상의 날은 끝이 나고 주님의 날, **주일**이 지속됩니다.

재림의 때는 아무도 모릅니다. 지금까지 수많은 사이비 단체와 이단 교주들이 예수님이 다시 오신다는 특정한 시기를 예측했지만 모두 거짓으로 판명되었습니다. 앞으로도 그런 예측은 모두 틀릴 것입니다. 왜냐하면 예수님이 다음과 같이 말씀하셨기 때문입니다.

> 그러나 그 날과 그 때는 아무도 모르나니 하늘의 천사들도, 아들도 모르고 오직 아버지만 아시느니라(마 24:36).

여기서 예수님이 아들도 모른다고 말씀하신 것은 성자 하나님으로서 모른다는 의미가 아닙니다. 단지 종의 형체를 가지신(성육신하신) 중보자의 인격으로서는 모른다는 뜻입니다. 삼위일체의 신성을 지니신 성자 하나님으로서 모르는 것이 있다는 논리는 성립되지 않습니다.

예수님의 재림은 어떤 방식으로 임할까요? 자세히 살펴보겠습니다.

예수님의 재림은 첫째, 인격적입니다. 예수님이 승천하실 때 천사들은 제자들에게 "너희 가운데서 하늘로 올려지신 이 예수는 하늘로 가심을 본 그대로 오시리라"(행 1:11)라고 말했습니다. 어떤 자유주의자들은 예수님의 뜻대로 세상이 변하는 것이 곧 재림이라고 생각하여 예수님의 물리적 재림을 경시하지만, 성경은 명백하게 예수님이 인격적으로 다시 오신다고 말합니다. 둘째, 예수님의 재림은 육체적입니다. 셋째, 예수님의 재림은 가시적입니다. 여호와의 증인은 예수님이 1914년에 보이지 않게 재림하셨다고 주장하고, 어떤 이단은 성령의 임하심이 예수님의 재림이라고 주장하기도 하지만 이는 모두 비성경적 주장입니다. 넷째, 예수님의 초림이 갑작스러웠듯이 예수님의 재림 또한 갑작스러울 것입니다. 다섯째, 예수님은 영광과 승리의 주님으로서 다시 오실 것입니다. 예수님의 재림은 초림처럼 인격적·육체적·가시적 특징이 있지만, 재림 때 예수님은 완성된 영광의 부활체를 입고 왕으로서 오실 것입니다. 예수님은 구름을 타고 능력과 큰 영광으로(마 24:30), 능력의 천사들과 함께 하늘로부터 불꽃 가운데에 나타나실 것입니다(살후 1:7).

우리는 죄 많은 이 땅에 살면서 수많은 부조리를 경험합니다. 시편의 저자 중 하나인 아삽 또한 자신이 "거의 넘어질 뻔하였고 걸음이 미끄러질 뻔했다"(시 73:2)고 말합니다. 그 이유는 그가 악인의 형통함을 보고 오만한 자를 질투하였는데, 그들이 죽을 때에도 고통이 없고 그 힘이 강건하였기 때문입니다. 오늘날에도 의인은 충분히 보상받지 못하고 악인은 제대로 처벌되지 않습니다. 바로 그런 이유 때문에라도 마지막 심판은 분명히 존재합니다.

하나님은 각 사람이 행한 대로 보응하시는데, 참고 선을 행하여 영광과 존귀와 썩지 아니함을 구하는 자에게는 영생으로 하시고, 당을 지어 진리를 따르지 아니하고 불의를 따르는 자에게는 진노와 분노로 하십니다. 전자에게는 영광과 존귀와 평강이, 후자에게는 환난과 곤고가 있습니다(롬 2:5-11). 또 요한계시록은 마지막 심판에 대하여 이렇게 말합니다.

> 11또 내가 크고 흰 보좌와 그 위에 앉으신 이를 보니 땅과 하늘이 그 앞에
> 서 피하여 간 데 없더라. 12또 내가 보니 죽은 자들이 큰 자나 작은 자나 그
> 보좌 앞에 서 있는데 책들이 펴 있고 또 다른 책이 펴졌으니 곧 생명책이
> 라. 죽은 자들이 자기 행위를 따라 책들에 기록된 대로 심판을 받으니 13바
> 다가 그 가운데에서 죽은 자들을 내주고 또 사망과 음부도 그 가운데에서
> 죽은 자들을 내주매 각 사람이 자기의 행위대로 심판을 받고 14사망과 음
> 부도 불못에 던져지니 이것은 둘째 사망 곧 불못이라. 15누구든지 생명책
> 에 기록되지 못한 자는 불못에 던져지더라(계 20:11-15).

참고 성구

곧 나의 복음에 이른 바와 같이 하나님이 예수 그리스도로 말미암아 사람들의 은밀한 것을 심판하시는 그 날이라(롬 2:16)

모든 사람은 자기 행위—생각과 말과 행동—에 따라 심판을 받습니다(마 12:36-37). 심판의 결과 생명책에 기록되지 못한 자는 불못에 던져집니다. 하지만 신자들은 모두 그리스도의 대속의 피로 인하여 생명책에 기록됩니다. 그리스도는 보좌에서 공개적으로 신자들을 하나님의 자녀로 인정하고 죄가 없다고 판결하십니다. 신자들이 행위대로 심판을 받으면 모두 환난과 곤고의 판결을 받겠지만, 예수 그리스도의 생애와 죽음에서 오는 의를 전가받은 신자들은 모두 영광과 존귀와 평강이 깃든 영생의 판결을 받습니다.

3. 완전히 복을 받아 하나님을 충만하게 영원히 즐거워합니다(and made perfectly blessed in the full enjoying of God to all eternity)

재판을 받는 피고는 법정의 최종 판결에 따라 자유의 상태가 되거나 감옥에 갇히는 상태가 됩니다. 그렇다면 마지막 심판 날에 진노와 분노의 심판을 받은 죄인들과 공개적으로 죄가 없다는 판결을 받은 신자들은 각각 어떤 상태에 처하게 될까요? 먼저 악인은 지옥에서 다양한 형벌을 영원히 받는 상태에 처합니다.

> 47만일 네 눈이 너를 범죄하게 하거든 빼버리라. 한 눈으로 하나님의 나라
> 에 들어가는 것이 두 눈을 가지고 지옥에 던져지는 것보다 나으니라. 48거
> 기에서는 구더기도 죽지 않고 불도 꺼지지 아니하느니라. 49사람마다 불로
> 써 소금 치듯 함을 받으리라(막 9:47-49).

반면 의인들은 새 하늘과 새 땅에 거합니다. 부활 후 승천하시어 하나님 우편에 앉아계시는 그리스도는 우리를 위한 거처를 예비하십니다.

> 2내 아버지 집에 거할 곳이 많도다. 그렇지 않으면 너희에게 일렀으리라.
> 내가 너희를 위하여 거처를 예비하러 가노니 3가서 너희를 위하여 거처를
> 예비하면 내가 다시 와서 너희를 내게로 영접하여 나 있는 곳에 너희도 있
> 게 하리라(요 14:2-3).

신자들은 그리스도가 신자들을 위하여 예비하신 그 거처에서 그리스도와 함께 영원히 살게 됩니다. 이 거처에 대하여 성경은 다양하게 표현합니다. 베드로는 하나님의 날이 임하기를 간절히 사모하라며, 그

날에 하늘이 불에 타서 풀어지고 물질이 뜨거운 불에 녹아지고 신자들은 의가 있는 곳인 새 하늘과 새 땅을 바라보게 된다고 말합니다(벧후 3:10-12). 요한계시록은 21장 또한 처음 하늘과 처음 땅이 없어지고 새 하늘과 새 땅이 펼쳐진다고 말합니다.

> 1또 내가 새 하늘과 새 땅을 보니 처음 하늘과 처음 땅이 없어졌고 바다도
> 다시 있지 않더라. 2또 내가 보매 거룩한 성 새 예루살렘이 하나님께로부
> 터 하늘에서 내려오니 그 준비한 것이 신부가 남편을 위하여 단장한 것 같
> 더라. 3내가 들으니 보좌에서 큰 음성이 나서 이르되 "보라, 하나님의 장막
> 이 사람들과 함께 있으매 하나님이 그들과 함께 계시리니 그들은 하나님
> 의 백성이 되고 하나님은 친히 그들과 함께 계셔서 4모든 눈물을 그 눈에
> 서 닦아주시니 다시는 사망이 없고 애통하는 것이나 곡하는 것이나 아픈
> 것이 다시 있지 아니하리니 처음 것들이 다 지나갔음이러라." 5보좌에 앉
> 으신 이가 이르시되 "보라, 내가 만물을 새롭게 하노라" 하시고 또 이르시
> 되 "이 말은 신실하고 참되니 기록하라" 하시고(계 21:1-5).

이 거룩한 성 새 예루살렘 안에는 성전이 없습니다. 전능하신 이와 및 어린 양이 그 성전이시기 때문입니다. 하나님의 영광이 비치고 어린 양이 그 등불이 되시기 때문에 그 성은 해나 달의 비침이 쓸데없습니다. 만국이 그 빛 가운데로 다닙니다. 밤이 없기 때문에 낮에 성문들을 도무지 닫지 아니합니다(계 21:22-26). 신자들은 그 예루살렘 성에서 하나님과 함께 영원히 거합니다. 완전히 복을 받아 하나님을 충만하게, 영원히 즐거워하는 것입니다.

사실 육신을 입은 우리는 새 하늘과 새 땅, 새 예루살렘이 어떤 차원

의 공간인지 다 알 수는 없습니다. 단지 성경의 가르침을 따라 그곳이 우리의 상상을 뛰어넘는 영원한 복으로 가득 차 있다는 사실만을 깨달을 뿐입니다. 이 모든 은총이 예수 그리스도로 인하여 가능합니다. 그리스도의 죽음과 부활과 연합은 아무 공로 없는 우리를 영광스러운 구원으로 이끄십니다. 이 일에 우리 사람들이 기여한 것은 전혀 없습니다.

우리는 이 사실을 기억하고 부활을 소망하며 하나님을 더욱 찬양하고 모든 영광을 하나님께 돌려드려야 할 것입니다.

Tip 웨스트민스터 소요리문답의 나머지 제39-107문은 이 책의 하권에서 다룬다.

1. 여러분은 가족과 얼마나 많은 시간을 보내고 있습니까? 가족 간에 대화가 많은 편입니까? 가족과 시간을 많이 보내기 위하여 어떤 노력을 해야 하는지 지혜를 나누어봅시다.

2. 소요리문답 제37-38문을 서로 묻고 답해봅시다. 근거 성구도 함께 살펴봅시다.

3. 종말론이 신론과 인간론과 기독론과 구원론과 갖는 관계에 대하여 아는 대로 나누어봅시다.

4. 관련 성구(마 10:28; 11:22; 눅 23:43; 고후 5:10)를 검토하면서 영혼의 불멸성에 대해 이야기해봅시다.

5. 사람이 죽은 이후, 그 영혼은 어떻게 변화합니까? 관련 성구(마 13:43; 25:43; 빌 3:21)를 통해 나누어봅시다.

6. “개똥밭에 굴러도 이승이 좋다”라는 속담이 있는데 사도 바울은 왜 죽기를 소망했을까요?

7. 보통 사람들은 죽음에 대해 어떤 태도를 가지고 있습니까? 그와 비교해 신자가 죽음에 대해 가져야 할 올바른 태도에 대해 나누어보십시오.

8. 부활 후 신자의 몸은 어떤 모습인지 고전 15:35-44을 통해 나누어봅시다.

9. 사람이 그리스도의 재림 시기를 알 수 있습니까? 그리스도의 재림을 기다리는 올바른 마음가짐은 어떤 것일까요?

10. 이 땅에서 고난받는 의인의 입장에서 마지막 심판이 왜 필요한지 이야기해봅시다. 그리스도의 마지막 심판을 기다리는 신자는 어떠한 삶을 살아야 합니까?

웨스트민스터 총회(1643.7.1.-1649.2.22.)가 열릴 당시 영국의 국왕은 스튜어트 왕조의 찰스 1세(Charles I, 1600-1649)였다. 찰스 1세는 처음으로 스코틀랜드와 잉글랜드의 공동 왕이 되었던 제임스 1세의 아들이었다.[1] 왕권신수설을 신봉한 제임스 1세는 킹제임스 성경을 만든 것으로 유명하며, 선대 왕 엘리자베스 1세와 마찬가지로 국교회를 강요해 로마 가톨릭과 청교도를 억압하며 종교적 통일을 추구한 인물이었다.

제임스 1세는 스코틀랜드와 잉글랜드의 완전한 통일을 이루고자 노력했지만, 스코틀랜드와 잉글랜드는 여전히 각각의 의회와 정부를 가지고 있어 연합 관계를 유지할 뿐이었다. 게다가 잉글랜드는 엘리자베스 1세의 정책으로 말미암아 의회의 권한이 확대된 상태였으며, 스코틀랜드에서는 장로교가 세력을 확장하고 있었기 때문에 제임스 1세의 전제정치는 여러 가지 걸림돌에 직면할 수밖에 없었다.

1625년, 제임스 1세가 죽자 찰스 1세는 왕권을 이어받아 스코틀랜드와 잉글랜드의 왕이 되었다. 찰스 1세는 아버지와 마찬가지로 국교회에 소속된 고교회파(高教會派)의 지지를 받았으며 전제정치를 통해 왕권 강화를 추구했다. 하지만 그는 선왕과 비교해 정치적 수완이 부족

---

1) 스튜어트 왕조는 원래 스코틀랜드의 왕가였으나 잉글랜드의 엘리자베스 1세가 후계자 없이 죽자 잉글랜드 왕가의 혈통을 이어받은 스코틀랜드의 제임스 6세에게 왕위가 계승되었다. 즉 스코틀랜드의 제임스 6세가 영국의 제임스 1세가 되었다.

했다고 평가된다. 당시 시민 대표로 조직된 의회를 장악한 것은 고교회파와 대립각에 있던 청교도 세력이었다. 그들은 기도문을 통한 기도와 예배 의식의 엄격한 준수를 강조한 고교회파와는 달리 원고 없이 즉석에서 하는 기도와 설교 방식을 주장했다.

찰스 1세는 곧 종교 문제와 세금 문제 등으로 의회와 갈등을 빚었다. 찰스 1세의 즉위 후 세 번째 열린 의회(1628. 3.)는 의회 승인 없이 부과한 세금과, 법률을 무시한 인신구속을 비난하는 결의안을 통과시켰다. 그리고 "권리청원"을 마련하여 4가지 원칙—의회의 동의 없이 비과세, 정당한 이유 없는 구금 금지, 백성들의 소유지에 병사 숙영 금지, 평화 시 계엄령 비선포—의 수용을 요구했다. 찰스 1세는 일단 이를 수용하는 듯했으나 의회와의 마찰이 심해지자 이후 11년 동안 단 한 번도 의회를 소집하지 않았다.

하지만 속으로 곪은 갈등은 곧 불거져 나왔다. 찰스 1세가 스코틀랜드 교회에 국교회의 예배 의식을 강요하고 나선 것이다. 스코틀랜드의 장로교도들은 이에 격하게 저항했고 1637년 스코틀랜드의 에든버러에서 일어난 폭동은 전국으로 퍼져나갔다. 1638년 11월에 소집된 스코틀랜드 장로교 총회는 왕의 명령에 불복해 주교제 폐지를 주장하기에 이르렀고, 이를 반란으로 인식한 찰스 1세는 군대를 소집해 국경으로 진격했다(1639). 이렇게 발발한 1차 주교전쟁은 찰스 1세의 군대가 자금 부족으로 전면 공격을 보류하면서 시시하게 끝나버렸다.

전쟁 자금이 필요했던 찰스 1세는 1640년 4월, 의회를 소집할 수밖에 없었다. 그런데 소위 "단기의회"라고 불리는 이 의회는 스코틀랜드와의 전쟁을 반대하며 먼저 국민의 요구를 수용해야 한다고 주장했다. 이에 찰스 1세는 다시 의회를 해산하고 독자적으로 2차 주교전쟁을 수

행하지만 대패하고 만다. 그리고 같은 해 11월, 다른 방도가 없던 찰스 1세는 소위 "장기의회"를 웨스트민스터에서 소집한다. 하지만 처음부터 왕과 대립각을 세우던 의회는, 전횡을 일삼으며 편법으로 세금을 거두어들이고 무리하게 전쟁을 일으켜 왕실 재정을 바닥낸 왕의 뜻을 따를 리 없었다. 1641년 11월 22일, 의회는 찰스 1세의 실정을 강력히 규탄하기에 이르렀고, 이에 찰스 1세는 의원 6명의 체포를 명령함으로써 "영국내전"의 기운이 감돌기 시작했다.

1642년 8월, 찰스 1세가 공식적으로 왕실 상비군을 조직하자 전쟁의 불길이 온 나라로 퍼졌다. 이후 약 10년간 이어지며 대략 90만 명이 목숨을 잃은 "영국내전" 초기, 왕당파는 요크셔와 남서부 등지에서 승승장구했다. 그러나 의회파가 1643년 9월에 스코틀랜드의 서약파와 "엄숙 동맹"(the solemn league and covenant)을 맺고, 스코틀랜드 군대가 1644년 1월에 잉글랜드로 들어오자 전쟁의 국면은 달라졌다. 1645년 6월, 올리버 크롬웰(Oliver Cromwell, 1599-1658)이 소속된 의회군이 네이즈비 전투에서 왕당파를 대파함으로써 전세는 완전히 기울었고 1649년 1월 30일에 찰스 1세는 의회파에 의해 재판을 받고 처형당하기에 이른다.

전쟁이 들불처럼 번지던 1643년 6월 12일, 잉글랜드 의회는 법령을 만들어 학식 있고 경건한 사람들을 모아 교회의 운영 체제와 예배 의식에 관한 문제를 결정하고자 했다. 이 법령에 따라 그해 7월 1일에 웨스트민스터 총회(Westminster Assembly)가 처음으로 열렸다. 이 총회는 1649년 2월 22일까지 5년 6개월 동안 총 1,163회의 모임을 하며 이어졌다.

웨스트민스터 총회에 소집된 사람은 총 151명으로서 목사가 121

명, 상원의원이 10명, 하원의원이 20명이었다. 스코틀랜드 교회는 5명의 목사와 3명의 장로를 파견하였다. 이후에는 결석을 보충하기 위한 21명의 충원이 있었다. 회의 출석자 수 평균은 6-80명이었는데 한 시간을 설교하고 두 시간씩 기도하는 것은 흔한 일이었고, 8시간 동안 예배를 드리기도 하고 금식하면서 많은 시간을 보내기도 했다.

처음 웨스트민스터 총회에 소집된 인사들은 각각 감독교회, 장로교회, 독립교회, 에라스투스주의를 대표했다. 그러나 1643년에 "엄숙동맹"이 맺어진 후에는 감독교회 인사들이 물러가고 장로교파 인사들이 주로 그 자리를 대신 채웠다. 이 웨스트민스터 총회를 통해 "예배모범"(1645년), "장로회 교회 정치규범"(1645년), "신앙고백"(1646.12.3.), "소요리문답"(1647.11.5.), "대요리문답"(1648.4.14.)이 만들어졌다. 대요리문답은 총 196문으로 총 107문으로 구성된 소요리문답보다 상세한 내용을 담고 있다.

1644년 8월 20일: 신앙고백 작성 위원 임명
1646년 12월 4일: 성경적 증거 포함하지 않은 신앙고백 하원에 제출
1647년 4월 29일: 성경적 증거 포함한 신앙고백 하원에 제출
1647년 5월 11일: 주요 위원회에서 검토 후 인쇄소 발송
1648년 3월 22일: 하원에서 신앙고백 승인
1648년 6월 20일: 상원에서 신앙고백 승인

스코틀랜드 장로교회는 1647년에 웨스트민스터 신앙고백을 아무런 수정 없이 신앙의 표준 문서로 즉각 받아들였다. 하지만 잉글랜드에서는 상황이 좀 달랐다. 교회가 국가에 종속되어야 한다고 주장하는 에

라스투스주의자들 때문에 의회는 승인을 미룰 수밖에 없었고, 1648년에 가서야 관원에 대한 일부 항목을 수정한 채 부분적으로만 신앙고백을 받아들였다.

잉글랜드에서 웨스트민스터 신앙고백이 완전히 자리를 잡기까지는 시간이 더 걸렸다. 영국내전 후 수립된 공화국에서 "호국경"(Lord Protector)으로서 전권을 행사한 크롬웰이 1658년에 사망한 후, 왕정복고로 즉위한 찰스 2세가 주교제를 되살리고 신앙고백에 대한 의회의 결정을 무시했기 때문이다. 더욱이 찰스 2세의 후임자인 제임스 2세(1685년 즉위)는 로마 가톨릭 신자로서 절대왕정을 추구하기까지 했다. 결국 1688년에 명예혁명이 일어나 제임스 2세가 축출되고 1689년에 "권리장전"이 승인된 후, 1690년이 되어서야 웨스트민스터 신앙고백은 다시 인정을 받을 수 있었다.

권력의 위협과 전쟁의 참화 속에서 참된 신앙과 교회가 무엇인지를 성경을 통해 밝힌 웨스트민스터 신앙고백은 전 세계의 개신교회에 영향을 주었다. 작성 당시 장로교회는 물론 회중주의자들, 개혁파 침례주의자들도 웨스트민스터 신앙고백을 받아들였다. 또 영국의 식민지였던 미국의 회중주의 청교도들은 1648년에 "케임브리지 강령"(Cambridge Platform)을 발표해 웨스트민스터 신앙고백을 인정했다. 물론 그들은 교회 정치 관련 부분을 완전히 수용하지는 않았다.

미국 장로교회는 1729년 필라델피아 총회에서 웨스트민스터 신앙고백을 모든 목사가 따라야 할 표준 교리 문서로 채택했다. 그 후에 신앙고백에 수정을 가하기도 했는데, 1789년에는 "교회와 관련한 정부의 의무" 부분을 정교분리 원칙에 따라 삭제했고, 교황을 적그리스도로 명시한 부분 또한 삭제했다. 1903년에는 칼뱅주의를 완화하는 방향으로 수정을 가하기도 했다.

우리나라의 장로교 독노회가 처음 채택한 신조는 인도 장로교회의 12개 신조였다(1904년). 그런데 인도 장로교회의 12개 신조는 영국 장로교회의 24개 신조의 영향을 받았으며, 영국의 24개 신조의 뿌리는 다름 아닌 웨스트민스터 신앙고백이었다. 그 이후 대한예수교장로회 합동 측은 1963년에, 통합 측은 1968년에, 고신 측은 1972년에, 합신 측은 1981년에 웨스트민스터 신앙고백을 교단의 표준적인 신앙 문서로 채택하여 오늘에 이르렀다.

고신, 대신, 백석, 합동, 합신 등 주요 장로 교단에 소속된 목사들은 임직 때 다음과 같은 내용의 선서를 한다.

① 본인은, 신구약 성경을 하나님의 말씀이요 신앙과 행위에 대하여 정확무오한 유일의 법칙으로 믿습니다.
② 본인은, 웨스트민스터 신앙고백 및 대·소요리문답은 신구약 성경에 교훈한 교리들을 총괄한 것으로 알고 성실한 마음으로 믿고 따르겠습니다.
③ 본인은, 본 장로회 정치와 권징조례와 예배모범을 정당한 것으로 승낙합니다.

예배 시간에 사도신경으로 신앙을 고백하는 교회들은 최소한 사도신경의 내용에서만큼은 신앙의 일치를 이룬다. 사도신경보다 더 자세한 내용을 담고 있는 신앙고백이나 요리문답을 채택한 교회들은 그 교리와 정치와 권징과 예배에서 일치감을 느끼기 쉽다. 그 밖에도 신앙고백은 이단들의 발흥에 맞서 그들이 어떤 점에서 틀렸는지를 명확하게 분별하게 해주고, 인본적인 감흥을 추구하는 다양한 시도들이 예배를 오염시키는 것을 막아준다. 나아가 복잡한 사회의 여러 이슈에 대한 성경적 견해가 무엇인지를 밝혀주고, 범죄한 성도들을 올바로 이끄는 데 필요한 적절한 권면과 권징이 무엇인지를 구체적으로 알려준다.

이처럼 신앙의 선조들이 험난한 역사 속에서 치열하게 성경을 붙잡고 연구해 작성한 신앙고백은 성경과 교회와 성도들을 지키고 세우는 귀한 역할을 해왔다. 그중 웨스트민스터 신앙고백 및 대·소요리문답은 한국의 주요 교단들이 채택한 표준 문서로서 한국교회를 든든히 세우는 데 크게 이바지했다고 평가할 수 있다. 그 가치는 지금도 유효하며, 웨스트민스터 신앙고백 및 대·소요리문답을 읽고 가르치는 교회의 성도들은 성경의 내용을 더욱 쉽고 깊게 익히며, 이단 사설에 현혹되지 않는 것은 물론 역사와 국경을 초월한 성도의 교제와 교회의 연합을 맛볼 수 있을 것이다.

부록 2.

조 모임을 위한 도움말

조장으로서 조 모임을 이끌거나 조 모임에 조원으로 참여하면서 새로운 사람들과 만나는 일은 매우 기대되는 일이다. 하지만 조 모임을 하다 보면 갑갑한 침묵을 견디거나 말하기 싫은 쑥스러움을 극복해야 할 때도 있다. 심지어 발표를 강요받거나 날 선 의견 대립으로 분위기가 험악해지기도 한다. 그래서 우리 주변에는 실제로 강의식 성경 공부는 좋아해도 조별 모임은 극구 사양하는 사람이 적지 않다.

그러나 조 모임을 통해서 얻을 수 있는 유익을 쉽게 포기하면 안 된다. 조 모임에서는 예배나 전체 모임에서 나누기 어려운 삶의 이야기와 신앙 고백을 긴밀한 관계 속에서 나눌 수 있다. 교회의 조 모임이 제대로 운영되면 교인들이 자신을 드러내고 다른 사람의 깊은 면을 보면서 마음속에 묻어두었던 상처와 단점을 극복할 수 있다. 물론 조 모임이 항상 성공적인 것은 아니지만, 설령 실패하더라도 그 실패는 전진을 위한 일보 후퇴일 뿐이다. 교회에서 성숙한 조 모임이 이루어진다면 이는 신앙생활에서 가장 흥미진진한 요소 중 하나가 될 것이다.

조 모임이 제대로 이루어지기 위해 무엇보다 중요한 요소는 **사람**이다. 조장과 조원들이 열린 마음으로 모임에 임하는 자세야말로 그 어떤 교재보다 중요하고, 어떻게든 모임에 일조하려는 마음이 그 어떤 지식보다 중요하다. 그래서 여기서는 조 모임을 시작하려는 사람들이 숙지하면 도움이 될 만한 내용을 정리해보았다. 눈이 아닌 **마음**으로 다음 내용을 살펴보기 바란다.

1. 조장을 위한 도움말: 조원의 입장에서 어떤 조장이 믿음직스러울까?

1) 혼자서 모든 문제의 정답을 제시해야 한다는 부담을 가질 필요는 없다. 조장이 질문하고 조장이 답을 하면 조원들이 풍성한 성경 지식을 얻을 수도 있겠지만 조원 간의 교제와 유대감, 격려와 지지는 사라지고 만다. 조장의 질문 후에 흐르는 적막은 조원들이 답을 생각해보는 시간이기도 하므로 적절한 적막은 견디도록 놔두는 것이 좋다. 조장의 성경 지식이 찬란하게 드러날수록 조원은 더욱 수동적이 된다.

2) 곤란한 질문이나 격렬한 토론을 두려워하면 안 된다. 조원들이 서로를 존중하는 마음과 예의 바른 태도만 유지한다면, 아무리 격한 토론도 배움의 기회가 될 수 있다. 보통 조장들은 전문적 성경 교사가 아니라 모임을 이끄는 진행자 역할을 하면 된다. 따라서 어려운 질문이나 격렬한 쟁점이 드러나면 담당 교역자의 도움을 구해 해결한다.

3) 예습 시간을 꼭 가져야 한다. 그래야 해당 교재의 내용에 압도당하지 않고 조 모임을 이끌 수 있다. 조장이 공부할 전체 내용을 미리 파악하고 있으면 중요한 문제들만 풀고 나머지는 과감하게 생략하거나 중간중간에 주의를 환기하며 모임의 방향을 잡아갈 수 있다. 반면 조장이 함께 나눌 내용을 전혀 모르면 문제의 답을 찾는 데 급급하여 조원들의 얼굴과 마음을 읽을 여유가 없어진다.

4) 다시 한번 말하지만, 조장이 성경 지식이 가장 많아야 하는 것은 아니다. 물론 조장이 성경 지식이 풍부하면 여러 가지 이점이 있다. 하지만 지식이 다소 부족해도 조원에 대한 관심과 사랑, 모임 진행에 대한 감각, 그리고 성경 지식이 많은 조원을 세워주는 넓은 마음이 있으

면 충분히 훌륭한 조장 역할을 할 수 있다.

5) 조원들 모두가 토론에 참여하도록 신경을 써야 한다. 특히 하고 싶은 말이 있어도 용기가 부족해 나서지 못하는 사람이 있다면 격려나 제안을 통해 도와주어야 한다. 가능하다면 모임에 참여한 각 조원이 적어도 한 번씩은 발언할 수 있도록 기회를 만들어주는 것이 좋다.

6) 자기소개를 하거나 어떤 사항에 대한 의견을 나눌 때 조원 중에서 가장 말을 풍성하고 진지하게 하는 사람부터 시작하는 것이 좋다. 첫 번째로 말하는 사람이 어떤 내용을 어떤 수위로 말하는지에 따라서 다른 조원들의 나눔 내용이 바뀔 수 있기 때문이다.

7) 각 조원의 장점과 관심사와 성격을 파악하여 각 조원의 존재감을 살려주어야 한다. 그것은 성경 지식일 수도 있고, 풍부한 인생 경험이나 유머 감각, 남에 대한 배려심, 경청하는 태도, 혹은 유쾌한 성격일 수 있다. 모임이 끝난 후에 갖는 식사나 교제에서 장점이 드러나는 사람도 있다. 조장은 여러 각도에서 조원을 살펴 조 모임을 풍성하게 하는 데 조원 각자의 은사가 최대한 발휘되도록 이끌어주어야 한다.

8) 모임 시간을 잘 이끄는 것도 중요하지만, 조장은 그 외의 시간에도 교제의 구심점 역할을 해야 한다. 조 모임이 진행되는 몇 개월 동안에는 조장이 조원들의 경조사와 대소사를 파악하고 조원들이 서로 적절하고 지혜롭게 관심과 위로를 표할 수 있게 한다. 물론 조원들의 경조사와 대소사를 챙긴다고 해서 조원들의 성경 지식이 증가하지는 않는다. 하지만 조원들은 이러한 일을 통해 조장과 조원에 대한 신뢰를 쌓고 더욱 진심으로 성경 공부 모임에 참여하게 될 것이다.

9) 조원들은 자신들의 조장이 당신이라는 사실을 알았을 때 기뻐했을까, 아니면 미간을 찌푸렸을까? 조장은 자신을 냉철하게 살필 줄 알

아야 한다. 자신의 장단점을 솔직하게 직면하면서 장점은 살리고 단점은 과감하게 고쳐나가는 노력을 지속해야 한다. 이러한 노력 속에서 조장은 어느새 환영받는 존재로 성장할 것이다.

10) 조 모임에서 다루는 내용을 잘 따라오지 못하는 조원을 이해하고 기다려주어야 한다. 조원들은 성경 공부만이 아니라 교제와 만남을 위해서도 모임에 참여한다. 어떤 조원은 인격적 관계가 어느 정도 형성되어 긴장이 풀려야 성경 공부에도 관심을 기울이기 시작한다. 조장이 마음에 들지 않는 조원을 은연중 무시하거나 배척하면 그 사람은 방어적·비판적 태도로 일관하거나 조 모임을 떠나기 쉽다.

11) 조장은 조원들의 예습을 도와주어야 한다. 조원들끼리 짝을 지어주어 주 중에 최소한 한 번씩 연락을 취하여 예습 내용과 삶을 나누게 하는 방법도 좋다. 이렇게 되면 각자 예습을 하면서 첫 번째로 공부하고, 짝끼리 나누면서 두 번째로 공부하고, 조 모임 시간에 세 번째로 공부하면서 해당 내용을 완전히 습득하게 된다.

2. 조원을 위한 도움말: 조장의 입장에서 어떤 조원이 마음에 와 닿을까?

1) 조 모임을 하려고 다 모였는데, 가방에서 간식을 꺼내는 조원은 사랑스럽다. 먹을 것이 있는 곳에는 훈훈함도 있다. 조원들이 배가 고프면 조 모임은 비판과 부정으로 흐를 가능성이 커진다. 비판과 부정의 기운이 감도는 회의는 사람들을 회의(懷疑)에 빠뜨린다. 먹을 것이 있으면 모임이 부드럽게 시작되어 사람들이 주저함 없이 속마음을 드러내고 발표하게 된다. 물론 간식이 너무 과하면 중심이 흐트러지므로 식사 수준의 간식은 조 모임 후에 갖는 것이 좋다.

2) 조장이 문제를 읽고 조원들에게 의견과 답을 물을 때 첫 번째로

답하는 조원은 든든하다. 질문 후에 길어지는 침묵의 무게를 감당하기란 쉽지 않기 때문이다. 적막함을 깨는 첫 번째 발언은 조 모임의 진행을 원활하게 하는 윤활유 역할을 한다.

3) 조장의 질문에 적당히 틀려주는 조원은 고맙다. 매번 정답만 나오면 조장이 멋지게 나설 기회가 사라지기 때문이다. 조원이 적당히 틀려줘야 조장이 나서서 바로잡을 기회가 생긴다. 따라서 조원들은 자기 답이 틀릴까 봐 너무 걱정하지 않아도 된다. 조별 모임은 자기의 성경 지식을 자랑하는 곳이 아니라 모두가 참여해 완성해가는 자리다. 자신이 약간 망가지는 발언도 주저하지 마라! 자신이 약간 망가질수록 토론은 활기를 띠고 전체는 더욱 완성되어간다.

4) 조원들에게 쓴소리하는 조원은 훌륭하다. 모임 시간에 지각하거나 조장에게 대드는 조원, 잡담을 하거나 혼자만 발언하려고 하는 조원에게 바른말을 해주는 조원이 있으면 조장은 큰 도움을 받는다. 조장이 직접 쓴소리를 하면 조장과 조원들 간에 긴장이 발생해 모임의 운영이 껄끄러워지기 쉽다. 그래서 조장이 해야 하는 "악역"을 대신 맡아주는 조원이야말로 조장의 리더십과 모임의 질서를 세워주는 훌륭한 조원이라고 할 수 있다.

5) 조 모임 이외에 함께하는 식사나 문화생활을 적절히 제안하고 비용도 일부 부담하는 조원은 소중하다. 조 모임은 결코 성경 공부 시간만으로 충족되지 않는다. 개인차가 있기는 하지만 어떤 사람들은 오히려 식사와 다과, 놀이와 수다를 통해 신뢰를 쌓고 깊은 이야기를 꺼내기도 한다. 그래서 때에 따라 당일치기나 1박 2일의 간단한 야유회를 적절한 장소와 함께 제안하고 필요한 경비의 조달법까지 제안하는 조원이 귀할 수밖에 없다.

3. "함께 나누기" 활용을 위한 도움말

이 책에는 이 책을 함께 읽으며 웨스트민스터 소요리문답을 공부하는 조 모임에서 활용할 수 있는 "함께 나누기"가 각 과의 마지막에 수록되어 있다. 조원들이 힘을 모아 "함께 나누기"에 제시된 문제들을 꼼꼼히 풀어간다면 소요리문답의 주요 내용을 정리하고 일상생활에 적용하는 데 큰 도움을 받을 수 있을 것이다.

그런데 "함께 나누기"의 각 1번 문제는 딱히 소요리문답과 관계가 있다기보다는 일반적이거나 신앙생활 전반을 다루는 문제다. 이 문항을 통해 조원들은 자연스럽게 자신에 관해 이야기하며 깊은 교제의 기틀을 마련할 수 있다. 이 문제들에 대한 답은 간단치 않고 우리의 인생만큼이나 다양하고 복잡한데, 성경을 전체적으로 이해할수록 그리고 사람과 인생에 대한 이해가 깊어질수록 답변도 풍성해질 것이다.

"함께 나누기"에서 이러한 문제들을 다루는 이유는 성경 공부 모임이란 단순히 성경 지식만 습득하는 모임이 아니기 때문이다. 성경을 중심으로 모인 교회의 조 모임은 조원들 간의 교제와 기도, 격려와 실제적 도움 또한 중요한 목적으로 한다. 따라서 교회의 조 모임은 과도하게 지적·학적으로 흐르지 않도록 주의해야 한다. 조원 중에는 배운 내용을 단어와 문장으로 잘 표현하지 못해도 온몸으로 실천하며 풍성한 신앙생활을 하는 사람도 있다. 단순히 머리로 아는 것보다 실제 삶에서 배운 내용을 통합적으로 이해하고 적용하는 것이 더 중요할 수 있다. 조원들은 서로의 다양한 성향과 기질을 인정해야 하고, 획일적인 잣대로 사람을 평가하는 실수를 범하지 말아야 한다.

사실 이 1번 문제를 푸는 것만으로도 깊은 감동과 기쁨과 교감을 느끼는 경우가 발생하기도 한다. 그럴 때는 배운 내용을 정리하고 적용하는 다음 문제들도 중요하므로 적절히 시간 배분을 해야 한다. 물론 조 모임의 형식에 대해 열린 자세는 중요하며, 조원들이 어떤 문제에 깊은 관심을 보이고 감동과 은혜가 넘친다면 상황에 따라서 한 문제에 많은 시간을 사용할 수도 있다.

다시 한번 말하지만 1번 문제에 대한 정답은 없다. 그리고 이런 문제는 조원들이 적극적으로 참여하지 않으면 분위기가 맨송맨송해지기 쉽다. 단답형의 짧은 답변은 모임 분위기를 더욱 건조하게 한다. 열린 자세로 자신의 내적 경험과 깊은 느낌까지 나눌 때 나눔이 깊어지고 서로 도움을 받을 수 있다. 조 모임의 성패는 교재나 시스템이 아니라 조원들의 자세에 달려 있음을 다시금 명심해야 한다.

"함께 나누기"에서 1번 문제 이후에 나오는 문제들은 책의 내용을 정리하고 삶에 적용하기 위한 문제들이다. 조장과 조원 모두가 다음 사항에 유의하면 유쾌하고 유익한 조 모임을 만들어갈 수 있을 것이다.

1) 문제를 하나씩 풀어도 되고 비슷한 여러 문제를 묶어서 한 번에 풀어도 된다. 여러 문제를 묶어서 풀면 시간을 절약할 수 있다.

2) 한 문제에 대한 답이 충분히 나오지 않은 것 같더라도 어느 정도 논의한 후에는 다음 문제로 넘어가는 것이 좋다. 문제를 무조건 오래 붙잡고 있다고 해서 대화가 풍성해지는 것은 아니며 오히려 진이 빠질 수 있다. 잘 소화가 안 되는 문제들도 뒤의 다른 문제를 풀면서 해결될 수 있으니 과감하게 넘어가도록 한다.

3) "함께 나누기" 한 꼭지를 반드시 한 번의 모임으로 끝낼 필요는 없다. 많은 내용이 포함된 꼭지는 두세 번에 나누어 다루어도 된다. 반대로 두 꼭지를 한 번에 몰아서 다루어도 되고 필요에 따라서 건너뛰

어도 된다.

4) 각 문제의 답은 책의 내용 속에서 이해해야 한다. 해당 과에서 어떤 주제들을 다루었는지 염두에 두고 해당 과가 다른 과와 어떻게 연결되었는지 생각할 수 있으면 더욱 좋다.

5) 모든 조원이 조 모임에 활발하게 참여하면 좋지만 발언을 강요하지는 말아야 한다. 어떤 사람은 내성적이어서 시간이 더 필요하기도 하고, 공부하는 내용에 대한 이해가 아직 무르익지 않아서 할 말이 없는 사람도 있다. 따라서 단순히 발언 여부로 모임에 대한 태도를 판단해서는 안 된다. 비록 말이 많지 않아도 다른 사람들과 눈을 맞추며 고개를 끄덕이는 등의 반응을 보이면 충분하다. 오히려 발언은 많이 할지라도 다른 사람이 말할 때 한눈을 파는 사람이 요주의 인물이다.

6) 혹 모임 시간의 50퍼센트 이상을 혼자 말하는 사람은 자신을 돌아보아야 한다. 다른 조원들이 말을 하지 않아 수고를 감당하는 것이라면 괜찮지만, 자기 지식과 존재를 드러내려는 것이라면 절제해야 한다. 그런 사람이 절제하면 많은 사람이 유익을 누린다. 준비한 내용과 갑자기 떠오른 좋은 생각을 남김없이 말해야 한다는 조바심을 과감하게 버려보라. 그 대신에 적절한 질문과 격려, 여백과 침묵으로 다른 조원에게 발언권을 넘기는 일에 힘쓰면 그만큼 성숙의 기쁨을 누릴 수 있을 것이다.

7) 풍성한 모임을 원한다면 예습은 필수다. 조 모임이 껄끄럽고 한두 사람이 주도하는 분위기라면 이는 대부분 예습하고 온 조원이 없기 때문이다. 이 책의 "함께 나누기"에 수록된 문제들의 난이도는 대부분 책의 내용을 미리 읽으면 어렵지 않게 풀 수 있는 수준이다. 예습을 통해 다른 사람들을 섬길 기회를 확보하길 바란다.

8) “함께 나누기”를 마무리할 때는 기도 시간을 꼭 가져야 한다. 함께 나눈 은혜에 감사하고 공부한 대로 살 수 있기를 구하며 다른 조원들을 위해 기도하는 시간은 매우 중요하다. 우리는 기도를 통해 모든 만남과 다짐이 하나님의 다스림 가운데 있다는 사실을 기억하게 된다. 기도는 한 명이 대표로 해도 좋고 각 사람이 동시에 해도 좋다. 혹은 대화식으로 돌아가면서 한 사람이 몇 문장씩 짧게 기도한 후 조장이나 미리 지정한 사람이 마무리하는 기도도 좋다. 하나님은 성도들이 한마음으로 드리는 기도를 기쁘게 들으시고 반드시 응답하시는 분이다.

마지막으로 한 번 더 강조하자면, 교회의 조 모임은 단순히 성경 지식을 배우는 학습의 장이 아니다. 성도들이 하나님 앞에서 삶을 나누며 서로 격려하고 치유하고 권면하는 만남의 장이 바로 교회의 조 모임이다. 물론 조 모임의 중심에는 성경 공부가 있겠지만 단순히 성경 지식으로 사람을 평가하는 경박함은 없어야 한다. 한두 시간의 성경 공부에서 답을 잘했다고 신앙이 성숙하거나 완성되는 것은 아니기 때문이다. 우리의 신앙은 단순하지 않고 종합적이다. 명확한 성경 지식과 함께 서로를 이해하고 인정하고 배려하는 마음이 자라지 않는다면 무의미하다.

아무쪼록, 이 책을 가지고 조 모임을 하는 독자분들이, 성경을 더 종합적으로 소화하고 하나님을 더욱 깊이 알아 조원들을 포함한 이웃을 사랑하고 “마음을 다하고 목숨을 다하고 뜻을 다하고 힘을 다하여” 하나님을 사랑하는 일에 자라가기를 기도한다.

부록 3.

웨스트민스터 소요리문답 구성 조감도

사람이 하나님에 대하여 믿어야 할 바 (제1-38문)

서론 (제1-3문)
- 1문 사람의 주된 목적
- 2문 유일한 규칙인 성경
- 3문 성경의 주된 내용
  - 사람이 하나님에 대하여 믿어야 할 바
  - 하나님이 사람에게 요구하시는 의무

신론 (제4-12문)
- 하나님의 존재(제4-6문)
  - 4문 하나님은 어떤 분이신가?
  - 5문 한 분뿐이신 하나님
  - 6문 삼위일체: 한 본질, 세 위격의 하나님
- 하나님의 사역(제7-12문)
  - 7문 모든 것을 미리 정하는 작정
  - 8문 창조와 섭리로 실행되는 작정
    - 창조(제9-10문)
      - 9문 창조: 무에서 모든 것을 만드심
      - 10문 사람심 창조: 지식, 의, 거룩
    - 섭리(제11-12문)
      - 11문 섭리: 보존·협력·통치
      - 12문 사람을 향한 특별섭리: 생명언약

인간론 (제13-20문)
- 13문 창조된 상태에서 타락한 우리의 첫 부모
- 14문 죄의 정의: 하나님의 법을 순종하지 않거나 어기는 것 — 15문 죄의 내용: 금지된 실과를 먹는 것
- 16문 아담 안에서 타락한 모든 인류
- 17문 타락: 죄와 비참으로 몰아감
  - 18문 죄의 상태: 죄책, 원의의 상실, 전 속성의 부패
  - 19문 비참의 상태: 이생의 모든 비참, 죽음, 지옥의 고통
- 20문 죄와 비참의 해결: 구속자에 의한 은혜언약

기독론: 구원의 획득 (제21-28문)
- 21문 그리스도: 두 본성, 한 인격
- 22문 성육신: 성령으로 잉태되어 마리아에게 나심
- 23문 낮아짐과 높아짐에서의 삼중직
  - 그리스도의 사역: 삼중직
    - 24문 선지자 직분
    - 25문 제사장 직분
    - 26문 왕의 직분
  - 그리스도의 상태(신분)
    - 27문 낮아짐
    - 28문 높아짐

구원론: 구원의 적용 (제29-36문)
- 29문 성령: 그리스도의 구속을 적용
- 30문 성령의 적용 방법: 믿음, 연합, 효과적 부르심
- 31문 효과적 부르심: 설득하시어 예수님을 받아들이게 하심
- 32문 부르심을 받은 자가 참여하는 것: 칭의, 양자됨, 성화 등
  - 33문 칭의: 그리스도의 의가 믿음을 통해 전가됨
  - 34문 양자됨: 하나님의 아들의 권리를 가짐
  - 35문 성화: 점점 죄에 대해 죽고, 의에 대해 삶
  - 36문 칭의, 양자됨, 성화에 동반되는 것: 확신, 화평, 기쁨, 은혜의 증가, 견인

종말론: 그리스도가 죽음과 부활에 미치는 영향 (제37-38문)
- 37문 신자의 죽음: 영혼은 영광으로, 육신은 무덤으로
- 38문 신자의 부활: 무죄라 선언되고 완벽한 복을 받음

하나님이 사람에게 요구하시는 의무: 교회론 (제39-107문)

- 39문 사람의 의무: 하나님의 뜻에 복종
  - 40문 도덕법: 하나님이 나타내신 규칙
  - 41문 십계명: 도덕법을 요약하여 내포
    - 42문 십계명의 강령: 하나님 사랑과 이웃 사랑
    - 43문 십계명의 서문 — 44문 서문이 가르치는 것은?
    - 하나님 사랑(제45-62문)
      - 1계명: 다른 신들을 두지 말라(제45-48문)
      - 2계명: 어떤 형상도 만들지 말라(제49-52문)
      - 3계명: 여호와의 이름을 망령되게 부르지 말라(제53-56문)
      - 4계명: 안식일을 지키라(제57-62문)
    - 이웃 사랑(제63-81문)
      - 5계명: 부모를 공경하라(제63-66문)
      - 6계명: 살인하지 말라(제67-69문)
      - 7계명: 간음하지 말라(제70-72문)
      - 8계명: 도둑질하지 말라(제73-75문)
      - 9계명: 거짓 증거하지 말라(제76-78문)
      - 10계명: 이웃의 집을 탐내지 말라(제79-81문)

각 계명의 구성
- 계명은 무엇인가?
- 계명에서 요구되는 것은?
- 계명에서 금지되는 것은?
- 계명에 부가된 논리

- 82문 사람은 계명을 완벽하게 지킬 수 없다
  - 83문 더 가증스러운 죄들이 있다
  - 84문 모든 죄는 진노와 저주를 받는다
  - 85문 진노와 저주를 벗어나는 법: 믿음과 회개와 은혜의 외적 수단
    - 86문 믿음은 무엇인가? : 구원론
    - 87문 회개는 무엇인가? : 구원론
    - 88문 은혜의 외적·통상적 수단: 말씀, 성례, 기도
  - 말씀(제89-90문)
    - 89문 말씀은 어떻게 구원에 효력이 되는가?
    - 90문 말씀은 어떻게 읽히고 들려져야 하는가?
  - 성례(제91-97문)
    - 91문 성례는 어떻게 구원에 효과적이 되는가?
    - 92문 성례란 무엇인가?
    - 93문 신약의 성례: 세례와 성찬
      - 세례(제94-95문)
        - 94문 세례는 무엇인가?
        - 95문 세례는 누구에게 베푸나?
      - 성찬(제96-97문)
        - 96문 성찬은 무엇인가?
        - 97문 주의 성찬은 어떻게 합당하게 받는가?
  - 기도(제98-107문)
    - 98문 기도란 무엇인가?
    - 99문 주기도문: 하나님이 주신 기도 법칙
      - 100문 서 문: 하늘에 계신 우리 아버지여
      - 101문 1번째 간구: 이름이 거룩히 여김을 받으시오며
      - 102문 2번째 간구: 나라가 임하시오며
      - 103문 3번째 간구: 뜻이 하늘에서 이루어진 것 같이
      - 104문 4번째 간구: 일용할 양식을 주시옵고
      - 105문 5번째 간구: 우리 죄를 사하여주시옵고
      - 106문 6번째 간구: 우리를 시험에 들게 하지 마시옵고
      - 107문 맺 는 말: 나라와 권세와 영광이 아버지께 영원히

소요리문답, 삶을 읽다

웨스트민스터 소요리문답 해설(상)

1쇄 발행 2015년 10월 28일
10쇄 발행 2025년 9월 4일

지은이 정요석
펴낸이 김요한
펴낸곳 새물결플러스

편 집 왕희광 정인철 노재현 이형일 나유영 노동래
디자인 황진주 김은경
마케팅 박성민
총 무 김명화 이성순
영 상 최정호
아카데미 차상희

홈페이지 www.holywaveplus.com
이메일 hwpbooks@hwpbooks.com
출판등록 2008년 8월 21일 제2008-24호
주 소 (우) 04114 서울시 마포구 신촌로28가길 29
전 화 02) 2652-3161
팩 스 02) 2652-3191

ISBN 979-11-86409-32-9 04230
ISBN 979-11-86409-31-2 04230 (세트)

책값은 뒤표지에 있습니다.